抗日战争时期中国人口伤亡和财产损失调研丛书

主　编　李忠杰

副主编　李　蓉　姚金果

　　　　霍海丹　蒋建农

上海市抗日战争时期人口伤亡和财产损失

上海市委党史研究室　编

中共党史出版社

图书在版编目(CIP)数据

上海市抗日战争时期人口伤亡和财产损失/上海市委党史研究室编．
—北京:中共党史出版社,2016.1
(抗日战争时期中国人口伤亡和财产损失调研丛书/李忠杰主编)
ISBN 978-7-5098-3236-3

Ⅰ.①上… Ⅱ.①上… Ⅲ.①抗日战争—损失—史料—上海市
Ⅳ.①K265.06

中国版本图书馆 CIP 数据核字(2015)第 197512 号

出版发行 **中共党史出版社**
责任编辑:贾京玉
复　　审:姚建萍
终　　审:汪晓军
责任校对:龚秀华
责任印制:谷智宇
责任监制:贺冬英
社　　址:北京市海淀区芙蓉里南街6号院1号楼
邮　　编:100080
网　　址:www.dscbs.com
经　　销:新华书店
印　　刷:北京汇林印务有限公司
开　　本:170mm×240mm　1/16
字　　数:597 千字
印　　张:30.5　22 面前插
印　　数:1—3050 册
版　　次:2016 年 1 月第 1 版
印　　次:2016 年 1 月第 1 次印刷
　ISBN 978-7-5098-3236-3
定　　价:68.00 元

此书如有印制质量问题,请与中共党史出版社出版业务部联系
电话:010—82517197

《抗日战争时期中国人口伤亡和
财产损失调研丛书》

本课题在中共中央党史研究室室委会领导下进行。先后三位时任主任孙英、李景田、欧阳淞对本课题给予了重要指导。

主　编　李忠杰
副主编　李　蓉　姚金果　霍海丹　蒋建农

参加审稿的领导和专家：

一、中共中央党史研究室领导和专家

　　曲青山　孙　英　龙新民　陈　威　石仲泉
　　谷安林　张树军　黄小同　黄如军　李向前
　　陈　夕　任贵祥　郑　谦　王　淇　黄修荣
　　刘益涛　韩泰华

二、有关部门和单位的专家

　　李景田（第十二届全国人大常委、民族委员会主任
　　　　　　委员；中共中央党史研究室原主任；中共
　　　　　　中央党校原常务副校长）

　　何　理（中国人民解放军国防大学少将、教授、中
　　　　　　国抗日战争史学会会长）

　　支绍曾（中国人民解放军军事科学院少将、原军事
　　　　　　历史研究部副部长、研究员）

罗焕章（中国人民解放军军事科学院研究员）

刘庭华（中国人民解放军军事科学院原军事历史研究部研究室主任、研究员、博士生导师、首席军史专家）

阮家新（中国人民革命军事博物馆原副馆长、研究员）

步　平（中国社会科学院近代史研究所原所长、研究员）

汤重南（中国社会科学院世界历史研究所研究员、中国日本史学会名誉会长）

姜　涛（中国社会科学院近代史研究所研究员）

荣维木（《抗日战争研究》原主编）

郭德宏（中共中央党校党史教研部原主任、教授、博士生导师）

肖一平（中共中央党校党史教研部教授）

杨圣清（中共中央党校党史教研部教授）

李东朗（中共中央党校党史教研部教授、博士生导师）

徐　勇（北京大学历史系教授、博士生导师）

李良志（中国人民大学中共党史系教授）

王桧林（北京师范大学教授、博士生导师）

谢忠厚（河北省社会科学院原现代史研究所所长、历史研究所顾问、研究员）

中共中央党史研究室课题组成员

李忠杰　霍海丹　李　蓉　姚金果　李　颖
王志刚　王树林　杨　凯

《抗日战争时期中国人口伤亡和财产损失调研丛书》

总　序

中共中央党史研究室副主任　李忠杰

发生在 20 世纪三四十年代的中国人民抗日战争，是中华民族抵抗日本帝国主义侵略的一场规模巨大的战争，是世界反法西斯战争的重要组成部分和东方主战场，是近代以来中国反对外敌入侵第一次取得完全胜利的民族解放战争。中国人民抗日战争的胜利，成为中华民族由衰败走向振兴的重大转折点，也对世界各国人民取得反法西斯战争的胜利、争取世界和平的伟大事业产生了巨大影响。

这场战争，作为世界反法西斯战争的一部分，从根本上来说，是反法西斯正义力量与法西斯侵略势力之间的一场大决战，是文明与野蛮的一场大搏斗。日本侵略者，站在法西斯阵营一边，不仅与中国人民为敌，而且与世界人民为敌，肆意践踏人类的公理和正义，企图以残暴杀戮的手段，将中华民族置于自己的铁蹄之下。日本侵略者先后占领了中国、东南亚、南亚、大洋洲许多国家的领土，杀害居民，掠夺物资，强征劳工，施放毒气，蹂躏妇女和儿童，毁坏和窃取文物，造成了大量人员和财产的损失，给中国人民和亚洲其他许多国家人民留下了巨大的创伤，给世界文明造成了空前的破坏。

中国是受战争摧残最为严重的国家。从 1931 年到 1945 年的 14 年间，日本侵略者先后占领了东北、华北、华中、华南等大片中国最重要的经济政治文化战略地区。在整个战争进程中，日军到处屠杀、焚烧、抢掠、奸淫，使中国人民的生命财产惨遭蹂躏；大量使用生化武器，进行残酷的细菌战和化学战；把大批中国平民和俘虏当作细菌和毒气的试验品；对无辜的中国平民施放毒气，或在河流、湖泊、水井中投毒；掠走大批中国劳工，强迫他们筑路、开矿、拓荒，从事大型军事工程，使其大批冻、饿、病、累而死；强征中国妇女作为"慰安妇"，严重残害妇女的身心健康；对抗日根据地实行"烧光、杀光、抢光"政策，企图摧毁抗战军民起码的生存条件；在许多地方还制造了一系列触目惊心的大惨案。直至今天，日本侵略所造成的后果还难以完全消除，日军遗留的毒气弹还不时地威胁着中国人民的生命安全。

日本侵略者的罪行，违背了起码的人类良知和国际公法，不仅是对人权和人道主义的践踏，而且是对人类文明的挑战。它决不是如某些日本右翼分子所说是解放亚洲和太平洋地区人民的行动，而是亚洲和太平洋地区历史上最黑暗的一幕，是人类文明史上的一场浩劫。第二次世界大战结束后，根据《波茨坦公告》的规定，远东国际军事法庭在东京对日本首要战犯进行了国际审判，确认侵略战争为国际法上的犯罪，策划、准备、发动或进行侵略战争者为甲级战犯。此外，盟军还在马尼拉、新加坡、仰光、西贡、伯力等地，对日本的乙、丙级战犯进行了审判。中国也先后对日本的有关战犯进行了审判。这些审判，与欧洲的纽伦堡审判一起，使发动侵略战争的罪犯受到了应有的惩处，代表了全世界一切爱好和平人民的共同愿望。这是正义的审判，历史的审判！这一审判的结果是不容挑战的！

策划和制造当年这场战争的，是一小撮日本军国主义和法西斯分子。而日本人民，从根本上来说，也是受害者。所以，日本人民也用不同方式对这场战争进行了抵制和反抗。不少参加侵华战争的士兵认识到战争的性质，幡然悔悟，积极参加了国际和日本国内的反战活动。战后，很多人勇敢面对历史事实，以见证人的身份揭露了日本军国主义的罪行。还有很多当年的士兵，真诚忏悔战争的罪行，以实际行动推动世界和平和中日友好，做了很多有益的工作。他们的良知和勇气，应该得到充分的肯定和赞赏。

相反，日本国内一些右翼势力，直到今天仍然否认侵略战争的性质和罪行，竭力推卸侵略战争的责任。对早已由当年远东国际军事法庭作出严正判决的南京大屠杀一案，始终企图翻案。历史不容改变，事实岂能抹杀！企图歪曲历史，掩盖罪行，这是中国人民绝对不能同意的！

中国人民在当年那场战争中的胜利，是正义战胜邪恶、光明战胜黑暗、进步战胜反动的伟大胜利！是正义的胜利、人民的胜利、和平的胜利！既是中华民族永远值得纪念的胜利，也是世界人民永远值得纪念的胜利！但是，在纪念胜利的同时，我们不要忘记，这一胜利是用极为惨重的代价换来的。在这一伟大胜利的背后，是中华民族遭受的巨大人员伤亡和财产损失！中华民族，既为这场战争的胜利作出了巨大的贡献，也在这场战争中付出了巨大的民族牺牲。

1995 年，江泽民同志在首都各界纪念抗日战争暨世界反法西斯战争胜利 50 周年大会上，对当年日本侵略中国造成巨大人口伤亡和财产损失的基本数据作出了重要表述。2005 年，胡锦涛同志在纪念中国人民抗日战争暨世界反法西斯战争胜利 60 周年大会的讲话中，再次郑重宣布，据不完全统计，在抗日战争期间，中国军民死伤 3500 多万人；按 1937 年的比值折算，中国直接经济损失 1000 多亿美元，间接经济损失 5000 多亿美元。中国领导人公开宣布的基本数据，从整体上揭示了中国人口伤亡和财产损失的规模，有力地揭露了日本军国主义侵略的罪行。

数据，是历史的抽象。数据的背后，是大量的事实、确凿的证据，是无数人们的惨痛记忆和血泪控诉。为了更直接、更具体、更全面、更系统、更立体地还原当年的历史，展示中国人民遭受的灾难和损失，揭露日本军国主义的罪行，驳斥日本右翼势力否认侵略罪行的种种言论，我们必须通过更多档案资料的展示、历史文书的挖掘、具体事实的考查、当事人的证词证言、各种各样的物证书证，等等，将侵略者的罪行昭告天下。因此，作为炎黄子孙，作为郑重的历史工作者，有必要、有责任、有义务、也有权利对战争期间中国的人口伤亡和财产损失进行更加系统、详尽、具体的调查研究，将当年中国人民的巨大牺牲和惨重损失永远地记载下来。

这项调查研究工作，本来在抗日战争结束之后，或者在新中国成立时，就应该进行。但由于种种历史原因，未能系统、全面地进行。由于年代久远，资料散失，在世的证人越来越少，现在进行这方面的调查和研究已经有很大困难。但是，无论早晚，这项工作总得有人来做。现在才做，已经晚了几十年。但如果现在再不做，将来就更晚，也更困难了。所以，无论再困难，做，都是必要的。做好这项调研，是对历史负责、对人民负责、对当年的牺牲殉难者负责、对我们的子孙后代负责。根本上，是对整个中华民族负责，也是对国际社会和人类文明负责。

因此，2004 年，中央党史研究室决定开展《抗日战争时期中国人口伤亡和财产损失》的课题调研。从 2005 年开始，组织全国党史部门围绕这一重大课题，开展了系统深入的调研工作。其基本任务，是按照实事求是的原则，调查更加详实、有力、具体、准确的档案、材料、事实，更加清楚准确地掌握日本军国主义的侵略罪行，更加清楚准确地掌握日本侵略在各个不同领域、地区和方面对中国造成的破坏和损失。其中包括：各个省、自治区、直辖市在抗战中的人口伤亡和财产损失情况；历次重大战役战斗中中国军队伤亡的情况；日本从中国掠走各种资源的情况；日本从中国掠走和破坏文物的情况；日军在中国制造的一系列重大惨案；中国劳工的损失情况；中国妇女遭受日军性侵犯的情况，包括"慰安妇"的情况；日军在中国使用细菌武器、化学武器及其造成伤害的情况；日本侵略在其他方面给中国造成破坏的情况；等等。

课题调研的整体布局，实行块块和条条的结合。每个省、自治区、直辖市党史研究室，主要负责把本区域内的情况调查清楚。也可根据实际情况，选择一些重点，进行专题性的调研，形成专题性的研究成果。一些重要专题，单靠某个省（自治区、直辖市）做不了，就采取条条的办法，组织专题性的调研。还有一些，则是条条与块块相结合。如毒气，日军在不同区域使用过，有关的省（自治区、直辖市）都调查。但作为一个专题，由相关的区域进行协调，配合开展调研工作，并形成专项的调研成果。如劳工、性侵犯等，就大致属于这种类型。

课题调研的方式方法，主要是查阅和搜集档案文献资料，包括不同历史时期的统计报表。同时查阅当时有关的报刊资料，查阅多年来涉及有关地方、有关课题的研究成果。对一些特殊的重大事件，特别是重大惨案等，也同时进行社会调查，对当事人、知情人、有关研究人员等进行走访，记录证词证言。对于特别重要的事件，有条件的，还进行必要的司法公证，如南京大屠杀、潘家峪惨案等，使这些调查都成为在法律上可以采信的证据。根据需要与可能，也到国外境外包括台湾地区查阅搜集档案资料。

中央党史研究室进行了大量组织和指导工作。在课题确定前，首先进行了必要的论证，得到了许多专家的支持。随后，制定了详细的工作方案，向各省、自治区、直辖市党史研究室发出正式通知和实施意见，明确了工作的指导思想、组织领导、调研项目、工作步骤、基本要求、注意事项等等。为了提高认识，振奋精神，交流经验，落实措施，专门召开了工作培训会议，就课题的总体规划、调研方法、需要把握的问题等，作了全面部署，特别是提出了把调研工作做成"基础工程、精品工程、警世工程、传世工程"的要求。多年来，一直分阶段、有步骤地把这项课题调研推向前进。有关领导和专家分别到各地参加会议，指导培训，提出要求，统一规格，解答疑难问题。在调研过程中，随时就有关问题进行具体指导。工作班子及时编发简报和简讯，交流情况和经验。

各级党委和政府高度重视。多数地方成立了由党史研究室领导负责的课题组。各地先后召开工作会议、电话会议等，培训人员，落实任务。许多地方形成了由党史研究室牵头，档案、民政、财政、司法、地方志、社科院以及高校等部门单位联合攻关的局面，保证了调研工作扎扎实实、有计划有步骤地向前推进。

《抗日战争时期中国人口伤亡和财产损失》课题调研先后经历了六个阶段。第一，酝酿启动。第二，全面调研。这是最重要的阶段。各地组织专门人员，查询档案，实地走访，搜集了大量资料。第三，起草报告。凡参加调研的县以上单位，都要在搜集整理、考证研究档案文献资料和进行实地调查的基础上，写出调研报告，全面、准确地反映调研成果。同时，将调研中搜集的档案文献资料进行分类整理，制作统计表、大事记和人员伤亡名录等。第四，分级验收。为保证调研成果的科学性、准确性、严肃性，各省、自治区、直辖市调研报告都要经过四级验收。首先由课题领导小组审查通过，然后聘请所在省份资深专家审读验收，合格后报送中央党史研究室课题组。中央党史研究室课题组审读各省、自治区、直辖市的调研报告及相关调研成果，认为合格后，再聘请有全国影响的专家审读，写出书面意见并亲笔署名。根据审读意见，各地都要反复认真进行修改，只有达到规定要求才能通过验收。第五，上报成果。完成调研工作的省、自治区、直辖市，都按统一要求，将调研中收集的档案文献资料等所有文件，精心整理，分类成册，向中央党史研究室提交调研成果。各市县也要逐级向省级报送。第六，反复审核。中央党史研究室召开审稿会，组织各省、自治区、直辖市按照标准自审，相互间互审，将各种材料进行比对，将有关数据核实，解决带有共性的问题，进一步统一标准、统一规范、统一格式。

这项课题调研，作为一项浩大的工程，到目前为止，进行了将近10年之久。前后共有60多万党史工作者、史学工作者和其他各类有关人员参加。将近10年来，各个地方都周密组织，采取有力措施推动工作开展，保证调研质量。如山东省，先在30个县（市、区）进行试点，然后在全省普遍推开，形成了纵向省市县乡村五级联动、步调一致，横向十几个部门优势互补、携手攻关的工作格局。课题调研期间，山东省参加工作的同志共查阅档案238742卷，复印档案资料406912页，查阅抗战期间及战后出版的书刊61301册（期），复制文献资料220177页。走访调查8万余个行政村、609万名70岁以上（即1937年全国性抗战爆发以前出生）老人中的507万余人，收集证言证词79万余份。拍摄照片资料7376幅、录像资料49678分钟，制作光盘2037张。全省1931个乡镇，每个乡镇都建立了包括证人证言证词、伤亡人员名录、财产损失清单、人员伤亡和财产损失数字统计、人员伤亡和财产损失大事记、重大惨案证据材料以及证人和知情人口述录音、录像、照片等内容的抗战时期人口伤亡和财产损失材料卷宗，共12892个。

这项课题调研，也得到了社会各界特别是档案图书部门、专家学者的普遍支持。许多档案馆、图书馆为这次调研提供各种方便。不少专家学者在教学科研任务繁重、经费困难的情况下，承担专题研究任务。有的外请专家利用学校假期全力以赴做课题，缺少交通工具，就以自行车代步或徒步，到档案馆和图书馆查阅文献资料。

为了扩大搜寻面，中央党史研究室还组织查档小组，分赴美国、俄罗斯、日本，搜集了许多抗战史料。很多地方的课题组都到台湾查档。在台北"国史馆"、中国国民党党史馆、"中央研究院"近代史研究所档案馆等，找到了数量巨大、整理比较细致的抗战档案。台北"国史馆"馆藏的国民党在大陆统治时期行政院赔偿委员会档案，涉及抗战时期中国人口伤亡和财产损失的有8924卷，内容十分翔实具体。既有中央机关、军队系统人口伤亡和财产损失情况，也有地方省、市、县、区和个人填报的资料，包括台湾地区和华侨的档案资料。新疆防空委员会也报送有财产损失材料，如修筑防空工事、疏散费等财产损失。重庆市报送有日机空袭慰恤重伤难胞姓名卡，上面有卡号、伤员姓名、性别、年龄、籍贯、受伤时间、受伤地点、犒金额、发犒金时期、所住医院名称、医院地址、入院时间等，受伤部位还配有图片加以说明。所有这些，为查明当时各方面的人口伤亡和财产损失，提供了重要证据。

这项重大课题调研的成果，均编成《抗日战争时期中国人口伤亡和财产损失调研丛书》公开出版，为国内外学者提供并为子孙后代留下一份关于抗战时期中国人口伤亡和财产损失的系统资料。经过验收、审核合格的调研报告和主要档案文献资料，都按统一体例，编辑成为丛书的A、B两个系列。A系列为各省、自治区、直辖市各一本调研成果，以及若干重要专题的调研成果，由中央党史研究室负责审核。B系列为各省、自治区、直辖市的其他大量调研成果，由各省、自治区、直辖市党史研究室负责审核。全部成果统一设计、统一规格、统一版式、统一编号，由中共党史出版社统一出版。全部出齐之后，将有300本左右。

为了集中反映日本侵略者在中国制造的各种重大惨案，我们专门编纂了一套《抗日战争时期全国重大惨案》，收录抗战时期死伤平民（或以平民为主）800人以上的重大惨案100多个，配以档案、文献、口述及照片等作为历史证据。日本一些右翼分子，常常攻击中国为什么不拿出伤亡人员名单。我们专门安排了一个省，即山东省，公布该省具体的伤亡人员名录（第一批先公布该省100个县＜市、区＞的死难人员名录），包括姓名、籍贯、年龄、性别、伤亡时间等多项要素。以此说明，中国的伤亡人员都是有根有据、铁证如山的。

历史的生命在于真实、客观、准确。《抗日战争时期中国人口伤亡和财产损失》这一课题调研的生命也在于真实、客观、准确。所以，在开展这一课题调研的过程中，我们始终把保证调研质量，保证所有材料、事实、成果的真实性、客观性和准确性放在第一位，并在五个重要环节上严格要求、严格把关。第一，严格要求。一开始就明确规定，课题调研工作坚持实事求是的原则和科学严谨的态度。整个调研工作必须尊重历史事实。档案怎么记录的，就怎么记载，不能随意改变。当事人、知情人怎么说的，就怎么记录，不能随意加工。所有的材料、事实都要经得起法律上和学术上的质证。在需要与可能的情况下，对当事人、知情人的证词证言要进行司法公证。各种数据，都要确有根据，不能随便编排、采信。不许追求任何高数字、高指标。第二，统一规范。对课题调研的项目、内容，都做了认真细致的研究，提出了统一要求和严格规范。对全部调研项目设计了统一的表格，对调研报告的内容和格式做了统一规定。每个数字的内涵外延，包括如何计算、如何换算等等，都有明确的规定。事前对调研人员进行了培训。调研过程中，对没有理解的问题、疑难的问题等，都由专家给予统一的解释、说明。第三，责任到人。对所有参与课题调研的人员，都实行责任制。查档的、笔录的、整理的、起草调研报告的、审读的……，每个环节的人员都要签名，以对这一环节自己的工作负责，对子孙后代负责。明确规定，今后凡遇到质疑，有关环节的调研人员都要能够站出来进行证明、解释和辩论。第四，客观撰写。在汇总情况、起草调研报告阶段，要求所有的数据统计都必须客观、真实、准确。一律用事实说话，材料要具体、实在。不允许像写文艺作品那样来写调研报告；不允许作任何想象、编造和煽情性的描写；不允许刻意追求语言的生动华美；不允许使用任何带有夸张性、主观推断性的文字；不允许用"不计其数"、"无恶不作"这类抽象的形容词来概括相关内容；经过调研，凡是能够说清的事实、数字都予采用，但仍然说不清的情况、数据，就客观地说明未查核清楚，在汇总和整理数据时充分考虑这些因素，绝对不得编造数字。第五，逐级验收。除了在调研过程中由特聘的专家随时给予指导外，对各地提交的调研报告和相关材料，都实行逐级验收制度。其中，对省级调研成果实行由地方到中央的四级验收，其他调研成果由有关省、自治区、直辖市党史研究室组织验收。每一验收环节都要有专家审读、签字。凡存在问题和不符合要求之处，都要退回重新核查和修改。

经过艰苦努力，到2010年底，我们在深入调研的基础上，初步编出了几十本成果，先行印制了少量样本作为内部工作用书，组织力量作进一步的研究、审读、复查、校核。从2014年初开始，我们又组织展开了新一轮较大规模的审核工作。第一，召开有关省、自治区、直辖市党史部门参加的审稿会，进一步提高认识，明确规范，听取相互评审以及从社会各方面听到的意见，对审核工作提出要求，进行部署。第二，开展自审、复核、修改，确保准确无误。同时在各省、自治区、直辖市党史部门之间交叉审读，相互间进行比较、核对、衔接。自审互审完成后，都要确认是否具备正式出版的质量水准，签署是否同意交付出版的意见。第三，由中央党史研究室组织专家，对所有拟第一批出版的成果（书稿）进行六个环节的审读、检查、修改、校对，不仅检查是否还有表述不够准确或不够清楚的地方，而且对各本书稿之间、每本书稿各个部分之间的内容、叙述、时间、数字等进行统筹检查，排除表述不一致的内容。第四，如实客观地说明我们工作尽最大努力后达到的程度。始终强调，凡是已经清楚的，就清楚表述。还没有搞清楚的，就如实说明还没有搞清楚。某些数据、结论与其他书籍资料不完全一致的，则说明我们是依据什么材料、从什么角度得出和叙述的，不强求一致。第五，组织各地党史部门继续参与审核。凡有疑问的，都与有关地方党史部门联系、查核。多数省、自治区、直辖市都派专人来京参与审核、修改、校对。审核完毕后，又组织各地党史部门对自己书稿的清样再次进行审核。然后再按出版流程交付印制。今年以来对这些成果再次进行如此繁密、细致的复核工作，都是为了进一步保证成果的质量，保证历史事实的真实性和准确性。

特别需要强调的是，开展这项调研，不是为了简单汇总、计算这样那样的数据，而是为了寻找、展示更多的档案、更多的材料、更多的人证物证、更多的历史事实，用具体的事实来反映当年中华民族遭受的巨大灾难，揭露日本侵略者反人类的罪行。时隔几十年，很多数据难以查清，很多数据可能不很吻合，而且数据的分类、统计、核算都极为复杂，远远不是简单做一做加法就能算出来的。所以，我们在数据上采取了十分谨慎的态度。能统计出来的就统计出来，难以统计的也不强求。统计的口径、结果相互有差别的，也注意说明。今后，我们将会对数据问题作进一步研究。因此，目前的研究还只是阶段性的，不能说已经包罗万象，更不是最终的结论。总体上，还是在为今后更加综合性的研究提供一个详尽、扎实的基础。

由于自始至终都高度重视和强调调研的质量，所以，对于这一项目的真实性、客观性、准确性，我们有充分的信心。当然，无论如何，历史已经过去了六七十年，很多当事人已经去世，很多档案资料已经散失。现在再对发生在六七十年前的灾难进行大规模的调查，其困难是可想而知的。所以，即使做了最大的努力，我们仍然充分预计在调研成果及有关材料中，还是会有不足和差错之处，出版之后，肯定会有不同意见。所以，我们真诚地欢迎所有看到这些调研成果的人们，对其中的内容、材料、数据等进行审查、讨论。如此，必将有更多的人们关心和参与对当年那场灾难的调查，必将会提供和发现更多的档案、更多的资料、更多的见证，必将对我们调研成果中的很多内容进行不断的推敲琢磨，从而使我们能够更加准确、系统地展示当年中国的人口伤亡和财产损失，使我们为子孙后代留下的资料更为完整、更为丰富。我们也欢迎日本和其他国家的人们对这些调研成果进行阅读、审查、讨论、质疑。如此，将会有更多的国家和人们关注中国当年所遭受的灾难，也将会有更多的存留于国外境外的档案资料出现在公众面前，也将会使对当年这段历史和灾难的记录、研究更加准确和科学。

《抗日战争时期中国人口伤亡和财产损失》课题调研，是一项学术性的工作。开展这项课题调研，是为了更加准确和详尽地记录这场战争和灾难的历史，更加充分和有力地揭露日本军国主义的侵略罪行、反击日本右翼势力否认侵略战争的言行，更加充分和有效地进行爱国主义教育，毋忘国耻、振兴中华，更加积极地促进两岸交流、推进祖国和平统一进程，同时，也是为了给全世界所有关注当年这场战争和灾难的国家、政府和人们一个更加负责任的交代，为子孙后代继续研究当年中国人民抗日战争和日本军国主义的侵略罪行留下一笔丰富翔实的历史遗产。因此，虽然是学术性调研，但具有重大的历史意义、现实意义、国际意义、政治意义。作为历史工作者，我们有责任、有义务，实事求是地把中华民族在那场战争中蒙受的巨大灾难和损失尽可能完整地记载下来。推动和开展这项课题调研，是良心所在，是责任所在！每每读到那些令人震颤的历史事实，每每想到那数千万死难者的冤魂亡灵，每每掂量我们今人特别是历史工作者的责任，我们都禁不住潸然泪下。将近10年来，所有调研人员本着对历史和民族负责的精神，殚精竭虑，无私奉献，千方百计寻找各种线索，逐字逐页翻阅档案资料。为了做好对当事人、知情人的调查取证工作，顶酷暑，冒严寒，深入村镇，一家一户进行走访。也许，随着时间的流逝，这样的调研工作，以后再也不可能如此全面深入大规模地进行了。所以，对于能够基本完成这一课题的调研，我们极为欣慰，对能够取得今天这样的成果，我们极为珍惜。将近10年来，调研工作遇到过重重困难，调研人员付出了巨大心血，但只要能够对国家、对民族、对人民有一个负责任的交代，我们所有的努力、辛劳甚至痛苦都是值得的！

现在，《抗日战争时期中国人口伤亡和财产损失调研丛书》A系列第一批成果就要正式出版了，随后我们还将根据工作进程陆续出版第二批、第三批……B系列丛书的编纂和出版工作也将同时推进。而且，这项课题调研工作远没有结束。截至目前课题调研取得的成果，都还是阶段性的、部分的、不完全的成果。很多专题性调研还要继续进行，对大量档案资料还要进行分析研究。所有这些，都还需要我们继续不懈地努力。我们将以对历史负责的精神，一如既往地将这项课题调研工作做好。

历史，是现实的基础，更是未来的起点。打开尘封的记忆，重温昔日的往事，我们可以得到很多的启示和教诲，增长很多的聪明和智慧。所以，研究历史，形式上是向后看，但根本目的是向前看。作为一种科学的研究，我们调查历史的真相，记录历史的灾难，不是为了延续旧时的仇恨，不是为了扩大中日之间的裂痕，不是为了煽动狭隘民族主义的情绪，而是为了以史为鉴，不让历史的悲剧重演；面向未来，书写更加友好合作的美好篇章。经历了太多的苦难和挫折之后，我们更加坚定地热爱和平，更加执着地追求正义，更加珍惜国家的主权与独立，也更加关注世界的文明发展和进步。我们真诚地希望，世界各国能够携手努力，平等协商，求同存异，友好相处，共同推进世界的发展，共享人类文明的成果；我们真诚地希望，中日两国人民能够更多地加强交流、理解和合作，共同开辟中日关系的新局面，使中日关系更加健康稳定地向前发展，使中日两国人民真正世世代代地友好下去；我们真诚地希望，中华民族能够始终以坚韧不拔的努力，坚定不移地走和平发展之路，在中国特色社会主义旗帜下全面建设小康社会，努力实现社会主义现代化，为推动建设一个和平发展、文明进步的世界作出自己的贡献！

2014 年 4 月 30 日

《抗日战争时期中国人口伤亡和财产损失》课题①调研工作规范和要求

2004 年，中共中央党史研究室决定开展《抗日战争时期中国人口伤亡和财产损失》课题调研。2005 年向全国各省、自治区、直辖市党史研究室发出开展此项工作的正式通知，进行相应部署，着重说明工作的指导思想、调查项目、实施步骤及规范和要求。以后又随着课题调研的深入开展，对规范和要求进行了补充和完善。

一、课题调研的基本任务

抗战损失课题调研的目的和任务是深化对抗日战争时期中国人口伤亡和财产损失的研究。1995 年，在首都各界纪念抗日战争暨世界反法西斯战争胜利 50 周年之际，江泽民同志曾经对 20 世纪三四十年代日本侵略中国造成巨大人口伤亡和财产损失的基本数据做出了重要表述。2005 年，在纪念中国人民抗日战争暨世界反法西斯战争胜利 60 周年大会的讲话中，胡锦涛同志再次郑重宣布，据不完全统计，在抗日战争期间，中国军民伤亡 3500 多万人；按 1937 年的比值折算，中国直接经济损失 1000 多亿美元、间接经济损失 5000 多亿美元。中共中央党史研究室组织开展的课题调研，旨在全面详尽调查有关抗日战争时期中国人口伤亡和财产损失的具体事实，为这组基本数据提供强有力的史实支撑，并不是简单地做数据统计。

---

① 本课题亦简称为抗战损失课题或抗损课题。因为抗日战争时期及抗战胜利后国民政府统计人口伤亡和财产损失多采用"抗战损失"等概括性提法，其中将人口伤亡也称作抗战损失之一种，与财产损失并提，故沿用这一表述。

课题调研的基本任务是：按照实事求是的原则，经过广泛、全面、深入细致的调查研究，包括查阅搜集档案资料、对统计数据进行分析等，获得更多的证据，以更加全面和准确地揭露日本帝国主义侵略中国的罪行及其对中国人民造成的伤害。

课题调研的主要内容包括：（1）各个省、自治区、直辖市在抗战中的人口伤亡和财产损失情况；（2）历次重大战役战斗中中国军队伤亡的情况；（3）日本从中国掠走各种资源的情况；（4）日本从中国掠走和破坏文物的情况；（5）日军在中国制造的一系列重大惨案；（6）中国劳工的损失情况；（7）中国妇女遭受日军性侵犯的情况，包括"慰安妇"的情况；（8）日军在中国使用细菌武器、化学武器及其造成伤害的情况；（9）日本侵略在其他方面给中国造成破坏的情况；等等。

二、课题调研的方式和方法

主要是组织有关人员查阅和搜集档案馆、图书馆和其他文博单位以及民间保存的有关中国抗战人口伤亡和财产损失的档案资料、报刊杂志、历年出版的专题资料集和发表的研究成果。对一些特殊、重大的事件如重大惨案，则走访当事人、知情人和有关研究人员，进行录音录像，整理和保存证人证言，有条件的还进行司法公证，努力使这些调查材料成为在法律上可以采信的证据。有些省份的课题组还到境外的有关机构查阅相关档案资料，作为对大陆保存的档案资料的丰富和补充。这次课题调研的整体布局，实行块块和条条相结合。每个省、自治区、直辖市党史研究室在负责开展地区性的广泛调研的同时，也从实际出发开展一些专题性调研。一些重要的、涉及多个地方的带有全局性的专题，则另组织专家进行调研。

三、对搜集档案资料的要求

1. 明确搜集档案资料的范围。搜集档案资料是本课题调研工作的基础，调研成果的质量也主要决定于档案资料是否翔实，是否尽可能完整和全面。所以，凡相关内容的档案资料，不论是直接反映人口伤亡和财产损失的，还是间接反映的（如关于人口状况、财产状况、生产能力、各类资源情况等资料），都尽量搜集，作为撰写调研报告的客观的历史依据。搜集的要件有：档案、报刊、史志、时人日记、专著专论、实地调查报告、图片、影像资料以及出版、发表的研究成果等。

2. 认真整理原始档案和资料。对于搜集到的档案资料，不论是来自原始的档案，还是来自报刊、史志、日记、图书、专题论文等，都认真整理，每份每件都注明保存的地点、单位，文件卷号、出版或发表处等，然后分类汇总，妥善保存。档案资料使用时一律保持原貌，必要时作注释说明，不允许对原件内容增改、涂抹。对搜集到的档案资料要在分门别类整理的基础上进行必要的考证、鉴别和研究。整理后的档案资料，不仅是有关课题承担者撰写课题调研报告的重要依据，其主要内容也作为附件收入有关的调研成果之中。

四、有关数据统计中的几个问题

1. 根据搜集、掌握资料的情况，抗日战争时期中国的人口伤亡分为直接伤亡和间接伤亡两大类。直接伤亡，一般是指日本侵略中国的战争直接导致的中国方面人员的死、伤、失踪等；间接伤亡，一般是指在日本侵略中国的战争包括特定战争环境中造成的中国方面被俘捕人员、灾民、难民、劳工等的伤亡。抗战期间，被俘捕人员、灾民、难民、劳工等伤亡很大，但由于其流动性大等复杂原因，很难形成具体数据资料，统计起来十分困难。因此，本课题调研中，将已确定属于死、伤或失踪的被俘捕人员、灾民、难民、劳工的数据归入有关地方间接伤亡统计数据；无法确定是否伤亡失踪的，可视情况单列相关数据并加以说明。需要补充说明的是，在战争中失踪者，按通常惯例归为死亡。

2. 抗日战争时期中国的财产损失分为直接损失和间接损失两大类。直接损失，一般是指在日军攻击、轰炸或掠夺中直接造成的社会财产损失。居民财产损失列为直接损失。间接损失，一般包括：(1)政府机关等因抗战需要而增加的费用，如迁移费、防空设备费、疏散费、救济费、抚恤费等；(2)各种营业活动可获利润额的减少及由于成本上升等增加的费用；(3)有关伤亡人员的医药、埋葬等费用；(4)为抗战捐献的物资和钱财；(5)有关人力资源的损失。总之，一切因战争造成的间接财产损失均包括在内。

3. 在财产损失中所列的人力资源类损失，包括了被俘捕人员、劳工等在财产方面的损失。中国各级政府所组织的劳役，例如为战争修筑公路、机场、军事工事等抽调民工，都算作人力资源损失。但中国方面征用民工和日本侵略军强征劳工有所区别。日军强征劳工的伤亡率很高，和中国方面征用民工民夫的情况区别很大，因此要分别统计和说明，不能混淆。

4. 中国军队在重大战役战斗中的人员伤亡，分别情况加以统计处理。此次课题调研以统计平民伤亡为主。有关省（自治区、直辖市）如发现有本地发生过军队人员伤亡的重要资料，可以搜集整理并在调研报告中说明，但不计入本地人口伤亡总数。若是本地籍军人的伤亡，则计入本地人口伤亡总数。

5. 海外华侨拥有中国国籍，因此在计算抗日战争时期中国人口伤亡和财产损失时，华侨人口伤亡和财产损失均计算在内。各有关地方在计算本地人口伤亡和财产损失时，视情况可以将本地籍华侨的伤亡、损失计入统计数据总数，亦可单列数据并加以说明。

6. 工厂、学校、机关团体等由于战争原因搬迁造成的损失，算作间接损失，原则上由工厂、学校、机关团体等原所在地方统计。如果原所在地方缺少相关资料，新迁移处具备资料条件，也可由后者统计。为避免交叉和重复，遇到这类情况须特别加以说明。

7. 政党、政府机构的财产损失，归入公用事业的社会团体类财产损失一并计算。

8. 被日军、日本占领当局无偿征用、占用的中国耕地，按农作物的产量及其价值计算财产损失。

9. 伪军、伪政府的人员伤亡和财产损失，一般计入中国人口伤亡和财产损失。

10. 由战争原因导致的如黄河花园口决堤一类重大事件所造成的人口伤亡和财产损失，计算在间接人口伤亡和财产损失中。

11. 重大的财产损失，均以相应数额的货币反映价值。反映财产损失的货币一般要注明币种。

12. 通常用于抗日战争时期财产损失统计的货币（主要是法币），币值问题非常复杂。本课题调研中，涉及财产损失统计的货币数据，有条件进行折算的，一般按 1937 年即全国抗战爆发当年通用货币法币的币值进行折算，并说明折算的方式方法。因条件不具备，保留原始数据未作折算的，则注明有关数据中用以反映财产损失的货币系何种货币、何年币值。

五、关于撰写课题调研报告的要求

本次课题调研，有关课题组和承担专门课题的专家均按要求撰写出调研报告。

1. 各省、自治区、直辖市课题组撰写调研报告，内容大致分为概述、主体、结论三部分。

概述部分主要包括：介绍课题调研工作的基本情况，如：投入多少力量，到过什么地方查阅搜集档案资料，搜集了多少档案资料等。反映本地的自然地理概况，抗战爆发前的经济社会发展和人口状况，以及在抗战时期是重灾区还是大后方，是沦陷区还是根据地等。叙述日本侵略者在本地的主要罪行。还可简略回顾以往相关课题的资料和研究情况。

主体部分主要包括：分析说明本地人口伤亡和财产损失情

况。根据现掌握资料，将本地抗战时期人口伤亡分为直接伤亡和间接伤亡，将本地财产损失分为直接损失和间接损失，并分别说明主要的史料依据和分析结果。

结论部分，汇总本地人口伤亡数据、财产损失数据。据实说明迄今所掌握资料的局限性、本地遭受人口伤亡和财产损失的特点、影响等。

撰写调研报告依据的主要资料以及调研中同步完成的专题研究报告等，作为调研报告的附件，纳入课题调研成果中。

2. 由一批专家承担的全局性专门课题，如抗日战争时期重大惨案、劳工问题、"慰安妇"问题、细菌战、化学战、文化损失、海外华侨人口伤亡和财产损失、中国军队伤亡、重要战役战斗伤亡等，其调研报告的撰写和附件的收录，参照以上要求进行。

六、对调研成果的验收

在各省、自治区、直辖市课题调研工作结束后，完成的包括课题调研报告在内的省级调研成果和市、县等调研成果，要装订成册，通过审阅和验收，逐级上报，送交各省、自治区、直辖市党史研究室和中共中央党史研究室分别保存。

为确保质量，在调研过程中形成的各省、自治区、直辖市A、B两个系列书稿（省级调研成果为A系列书稿，市、县等调研成果为B系列书稿），要分别通过验收。其中，省级调研成果要通过由地方到中央的四级验收，市、县等调研成果则在有关省、自治区、直辖市内验收。

省级调研成果上报验收前，课题组先认真进行自审，以保证内容的完整准确，特别是调研报告和有关专题研究报告、资料、大事记的内容和数据要互相补充、印证，不能互相矛盾。课题组完成自审后，省级调研成果首先报送省级抗战损失课题领导小组验收。省级课题领导小组审查通过后，送省级专家验收组验收。省级专家验收组参加验收的专家一般为3—5人，人选来自党史系统、社会科学院和社科联系统、档案史志部门、高等院校等方面，为较有影响力、权威性的专家。省级专家验收组在本省（自治区、直辖市）课题领导小组的指导下，按照学术规范的严格要求和有关规定审读、验收本省（自治区、直辖市）拟提交中共中央党史研究室的省级调研成果。验收的主要标准和目的是确保调研成果的准确性、可靠性。对于验收中指出的问题、提出的意见和建议，各省（自治区、直辖市）课题组须采取有效措施解决和落实。对一次验收不合格的，修改、完善之后进行第二次以至多次验收，直到合格为止。省级专家验收组验收合格后，填写《A系列书稿验收报告表》。填写的报告表和书稿同时报送中共中央党史研究室课题组。

中共中央党史研究室课题组收到经省级专家验收组验收合格的省级调研成果后，先进行验收。认为合格后，再聘请国内知名专家进行验收，并填写《A系列书稿验收报告表》。验收中所提修改意见，由有关省、自治区、直辖市课题组予以逐条落实，对调研成果做出相应修改或者说明相关情况。

由一批专家承担的全局性专题研究成果，最后形成的书稿也纳入A系列，其验收也参照上述程序和要求，由中共中央党史研究室课题组组织有关专家进行。对于验收中提出的意见，承担课题的专家要逐条落实，对调研成果进行修改完善直至合格为止。

最后，中共中央党史研究室课题组对经过反复修改形成的省级调研成果和全局性专门课题调研成果进行复核。完成各项程序并符合要求的调研成果，包括通过四级验收的A系列书稿和由有关省、自治区、直辖市党史研究室组织验收并合格的B系列书稿，分批次送交中共党史出版社付印出版。

中共中央党史研究室课题组

1932年1月20日，遭日本暴徒袭击的上海三友实业社毛巾总厂

1932年1月29日，上海商务印书馆被日本侵略军炸毁，60万册珍贵图书被毁

1932年1月29日，上海五洲药房11名职员被日军捕缚

1932年2月5日，日军海军陆战队神川中队在炮击后突入虹口中山路一带

1932年2月20日，江湾镇被日军飞机轰炸，大量平民葬身火海

1932年一二八淞沪
抗战期间，上海永安第
三纱厂遭战火损毁

1932年一二八淞沪抗战期间，江湾劳动大学被日军炸毁

1932年一二八淞
沪抗战期间，宝山路上
的难民

1937年8月14日，南京路外滩被炸，死伤1500余人

1937年8月14日，"大世界"遭轰炸，死伤2000余人

1937年8月23日下午，南京路先施公司被炸，死伤700余人，损毁大量财物

1937年八一三淞沪抗战期间日军飞机轰炸中，昔日繁华的南京路一片狼藉

1937年八一三淞沪抗战期间，华德路（今长阳路）一片废墟

1937年八一三淞沪抗战期间，百老汇路（今大名路）被炸

1937年八一三淞沪抗战期间，北西藏路（今西藏北路）的大火

1937年八一三淞沪抗战期间，日军飞机轰炸南市

1937年八一三淞沪抗战期间，日军进攻龙华

1937年八一三淞沪抗
战期间，龙华寺被炸毁

1937年八一三淞沪抗
战期间，上海铁路两旁的
断墙残壁

1937年八一三淞沪抗战期间，宝山罗店遭日军轰炸，尸横遍野

1937年八一三淞沪抗战期间，宝山罗店被日军炸成废墟

1937年八一三淞沪抗战期间，宝山地区农民秋收果实被日军强行征收

1937年八一三淞沪抗战期间，上海中央造币厂被日军炮弹击中

1937年八一三淞沪抗战期间，上海南洋兄弟烟草公司遭日军轰炸

1937年八一三淞沪抗战期间，日军炮弹击中上海大陆银行仓库，烈焰滚滚

1937年八一三淞沪抗战期间，申新一厂、八厂被日军炸毁

1937年八一三淞沪抗战期间，上海益丰搪瓷厂陈家桥分厂在日军飞机轰炸中被夷为平地

1937年八一三淞沪抗战期间，江湾的跑马厅看台被炸成废墟

1937年八一三淞沪抗战中，上海市政府遭到日军炮击

1937年八一三淞沪抗战中，上海市博物馆毁于日军战火

1937年八一三淞沪抗战期间，被日军轰炸后的同济大学主楼、大礼堂和工科教室

1937年八一三淞沪抗战期间，坐落在江湾的中国商学院被炸毁

　　1937年8月23日，日本海军陆战队竹下部队枪杀被俘的中国官兵（当时日本军方禁止此照片公开发表）

1937年8月28日、29日遭日军飞机轰炸后的松江古城

1937年9月3日，外滩对面的浦东被日军炮弹击中，浓烟滚滚

1937年10月26日，日军占领闸北，纵火焚烧3日，大火蔓延9公里，数千民房被毁

闸北陷落后的四行仓库，满墙弹洞

闸北的产科诊所被日
军炸得弹洞满壁

1937年10月27日，上海天原电化厂被日军飞机炸毁

1937年10月28日，上海北站被日军炸毁

1937年11月4日，上海英美烟草公司被日军鱼雷击中

1937年11月5日，从金山卫登陆的日军在金山卫南门杀害无辜村民71人

被害乡民

据当今知情者核实的不完全统计，金山卫沿海一带被害乡民1015人，其中明确姓名者739人

1937年11月日军入侵金山卫地区后有1015名乡民被害，其中确认姓名者739人

1937年八一三淞沪抗战期间，日军占领南翔镇

1937年11月日军占领
南市后，董家渡天主教堂
只剩下断壁残垣

1937年11月11日，日军占领浦东，浓烟蔽日

抗战期间，沪东地区青壮年被日军押往吴淞口附近做劳工

目　　录

一、上海市抗日战争时期人口伤亡和财产损失调研报告

上海市抗战时期人口伤亡和财产损失调研课题组

（一）调研工作概述

2005 年 3 月下旬，上海市委党史研究室承担《抗日战争时期中国人口伤亡和财产损失》（上海部分）课题后，多次与有关部门及专家学者座谈磋商，成立了由市委党史研究室领导牵头，市委党史研究室、市档案局、市方志办的业务骨干，有关高校的专家学者，以及各区县党史研究室同志共同参加的上海市课题组。经反复研讨论证，上海市抗损课题由全市的一个总课题、19 个区县的分课题及 4 个专题组成，相关参与课题工作人员 2900 余人。在市各级党政领导的高度重视与有关部门的大力支持配合下，市、区县课题组的同志本着对民族高度负责的使命感和为历史存真的严谨求实精神，克服种种困难，全力投入实地走访，查阅、收集和梳理档案、图书、报刊、地方志等大量资料，不断推进课题调研工作。整个调研过程中，课题组分别到上海市档案馆、上海图书馆、中国第二历史档案馆、江苏省档案馆，上海各区县档案馆与相关系统（部门）档案室，以及台北"国史馆"，共查阅历史档案 12083 卷（其中复印 65541 页、扫描 1697 页），查阅刊物 1139 种，采集证人证词 10750 份，采访 23376 人，收集照片资料 1216 页；有的区县还组织人员入户调研。同时，承担专题调研任务的专家学者也尽心尽力地开展资料挖掘与研究工作。在广泛调研的基础上，各区县课题组按照统一要求，对征集到的大量资料加以梳理、分类，进行专项统计，并以档案和统计数据为依托形成调研报告。市课题组再对区县材料进行汇总、综合统计。在充分依据各区县综合调研报告与专题研究报告的基础上，形成上海市抗日战争时期人口伤亡和财产损失调研报告。

需要说明的是：第一，本调研报告得出的统计数据，是在此次调研的基础

上，以我们所能收集到的原始档案、历史文献（包括当年出版的书籍、报刊等）以及亲历者口述访谈为主要依据，同时参考了档案局、地方志、社会科学院等出版的资料图书和科研成果。第二，由于上海在 1932 年即遭日军侵害，因此，此次调研，以 1932 年一二八淞沪抗战为时间始点、1945 年 9 月抗战胜利为时间终点，以上海现辖区为地域范围。第三，除了档案中标明的特殊币种外，本调研报告中所出现的币种，在 1935 年 11 月法币改革前为银元，此后为法币（当时亦称为国币）。当然，由于种种原因，我们目前无法掌握一二八淞沪抗战以后的全部有关资料，对于抗战损失调研课题，有待进一步挖掘史料，不断充实完善研究成果。

（二）抗日战争前及战争中上海的自然条件和社会经济变化

1. 地理位置及行政区划沿革

上海，简称沪，别称申，位于太平洋西岸，亚洲大陆东沿，中国南北海岸中心点，长江和钱塘江入海汇合处。上海境域地势平坦，多数为平原。由于"襟江带海""腹地广阔"等区位优势，上海赢得了"江海通津，东南都会"之美誉。

鸦片战争后，英、法、美三国先后在上海建立租界。此外，租界当局以及公董局还大量越界筑路。1927 年 4 月，南京国民政府成立后，又设上海为特别市，将大片土地划入特别市的范围。为与以前的行政区划有所区别及管理上的方便，市政府将旧市乡一律改称为区，成立了 17 个区：沪南区、漕泾区、法华区、蒲淞区、闸北区、引翔区、殷行区、吴淞区、江湾区、彭浦区、真如区、高桥区、高行区、陆行区、洋泾区、塘桥区、杨思区。

1929 年 7 月，上海市政府划定上海市区外东北方向的 7000 余亩土地，作为新上海的市中心区域，启动实施了"大上海建设计划"。1937 年 11 月上海沦陷后，伪大道政府把原 17 个区调整为市中心区（包括江湾、引翔港、殷行等地）、沪北区（闸北区）、沪西区、南市区、浦东南区、浦东北区和特别区（租界）7区。1943 年 7 月，汪伪国民政府接收法租界，改为第八区；8 月，接收公共租界，改为第一区（以后第八区和第一区合并），将原 6 个区改为第二至第七区。随后，又合并周围各县成立扩大了的上海特别市，辖区分为市区（包括原两租界、南市、闸北、沪西等）、郊区（包括江湾、真如、洋泾、浦东南、浦东北等）、县区（包括原属江苏省的南汇、奉贤、川沙、嘉定、宝山、崇明等县）。

抗战胜利至上海解放后，上海行政区划几经变更，到 2002 年底形成了 18 个区、1 个县（浦东新区、徐汇区、长宁区、普陀区、闸北区、虹口区、杨浦区、黄浦区、卢湾区、静安区、宝山区、闵行区、嘉定区、金山区、松江区、青浦区、南汇区、奉贤区、崇明县）。本课题的调研就在上述区县范围内进行①。

2. 人口的变迁

自开埠以来，随着经济的繁荣，上海人口以超常的速度激增膨胀。1900 年城市人口就超过了 100 万，此后一直位列中国人口第一大城市。1920 年，上海人口排在世界城市的第 8 位，由此进入世界人口最多的特大城市行列。1930 年上海人口突破 300 万，不仅是中国的特大城市，而且跃升为远东的第二大城市。1936 年，公共租界人口为 118 万余，法租界人口为 47 万余，整个上海地区人口超过 391 万。

1945 年抗日战争胜利之际，整个上海地区人口降到 337 万余人，较之 1937 年全国抗战爆发前夕，减少了近 55 万人。

3. 社会经济发展

上海租界畸形的繁荣，在开埠后数十年间盛极一时，已使其跻身全国前列。1927 年上海成为特别市后，在 1930 年、1936 年出现两次经济高峰，贸易、金融、商业、工业等行业发展迅猛，并最终奠定了上海在全国贸易、金融、工商业中的中心地位，成为多功能经济中心城市。

（1）贸易。早在 20 世纪 20 年代，上海的对内、对外贸易就在全国占有十分重要的地位。进入 30 年代，上海进一步树立起贸易中心的牢固地位，并带动了金融、工业、交通运输等各行业的快速发展。1931 年，与上海有外贸往来的国家和地区增加到 44 个，遍布世界各大洲各主要区域②；1936 年上海的贸易额占全国的 55.53%③。同时，上海与全国各地的中心城市有着密切的贸易往来。1936 年，上海的埠际贸易值已达 8.91 亿元④，高居全国之首。上海还是国内各

---

① 2009 年，南汇区并入浦东新区，2011 年卢湾区并入黄浦区。本课题仍按原 19 个区县开展调研。
② 熊月之主编：《上海通史》第 8 卷，上海人民出版社 1999 年版，第 43 页。
③ 张仲礼主编：《近代上海城市研究》，上海人民出版社 1990 年版，第 123 页。
④ 为法币。1935 年 11 月法币改革前，1 元为 1 银元；改革后 1 元为 1 元法币。下同。

地与国外贸易的中转站，国内其他港口城市进口的洋货大多经由上海输送内地。

（2）商业。除1932年因日本侵略、外贸低落，商业遭受损失而一度萧条外，上海商业在八一三淞沪抗战前十年基本处于繁荣时期。据1936年有关部门对市区一定范围内商业的统计，市区甲乙两种商业共有36926家，涵盖55个行业①。1936年，四大公司——先施公司、永安公司、新新公司、大新公司已先后成立并成为上海商业的龙头，更是将整个上海商业水准提高到一个新的高度。上海人口的激增，消费的扩大，促进了商业的集中发展，形成了不少著名的商业区，如福州路的书报业和文化娱乐业、广东路的古玩业、北京路的五金业等，南京路、霞飞路更是有名的综合性商业中心，进一步奠定了上海商业在全国的领先地位。

（3）金融。20世纪30年代，上海金融业保持着较快的发展速度，不但是中国的金融中心，更成为远东金融中心之一。全市拥有300多家金融机构，近60%设在黄浦滩路、九江路等6条比较繁华的马路上，具有高度集中的特色②。其中，外资银行28家，占全国外资银行总数的33%；华资银行182家，其中总行有58家（包括总部迁移来沪的中国、交通、金城、盐业等大银行），占全国总行总数的37%；分支行124家，占全国分支行总数的9%③。58家总行中有28家银行在全国各地开设分支机构，形成一个全国性的金融网络。众多的金融机构吸引了大量社会资金，据统计，1936年，全国27家重要银行存款总额达到40亿元，其中上海的存款估计达19亿元。这一时期，上海已形成由拆借市场、票据市场、证券市场、内外汇市场、黄金市场等组成的比较成熟的多功能金融市场。上海证券交易所1934年债券成交额高达47.7亿元；黄金市场交易量仅次于伦敦和纽约。上海金融市场对全国金融业有着巨大的影响力，上海银根紧松，往往会引起埠际银根的紧松和埠际汇价的涨落；全国各地的汇兑、利率等均以上海行市为决定当地市的依据④。

（4）工业。上海是中国大机器工业产生较早、发展较快的城市，也是民族工业出现最早、最为集中的地方。20世纪30年代，上海工业在不断向前发展中出现许多新的景象。首先，工业总产值持续增长，并创历史最高纪录。从1925年到1936年，上海工业产值保持着6.53%的年平均增长率，1936年全年总产值

---

① 熊月之主编：《上海通史》第8卷，上海人民出版社1999年版，第63页。
② 张仲礼：《近代上海城市研究》，上海人民出版社1990年版，第297页。
③ 陆仰渊、方庆秋：《民国社会经济史》，中国经济出版社1991年版，第329页。
④ 中国近代金融史编写组：《中国近代金融史》，中国金融出版社1985年版，第49、50页。

达到 11.8 亿元，约占全国工业总产值的一半①，达到解放前上海工业的鼎盛时期。其次，工厂数量增多，资本额增大。从 1928 年到 1931 年，上海出现新厂增多、老厂扩充的工业勃兴现象，共新设工厂 1087 家，平均每年新设 271 家，成为上海工业产生以来设厂最多的时期；至 1933 年，资本在 50 万元以上的大型工厂有 70 家②。第三，企业门类增加，分工更为细化。上海工业企业形成了 16 个大类、40 多个细类，除了因受本地区自然资源的限制而缺少一小部分门类外，在全国工业的 16 个大类、200 个左右产品门类中约占 85%③。第四，出现规模较大的新的工厂组织形式——企业公司。这种组织形式集工商、金融为一体，是一个拥有相当资本规模、具有多元化经营业务功能的经济实体，如刘鸿生的中国企业经营股份有限公司。在 20 世纪 20 年代形成的上海民族资本集团，如荣氏企业集团、南洋兄弟烟草公司、永安纺织集团、永久缫丝集团等在 1930 年代大多继续发展。

总之，八一三淞沪抗战前的 10 年，上海经济增长较快，逐步成为中国的贸易、金融、工商业中心。

（三）日本侵略者在上海的主要罪行

抗战时期，上海是日本侵略军铁蹄横行的"重灾区"。在以上海为主战场的两次淞沪抗战中，以及第二次淞沪抗战后的沦陷期，日本侵略者犯下了种种罪行，使人民生命、财产蒙受了巨大损失，对经济、社会发展造成了极其严重的恶果。

1. 狂轰滥炸

在两次淞沪抗战中，日军飞机对上海地区的轰炸规模之大、频率之高、范围之广，为历史所罕见。1932 年，一二八抗战爆发的第二天，日军飞机从清晨 4 时多即开始轰炸闸北地区，持续 10 余小时④。1 月 30 日，《申报》战地记者赶赴闸北，沿虹江路向西，"见公安局五区二分所全被炸毁，西侧儒林里木料厂连房

---

① 《上海研究论丛》第 10 辑，上海社会科学院出版社 1997 年版；黄汉民、陆兴龙：《近代上海工业企业发展史论》，上海财经大学出版社 2000 年版，第 219 页；熊月之主编：《上海通史》第 8 卷，上海人民出版社 1999 年版，第 16 页。
② 上海特别市社会局：《上海之工业》，中华书局 1930 年版，"各业工厂一览表"插页；黄汉民、陆兴龙：《近代上海工业企业发展史论》，上海财经大学出版社 2000 年版，第 87 页。
③ 黄汉民、陆兴龙：《近代上海工业企业发展史论》，上海财经大学出版社 2000 年版，第 26、99 页。
④ 张铨等：《日军在上海的罪行与统治》，上海人民出版社 2000 年版，第 15、16 页。

屋百余间，全部焚成焦土。""闸北北南林里内外，大统路底，共和新路口，遍地尸体累累，以妇女与小孩为多，均为惨无人道之日机炸弹与大炮所击毙者。"① 商务印书馆和东方图书馆也被战火吞噬。此后，日机继续对闸北、沪西、江湾、吴淞等地区轮番轰炸。从1月29日至2月28日，仅真如地区遭日机空袭轰炸就达41次②，最多时一天轰炸4次，死伤百余人。在高等学校比较集中的吴淞地区，17所学校被炸成废墟。中国公学十分之六的校舍毁于炮火；吴淞商船学校被全部炸毁；中央大学医学院被炸毁一半。

八一三淞沪抗战中的轰炸更为惨烈。从战役开始至9月下旬，日军用于上海战场的飞机多达200架，杨浦、闸北、江湾、吴淞、宝山、真如等地的城乡建筑，几乎全部被炸成废墟。

日机对上海的轰炸不仅在华界地区，租界、市郊村落、周边县城、农村，无一幸免，造成大量的平民伤亡。在租界，8月14日下午3时许，两颗炸弹正落在南京路外滩，一颗炸毁了汇中饭店（今和平饭店南楼）的屋顶，另一颗则将华懋饭店（今和平饭店北楼）门前的马路炸了一个大洞穴，造成"南京路外滩惨案"。其中死亡729人，受伤者865人。当日，约4时半，飞机堕弹又落于爱多亚路与虞洽卿路（今延安东路与西藏路口）大世界游戏场门前，再次酿成惨剧——"大世界惨案"，共炸死1011人，1008人受伤。8月23日下午1时零5分，日机在南京路、浙江路口扔下1枚炸弹，大新公司（今市百一店）至三友实业社一带的玻璃橱窗及霓虹灯均被震毁；先施公司（今上海时装公司）等52座建筑物及货物等被炸毁，炸死215人、炸伤570人，史称"南京路先施公司惨案"。据《1937年上海公共租界工部局年报》第187页"八一三战时上海几大惨案"表统计，截至10月12日，公共租界居民中因流弹而死伤者已逾5000人，其中死亡2057人，伤2955人。其死亡人数较一二八时期多33倍，受伤人数较一二八时多13倍③。

在市郊，8月31日，日机轰炸杨行汽车站，死亡200余人④；9月5日，日机轰炸北新泾，死百余，伤300人⑤。在嘉定，因日机不断轰炸扫射，从8月17

---

① 《申报》1932年1月31日报道。
② 普陀区抗战损失调研课题组：《普陀区抗战损失调研报告》，2015年4月，中共普陀区委党史研究室存。
③ 《立报》1937年10月21日报道，转引自上海社会科学院历史研究所编：《"八一三"抗战史料选编》，上海人民出版社1986年版，第89页。
④ 《倭寇残酷行为写真》，转引自上海社会科学院历史研究所编：《"八一三"抗战史料选编》，上海人民出版社1986年版，第90页。
⑤ 《立报》1937年8月29日报道，转引自上海社会科学院历史研究所编：《"八一三"抗战史料选编》，上海人民出版社1986年版，第83页。

日至 10 月 7 日，全县死 4000 余人，伤 1.7 万人，大批房屋被毁①。

日机还轰炸难民集结区域，8 月 28 日，日军 12 架飞机轰炸上海南站，在车站候车难民死伤六七百人②；9 月 8 日，松江车站一列难民列车被炸，死亡 300 余人，伤 400 余人③。

2. 纵火焚烧

一二八淞沪抗战期间，日军大肆焚毁商铺、学校、医院、作坊、工厂等，大量掠夺民间财物后又焚烧民宅。1932 年 2 月 3 日，日本兵及其指使下的汉奸烧毁了欧嘉路（今海伦路）房屋 30 余间、北四川路青云里房屋 4 间及广兴里部分房屋，烧毁了狄思威路（今溧阳路）子祥里施源茂花衣厂等处房屋 42 间。2 月 10 日，一队日军冲入持志学院，先用机关枪扫射，随即纵火焚烧，将持志学院新建校舍等全部付之一炬④。22 日，位于北四川路底（今四川北路）的中华学艺社，被日本兵纵火烧毁了价值 30 万元的图书和数十种待印的著作稿件，及 1000 余册私人珍藏的书籍。位于江湾西体育会路的国立中央大学商学院，刚建成一年的新校舍全部被日军焚毁，包括宋元明版在内的 4 万册中西文藏书及大量仪器设备全部损失殆尽⑤。3 月 2 日，日军占据真如地区后，以暨南大学为据点，日军便衣队、汉奸四处活动，搜捕烧杀，附近四乡有 40 余处被焚。

八一三淞沪抗战期间，8 月 17 日，日军在引翔镇败退前，肆意烧杀，全镇一片火海。10 月 27 日，日军侵占闸北后，随即以三五人为一队，沿街挨家挨户一路纵火，以致苏州河北大火彻夜不熄，1 公里外就能看到火焰。11 月 12 日，日军占领南市后，立即到处纵火，大火在 10 余处同时燃烧，整整烧了 5 天，偌大的南市仅剩下 2000 多幢还算完整的房屋⑥，上海百年老城厢变成了火窟，到处是断壁残垣。此外，在上海建设计划中已初具规模的新市区，也被战火烧成一片废墟。

在农村，日军所到之处也是一片废墟。日军在金山卫登陆后，在登陆地区就

---

① 上海市嘉定县县志编纂委员会：《嘉定县志》，上海人民出版社 1992 年版，第 21 页。

② 《立报》1937 年 8 月 29 日报道，转引自上海社会科学院历史研究所编：《"八一三"抗战史料选编》，上海人民出版社 1986 年版，第 80 页。

③ 《申报》1937 年 9 月 9 日报道。

④ 见本书第二部分专题之二，庄志龄：《抗战时期上海教育文化事业的损失》。

⑤ 《国立中央大学商学院呈教育部文》，1932 年 3 月 14 日，上海市档案馆馆藏档案，档案号 Q246 - 1 - 149，第 19 页。

⑥ 《申报》1937 年 11 月 15 日报道。

毁灭房屋 3059 间①。金山塔港是日军第一个偷渡登陆点，该地增丰村共 1024 间房屋，被烧毁的就有 1023 间。

3. 残杀无辜

日本侵略者对手无寸铁的平民施展枪击、刺杀、砍头、肢解、剖腹、水淹、火烧、活埋等残忍手段，暴虐行径令人发指。一二八抗战爆发后，日军在盘踞的虹口地区任意搜捕、杀戮平民。1 月 29 日至 2 月 3 日，北四川路一带被日军枪杀者不下 40 余人，捕去不知下落者更多。日军司令部所在的三元宫内关押 300 余人，日军任意用铁棍毒打，用刀刺杀，被打者轻则血流满面，重则骨碎目突，有的胸腹被割破，肠流血涌，满地哀号，死状极惨。黄浦码头的铁驳船上，135 人被双手反缚，蜷缩舱中，血染全身，两天内就有 70 人被日本兵押上码头斩首或枪毙。广东戏院、东洋影戏馆共关押了 1100 余人，十来天内仅广东戏院被杀者就约有 200 人。抗战期间，日军一路屠杀手无寸铁的中国居民，并制造了多起惨案。2 月，江湾镇附近方浜村、景德观、张家巷、夏家塘等被日军集体屠杀者达 200 余人②。2 月 20 日，日军进攻吴淞、庙行，在淞南一带杀死村民 64 人；3 月 3 日，日军血洗嘉定斜泾村，将该村未及逃避的男女老幼 27 人，集中枪杀在河滩边。

八一三淞沪抗战期间，日军进占虹口、杨浦、闸北等地后，封锁了所有通往外界的道路，对占领区平民进行肆意屠杀。1937 年 8 月下旬，300 余名难民在百老汇路（今大名路）被日军所阻，壮年被机枪扫射，想逃者被剖腹挖心，仅剩 40 余人幸免于难。25 日，难民 230 人经过元昌路（今礼陵路），日军抢掠财物，集体屠杀近百名青壮年等③。26 日，在兆丰路（今高阳路）、百老汇路，日军强迫居民集结路口后用机枪扫射，二三百人遇难④。9—10 月，上海市医院（今长海医院）和市卫生试验所被日军侵占后改为陆军医院，为此，日军竟在深夜将市立医院的 100 多名中国病人活埋在医院附近的周家村西面（今长海医院北面）。上海沦陷后，11 月 12 日，日军将方浜路益安里未来得及逃出的难民 40 余人强行驱至弄堂内，用机枪扫射击毙。

---

① 中央党史研究室第一研究部：《抗日战争时期全国重大惨案》（4），中共党史出版社 2014 年版，第 2 页。
② 上海市宝山区史志办公室编：《泣血吴淞口》，上海社会科学院出版社 2000 年版，第 810 页。
③ 《大公报》1937 年 8 月 26 日报道，转引自上海市档案馆编：《日本帝国主义侵略上海罪行史料汇编》（上编），上海人民出版社 1997 年版，第 157 页。
④ 《申报》1937 年 8 月 26 日报道，转引自上海市档案馆编：《日本帝国主义侵略上海罪行史料汇编》（上编），上海出版社 1997 年版，158 页。

日军在宝山等地登陆后，对上海平民的屠杀几乎到了疯狂的地步。8 月 23 日，日军在宝山小川沙等处登陆，其后 3 个多月内仅在罗泾地区就杀害平民 2244 人，其中老弱妇孺近 70%[①]。据不完全统计，仅 9 月 12 日一天，日军就在杨行镇的杨东、西浜、钱湾、大黄、湄浦、杨北、城西二村等地，用枪杀、烧杀、炸杀、刀杀、刺杀等手段，杀死平民 331 人（经查实有姓名者）。

在金山，日军 11 月 5 日登陆后，在金山卫镇杀死平民 1015 人；6 日，在松隐镇疯狂屠杀当地平民 175 人；在山阳镇及四乡村落枪杀当地农民群众 280 多人；在张堰镇疯狂屠杀当地平民百姓 200 多人。在朱泾镇和廊下镇及周围四乡杀死当地平民 110 余人。11 月 8 日，日军血洗枫泾镇，有 110 多名同胞被杀[②]。

在沪西，日军 10 月 28 日侵占桃浦地区，春光村被杀害 500 多人[③]。11 月 12 日，日军于华漕陈思桥"三丫叉"塘附近枪杀百姓 30 人，抛尸塘中，水赤如染。14 日，日军在八字桥集体屠杀村民及避难在此的两名国民党军人共 33 人，制造了骇人听闻的"八字桥惨案"。12 月，日军在诸翟谢岗头、观音堂等地杀手无寸铁之民 116 人[④]。

日军还无视国际公约，公然屠杀救死扶伤的红十字会员。8 月 23 日，在宝山罗店，中国红十字会第一救护队副队长苏克已在抢救受伤空军战士时被日军碎尸 6 段，另 3 名救护队员遭到枪杀。

4. 蹂躏妇女

一二八抗战爆发后，日军在侵占虹口期间，日本兵及日本浪人闯入民宅，肆意侮辱妇女，甚至在光天化日之下奸污妇女。1 月 31 日，"六三"花园内 40 余名日本便衣队员，对劫来的 3 名女学生进行轮奸，致死 2 人，受伤 1 人。被日本兵拘捕于三元宫内的妇女，被迫脱去全身衣服在地面旋滚，日本兵或骑其背，挞其身，以为笑乐，或将妇女两手反缚于凳子、柱子上，轮流奸污，稍一违抗，即被倒吊横梁，用小刀割去乳头，遍刺体肤。关押在东洋大戏院内的 10 余名妇女每晚被日军长官带出奸宿，无一幸免。2 月 21 日，江湾孟家宅附近一批中年妇女被日本兵轮奸后，还被刀斩四肢或割各部位。据《时事新报》1932 年 2 月报

① 调查组：《关于遇难者人数的说明》，中共宝山区罗泾镇委员会、宝山区政协学习文史委员会、宝山区史志办公室编：《罗泾祭》，1997 年印，第 179 页。
② 中央党史研究室第一研究部：《抗日战争时期全国重大惨案》第 4 卷，中共党史出版社 2014 年版，第 1 页。
③ 嘉定县桃浦乡志编写组：《桃浦乡志》，上海科学普及出版社 1995 年版，第 134 页。
④ 张铨等：《日军在上海的罪行与统治》，上海人民出版社 2008 年版，第 112 页。

道，日军在吴淞侯家木桥轮奸妇女 18 人；在江湾，凡未逃出村的妇女，均遭强奸，且事后被杀戮，致触目皆是裸体女尸。

八一三淞沪抗战期间，日军的奸淫暴行有过之而无不及。9 月 23 日，日军把被其奸淫过的一批中国妇女押往麦根路车站附近，强行脱光她们衣裤，逐一用绳捆绑，浇上汽油，活活烧死。甚至孕妇、女童、老妇也未能逃脱日军的魔掌。沙积村妇女阿巧，怀孕 8 个月，被日军轮奸而死。11 月 5 日，日军冲到金山吕巷六桥村 7 组，抓住只有 13 岁的姚秀宝拖到屋内进行轮奸致死。山阳镇仅倪家、卫东、杨家、海光四个村，遭到日军野蛮强暴奸污的妇女就有 120 多人，不少妇女因奋起反抗当场就被日军杀死。绝大多数妇女被强暴后惨遭杀害。12 月，日军入侵新泾镇程桥地区，大肆洗劫村庄、凌辱妇女。住在太平桥太东 76 号顾杏泉的祖母，当年已 80 岁，因行走不便，没有逃避，被日军蹂躏致死。

日军侵占宝山后，曾包围月浦大徐宅，把全宅妇女围在一起，逼令她们脱去衣服，赤身裸体站在一起，日军拍手狞笑，接着在四周堆上柴草后放火焚烧，惨号声远闻数里。江湾乡徐家巷一年轻妇女被 5 名日军轮奸，受尽污辱和摧残，吃明矾自尽。张桥乡徐某之妻已 70 多岁，遭日军奸污后，还要她交出 10 块银元，因拿不出，被绑在树上刺死。杨东乡同心村殷某之妻 30 多岁，曾两次遭日军轮奸，一次 7 人，一次 12 人，因此得病身亡。罗店义品村谢家宅吴阿七一家 7 人，17 岁的女儿被日军轮奸后绑在毛竹上，用腰刀剖肚杀死，其余 6 人被日军砍头。该村吴某之妻怀孕临产，遭奸后，被剥光衣服用腰刀剖肚，挑出胎儿，其状残忍至极。据解放初的不完全统计，八一三抗战中，宝山全县被日军强奸、蹂躏的妇女达 1672 人。考虑到中国人对这类事件不愿声张的传统观念和人员的频繁流动，实际数要远远大于此数①。

在沦陷后，仍不断有妇女被强暴。1937 年，金山张堰镇 20 多名妇女逃进百家村天主堂避难，被日军发现后，无一幸免地惨遭强奸，事后都被杀害②。1938 年 1 月 28 日，大批日军冲入闵行镇上的难民收容所，将该所妇女 500 余名一一奸污③。

日军还在上海设立"慰安所"，掳掠诱迫中国、朝鲜妇女充当军妓，使她们成为日军蹂躏发泄淫欲的工具。上海是日军"慰安所"存在时间最长、最集中，

---

① 上海市宝山县县志编纂委员会：《宝山县志》，上海人民出版社 1992 年版，第 806 页。
② 金山区抗战损失调研课题组：《金山区抗战损失调研报告》，2015 年 4 月，中共金山区委党史研究室存。
③ 《敌淫污闵行妇女五百名》，《申报》1938 年 2 月 1 日报道。

也是目前所知数量最多的城市。早在 1931 年 11 月，日本驻上海海军当局已在虹口一带设立特别"慰安所"，其中"大一沙龙""慰安所"一直延续到抗战结束。1938 年 1 月，在翔殷路北侧的东沈家宅，日本华中方面军的东兵站司令部挂出了"杨家宅娱乐所"的木牌，这是第二次世界大战中第一个日军正式经营的"慰安所"。自此，日军当局便大规模地在上海开设"慰安所"，开始有组织地进行一种更为罪恶的奸淫侮辱妇女的勾当。根据对日军人数和"慰安所"规模的研究推断，在上海的"慰安妇"总人数可能在 24000 人以上，其中中国"慰安妇"有 12000 人左右[1]。

被掳掠的"慰安妇"如置身火坑，悲惨至极。在虹口大旅社的"慰安所"，日军囚禁大批中国妇女，逼迫她们一丝不挂，并在身上烙上号码，昼夜供日军蹂躏。在横浜桥边一银行旧址设立的"慰安所"，中国妇女数百人被关在楼下，自十七八岁至 30 来岁，皆一丝不挂。日本兵穿梭期间，任意奸污，有不从者，皮鞭立至。楼上也关有数百名三四十岁的妇女。一位侥幸被救出的妇女王氏告之，自被掳入内，每日至少遭十次以上之蹂躏，被掳女子入内后大多自愿绝食，不数日即毙命。许多妇女被蹂躏致死后，日军又掳掠新的来补充，以供发泄兽欲[2]。日军当局曾规定，一名"慰安妇"必须服务 29 名日军，但有时"慰安妇"一天就要被迫遭受数百男人蹂躏，致使疾病缠身，相当数量的"慰安妇"不堪折磨摧残而死[3]。

5. 恐怖统治

日军占领上海期间，通过暗杀、封锁、"扫荡"等恐怖手段，镇压抗日力量和老百姓，实行法西斯恐怖统治。他们还通过扶植傀儡政权和扩大汉奸特务组织扩张势力，先后成立了伪大道市政府、伪上海特别市政府强化对上海的统治。1939 年春，日军又扶持原国民党特务李士群、丁默邨成立了"特工总部"，位于极司非尔路 76 号（今万航渡路 435 号，以下简称"76 号"），设 11 个行动大队，专门收集各种情报，制造绑架、勒索、抢劫、暗杀事件，残酷杀害上海各界抗日爱国志士[4]。

1938 年 4 月，著名教育家、沪江大学校长刘湛恩因积极参加抗日救亡活动，

① 见本书第二部分专题之三，苏智良：《上海日军"慰安妇"人数调研报告》。
② 见本书第二部分专题之三，苏智良：《上海日军"慰安妇"人数调研报告》。
③ 张铨等：《日军在上海的罪行与统治》，上海人民出版社 2000 年版，第 336 页。
④ 上海长宁区志编纂委员会：《长宁区志》，上海社会科学院出版社 1999 年版，第 1219 页；上海市档案馆编：《日本帝国主义侵略上海罪行史料汇编》（上编），上海人民出版社 1997 年版，第 390 页。

并拒绝出任伪维新政府教育部长而惨遭暗杀。1939年11月，江苏高等法院第二分院（设在租界内）刑庭庭长郁华，因坚持对打砸报馆的"76号"特务判刑，被"76号"派人枪杀。12月，法电工人领袖、共产党员徐阿梅因在工人中组织"星期服务团"支援抗日部队，遭"76号"特务绑架杀害；中国职业妇女俱乐部主席共产党员茅丽瑛，为支援新四军组织慈善义卖会被日伪枪杀。

坚持抗日救亡宣传的上海新闻界也是日伪特务恐怖活动的重要目标。仅1938年2月到3月，日伪特务就向坚持抗日的《文汇报》《大美晚报》送去恐吓信，并两次进行炸弹袭击；申报馆也三次遭到袭击。1939年7月，《大晚报》和中美日报社的十多名工人被打伤；1940年7月，《大美晚报》总编张似旭在南京路一家德国餐馆，被特务用枪射死，经理李骏英、副刊编辑朱惺公也先后被暗杀。1940年7月1日，大光通讯社社长邵虚白被暗杀。7月，上海民治新闻专科学校校长、《新闻报》采访部副主任顾执中遭枪击受伤；《大美晚报》记者、国际版编辑程振章被刺身亡。

上海全面沦陷后，日军继续强化恐怖统治，在租界内到处搜捕抗日力量，两租界共有44处抗日机构、团体被搜捕查封①，文化界的许广平、夏丏尊，工商界的姚惠泉，宗教界的圆瑛法师等爱国人士均被逮捕，受尽折磨。

1941年3月下旬，为推行中储券，日伪特务对租界内的中国、中央、交通、农民等银行制造恐怖袭击、屠杀绑架银行职员、爆炸案等，4天内就有17人被害，伤56人，128人被捕，3人被绑架②。

据不完全统计，1939年到1943年，汪伪特工总部恐吓、暗杀、绑架事件3000余件，不少抗日志士遭其毒手，惨遭杀戮。

日军在占领区内到处设立关卡，动辄戒严、封锁等进行恐怖统治。1940年10月18日，一名日本宪兵在愚园路附近遭狙击身亡，日军两次大范围、长时间严密封锁该处，先后拘捕了近300人③，还将附近居民房屋拆毁，至12月18日，造成4000多人无家可归。1942年2月，日军借口大自鸣钟附近一个日本军人被打死，宣布"沪西发生恐怖事件"，把北起苏州河，南至梅芳里一大片地区封锁起来。3月，日军又封锁药水弄，所有通往药水弄的大小弄堂全被封锁，车辆行人一律不准出入，导致中国居民断绝生活来源，垃圾粪便狼藉满地，疾病流行，15天的封锁期内，饿死、病死或被日军打死的中国人约200人。

---

① 张铨等：《日军在上海的罪行与统治》，上海人民出版社2000年版，第289页。
② 同上书，第212页。
③ 同上书，第217页。

当时在上海郊县活动着共产党、国民党领导的抗日武装以及各种民间自发的抗日组织，与日伪开展抗日游击战。日军为维护其侵略统治，不断集中兵力对这些地区进行"围剿""扫荡"。仅青浦金泽地区 106 个村庄遭受日军"扫荡""清乡"就达 150 多次，制造了众多惨案。1940 年 4 月 14 日至 27 日，数千日、伪军对青东游击区（包含今青浦、松江、闵行、嘉定的部分区域）进行"扫荡"，该区域 5000 余村庄遭洗劫，被杀害者 803 人，其中老幼妇孺占大多数①。仅青浦 4 个镇的 34 个村，就有 725 人被害，2084 间房屋被烧毁②。同年 7 月 30 日，日、伪军包围崇明竖河镇，将居民逼往镇北首城隍庙（又名新庙）内，逼令交出抗日游击队，随即开枪屠杀，并放火焚烧集镇房屋。两天内，总计屠杀无辜平民 60 多人，伤 20 多人，烧毁集镇市房、民房计 2000 多间，制造了震惊岛内外的"竖河镇大烧杀"③。在此前后，日、伪军在崇明 18 个集镇共计烧毁民房 3400 多间，屠杀民众 260 多人，伤 100 多人④。

6. 经济掠夺

日本侵占上海，意在掠夺上海及长江下游地区的经济资源，从而使中国成为它的经济附庸。在抗战期间，日军以各种形式巧取豪夺，对上海的工厂企业、交通设施、公用事业等有计划有重点地进行破坏和洗劫，加紧掠夺与统制上海经济，实现其"以华制华""以战养战"的目的。

（1）金融方面

一是发行军票，充当华中日军主要经费来源。军票，又称军用手票，是日本侵华军队在中国占领区开支经费的一种支付凭证。早在一二八抗战期间，日军就已经在上海使用过军票。八一三淞沪抗战时，日军再次大规模使用军票。1937 年 10 月 22 日，日本内阁颁发《军用手票发行要纲》，主要规定有，军用手票的发行用于中国派遣军军人军属薪金、薪俸以外的支出；军用手票暂不与

---

① 张铨等：《日军在上海的罪行与统治》，上海人民出版社 2000 年版，第 265 页。
② 青浦区抗战损失调研课题组：《青浦区抗战损失调研报告》，2015 年 4 月，中共青浦区委党史研究室存。另据上海市青浦县县志编纂委员会编：《青浦县志》，上海人民出版社 1990 年版，该地被杀害 915 人，烧毁房屋 2287 间。
③ 据 1958 年 12 月 2 日崇明县人民法院刑事判决书 58 刑审字第 670 号，中共崇明县委党史研究室保存复印件。
④ 此据 1959 年 1 月 25 日崇明县人民法院布告，转引自《崇明县抗战损失调研综合报告》，中共崇明县委党史研究室存。

日元交换等。次日，500 万元日军票正式发行。且其发行时明确该军票一无发行准备，二无发行银行，三不用政府任何资金，仅承担印刷和运输费用。这"三无"特征，充分暴露了其侵略掠夺性。军票发行后，经过"军票与日元并用""军票上海地域化""军票华中一体化"等阶段，由日军票各类价值资金和各类物资配售组合协作，以上海地区为中心，至 1943 年 12 月 1 日，日伪实施所谓"中储券回收军票统一货币"，全国发行总量达到 640750000 元，流通总量达到 298375000 元，准备金总量达到 342375000 元。日军票在全国抗战期间，其发行流通时间长达 6 年 4 个月，区域广及华中及华南部分省、市。它在日军筹措军、政费以及打击法币、发行伪币等经济掠夺中，日军自谓："军票起着主体性作用"，在侵华日军军政费用中占到 60% 以上。日军票发行，在"上海地区一体化"后，对上海的银行、工厂、商店及至各类机构、团体包括城乡市民都不啻是一种浩劫。仅 1937 年 10 月，日军规定的军票与法币汇率101.5∶100，至 1941 年 12 月已升至 18∶100，四年间军票与法币汇率就上升了近 6 倍，这就对上海经济掠夺、破坏造成了难以统计的损失。日军票在上海及华中地区的发行、流通，是日军"以战养战"政策最本质性的表现。

二是攫取税款收入，用于军费开支。日军占领上海后，首先觊觎的就是海关税收。由于江海关属英国管理，日本与英国签订了非法的关税协定，鲸吞了大量中国关税。仅 1938 年 6 月至 1939 年 3 月，日本"扣留"的江海关税收就超过 1亿元①。1938 年日伪当局在上海设立盐务管理局办理征收盐税事宜，当年被日伪侵吞 8520 万元②。海统税局（后改为苏浙皖税务总局）直属日本华中派遣军特务部，每月税款缴特务机关。关税、盐税、统税三大税收大部分为日本攫取③。日军占领租界后，上海各银行所存的中国政府税金 884900.12 美元也被日军强令移交日本横滨正金银行④。此外，日伪当局还设置各种苛捐杂税、发行库券公债进行强取豪夺，仅伪上海市政府就有 50 多种。

三是滥发伪币，强行流通。日本操纵傀儡政权，在上海设立伪银行，发行伪币以进一步掠夺上海经济，破坏中国的抗战金融体系。1939 年 5 月，在上海虹口成立"华兴商业银行"，发行伪"华兴券"，规定华兴券与法币的比价为1∶1.55，以促使法币贬值⑤。汪伪政府成立后，在南京设立中央储备银行，但

---

①② 黄美真主编：《日伪对华中沦陷区经济的掠夺与统制》，社会科学文献出版社 2005 年版，第 41 页。原文中货币单位为"元"，当是法币。

③ 同上，第 42 页。

④ 上海市档案馆编：《日本帝国主义侵略上海罪行史料汇编》，上海人民出版社 1997 年版，第 24 页。

⑤ 张铨等：《日军在上海的罪行与统治》，上海人民出版社 2000 年版，第 169 页。

它的上海分行实际处于总行地位①。日伪在上海还先后设立上海复兴银行、上海中亚商业银行、上海市民银行等②。中央储备银行发行"中储券",当时虽然规定中储券与法币等价流通,但限制法币使用范围,停止发行华兴券。为推行中储券,日伪规定拒用中储券者处以3—10年有期徒刑,汪伪特务给许多商店送去恐吓信,并用中储券到各商店持枪强行购物。1942年5月,伪财政部宣布禁止旧法币流通,以二比一兑换中储券,将上海和沦陷区人民手中的货币和银行存款夺去了一半,法币基本退出上海流通领域。

四是劫夺银行资产和储户财产。1941年7月,日军借口检查军火、烟土等,会同法捕房搜查位于法租界外滩的中央银行所租库房,将该行所存的物品全数拿走,其中辅币券、铜镍币等约90万元③。太平洋战争爆发后日军占领租界,即对租界内中国和英、美等国所谓"敌性银行"实行军管。至1942年4月21日,上海盐业、四明、金城、大陆等20家银行移交日本正金银行的款项即有576656.92元④;中国、交通两行的币值稳定基金4.7亿元,重达3.2吨的70万枚硬币;新华、大陆等13家商业银行外币美金存款130余户,共716940元美金⑤;农民银行现钞2080851.1元及大量黄金、银块等均被日军劫夺。日本从英、美等外国银行劫夺的财产数额更为巨大,据日军自己调查统计,总额高达近11亿元⑥。

(2) 产业方面

一是强占上海重要经济部门。与军工生产关系密切的造船、机器工业是日军攫占的重点,如黄浦江两岸的13家中国造船企业全部为日军占领和控制。公用事业、交通运输、码头设施等都被宣布为敌产予以没收,其他行业也在劫难逃。据日本满铁会社上海调查科的统计,到1940年2月,共有211家华资工厂被日本侵略者侵占⑦。

二是实行经济统制,以垄断经营实施经济掠夺。1938年,日军擅自将其军

① 李峻:《日伪统治上海实态研究》,中央编译出版社2004年版,第123页。
② 黄美真主编:《日伪对华中沦陷区经济的掠夺与统制》,社会科学文献出版社2005年版,第137页。
③ 上海市档案馆编:《日本帝国主义侵略上海罪行史料》,上海人民出版社1997年版,第12页。
④ 同上,第15页。
⑤ 张铨等:《日军在上海的罪行与统治》,上海人民出版社2000年版,第385页。
⑥ 张铨等:《日军在上海的罪行与统治》,上海人民出版社2000年版,第386页。原文货币单位为"元",当是法币。
⑦ 张铨等:《日军在上海的罪行与统治》,上海人民出版社2000年版,第241—244页。

管理的公用事业、交通运输等企业低价折算后作为中方的投资，与日方合作，在上海分别成立了华中铁矿株式会社、华中水电股份有限公司等 8 家所谓"中日合办"的国策公司。这些公司均享有垄断经营权，日本藉此控制上海的交通、运输、水电、通信及其他重要经济部门。同年 11 月，根据日本议会通过的"华中振兴公司法"组建的华中振兴公司成立，总部设在上海。该公司成立后，上述 8 家公司成为其子公司，之后又先后成立了大上海瓦斯等 7 个子公司和 2 个组合，成为日本进行产业经济统制和垄断的主要组织形式。

（3） 物资方面

日军占领上海后，组织了专门掳掠物资的"清扫班"，对占领区内幸存工厂、商店的机器设备、原材料、存货等进行洗劫"清扫"，苏州河一带的五金商店所堆存的钢铁材料被大肆掠夺，被迫停业。同时，日军对上海施以严格封锁，防止物资外流，非经许可，所有进出上海的主要物资一概不能移运[①]。太平洋战争后，日本对战争物资的需求骤增，日军实行全面物资统制，对粮食、汽车、五金、橡胶等 18 类重要物资进行移动管理和登记，专供日伪征用、征购或指定"捐献"。以后又对糖、盐、油等生活必需品实行统制，甚至规定居民每户半年内只能购缝衣针 2 枚。1943 年，汪伪当局先后成立了米粮、棉业、粉麦、油粮、日用品等各种专业的统制委员会，直接为日军掠夺效劳。仅上海铁业同业公会在北苏州路、浙江路一带商号，在 1941 年 12 月 25 日一天，就被日军"征用"去各类钢材 4800 余吨，而支付的货款仅为当时市价的 20%—30%[②]。

粮食、棉花、纱布是日军严格控制的重要物资。1939 年起日军在青浦、松江等产粮区强征军米，1940 年，又将上海郊县的青浦、松江、金山划为军用米采购区，规定除自用外，所有米粮全部由指定日商收购，充作日军军粮。到抗战胜利，青浦全县被强征大米 195 万石。为保证军米供应，日军还用竹篱笆、铁丝网设置封锁线，严禁往市区贩米。日军对米粮的严格控制，导致上海严重米荒，在沪西、虹口、浦东以及公共租界多次发生抢米风潮。市民因贩米、带米而致死致残的达数百起[③]。

---

① 李峻：《日伪统治上海实态研究》，中央编译出版社 2004 年版，第 119 页。
② 张铨等：《日军在上海的罪行与统治》，上海人民出版社 2000 年版，第 366 页。
③ 同上，第 372 页。

日本除了物资的掠夺，还进行资源的掠夺。如强占土地、房屋为军用。据战后调查，日军和日本恒产公司在上海共侵占土地 161976 亩，其中约 90% 为无偿占用，其余的也是补偿不足①，造成大量村庄被毁，百姓流离失所。

总之，日本对上海的经济掠夺囊括了经济生活的全部，破坏了上海经济的正常发展，使民族工商业遭受严重摧残。1943 年上海市民族资本工厂倒闭了三分之二，物资匮乏，物价飞涨；从 1941 年 12 月到 1945 年 8 月，物价上涨5490 倍②。

7. 文化摧残、破坏

日本侵略者大肆破坏中国的文化教育事业，以瓦解中国人民的民族意识，维护其殖民统治。在抗战时期，日军即有意识地破坏上海的学校等教育文化设施。一二八淞沪抗战时期，上海百余所学校遭受了直接的战争破坏，许多校舍、图书馆因被毁严重，相继停办，全市师生中 24% 的教师和 62% 的学生失业失学③，上海教育事业受到沉重打击。八一三淞沪抗战爆发后，上海有 92 所文化机关和各类学校遭到日军飞机的袭击，其中遭全毁的占 75%。

太平洋战争爆发后，日军进占租界，更是大肆破坏和掠夺中国文化资源。1941 年 12 月 19 日，商务印书馆、中华书局、世界书局、大东书局、开明书店等被日军搜查，抢劫大批存书。

另外，各类文物及各种碑、墓、塔等古物古迹遭破坏劫掠的也不在少数，仅市博物馆迁入租界后被毁的各类文物就达 16568 件（不含战时被破坏的文物）④，著名的龙华古寺等古文物建筑群都遭日军破坏焚毁。

日军还极力控制报刊广播出版等舆论阵地，传播奴化文化。日军刚进占上海，就悍然宣布接管原中国当局行使的报刊监督与检查权，强占上海新闻检查所，对租界内华人办的华文报纸强行实施新闻检查，在日本侵略者和租界当局双重压迫下，许多华文报纸毅然宣布停刊。据 1937 年《上海公共租界工部局年报》载：自 11 月华军退出上海后至 12 月 31 日，"出版物之停刊者共 30 种，通讯社之停闭者共 4 家，包括中国政府机关之中央通讯社在内。"《申报》《新闻报》，由日军陆军报道部"代管"。日军当局还管制了邮政、电报、广播等机构。

---

① 张铨等：《日军在上海的罪行与统治》，上海人民出版社 2000 年版，第 488 页。
② 中共上海市委统战部：《中国资本主义工商业的社会主义改造》（上海卷），中共党史出版社 1993 年版，第 6 页。
③ 上海撤兵区域接管委员会编：《上海撤兵区域接管实录》，商务印书馆 1933 年版，第 136 页。
④ 见本书第二部分专题之二，庄志龄：《抗战时期上海教育文化事业的损失》。

这个时期成为上海新闻事业发展史上最为黑暗的年代①。

日本侵略者还推行毒化政策，大肆种毒、贩毒，通过毒品对中国人民进行精神和肉体的摧残，削弱群众的反抗意志。伪上海市大道政府成立后，秉承日军意旨，发布的第一份通告就是征收鸦片烟税②。日军把上海郊区的川沙、南汇两县作为罂粟种植区，规定农作物的比例是"五稻四棉一罂粟"，逼迫农民栽种罂粟，把鸦片浆交由禁烟局验质收购③。1939 年，华中"宏济善堂"在上海成立，华中各地设 400 家分店，成为日本在中国的最大贩毒机构④。日本的毒化政策，造成上海毒品泛滥。仅南汇年销烟土约 18000 两，毒物约 11600 两，吸毒人员 10059 人，中毒死亡 18 人。闹市区的曹家渡、静安寺路、九亩地、南阳桥、闸北、沪南等地，无一处不是烟馆林立。1943 年 1 月伪当局统计，上海全市有公开的烟馆 235 家⑤，1943 年上海登记的烟民有 20 余万人，因吸毒而破产的商民逾数千户⑥。

（四） 抗战时期上海人口伤亡情况

抗战期间，日本侵略军两次进攻上海，侵占后实施了残酷的统治，导致上海平民伤亡惨重，人口伤亡情况复杂。根据此次调研统计的分类规定，抗战人口伤亡包括直接人口伤亡和间接人口伤亡。直接人口伤亡主要指由于日军或受日军指使的傀儡武装直接轰炸、炮击、枪杀、奸淫等造成的人口死亡、受伤或失踪。间接人口伤亡是指由于战争的影响而造成的人口死亡、受伤或失踪，主要包括三大类人员，即被俘捕人员、难民⑦和劳工。需要说明的是，被俘捕人员、难民和劳工中确定死亡、受伤、失踪人员归入间接人口伤亡，对于死伤不明或无死无伤无失踪的三类人口，不予统计。

据汇总统计，在抗战时期，上海人口伤亡（平民伤亡）总数约为 366301

① 《上海新闻志》编纂委员会编：《上海新闻志》，上海社会科学院出版社 2000 年版，第 9、10 页。
② 熊月之主编：《上海通志》第 10 卷，上海人民出版社、上海社会科学院出版社 2005 年版，第 7169 页。
③ 苏智良：《中国毒品史》，上海人民出版社 1997 年版，第 421 页。
④ 熊月之主编：《上海通志》第 10 卷，第 7169 页。张铨等：《日军在上海的罪行与统治》，上海人民出版社 2000 年版，第 326 页。
⑤ 苏智良：《中国毒品史》，上海人民出版社 1997 年版，第 427 页。
⑥ 张铨等：《日军在上海的罪行与统治》，上海人民出版社 2000 年版，第 331 页。
⑦ 难民即为受战争影响的灾民。由于当年上海大部分档案中将灾民称为难民，因此，本调研报告中皆以难民代之灾民。

人，其中直接伤亡约为 148754 人；间接伤亡约为 217547 人。这些数据都是根据各区县现有的档案、文献、口述资料等史料进行考证，所汇总而成。但史料有限，所以实际伤亡情况要远远大于上述数据。

1. 直接人口伤亡

一二八淞沪抗战、八一三淞沪抗战，日本侵略军两次进攻上海，在与中国军队发生激战的同时，对上海民众实施无差别轰炸与屠杀。日军的空袭与所到之处烧杀淫掠，残暴行径，直接造成了大量的平民伤亡。

以黄浦区为例。1932 年一二八战事发生后，日军飞机、便衣队多次向南市投掷炸弹。在此期间，上海战区难民临时救济会的普善山庄掩埋尸体 2415 具、同仁辅元堂掩埋尸体 1594 具、世界红十字会掩埋尸体 462 具；1937 年 8 月 14 日、23 日，在南京路外滩、大世界、南京路先施公司等处多次酿造惨案，炸死 1955 人。1937 年 8 月 28 日，日军飞机大肆轰炸上海南火车站，死伤难民六七百人。据黄浦区统计：在 1932 年、1937 年至 1945 年 7 月，全区直接伤亡约为 12009 人，其中，直接死亡约为 8714 人；受伤约为 2522 人；失踪约为 773 人①。

以金山区为例。1937 年 11 月 5 日，日军在金山卫登陆后短短 3 天内，仅金山卫地区被日军杀害的就有 1015 人。金山卫、山阳镇倪家村的"杀人塘"、海光村的"杀人沟"、亭林镇殷家湾的"火烧村"、枫泾镇钱家草的"寡妇村"、张堰镇杨爷庙的"化人滩"以及油车桥附近的"杀人场"等地，都是日军残暴屠杀金山人民的见证地。据金山区统计，在抗战期间，金山直接伤亡达 2429 人。其中死亡约为 2095 人，失踪约为 229 人，伤残约为 105 人②。

以闸北区为例。据 1932 年 1 月至 3 月、1937 年 8 月至 12 月的《申报》及《闸北区志》等资料记载，在日军侵华战争中闸北人口伤亡情况非常惨重。1932 年 2 月 12 日，日机轰炸闸北，麦根路（今秣陵路）永安第三纱厂被炸。弹落该厂东北角之摇纱间，30 余人遇难。当时，正是工人吃饭时间，如果在工作时间，则死伤当更不止此数。1937 年 8 月 17 日，日机先后投掷炸弹百枚以上，市民死伤 70 余人。18 日，日军先后投掷炸弹 33 枚，市民死伤 100 余人。23 日，又有

---

① 黄浦区抗战损失调研课题组：《黄浦区抗战损失调研报告》，2015 年 4 月，中共黄浦区委党史研究室存。
② 金山区抗战损失调研课题组：《金山区抗战损失调研报告》，2015 年 4 月，中共金山区委党史研究室存。

日机 40 余架，先后投掷炸弹约在百枚以上，死伤市民 20 余人。根据闸北区统计：闸北直接伤亡总计约为 2853 人，其中死者约为 1494 人；伤残者约为 595 人；失踪者约为 764 人①。

以嘉定区为例。1932 年 11 月 1 日出版的《嘉定新声》第 57 期公布了县政府统计的嘉定县各区在一二八抗战期间民众伤亡情况，死亡 455 人，受伤 724 人。八一三抗战期间，嘉定东部与南部广大地区先后成为激烈战场，蒲华塘两岸，杨泾以西，南北 15 公里的万余农屋毁于战火，县城、南翔、马陆、真如等城镇屡遭日机轰炸。据 1946 年《嘉定县历年遭受敌人屠杀及暴行调查统计》档案描述："自民国二十六年（1937 年）8 月至民国三十四年（1945 年）全县惨遭日军杀害的有 1.66 万余名……沦陷 8 年，全县平均每年有 2070 人被日军杀死，其中民国二十六年（1937 年）多达 4330 名，占当年全县人口总数的 1.57%，受害致伤平均每年有 6251 名，其中民国二十六年（1937 年）多达 1.72 万名，占当年全县人口总数的 6.26%。"据此次调研，嘉定区直接伤亡总计约为 68250 人，其中死者约为 17516 人；伤残者约为 50734 人②。

在抗战期间，上海现辖区内，因日本侵略者的军事进攻和各种暴行所导致的直接人口伤亡总共约为 148754 人，其中确定死亡约为 80508 人，受伤约为 65094 人，失踪约为 2583 人，直接死伤情况不明约为 569 人（如长宁地区有 505 人"死伤"合称）。另有被迫沦为"慰安妇"受伤害的约为 12000 人③，在此单列，不计入直接伤亡总数④。详见下表：

表1　　　　　　上海市各区县抗日战争时期直接人口伤亡数据统计表　　　　（单位：人）

区县	死	伤	失踪	总计	备注
浦东	1123	851	/	1974	
徐汇	121	63	/	184	"死伤"合称 64
长宁	1178	936	15	2129	"死伤"合称 505
普陀	1590	225	34	1849	
闸北	1494	595	764	2853	

---

① 闸北区抗战损失调研课题组：《闸北区抗战损失调研报告》，2015 年 4 月，中共闸北区委党史研究室存。
② 嘉定区抗战损失调研课题组：《嘉定区抗战损失调研报告》，2015 年 4 月，中共嘉定区委党史研究室存。
③ 参见本书第二部分专题之三，苏志良：《上海日军"慰安妇"人数调研报告》。
④ 由于未知上海市各区县统计中有无将"慰安妇"统计在内，因此将此数据单列，不计入直接伤亡总数据。

区县	死	伤	失踪	总计	备注
虹口	2406	77	40	2523	
杨浦	1931	213	244	2388	
黄浦	8714	2522	773	12009	
卢湾	89	94	1	184	
静安	40	59	/	99	
宝山	13689	4072	246	18007	
闵行	796	804	60	1660	
嘉定	17516	50734	/	68250	
金山	2095	105	229	2429	
松江	1576	252	83	1911	
青浦	2655	1825	67	4547	
奉贤	449	60	4	513	
南汇	651	294	6	951	
崇明	1126	332	17	1475	
不分区	21269	981	/	22250	
总计	80508	65094	2583	148185	"死伤"合称569
合计	148754				

2. 间接人口伤亡

战争直接导致了难民潮的涌现,他们又成为日本侵略者随意拘捕、屠戮与施暴的对象。这些难民流离失所、饥荒疾疫,朝不保夕,一些无辜百姓还被掳掠为劳工苦力。日军攻占上海后,不时对郊县开展"大扫荡"和军事"清乡"封锁;城市中心地区在遭受铁血统治的同时,还出现日伪长期封锁街区,导致平民长期处于饥饿、疾病中,伤亡事件大量发生。

以杨浦区为例。1932年2月,杨树浦一带百余名码头工人因拒运日本军需品,被日军拘禁于设在日商公大纱厂(即后来的上海第十九棉纺织厂)内的日陆军临时司令部施以毒打。20余人严重受伤,日军既不予医治又不按时供食,任他们惨痛哀号而死。1939年3月27日,日军将东起宁武路、西至松潘路和宁国路、南达周家牌路、北至平凉路的地区包围起来实行封锁,禁止一切车辆和人员通过。封锁 20 多天，到 4 月 19 日才撤销封锁。在封锁期间，饥饿疾病威胁着封锁区内的人们，饿死、病死数人；还有人因想偷爬出封锁线被日军抓住后即送到附近海军陆战队驻地（今杭州路 409 号），有的被毒打后致伤，有的还被浸泡在大水缸内冻饿而死。另外，抗战期间，有些居民被强迫征为劳工，仅榆林区（现杨浦区境的一部分）警察分局查报的原榆林区内被强迫征工或调至国外各地之人数就达 20599 人。据杨浦区统计，抗战期间，区间接伤亡约为 20773 人，其中被俘捕约为 169 人；因日军侵犯导致伤亡的难民约为 20604 人①。

以闸北区为例。一二八淞沪抗战爆发，侵华日军首先向闸北华界地区进犯。侵华日军在闸北华界地区肆虐 28 天，103 条里弄街坊、数万间房屋被毁。2 月，日军飞机向柳营路第一灾民收容所屡掷炸弹，并用机关枪向下扫射，灾民死伤多人，尤以小孩为最多。2 月 5 日、6 日，日机又炸水灾收容所，炸死者约 50 人，伤多人。八一三淞沪战争爆发后，居住在闸北的平民百姓为躲避战祸，不得不抛弃自己的家园，逃入上海租界或其他地区，形成了一股巨大的难民潮。据统计，战前（指 1931 年）闸北人口有 258237 人，1932 年一二八淞沪抗战爆发，这年闸北的人口下降到了 171346 人，锐减近 87000 人，下降 66.35%。1936 年，闸北人口为 297046 人，1937 年八一三淞沪抗战爆发，到了 1940 年，下降到了 122661 人，锐减 174000 余人，下降 58.8%。难民们大都是妻离子散，家破人亡。据闸北区统计，抗战期间，闸北区间接伤亡约为 122870 人，难民 72073 人②。

以徐汇区为例。1941 年 12 月，随着太平洋战争的爆发，日军迅速将魔爪伸向租界。在这期间，日军将被俘捕者关入集中营中做劳工，生活条件极其恶劣，若有逃跑的举动即当场枪毙，有些被俘捕者则不堪困苦折磨死于疾病，或自杀；强征劳工不断修筑战略工事，死伤者众多。仅 1945 年 3 月 26 日至 4 月 17 日短短 23 天内，日军共先后强征民夫 7522 人。同时，还有大量居民因为战争流离失所，生死不明。据徐汇区统计，抗战期间，该区间接伤亡约为 10501 人，其中被俘捕约为 648 人；劳工约为 9853 人③。

以宝山区为例。一二八和八一三两次淞沪抗战期间，侵华日军的暴行和掠夺，给宝山人民带来了巨大的人员伤亡。就连日军扶植成立的伪宝山区政务署，也不得不在 1938 年 11 月编撰的《上海特别市宝山区政务署行政概况·本区政治

---

① 杨浦区抗战损失调研课题组：《杨浦区抗损调研报告》，2015 年 4 月，中共杨浦区委党史研究室存。
② 闸北区抗战损失调研课题组：《闸北区抗损调研报告》，2015 年 4 月，中共闸北区委党史研究室存。
③ 徐汇区抗战损失调研课题组：《徐汇区抗损调研报告》，2015 年 4 月，中共徐汇区委党史研究室存。

概况》一文中承认："八一三事变后，民众迁徙流离，庐舍为墟，财产精华损失殆尽。"因战争导致的瘟疫、饥饿等死亡者众多。据宝山区统计，抗战期间，宝山区间接伤亡约为12344人，难民约为116719人①。

据汇总统计，在抗战期间，上海现辖区内，因日本侵略者各种暴行所导致的间接人口伤亡总共约为217547人，其中被俘捕者伤亡约为6227人；被征做劳工者约伤亡为143165人；因日军侵犯导致伤亡的难民约为37652人；一二八淞沪抗战其他伤害者约为18217人；瘟疫、饥饿而死12286人。详见下表：

表2　　　　　上海市各区县抗日战争时期间接人口伤亡统计表②　　　（单位：人）

区县	被俘捕	劳工	难民	合计	备注
浦东	289	1952	/	2241	
徐汇	648	9853	/	10501	
长宁	89	200	1148	1437	
普陀	86	/	/	86	
闸北	/	104580	73	104653	一二八其他伤害18217
虹口	1864	4467	479	6810	
杨浦	169	/	20604	20773	
黄浦	28	613	87	728	
卢湾	28	/	/	28	
静安	193	1670	/	1863	
宝山	54	4	/	58	瘟疫、饥饿而死12286
闵行	/	13	/	13	
嘉定	/	/	/	/	
金山	/	/	/	/	
松江	/	/	764	764	
青浦	811	7289	/	8100	
奉贤	24	/	43	67	
南汇	1811	/	13818	15629	
崇明	49	/	/	49	
不分区	84	12524	636	13244	
总计	6227	143165	37652	187044	30503
合计	217547				

① 宝山区抗战损失调研课题组：《宝山区抗战损失调研报告》，2015年4月，中共宝山区委党史研究室存。
② 此表中，金山、嘉定等区县被俘捕、劳工、难民等项间接伤亡人数空缺，并不意味没有间接伤亡，只是文献不足之故。

需要说明的是，由于日军修造机场、强占民居等暴行，致使上海涌现大批难民，这些难民颠沛流离，生活在水深火热之中。据各区县统计，及有关资料印证，抗战期间上海大约有难民 1133077 人。追根究底，这些难民都是战争所造成的。但此次调研只统计了难民中确定死亡、受伤或失踪的人数，即 37652 人，计入间接伤亡总数据。两者相较，差距甚远，为避免混淆，特此说明。

此外，在日本毒化政策下上海登记在册的烟民就有 20 余万人，未列入间接伤亡统计数据①。

3. 上海人口伤亡分析

上海平民伤亡，主要呈现出以下特点：

（1）上海平民直接伤亡凸显群体性和时间性的特征。直接死亡统计数据中，性别不明者有 41312 人，占了抗战时期上海平民直接死亡总数的 49.7%。这典型地反映了当时群体性的战争伤亡特征。抗战期间，日军对平民区进行狂轰滥炸，肆无忌惮地制造集体屠杀惨案，机枪扫射、集体活埋、捆绑后成批投入水中溺死等造成数十人、上百人伤亡，由于死状残忍，因此难以区分男女性别。1937年 8 月 29 日，日军在威妥玛路（今怀德路）码头边，将三五成群捆绑一起的民众，先后投入黄浦江内溺死，死状甚惨，难辨性别②。同年，日军数次对苏州河上难民船队进行轰炸，死伤 440 余人，这些受难者也难以区分性别。据不完全统计，从抗战爆发到上海沦陷的三个月内，仅日机轰炸扫射造成一次伤亡 10 人以上的就有 98 次，共伤亡 12364 人，其中死亡者 4590 人③。

特别值得注意的是，1932、1937 等年份伤亡人数高居不下。1932 年直接伤亡约 10843 人；1937 年直接伤亡约 72214 人；两年直接伤亡人数共 83057 人，占了抗战时期上海平民直接伤亡总数的 55.8%。沦陷时期，日军一直没有停止"清乡"等军事镇压活动，青浦等郊区数度遭到屠杀。仅 1940 年 4 月 14 日至 27日，日伪在青东（今青浦的徐泾、凤溪、赵巷与松江、闵行、嘉定的部分地区）就杀害村民、游击队员等 803 人。

（2）上海平民伤亡呈现相对集中的地区性特点。一二八淞沪抗战，杨浦、闸北、宝山、虹口、嘉定等地成为前线，遭遇日军狂轰滥炸、攻击烧杀，造成大

---

① 张铨等：《日军在上海的罪行与统治》，上海人民出版社 2000 年版，第 331 页。
② 上海市杨浦区志编纂委员会编：《杨浦区志》，上海社会科学出版社 1995 年版，第 1052 页。
③ 根据上海市各区、县抗战损失大事记等统计，各区、县抗战损失大事记等材料分别由各区委、县委党史研究室保存。

批伤亡。在一二八淞沪战争期间，仅宝山区至少有1544名平民遇难，其中被炸、被杀死亡约为1287人，失踪等遇难者257人，瘟疫等遇难者11人，死亡人数之多，仅次于1937年八一三淞沪抗战期间的死亡人数。静安虽为租界但在1932年死亡亦达43人，大多系日机轰炸所致。其他8区（奉贤、闵行、金山、松江、徐汇、南汇、青浦、浦东）没有发生战事，亦无平民伤亡[①]。

八一三淞沪抗战最为惨烈，除闸北、宝山、虹口、嘉定再次成为中日军事争夺的地区，浦东、金山、青浦等地也成为新战场，日军所到之处烧杀淫掠。在双方拉锯战中，浦东地区遭到日军炮火、飞机的狂轰滥炸，沿黄浦江一带几成焦土，民不聊生。此外，日军对其他地区也实施了不同程度的炮击轰炸。

在占领上海期间，日军在继续对市中心地区实施武力弹压恫吓之外，对偏远地区如崇明、青浦、南汇等地实行残酷的"清乡""扫荡"，制造集体大屠杀，其惨烈程度往往超过中心城区。

此次调研的统计结果也印证了日本军事侵略与上海平民伤亡地区性特点的关联。从总体数据可以看出，除35494人平民伤亡不明区县之外，其余伤亡人数所在区县由多到少，依次为：闸北、嘉定、宝山、杨浦、南汇、黄浦、青浦、徐汇、虹口、浦东、长宁、松江、金山、静安、普陀、闵行、崇明、奉贤、卢湾。

上海平民伤亡态势的地域性基本呈现，区域靠近抗战前线的直接伤亡较多，区域近租界的直接伤亡较少。当然，各地区平民伤亡情况又与日军"清乡""扫荡"等军事活动，以及建立集中营、建造机场、封锁街区等突发事件有着密切的关系，所以有些惨案需要具体情况具体分析。

（3）日军侵略摧毁了上海原有的人口构成，有关平民伤亡数据仅是保守的统计结果。抗战期间，上海平民伤亡惨重。一些地区因日军的烧杀活动、难民外逃等情况，人口出现了负增长。浦东原本繁华的沿江一带地区，人口流散过半。浦东川沙地区因日军强征劳工导致大量男性壮劳力逃亡，致使该地区人口男女比例从1935年的1.33∶1降至1947年的0.908∶1[②]。尽管如此，还是不能简单依据抗战前后上海人口的数量变化对上海平民伤亡情况作出判断。战争导致邻近各省难民的大量涌入，难民往往以成千上万规模迁移，所到之处极可能导致当地人口数量上升，这在长宁区就有鲜明的体现。长宁区域在当时总体上属于发展的区域，抗战时期大量难民涌入，曹家渡、法华区一带抗战前后的人口不减反增，其

---

① 数据均来源于上海市各区、县统计，各区县数据材料分别由各区委、县委党史研究室保存。

② 浦东新区抗战损失调研课题组：《浦东新区抗战损失调研报告》，2015年4月，中共浦东区委党史研究室存。

中新生出不少简陋的棚户区，使该区民居与棚屋相间，人员来往混杂，致使该区的综合居住环境、人口的综合素质有所下降①。因此，上海抗战前后人口的变化主要不在数量而在于结构，难民成分大大增加了。

就平民伤亡情况而言，无论是直接伤亡人数，还是间接伤亡，现在主要只能依靠已有的资料进行综合，所得只是保守的统计结果。有些地区如金山区间接伤亡数据为零，这并不意味那里没有间接伤亡，只是文献不足之故。1938 年日伪上海政府"合办"的上海恒产株式会社招募雇佣数千中国劳工，在五角场等地区建造营房和各种工程，因人数不详未算在杨浦区平民间接伤亡之内。再如，宝山区在八年沦陷期间，平民直接遭受伤害人数与平民直接死亡人数之比约为 29：100。这同 1947 年 5 月国民政府行政院赔偿委员会所报八年抗战国统区平民伤、亡之比（108：100）相去甚远，明显与当时实际情况不符，但限于历史档案的缺失，只能存疑②。因此，抗战时期上海平民伤亡统计结果只是保守估计的最低限。

（五） 抗战时期上海财产损失情况

日本对上海发动的两次战争及其占领上海后实施的殖民统治，使上海经济蒙受惨重损失。本次调研将抗战时期上海财产损失分为社会财产损失和居民财产损失两部分。其中社会财产损失分为工业、农业、交通、邮电、商业、财政、金融、文化、教育、公共事业等项目；居民财产损失包括土地、房屋、树木、禽畜、粮食、服饰、生产工具、生活用品等项目。通过分类列表，逐一提取相关史实与数据，以《抗战期间全国零售物价总指数表》（载《中华民国统计年鉴》，中华民国三十七年主计部统计局印）为基准，将数据折算为 1937 年 7 月价值，在此基础上形成专项统计。

此外，除了年代久远、文献资料欠缺等因素，财产损失还涉及很多计量方面的困难，上海社会财产损失在全国抗损总量中又占有相当高的比重，为慎重起见，本调研课题组暂不推出社会财产损失总数据，仅就组成类别作相应分析，并将部分无法折算的社会财产损失数据附录其后。

---

① 长宁区抗战损失调研课题组：《长宁区抗战损失调研报告》，2015 年 4 月，中共长宁区委党史研究室存。
② 宝山区抗战损失调研课题组：《宝山区抗战损失调研报告》，2015 年 4 月，中共宝山区委党史研究室存。

1. 社会财产损失

社会财产损失主要有直接损失与间接损失两个子项：直接损失包括日军飞机轰炸、炮击、占用、焚毁、掠夺、强买、搬盗等所造成的损失；间接损失包括企业因日军进攻与殖民统治生产减少、盈利减少、救济增支、抚恤增支、防空增支、企业迁移、复产额外投资以及因战争伤亡造成的医药丧葬费、强征劳工人力资源费等费用。

（1）工　业

日本侵略者对上海工业所造成的破坏和损失主要包括：

1）一二八、八一三抗战期间日军炸毁、毁坏工厂企业。1932 年抗战中上海工厂企业遭受破坏的达 896 家，占全市工厂数 30% 以上。据中央统计局统计，工业被侵占区内，有工厂 597 家，占全市工厂四分之一，其中受损失者过半数。八一三抗战，日军更是对上海企业进行狂轰滥炸，蓄意摧毁中国的经济命脉。闸北在遭受日军二次大轰炸中大部分街区被炸成废墟，损失严重，无法估量。日军趁火打劫，以"清理火场"为名侵占洗劫工厂物资。据上海社会局推定，当年上海工厂全部被毁者"当达 2270 余家，损失总额在 8 亿元以上"①。

2）在八一三抗战后，日本侵略者对上海地区的部分工厂企业实行"军管理"，据日本承认的就有 140 家；太平洋战争后，日军以"新敌产"名义实行"军管理"的又有 7 家；日本占领上海租界后，还对租界内 100 余家英美等国在上海企业实行了"军管理"进行掠夺②。

3）1940 年 10 月起，日军被迫实施所谓"解除军管和发还"，又以"合办""收购""征借""移交"等手段掠夺上海企业。截至 1942 年底，被日军以"中日合办"形式侵占的工厂多达 66 家，这些"合办"企业日资总额占 62%，中资总额仅占 38%，中资方完全丧失了企业的管理等权③。至 1943 年 10 月，征借 24 家（一说 23 家），"移交"汪伪政府管理的有 30 家。据记载，以低廉价格被收购的上海厂家有 18 家。

---

① 1938 年 12 月国民党中央调查统计局的报告，见本书第二部分专题之一，陈正卿：《日本侵华期间上海企业损失调研报告》。
② 上海市档案馆编：《档案与史学》1995 年 8 月第 4 期，第 30 页。
③ 上海档案馆编：《日本帝国主义侵略上海罪行史料汇编》（下编），上海人民出版社 1997 年版，第 167—237 页。

4）上海企业被日军劫夺搜刮的物资、器材和原料，以及工人失业、工厂间接损失更是惨重。1943年8月，日伪在上海实行的"花纱布统制"，从上海棉纺织企业以低价强制收购的手段掠走棉花、纱布27.5万件，占当时上海棉花、纱布存量的56%以上。它制定的强制收购价格20支兰凤纱每件1万元、龙头细布每匹375万元，仅是当年上海市场价格的23%左右①，其掠夺之巨大可见一斑。

现据档案资料统计，日本侵略者对上海工业造成的财产损失，折算成1937年法币，约99339325796元②。

（2）农　业

日本侵略者对上海农业所造成的破坏和损失主要包括：

1）一二八抗战尤其是八一三抗战日军的狂轰滥炸、烧杀劫掠致使林业被毁、农场荒芜、渔业受损。抗战时期，虹口区江湾镇有2家农场、1家养鸡场遭日军炮火轰炸。位于浦东的上海市农林试验场，是上海市战前重点推广的农林试验场，1937年惨遭日军轰炸；位于陆家嘴的华南渔船局因八一三抗战蒙受巨额损失。徐汇区农业遭受轰炸损失之外，龙华境内大片桃林在日军进攻时遭焚毁或砍伐，仅余少量桃树，几使龙华水蜜桃绝种。普陀区真如地区处于八一三抗战的前线，当地许多农场为日军霸占，修建工事，同时抢夺那里的农、林、水产、果木、家禽等财产。

2）日伪的"扫荡""围剿""清乡"，致使所到之处田地荒芜、民生凋敝。南汇区在抗战期间土地荒芜20957亩③；该区林业在抗战期间遭敌伪摧残净尽；该区渔民因出海受限，违者遇害，致使当地海洋渔业全部破产停业。抗战期间，青浦农业、林业、渔业也因日军遭受严重损失，特别是青浦西部大江、大湖、大荡的水利设施遭到极其严重的破坏。由于日军"围剿""扫荡""清乡"的抢、烧、杀不断，外来渔民远离，当地的鱼箔拆光、渔网烧光、渔船抢光，渔民生命毫无保障，渔业蒙受重大损失。南汇粮棉、农具、禽畜、渔业、水利也因日伪的烧抢而直接受损，农业因此减收。

3）一些土地被强征，改种其他经济作物。比如，浦东川沙185亩耕地被征

---

① 见本书第二部分专题之一，陈正卿：《日本侵华期间上海企业损失调研报告》。

② 大来书局、华丰造币公司、吴长泰机器厂、恒丰纺织公司、文中染织厂、培丰股份有限公司等企业填报财产损失档案数额巨大，有待进一步复核，未计入工业财产损失统计范围。

③ 南汇区抗战损失调研课题组：《南汇区抗战损失调研报告》，2015年4月，中共浦东新区委党史研究室存。

种植烟草；宝山区大场麻风院农田数十亩被日军强占。

4）日伪推行的"物资统制"政策，对粮棉等重要战略物资进行统制，实行低价强制收购，进一步打击了农民的生产积极性，致使上海农业生产有减无增①。

现据档案资料统计，日本侵略者对上海农业造成的财产损失，折算成 1937 年法币，约 3931006200 元。

（3）交　通

日本侵略者对上海交通所造成的破坏和损失主要包括：

1）两次沪战期间上海一些车辆、船只等交通工具被炸被毁，铁路、道路、桥梁、车站、码头等交通设施遭到严重破坏。普陀区交通方面的损失主要在两次沪战中。一二八抗战中，该区真如火车站成了敌机轰炸的重点目标。八一三抗战中，普陀区公路、水运、码头、桥梁均遭到不同程度的破坏。浦东 7 家有确切损失数据的交通公司，有 5 家是 1937 年日军进攻遭到破坏。此外，宝山、青浦、闵行、松江等区公路、桥梁被毁，有关渡轮、轮船、运输船、码头等被炸，主要也是毁于战火。杨浦区虬江码头在 1937 年财产损失达 2000000 元②。南汇周浦浦东长途汽车运输、周浦汽轮运输因战争被迫停业，损失严重。

2）日军占领上海期间，接管铁路、机场、公路、水路交通，强征交通运输工具，以及相关设施，中断正常航运。例如，1937 年 11 月，日军不仅强占停泊在外滩的福星、交星、流星等 12 艘巡洋舰，还强行拖走数十艘小火轮，并悬挂日旗③。虹口区抗战时期因日军霸占码头、铁路，迫使轮渡停航，南北向电车、公共汽车线路中断，汽车运输行迁入吴淞江南岸，出租汽车停业。南汇铁轨被拆除 1 公里。徐汇区龙华机场被侵华日本海军占用，原所有航线全部停止营运。

3）上海沦陷期间，日本侵略军遍设封锁线，汪伪政府对市政设施的建设和管理严重滞后，特别是对河道、桥梁维护不力，致使城市交通功能弱化。徐汇区肇家浜及其他小浜淤塞，几乎丧失了航运的功能。长宁区法华浜、侯家宅浜全浜

---

① 关于日伪"物资统制"政策的恶果，参见黄美真主编：《日伪对华中沦陷区经济的掠夺与统制》，社会科学文献出版社 2005 年版，第 525—547 页。

② 上海市杨浦区五角场镇人民政府编：《五角场镇志》，科学技术文献出版社 1991 年版，第 154 页。

③ 上海市档案馆编：《日本帝国主义侵略上海罪行史料汇编》（下编），上海人民出版社 1997 年版，第 254 页。

淤塞、水流不畅，河道疏通费用损失巨大。

现据档案资料统计，日本侵略者对上海交通造成的损失，折算成 1937 年法币，约 1477073402 元。

（4）邮　政

日本侵略者对上海邮政所造成的破坏和损失主要包括：

1）邮政、电讯设备、房屋等毁于战火。比如，1937 年 8 月，停泊在黄浦江闵行车辆渡口的邮政水上飞机 1 架被日军炸毁。

2）大量邮包、邮件被劫夺所造成的损失。比如，上海市邮政管理局损失帆布袋 5432 只及其他物品，价值计 17049 元法币[①]。

现据档案资料统计，日本侵略者对上海邮政造成的损失，折算成 1937 年法币，约为 641811 元。

（5）商　业

日本侵略者对上海商业所造成的破坏和损失主要包括：

1）伴随日军军事活动的轰炸、炮击、烧杀、抢劫，导致上海商业蒙受重大损失。作为商业繁华区域的黄浦区，仅在 1937 年的商业损失即达 55044551 元[②]。虹口区有 220 家商店毁于日军炮火，除一二八、八一三战火之外，又有 1945 年 5 月彭泽市场底层房屋毁于日军炮火。浦东抗战期间遭受损失的 80 家商号中，仅在 1937 年被殃及的就有 61 家。长宁区受损、被毁的大小百货杂货店铺，遍布各主要遭遇轰炸的居住区域。抗战前设在南市的商业同业公会有 106 个，占全市 62%，战后仅剩 21 个[③]。日军在金山卫登陆后，抢劫、焚毁商铺，234 户商家被焚毁店铺房屋 515 间。闵行有 27 户商店被炸毁、烧毁，商铺店面房 73 间。青浦区 118 户商店遭难、被烧毁房屋 354 间。这期间日伪公然抢劫，南汇区商业被日机炸毁的有 3 家，日伪抢掠的有 5 家，被日伪烧毁的商店多达 320 家，包括 623 间房屋和大批物资、设备。

---

① 虹口区抗战损失调研课题组：《虹口区抗战损失调研报告》，2015 年 4 月，中共虹口区委党史研究室存。

② 黄浦区抗战损失调研课题组：《黄浦区抗战损失调研报告》，2015 年 4 月，中共黄浦区委研究室存。

③ 黄浦区抗战损失调研课题组：《黄浦区抗战损失调研报告》，2015 年 4 月，中共黄浦区委研究室存。

2）强征、苛索、敲诈、统制所造成的损失。长宁区愚园路上的振亚药房1942 年被日本军部强制征用西药原料，造成损失。青浦米市被日军特务机关、日本浪人及汉奸的米统会控制，城镇商界经营受到日伪特务的监管，经常受到敲诈勒索。

3）因战事、日伪统治导致呆账、欠款、赢利减少、遣散职员等间接损失。黄浦区商业财产间接损失尤为惨重，涉及到商户49 家，共计损失2278.9 万元、金条30 条。1942 年"大清乡"开始，青浦、南汇等区与世隔绝，市场萧条，除粮棉业外，各行业皆濒于困境。

现据档案资料统计，日本侵略者对上海商业造成的损失，折算成1937 年法币，约1984705049 元。

（6）财 政

日本侵略者对上海财政所造成的破坏和损失主要包括：

1）扣留侵吞中国政府的税金。1938 年日伪在上海设立盐务管理局，当年侵吞盐税8520 万元。从1938 年6 月至1939 年3 月，日本"扣留"的江海关税收超过1 亿元。占领租界后，日军强令上海各银行将所存的中国政府税金884900.12 美元移交日本横滨正金银行。

2）日伪苛捐杂税所导致的损失。日伪时期，宝山区各种捐税名目繁多，仅带征军警米额一项，即5718 石。南汇区财政直接损失2 个单位，1943 年上缴伪上海特别市政府土地登记费8 万元。日伪攫取的关税、盐税、统税三大税收，除少数计入之外，多因文献不足付诸阙如。

现据档案资料统计，日本侵略者对上海财政造成的损失，折算成1937 年法币，约为185287839 元。

（7）金 融

日本侵略者对上海金融所造成的破坏和损失，突出地体现在黄浦区金融财产损失方面，因该区集中了上海主要的金融机构。抗战时期，黄浦金融（主要是银行）财产损失涉及中国农民银行上海分行、中国通商银行、中国实业银行、四明商业储蓄银行、江苏银行等12 家，达68107678 元。其他区县金融行业也因房屋被炸被占、存货被毁被抢、被迫停业迁移、放贷款损失、利润减少等原因，遭受不同程度的损失。1941 年 12 月，日军进入租界后，日伪统制汇率、打击法币直至禁止法币，同时滥发钞票，造成急剧的通货膨胀，从中掠夺社会财富①，尚无法统计。

现据档案资料统计，日本侵略者对上海金融造成的财产损失，折算成 1937 年法币，约 91355493 元②。

（8） 文化事业

日本侵略者对上海文化所造成的破坏和损失主要包括：

1）图书馆、图书资料被毁。一二八淞沪战役中，日军蓄意轰炸焚毁商务印书馆总公司印刷制造总厂及所属东方图书馆、编译所等，意在毁灭中国文化，素有"东方第一图书馆"之称的东方图书馆共损失各类书籍 46 万余册，不少为古籍孤本；编译所损失中文书籍 3500 部，外文书籍 5250 册。共计 16330504 元③。八一三及日军占领上海期间，上海各大图书馆遭到毁灭性破坏的有 173 所，战后尚存的较大图书馆仅 10 余所。

2）名胜古迹被炸被毁。位于徐汇区的有千余年历史的龙华寺、龙华塔在八一三淞沪抗战期间，遭到日机轰炸，致使龙华寺宇倒塌，龙华塔遭到破坏。上海沦陷期间，徐光启墓旁 3 株有 200 余年历史的古银杏树遭到日军砍伐。日军占领青浦后不断"围剿""扫荡"，青浦境内文化古迹破坏严重，金泽镇宋代颐浩禅寺等 19 座庙、院、庵、堂被烧毁殿屋 192 间、佛像 150 尊、各类书 2000 余册、各种用具 60 余套等。宝山区众安桥等古桥 11 座、晚清建筑的吴淞南炮台、北炮台被毁，寺庵教堂全毁的有 42 处，部分毁的有 3 处。杨浦区 30 多处宗教场所被炸、被焚损坏，但因资料缺乏，大多难以统计损失价值。

3）侵占图书馆、博物馆等文化场所。位于杨浦区的上海市图书馆、博物馆在日军进攻时毁损，在上海沦陷后又被侵占。日伪强占南汇区周浦图书馆、强占周浦大戏院。

4）出版、电影等文化产业被炸被占，又蒙受利润下降、迁移、停业等重大间接损失。八一三期间，开明书店设在虹口的经理室、编译所、货栈及美成

---

① 黄美真主编：《日伪对华中沦陷区经济的掠夺与统制》，社会科学文献出版社 2005 年版，第 240—251 页。

② 由于资料缺失，此数据较小。上海作为当时中国的金融中心，其金融损失远远超过此数据。

③ 见本书第 331 页内容。

印刷厂遭到日军炮击，开明所有的图版纸型、藏书资料，几百万册存货，以及正在印刷厂待印的《二十五史》全部锌版、美成印刷厂的所有器材，全部被击毁，损失达开明全部资产的80%以上，开明业务因此停顿，大部分员工留职停薪。上海龙门书局的印刷厂被日军炮击摧毁，化为瓦砾。太平洋战争爆发后，商务印书馆、中华书局、世界书局、大东书局、开明书店等遭日军搜查，抢劫大批存书。日军还将定时炸弹放进福州路世界书局发行所内，炸弹爆炸后造成人员伤亡。世界书局印刷厂被日军占做军营，库存的大批教科书被化成纸浆，大批国学书籍被抢劫运往日本。中华书局总部及各地分局被迫迁移，由此发生发货困难、中途挨炸、被迫大量裁员乃至停业。虹口区原有32家电影院，在两次抗战中奥迪安大戏院、世界大戏院、中国影戏院、翔舞台等4座影剧院全部毁于炮火，14家先后停业，余下14家中只有4家由中国人艰难经营，余者均由日本人经营、租用或占用。抗战期间，仅黄浦区文化产业单位的间接损失就高达2.1亿元①。

现据档案资料统计，日本侵略者对上海文化造成的损失，折算成1937年法币，约9956774908元。

（9）教育事业

日本侵略者对上海教育事业所造成的破坏和损失主要包括：

1）两次抗战时期日本侵略者对上海学校的轰炸、炮击，以及占领破坏。据统计，一二八抗战期间，上海各类学校是日军轰炸破坏的主要目标之一，大、中、小学被破坏的共有129所，共计损失10777426元。在长达3个月的八一三抗战中，日军对学校进行有目的的反复轰炸，损失惨重。日军进攻过程中，大肆破坏上海的教育文化事业。1937年8月21日，日军退出百老汇路时，纵火焚烧，大火殃及位于兆丰路上的麦伦中学，校舍顷刻化为焦土。日军占领上海南市后，纵火焚烧，大同大学、中华职业学校、清心中学等数十所大中小学校变成一片废墟。在八一三抗战时期，共有297所中小学校遭受直接损失，损失金额200353215元；另有37所学校遭受间接破坏，损失1587869元②。

2）强占毁损校园校产。浦东区遭损的17家教育机构，部分即为日军占据或拆毁建筑材料用作军用。圣约翰大学到抗战末期依然没有摆脱日军的侵占，私

---

① 黄浦区抗战损失调研课题组：《黄浦区抗战损失调研报告》，2015年4月，中共黄浦区委党史研究室存。
② 见本书第二部分专题之二，庄志龄：《抗战时期上海教育文化事业的损失》。

立圣约翰青年中学也被占用，财产损毁。即使是英人所办的上海盲童学校也未能幸免。卢湾区 2 所中学遭伪警察搜查，被劫去大批图书、办公学习等用具。1945 年，震旦大学南作业所及车房被日军征用，惠中中学三幢校舍、回力球场被日军征用，损失无法估值。

3）学校迁移、停办等所导致的间接损失。据南汇县志记载，"南汇县在抗日战争前，有各类学堂 279 所，大多数为单级小学。日军侵占后，学校多数解散"。徐汇区境内的部分学校因遭日军战火摧残而停办，或外迁到浦东、江西等地。虹口区的上海商学院、劳动大学、持志大学、立达学园、上海法学院、爱国女中等学校毁于日军炮火，被迫停办。

现据档案资料统计，日本侵略者对上海教育事业造成的损失，折算成 1937 年法币，约 7684801945 元。

（10）公共事业

日本侵略者对上海公共事业所造成的破坏和损失主要包括：

1）日军轰炸、焚烧机关、团体驻地，毁损公共事业建筑。比如，普陀区的真如警察局第四区第三分所，包括该所办公室、职员办公室、长警宿舍、男拘留所全部炸毁。真如电气公司也被全部炸毁。虹口区境内的江湾救火会、江湾警察署、江湾崇善堂慈善会、至圣善院、同仁协会等 21 家机关、团体等公共事业单位遭到日军炮火轰炸，损坏房屋 2 幢 150 间。南汇的公共事业共损失 24 个单位：其中机关 4 个单位：被日伪烧毁 2 个单位、日机炸毁 1 个单位、日伪拆毁 1 个单位；被日伪烧毁团体 1 个单位；被日伪拆毁医院 4 个单位；宗教 9 个单位：被日伪烧毁 7 个单位，被日机炸毁 1 个单位，被日伪拆毁 1 个单位；宗祠 4 个单位。被日伪烧毁 3 个单位，被日伪砍伐 1 个单位；被日伪劫掠公用事业 2 个单位。青浦区的文庙、城隍庙全毁。卢湾区 1 家政府机关受损，该区唯一由政府投资建设的斜土路、鲁班路口的社会局第二平民村 400 间砖木结构平房，其中平民住屋 300 余间，教职员宿舍 1 所，小学校 1 所（6 间教室），大礼堂 1 所，以及内部教学、办公等用具，图书 1500 余册等，遭日军炮轰并拆毁。

2）日伪侵占机关、医院、公园等公共事业场所。原市政府大厦和各局建筑、第一肺病医院、上海孤儿院、隔离医院等被日伪侵占。此外，日伪还侵占了商办上海内地自来水股份有限公司、商办内地自来水公司、上海华商电气股份有限公司、美商上海电话公司等公共事业单位。霍山公园土地 300 坪、虹口公园土地 9000 坪以及另一部分土地被租借或被日军修筑工事，1945 年 5 月又强征衡山公园驻扎军队，有关损失无法估计。

3）蓄意破坏公共设施。比如，1943 年，日海军机场扩建时拆除上海公墓的墓穴、石件和树木等。1944 年，日军强征钢铁时榆林路警局拆毁原巡捕房的水汀等设备。上海市工务局下属胶州公园、中山公园都难逃灾劫。此外，供水供电等有关公共事业单位还蒙受了因战事所带来的间接损失。

现据档案资料统计，日本侵略者对上海公共事业造成的损失，折算成 1937 年法币，约 16362941888 元。

（11） 人力资源

日本侵略者对上海人力资源所造成的破坏和损失，主要是因为日伪强迫征工、强征劳役修建军事工事、运煤，乃至赴外地和国外做劳工、服劳役。抗战期间，单是杨浦区境内的榆林区就被强征劳工 20599 人。虹口区提篮桥、北四川路、虹口三个警察分局辖区内强征劳工外出服苦役的人数就有 4065 人；1943 年 7 月，日军又强征华工 400 人赴日本船厂做工。日军先后在徐汇境内征用民夫，多达 9863 人。同时，日军还在闸北区强征了大量的中国老百姓，充当劳工，在上海市档案馆馆藏档案（档案号 Q145—4—73、Q131—4—1602）中查得，据大统路派出所、四行仓库派出所、共和新路派出所、交通路派出所、闸北分局、北站分局在抗战胜利后对辖区内所进行的关于抗战时期日军强征闸北区老百姓充当劳工的调查统计，被征劳工总计约有 104580 人。这给上海老百姓带来巨大的苦难和灾害。

据资料统计，日军在上海征用劳工 143165 人，人力资源社会财产损失无法估量。这些都是各区县根据档案资料记载所统计的，实际的劳工数字远远超过现统计数据。

（12） 其　他

日本侵略者对上海造成的社会财产损失还包括其他一些项目，主要有：

1）因日军轰炸、烧杀、酷刑致死者，有关社会团体所付出的丧葬费、抚恤金。

2）因日伪严刑酷虐致伤致残，有关社会团体所承担的高额医疗费用。

现据档案资料统计，日本侵略者对上海造成的其他财产损失，折算成 1937 年法币，约 80606289 元。

（13）无法折算的社会财产

另有以下六类社会财产损失未能折算成 1937 年法币价值[①]：

房屋损失

1）工业损失房屋：土窑 8 座；栈房 10 座；

2）文化房屋损失：庙宇 7 所，及上海新闻公会、上海市武术研究社房屋损失；

3）教育损失：18 所学校校舍被毁，损失校舍 185 间，教室 58 间；

4）公用事业损失：医院病房损失 25 间；

5）其他类房屋损失：被占用房屋 41 家、1 幢、一层楼面 4 家、两层楼面 11 家、医院 1 所、惠中中学房屋一半。

设备损失

1）工业设备损失：设备 1012 部，40 家工厂损失丝车 8743 台；

2）商业损失工具 13 件；

3）公用事业损失设备 10 处。

原料商品损失

1）工业损失：原料 50 桶、6228 吨，成品 600 吨、106 打、60 担、850 件，生熟铁 10 吨、46739 公斤、58515 磅、132 担；铜 400 磅、95 公斤；工字钢 12501 磅洋、松板 50000 尺；方洋松 25700 尺；油铁箱 100 只、剪刀皂 13000 箱；

2）农业损失：江镇、施湾两乡土地荒芜 660 亩，农具损失 20%，损失耕户 170 户，损失渔产品 6947 担；

3）交通损失：铁栏杆 1746 米，浮筒 85 只，木料 12316 尺，混凝土 30 立方米，柱子 295 根、窨井盖 882 只、桥面 18145 米；

4）商业损失：商品 52936 件、用品 796 件，牙刷 2500 支、牛骨 15 担、骨坯 20000 只，玻璃 150 块，布 500 码、16 丈、460 件棉花；

5）教育损失：地图 3 张，课桌椅 140 套，图书 10000 册。

6）文化损失：图书 1000 册、著作稿件 50 种。

---

① 因档案中只体现了损失数量，未体现损失价值，因此此次调研无法进行折算。

车船码头桥梁及基础设施损失

1）车辆损失：汽车 79 辆、轿车 13 辆、三轮车 5 辆；

2）船舶损失：客货船 251 艘、拖船 11 艘、捕鱼船 1 艘、江享关艇 1 艘、木帆船 1 艘；

3）码头损失：码头 51 座；

4）桥梁损失：桥梁 11 座；

5）车站损失：真如车站被毁。

其他类损失。铁轨 1 公里，邮政水上飞机 1 架，古物 1 件，花园 2 个，动物园 1 所，热水汀 104 只，土地 9300 坪，用砖 20 万块，一律师事务所全部物品，路灯材料 849 件，面粉 67437 斤。

现金损失

1）直接损失：美金 1061457563 元、英镑 309876 镑、黄金 4675 两、金条 30 根、银元 696147 元、白银 10060 两、银洋 29829 元、港币 20123473 元。

2）间接损失：美金 25247716 元、银元 198391 元、白银 22917 两、英镑 2044710 镑。

2. 居民财产损失

侵华日军给上海市居民造成很大的财产损失。根据现有档案等资料的不完全统计，主要有如下几类：

（1）土地类。在居民财产损失中占据重要部分，主要是日军为建军事设施和其他需要，强占强租居民土地。例如，八一三淞沪抗战之后，日军强占宝山区民地多达 33512.597 亩，用于修建王浜飞机场、大场飞机场，建造军货物厂、建吴淞炮台湾军用地等；日军在虹口区多次占租、圈地、强征土地；徐汇龙华地区居民，被日军强征土地 8000 余亩扩充龙华飞机场；1944 年日军扩建虹桥机场，三次强迫当地居民拆屋迁坟。从现有档案汇总各区居民财产损失的不完全统计：被占土地约 154070 亩。

（2）房屋类。这是居民财产损失最大项目，主要为 1932 年、1937 年战争期间因炮火摧毁所导致的损失。居民房屋损失约 236470 间，1680 幢等。

（3）树木类。树木 244212 株（棵）；竹园 15 亩；竹子 1080 根等。

（4）禽畜类。禽畜 46035 只（头）。

（5）粮食类。粮 962334.17 石，粮 7810.4 担；粮 870 包；粮 131469 斗；粮 19330 斤；粮 32002.5 石（担）；大米 1531040 斤；米谷 2500 斤；稻谷 130500

斤等。

（6）服饰类。服饰195234件；383箱；首饰21两；服装500斤；土布1444匹；棉花2500斤；40担花衣等。

（7）生产工具类。生产工具30754件；生产工具1套；船18只；西瓜船1艘；水车38套；116户工具等。

（8）生活用品类。生活用品340023件；大床108张及其他衣物家具等。

（9）书籍类。书籍6051册；13730件；字画44件；古玩51件等。

（10）其他。坟墓1296座；棺椁11749具等。

根据档案等整理所标明的损失价值合计，抗战期间上海居民财产损失约为9967097680元（1937年法币），人力资源损失不在此数内。另有大量实物损失未能折算价值①，主要有：

（1）土地类。强占土地11420亩。

（2）房屋类。被毁、强占房屋173777间；另有42幢房屋被占。

（3）树木类。树木193317棵；桃树10亩；木材8立方。

（4）服饰类。服饰35918件。

（5）生产工具类。生产工具5159件；舢板250艘；船15艘；征用卡车遗失2辆。

（6）生活用品类。生活用品49070件。

（7）书籍类。书籍8443本。

（8）现金类。黄金3392两；银元6240元；港币3721元；美金65000元；关东军币500元；联银券563元。

（9）其他类。首饰古玩字画2642件（幅）。

上海民众实际遭受的战争损失不止这些统计数据。

抗战期间，上海居民财产损失主要有如下特点：

1. 从区域比较来看，作为抗战前沿的闸北、嘉定居民财产损失较多。除不分区以外，嘉定居民财产损失5683965088元②位列第一，闸北居民财产损失2448261574元③位居第二，其次为徐汇、黄浦、宝山、虹口、浦东、杨浦、奉贤、卢湾、普陀、长宁、静安、青浦、松江、闵行、南汇、崇明、金山等。居民财产损失数量基本为市中心向市郊依次递减。

---

① 由于档案中有些损失只标明了损失数量，未标明损失估算价值，因此此次调研无法进行折算，只能将此内容单列。

②③ 闸北区抗战损失调研课题组：《闸北区抗战损失调研报告》，2015年4月，中共闸北区委党研究室存。

2. 从类别比较上看，对民众生存来说，最具实际意义的是房屋、生活用品和服饰等项。而这些正是抗战财产损失的大项，这说明日军侵略对上海居民造成实质性的损害。失去房屋赖以维生的土地后，居民流离失所，势必处于生存的边缘。

3. 从事态发展上看，尽管存有研究资料不全的缺陷，但大体可以确定：上海居民财产损失的峰值是 1937 年。这说明抗战初期日军以强大的军力攻占上海，对上海居民财产造成重大损失。此外，一二八抗战、抗战末期日军试图挽回败局的疯狂，也是上海百姓遭受严重损害的时期。

4. 从被害群体上看，日本侵略者的轰炸、炮火、烧抢、强征、搜刮等毁灭掠夺行径，基本遍及上海的城郊村落，殃及社会各阶层居民，上海普通百姓家庭是居民财产损失的主体。

（六） 结论

根据截至目前所掌握的资料和进行的相关研究，我们得出了上海市抗日战争时期人口伤亡和财产损失的以上若干数据。由于年代久远、搜集资料困难等客观原因，应该说，我们得出的这些数据还只是初步的和尚不完整的数据，并不是研究的最终结果。今后，我们将继续推进本课题调研工作，以期在掌握更多资料和取得研究新成果的基础上对有关数据再作出修订和补充。

日本侵略者对中国发动的武装侵略战争，为中华民族带来了深重的灾难。中国人民虽然历经艰难，赢得了抗日战争的最后胜利，但也为此付出了沉重的代价。具体到上海地区，日本侵华战争对上海人民的生命与财产造成的损失是极为惨重的，对上海经济、社会发展造成的影响是极为严重的，主要表现为以下几方面：

1. 日本侵略者的屠戮、蹂躏致使上海居民生灵涂炭、人口数量锐减、人居环境恶化

日本侵略上海期间，上海民众无时无刻不处在生命受威胁、尊严受凌辱的险恶境地。抗战期间，日本侵略者对上海发动的两次大规模武装攻击，以及日伪对城郊乡镇无以计数的"清乡""围剿"，造成上海人口伤亡惨重。日本侵略者采取"炸、烧、杀、掠、奸"等手段，肆意屠戮平民，奸淫妇女，迫使大批灾民外逃，涌入租界、难民区或收容所，但仍免不了被杀戮、冻饿疾患致命的可能。日伪强征劳工，更为难民潮推波助澜。1945 年抗战胜利后不久，上海人口为 377

万人，较 1936 年人口总数（381 万人）不增反减，这其中还包括大量日侨、无国籍犹太难民，以及战后从大后方和周边地区返沪的居民①。抗战时期，遭到严重摧残的一些区县的人口数量下降更为明显。虹口是两次抗战的主战场，一二八淞沪抗战爆发后，江湾、北四川路、临平路等三个警察所所辖人口分别锐减为原人口数的 59.80%、60.53%、59.90%；八一三淞沪抗战后，虹口有些战区成为一片焦土，境内人口又一次锐减。日本侵略者在虹口区随意抓捕、酷虐无辜、集体屠杀，手段残忍。嘉定区在抗战胜利后，经过半年的休养生息和难民回归，总户数仍比战前减少了 7144 户，总人口仍比战前减少了 26215 人。大量男性青壮年遇害、逃难，致使宝山、青浦、金山、闵行、南汇等区多年来人口不增反减，性别比例失衡。不仅郊区民众罹此大难，老城厢南市地区 1945 年人口数比 1936 年也减少了 54%。黄浦（租界区）、卢湾、长宁、静安、普陀等区，一度成为难民的导入区，不仅有上海其他区县难民涌入，更有来自江苏、浙江、安徽的难民大批迁入，由此形成一些棚户区，导致人居环境质量急剧下降。

2. 上海居民财产遭受惨重损失，民生受阻、贫困加剧

日本侵略战争以及殖民统治，导致上海居民遭受惨重的财产损失。在居民财产损失统计的大类中，以"其他"类损失价值总额最大，具体涉及避难、减薪、房租、货物、证券等损失；其次，房屋、土地、生活用品、服饰类损失较大，直接造成民生受阻、贫困加剧。一二八抗战期间，日军在虹口境内大肆轰炸，炸毁民房无数，日军及便衣队在境内大肆纵火焚烧，大到房屋土地，小到生活用品，疯狂掠夺居民财产，迫使大批居民逃离家园，流离失所，生活动荡不安。对于城郊农村地区，日军不时实行"清乡""扫荡"，奉行"三光政策"，所到集镇、村庄、农舍，往往被洗劫一空。日军抢劫以后，焚烧房屋毁灭罪证，使当地民众陷入了无家可归、缺吃缺穿的苦难境地。《民国奉贤县志稿》② 详记此类文字有 17 节之多，可为日军侵略导致上海农村地区居民财产损失之典型案例。

3. 上海社会财产损失极其严重，经济凋敝、百业萧条

日本侵略者对上海的狂轰滥炸、炮击攻掠，造成各区县大部分厂房、商店、器具、设备、交通、码头、建筑物，以及教育文化场所等被炸毁、焚毁或毁坏；加之日本侵略者的侵占抢掠，强制购买机器工具、强行占用工厂学校、强迫收买

---

① 黄美真主编：《日伪对华中沦陷区经济的掠夺与统制》，社会科学文献出版社 2005 年版，第 579 页。
② 奉贤县文献委员会编：《民国奉贤县志稿》，民国三十七年修撰稿本。

原材料等，造成不少工厂企事业单位的生产额、盈利额减少，呆账、负债、欠货等亏损，以及用于解雇、拆迁、防空、救济、抚恤、埋葬等的费用，致使上海蒙受巨大的社会财产损失。其对社会经济的打击，突出地表现为：一是民族工业的基础被严重摧毁，工业的行业受损覆盖面大，重要工业企业损失严重，对战后的发展形成很大障碍。二是金融萎缩，通货膨胀。上海的银行业在抗战时期遭到严重摧残，金融业一度萎缩，致使重利盘剥的押店乘机大量发展。日伪政权滥发钞票，通货膨胀日益加剧，市场游资充斥，造成境内金融业萎缩、通货膨胀和呈现畸形发展状态。三是百业萧条，市场凋敝。日军进攻直接摧毁了一些商业中心，强行低价收购又使棉布行业、五金业等几乎停顿；日伪政权实行粮食配给制度，使相关行业难以为继；为躲避战祸，小业主卷金而逃，致使百业萧条，田地荒芜，林牧渔遭到灭顶之灾。特别是在抗战后期，随着战场上的失利，日军物资紧缺，于是加紧对沦陷区的掠夺，人为制造封锁区，对重要物资进行封锁，更加剧了沦陷区经济的无序，物价飞涨，米价上涨高达数百倍，居民实际生活水平急剧下降。需要附带提及的是，"孤岛"时期，大量资本、人员流入租界，曾使卢湾、静安等区金融、商业一时繁荣，文化、教育、卫生事业有所发展，但这畸形繁荣在日军进入租界后也遭到侵夺。

4. 上海城市建设遭到严重破坏，现代化进程倒退

抗战时期，上海城市建设遭到严重摧残，闸北、虹口、南市等地一些城区几成废墟。上海开埠以来逐渐形成的航运、邮电、交通、医疗等，以及公共设施等公共事业，在淞沪抗战及日军殖民统治时期损毁严重，且一直得不到恢复、维修。日伪的倒行逆施，致使上海水陆交通受阻，自来水厂遭破坏致使上海市民饮用水只能以河水和土井水为主①。上海城市现代化进程受阻，甚至出现停滞、倒退。

5. 上海文化和教育事业因摧残破坏而走向低落，社会风气受到毒化

两次日本侵略战争，极大地摧毁了上海文化事业。占领上海后，日伪继续损毁、占用学校、图书馆等文化设施，抢夺珍贵图书、文物，致使上海文化教育事业的基础受到严重损害。"孤岛"时期，虽有一些进步文化人士在租界地区从事抗日文化活动，但在太平洋战争爆发，日军进入租界后，仅有《申报》和《新

---

① 黄美真主编：《日伪对华中沦陷区经济的掠夺与统制》，社会科学文献出版社 2005 年版，第 583 页。

闻报》被日军报道部控制继续出版，媒体也受到日本侵略者的监控。上海文化人士或离沪外流，或受到监控与迫害，上海文化创造力一时衰竭。同时，日伪大力推行奴化教育，强行教授日文，强行宣传日本军国主义的大东亚共荣圈、中日亲善等殖民统治思想。日本侵略者培植亲日势力，勾结汉奸、黑社会欺诈百姓，社会秩序遭到严重破坏。特别是沪西一带由公共租界与日伪分割统治的地区，持枪行凶抢劫、流氓地痞欺诈等社会治安案件增多，有"歹土"之称。此外，吸毒、赌博、嫖娼等恶习盛行，社会风气严重败坏，也与日伪的政策举措大有关系。抗战时期，鸦片经营的保护权转移到了日伪政权手中，他们实行"毒化政策"，大力倡导"烟毒"，一些地区烟馆赌台林立，不仅刮去了中国人民的大量钱财，而且还摧残了吸食者的身心健康。日伪统治极大地毒化了上海社会风气，可谓是贻害无穷。

（执笔者：吴海勇、李小苏、侯桂芳、马婉）

二、专 题

（一）日本侵华期间上海企业损失调研报告

上海市档案馆　陈正卿

　　日本自走上军国主义道路，中国是它不断发动侵略战争的最大受害国。上海作为中国最大的工商经济城市，拥有大量的企业，更是首当其冲。由于在侵华战争中日军破坏了大量的原始罪证（包括公私档案文件、照片、书籍等）；战后上海战争损失调查又因各种因素未得全面展开；现年代久远当事人多已故去等原因，目前的研究还远远不够。近年以来，日本政府在正视"二战"历史真相，反思战争罪行的问题上，日益右倾，这引起了包括中国人民在内的亚洲各国人民关注。对于上海来说，在现已知材料基础上，寻找挖掘各档案、图书馆的馆藏，以及各类人士私人珍藏的资料和回忆材料，推动这项研究的深入，是很有意义的。本调研报告，暂对调研人已知的现存的资料作一概述，分四个阶段介绍：1. 1932 年一二八期间日军侵略上海企业损失；2. 1937 年八一三期间日军侵略上海企业损失；3. 1941 年太平洋战争后日军对上海企业的"军管理""军征用"等；4. 战后日本侵略上海企业损失调查。当然，这也是粗略和不全面的。

一、一二八期间日军侵略上海企业损失[①]

　　对于一二八期间日本侵略上海企业损失的调查，由于它是涉略上海北部、东北部的局部战争，战争期间又有国际组织来华调停，战争时间起讫也为 1932 年 1 月 28 日至 5 月 5 日的三个月余，所以从战争期间起至战争结束，上海市政府和商会等公私机构都已对企业损失作了较为完整的调查和统计，现有档案、图

---

① 本节中，涉及损失计算的货币金额，均指银元。

书、报刊、照片和回忆录等各种资料。档案现存上海市档案馆和中国第二历史档案馆等相关全宗①。全宗档案涉及战争企业损失材料相对完整。另还有图书：《日本侵略淞沪暴行之真相》（上海同志合作社1932年8月编，非正式出版本）、《九一八后国难痛史资料》（东北问题研究会1932年11月出版）、《上海撤兵区域接管实录》（上海撤兵区域接管委员会编，1933年刊行，非卖品）、《上海市民地方维持会报告书》（1932年12月版，非卖品）、《沪变损失初记》（中央统计局编，1932年3月20日《申报》馆印行）等，也可视作当年原始资料。此外，近年来中国第二历史档案馆（简称二档）、上海市档案馆（简称上档）和上海社科院历史所等单位也在公布历史档案的基础上，汇编出版了一批史料书籍。报刊包括中日双方所出，中国方面有《申报》《民国日报》《晨报》《大晚报》《时事新报》等；日本方面有《朝日新闻》《大阪日日新闻》等。其中《申报》等大报都为之加强编辑、采访力量，增扩报道版面，对战事全过程逐日报道，对上海重要企业三友实业社、毛全泰木器厂的被毁都所载甚详。日方报纸对上海企业等破坏也以侵略立场作"战绩"报道。照片包括中日双方所拍摄、出版。中国方面有1932年12月上海文华美术公司出版的《淞沪御日血战大画史》、1935年4月良友图书公司出版的《中国现象——九一八以后之中国画史》等。日本方面有日上海派遣军报道部1932年6月发行的《中国事变写真记》等。这些图册都有上海企业被炸被毁的照片。回忆录也均为当事人所写，重要者有三友实业社老员工沈九成、李道发和五洲药厂创办人之子项泽楠等所写的亲历、亲闻等。以上几种资料互为补充，可翔实地反映出日军在一二八期间对上海企业造成的严重破坏。概括如下：

据1932年上海市社会局统计：当年全市工厂企业数近3000家。在战争中遭受破坏的达896家，占全市工厂数30%以上，所受损失总额达5300万元②。在受损工厂中，棉纺织业有51家、缫丝厂有49家、印染厂有20家、丝织厂有66家、棉纱厂有7家，另其他毛织、纱线、纺织用品等共约220余家。这类纺织企业占受损工厂数的25%，损失总计近960万元，是受损失最严重的行业之一。其次是机器工业企业，有机器制造厂47家、铜铁模具制造厂28家、印刷机器厂8家、机器制罐厂12家，企业数达130余家，金额达231万余元。另外，造纸印刷业损失1870万元，食品工业270万元，冶炼工业82万元，木材工业98万元，

---

① 见上海市档案馆（简称上档，下同）馆藏档案，Q235全宗1号目录、Q1全宗—5号目录；中国第二历史档案馆（简称二档，下同）馆藏档案，02号行政院全宗。
② 《申报》1933年2月11日报道。

橡胶制革业 177 万元①。

对这一期间上海工厂企业损失，据中央统计局另一口径统计，工业被侵占区内，有工厂 597 家，占全市工厂四分之一，其中受损失者过半数，计 67991874 元。全市工业受直接与间接损失之价值计达 97151287 元②。其他资料对企业损失的重点厂家也有更详细披载：如 2 月 12 日的永安三厂被炸，工人死伤达 30 余人，电气马达一部，摇纱机 52 部被毁。2 月 17 日毛全泰木器厂被焚，全厂尽毁，损失约七八十万之巨。2 月 20 日的统益、溥益、大丰 3 纱厂的被炸，均有厂房被毁，个别厂有工人受伤。另永和实业工厂、南华橡胶厂、大生橡皮套鞋厂、安福棉纺织厂、建华慎记纺织厂、铸丰通计搪瓷公司、永安二厂、吴淞面粉厂等都有受损记载。

日军侵略对上海企业造成的损失，还包括战争期间因工厂停工的工人失业损失。据中央统计局的调查统计，全市工人因事变而失业者达十分之八，仅纱棉厂失业之工人已达 25 万人。因失业而损失之工资，按每月 375 万元计，如半年后复工即达 2250 万元。而上海市社会局的调查统计则更明细，据统计：1. 中国商人开设工厂在闸北、南市、浦东、沪东、沪西 5 区和法租界的即为 169064 人；2. 日本商人开设工厂分布在纺织、蛋品、印刷、制药、机械等行业的即为 8000 人；3. 其他外商开设工厂分布棉纺、织造、机器、化学、玻璃、制革、橡胶、酿造、烟草、印刷、日用品等行业的即达 63392 人。这三部分失业工人总数达 240396 人。而各业工人平均工资以 1 元计算，自 1932 年 1 月 29 日至 3 月 10 日止，共计 42 天，其损失总额即达 10096632 元③。实际上，由于战争影响，各工厂并不能随停火及即复工，而大量工厂因战损停产，实际损失数要比此大得多。

对于上海企业损失，一二八战后上海市社会局奉国民政府及上海特别市政府命令，印制和下发了《沪战损失登记表》给各类受损户，后共汇交约 2.6 万余份，由该局编制成《沪战损失综合统计》一表。现从该表中将工厂企业损失情况摘录如下④：

---

① 《申报》1933 年 2 月 16 日报道。
② 《申报》馆编：《沪变损失初计》，《申报》馆 1932 年 3 月 20 日印行。
③ 《日本侵略淞沪暴行之真相》，上海同志合作社 1932 年 3 月编印。
④ 可惜原表原始材料已不知下落。详见上档藏 Q1 全宗（国民党上海市政府）—2 号目录：上海市社会局 1932 年 10 月编制：《沪战损失综合统计》一表。

区别	厂数	人事损失及其他损失				经济损失		合计
		死	伤	失踪	其他	直接	间接	
闸北	841	191	130	318	9339	49624172.13	2336797.20	51990969.33
吴淞	251	4		6	132	4199711.46	568728.99	4768100.45
江湾	12	9	1	3	47	1161281.00	30002.00	1191283.00
真如	4			1	80	40280.00	34.00	40314.00
沪南	11				195		222660.00	222660.00
引翔	13	1		2	141	88318.00	21644.00	109962.00
彭浦	2		2		25	14446.20	1000.00	15446.00
蒲松	2						22.00	22.00
殷行	1				70	6200.00	5700.00	11900.00
洋泾	1			1			2000.00	2000.00
特一	57			1	1200	443509.03	1001874.31	1445383.34
特二	1						2674.00	2674.00
大场	1					12200.00	1800.00	14000.00
总计	1197	205	133	332	11223	55590117.82	4194936.50	61818714.32

以上几个口径统计的一二八期间上海企业损失，都具有原始的第一手的意义，有十分重要的参考价值。

二、八一三期间日本侵略上海企业损失①

1937 年 8 月 13 日，日本于发动全面侵华战争后，在上海也挑起了"淞沪大战"。战争中，日军对上海企业狂轰滥炸，其险恶用心之一就是摧毁中国的经济命脉，因上海当时已成为中国最大的经济中心和工业中心基地城市，并形成杨树浦、闸北、沪西、沪南等几个工业区。据 1933 年统计，上海工厂数占当时全国 12 个大城市工厂总数的 36%，资本额占 60%。1936 年上海工业总产值达 13.1亿元，占全国工业总产值的一半以上。八一三前，上海各类工厂登记数已达5000 家以上。所以日军在这次战争中对上海企业破坏造成的损失是极其巨大的。

---

① 自本节以下，涉及损失计算等货币金额，除另注明币种者外均指法币，当时亦称为国币。

由于此后上海就沦入日本统治之下长达 8 年之久；日军在投降前夕又疯狂地销毁罪证，所以中国和日本双方留下的档案都不多。这一问题的多数研究成果依赖于报刊、图书和回忆录等。现仅就笔者所知，将相关史料收藏一一介绍。

1. 档案：（1）上海市档案馆所藏有 Q1 全宗—17 号目录、Q6 全宗—15 号目录、Q38 上海化工企业全宗、Q193—Q199 上海纺织各公司全宗、R1 全宗—7 号目录、14 号目录、R13 全宗等全宗目录档案。S30 上海纺织公会全宗、S59 上海缫丝业公会全宗、S65 上海制药业公会全宗、S86 上海日用化学品业公会全宗，这些档案相关案卷以及交通、浙江兴业、上海商业储蓄等银行的贷放款和投资卷，都全部或部分涉及这一问题。（2）中国二档：国民政府全国经济委员会第 44 号全宗、行政院经济部第 4 号全宗、经济部花纱布管委会第 73 号全宗、经济部工矿调整处第 819 号全宗、资源委员会第 28 号全宗、伪维新政府第 2004 号全宗、伪国民政府第 2002 号全宗、伪实业部第 2012 号全宗等档案中都或多或少有关于上海企业战争损失的材料。（3）重庆市档案馆收藏的上海抗战内迁企业中国毛纺 0230、申新四厂 0234、0256 中南橡胶厂、0260 天原电化厂、0265 中国火柴厂等全宗档案。以上档案中都有原在上海和内迁途中受损的材料。这些档案从中国政府、企业自身和伪政权三方面反映了战时受损情况。（4）吉林长春满铁资料馆和日本东京东洋文库的日方档案。这些档案大部分为日本兴亚院华中联络部、日本上海大使馆事务所、日本满铁上海事务所战时的调查资料。如：《现在上海工业调查》《上海公共租界内不同国籍、行业、地区工厂调查》《上海的中国人铁工厂》《以上海为中心的中国造船业》《上海工业生产药品工厂现状调查》《上海油脂工业现状调查》《华中造纸工业调查报告书》《华中 1941 年度皮革工业调查报告》《华中地区电线制造工厂调查书》《关于上海煤气工厂现况与发展》《上海织品工厂现状调查》《上海纺织业企业现状维持及条件调查》《华中蚕纺业资源及工厂调查会报告书》等等。这些日方档案从另一个侧面印证日本侵略对上海企业的破坏程度和指导政策。（5）台湾"国史馆"等机构收藏的档案。这些档案收藏于行政院赔偿委员会全宗中。该机构因负有调查统计抗战时期公司损失的职责，所以该全宗档案第三大类目为《各机关、团体人口伤亡及财产损失卷》。卷中按省、市分别归档，有上海市和长江以南各省市公私营业、团体、县乡等卷。此外，该全宗还有各省、市抗战损失统计表及各省县市机关、学校等直接间接财产损失及伤亡整理登记卡片。这批档案中关于八一三上海企业损失的材料十分珍贵，具有第一手价值。

2. 报刊。（1）中国报刊。八一三期间，由于举国一致的抗战热情，上海的中国报刊，都对战争的方方面面作了报道。其中《申报》《大公报》（沪版）、《中央日报》《中美日报》《大晚报》《大美晚报》《华美晚报》《立报》都大量揭露了日军的暴行。其中《大公报》因较侧重于经济方面和企业界动态的报导，比较多地反映了这方面情况。如 1937 年 9 月 10 日该报载："沪战发生，沪东杨树浦适火线，居民走避一空。该区工厂林立平时有男女工人不下四五万人。战事爆发，各厂相继停闭，工人亦多仓皇逃出战区。"11 月 22 日，该报又据上海市截至 10 月中旬的社会局工厂损失的初步调查统计报导："损失估计南市 30%，闸北 100%，特一（公共租界）70%，四乡 50%，特二（法租界）无"，"总计被毁工厂达 2998 家"，"损失总额达 5.6 亿元。"该报著名记者徐盈这一时期集中报导《抢救工厂》《中国的工业——滨海工厂是怎样内迁的》《纺织工业的复兴》《中国化学工业》《中国机械工业》《中国工业家采访记》（1—5）等，许多是直接采访了上海工厂的主持人和员工，并提及了战争破坏损失的情况。有些报刊还在记者调查、采访的基础上，对这一问题作过专题综述，如《银行周报》于 1939 年 10 月 31 日发表在第 23卷 43 期上的《沪战以来上海工厂业之损失数量》；《申报年鉴》（中华民国三十三年卷）中的《上海工厂损失调查》等，都受到研究者的关注。

（2）日本报刊。日本于八一三战后，为炫耀宣扬它侵略"武功"，很多报刊也报道了对上海及工厂的占领、破坏情况，有些还发了《号外》，如东京、大阪的《朝日新闻》《日日新闻》等。日本上海侨民也发行了《上海日报》等，但国内图书馆收藏很少，笔者曾在日本国会图书馆见到过几份。

（3）英美人在上海所办报刊。如《密勒氏评论报》《泰晤士报》《大美晚报》《字林西报》等。《密勒氏评论报》《大美晚报》因主持人对中国抗战鲜明的支持态度，对日军对上海的工厂掠夺、工人失业的情况就常有报道，例如：在虹口和杨树浦，观察家们每天都能看到日本人搬走中国工厂的机器，"搬走能工作的机器，实际就是从饥饿的失业工人口中夺走食物"等。

3. 书刊。（1）中国书刊。最需重视的是当年所出的内部刊，如中央调查统计局 1940 年 12 月出版的《四年之倭寇经济侵略（密）》；钱承绪编，1940 年 12 月民益书局出版的《战后上海之工商各业》；王济琛编，上海经济研究所 1945 年发行《战时上海经济》；曹聚仁等编著，中联出版社 1947 年出版的《中国抗战画史》；商务印书馆 1948 年出版的赵增铸等编《抗战纪实》；《字林西报》1948 年出版的《中日战争四个月（1937 年 7 月—12 月）》；中国通商银行编《五十年来之中国经济（1896—1947）》；延安时事评论会 1940 年编《抗战中的中国经济》等等。此外，还有新中国成立后中国第二历史档案馆编的《中华民国史档案资料汇编》等。

另外近年编辑出版的《上海民族机器工业》《荣氏企业史料》《刘鸿生企业史料》《吴蕴初企业史料》《抗战时期工厂内迁史料选辑》《中国民族火柴工业》《日本帝国主义侵略上海罪行史料汇编》《日本在华中经济掠夺史料》等，都记录了日本对上海企业掠夺或破坏的相当史料。还有一些当事人口述或回忆录，如台湾出版的《林继庸先生访问记录》、北京出版的《工商经济史料》、上海出版的《20世纪上海文史资料文库》《上海文史资料存稿汇编》等，都有日军掠夺、破坏企业的记载。

（2）日本书刊。日本对中国企业的掠夺，经常以"投资"的名义出现。实际以少量资金修复或使其运转即为日本占用。如所谓日本国策会社华中振兴株式会社的组建。从当时至近年，日本方面就有相当书籍反映了这一情况。据笔者所见，有日本东亚经济研究所编，1941年印行的《日本对华投资（上）（下）》；1938年11月日本华中振兴株式会社印行的《日本华中振兴株式会社事业计划书》；1940年9月印行的《华中振兴公司及关系实业公司概况》和同年日本华中经济研究所编印的《华中经济复兴建设概要》、日本满铁上海事务所编《再建过程中的上海经济》（1938年9月）；日本华中蚕丝株式会社编《华中蚕丝股份有限公司改组之经过报告书（极密）》（1942年）等。近年来日本出版日本侵华造成上海企业损失的著作有浅田乔二著的《1937—1945日本在中国沦陷区的经济掠夺》，本庄比佐子等著的《兴亚院与战时中国调查》，殷燕军著的《中日战争赔偿问题》等等。

就以上史料来说，反映面已十分广泛，但仍不能反映日军侵略上海企业损失的全貌，以及造成的损失之巨大和严重。八一三临尾，《申报》于1937年11月22日就当时所能掌握的情况，报道了上海市社会局的调查统计，工厂损失南市也与闸北相同，2272家厂按三分之二计算损失量，结论为"沪市工厂损失估计，当在八万万元以上"[①]。同时，上海工人的失业数也已在30万人以上。此后，金城银行上海总行调查统计，延至1938年3月止，总计上海市及近郊工业损失，达15576.4万元，其中8548万元是战争期间炮火造成的直接财产损失，余7028万元是被日军攫占的47家工厂资本[②]。另日本大阪贸易调查所的统计，在南市未陷之前，上海工厂被破坏者已达1958家，损失总额为5.645亿元，若将南市被毁者计入，则全市工厂损失总额已在8亿元以上。但从它的行文看，这一数据仅是转录了《大公报》《申报》先后据上海市社会局的调查统计。《申报年鉴》1944年的记载虽无总金额数，但工厂数略不同，它统计上海工厂数为5255家，

① 《申报》1937年11月22日报道。
② 金城银行上海总行调查科编印：《事变后的上海工业》，1939年3月印行。

受损工厂达 4998 家，受损比例达 95% 以上。上海公共租界工部局的工厂管理事务，对八一三期间租界内的工厂损失也有一调查报告，称全毁于战火的为 905 家，重大损坏的为 1000 家①。有关的经济学家对此也予以关注。如当年中央研究院社会科学研究所蔡谦的调查，他从抽样的 1200 家工厂的损失情况推算，约为 3 亿元，再推论全市工业损失应在 6 亿元至 7 亿元②。而另一学者潘仰尧的估计，因考虑的更深更广则推算上海工业企业的损失可达 30 亿元以上③。国民政府经济部则从上海工业的纺织等 15 个部门调查统计，也得出了总计 29700 万元的数据。这 15 个部门的调查统计金额分别如下：纺织 7500 万元、染织 983 万元、毛织 300 万元、丝织 11500 万元、化工 1000 万元、肥皂皮革 300 万元、橡胶 200 万元、造纸 500 万元、玻璃 50 万元、印刷 300 万元、烟草 500 万元、面粉 520 万元、木材 150 万元、机器工业 1000 万元、其他 5000 万元④。对这一统计其他史料可作印证的有染织等行业，据《申报年鉴》（民国三十三年）的记载，该行业受损厂家达半数以上，约 190 家，损失价值为 987 万元之巨。而还有一些行业损失，其他资料可作补充，如烟草业，据方宪堂主编的《上海近代民族卷烟工业》一书的研究，厂房、烟叶和卷烟机等设备的战争期间直接损失即达 18182.5 万元⑤。再如机器业，据金城银行的《事变后之上海工业》统计，360 余家机器厂，共损失达 1400 余万元。此外尚有遗漏，如上海的 18 家华商造船厂，据该行统计也达 1600 余万元。

就上述议论纷纷的数据情况作一分析，最早的依据还是来自战争期间的上海市社会局调查统计。包括 1938 年 12 月中央调查统计局的报告，实际也源自于此。其报告情况如下：

"上海为我国工业中心地，占全国工业生产二分之一。战前华商工厂集中于上海者，在 5200 家以上；其中以毛织工厂为主，计有 20 家，资本总计 198 万元，纺织厂 31 家，丝厂 120 家，杂货制造工厂 83 家，机械器具工场 103 家，染织工厂 6 家，纸厂 14 家，皮革厂 8 家，玻璃工厂 31 家，火柴工厂 6 家。以上各厂，密集于闸北一带而全毁者，占 35%；浦东南市一带全毁者，占 20%；合计被毁者，当在 70% 左右。据上海社会局之推定，今次于战事中，南市华军未撤退前，若与南市被毁者合计，全部被毁者当达 2270 余家，损失总额在 8 亿元以

① 陈真、姚洛编：《中国近代工业史资料》第 1 辑，三联书店 1957 年版，第 80 页。
② 同上书，第 80—85 页。
③ 同上书，第 80—85 页。
④ 同上书，第 80—85 页。
⑤ 方宪堂：《上海近代民族卷烟工业》，上海社会科学院出版社 1989 年版，第 162—164 页。

上。"而该报告还透露一消息，当年上海市商会也调查过各重要华商工厂损失状况，并附表如下①：

厂名	厂址	资本（元）	损失
新中工程股份有限公司	闸北宝昌路 632 号	200000	129524 元
谢德公司（原名大胜丝厂）	闸北谈家桥柳营路大生桥 16 号	200000	104500 元
中国机器印花厂	闸北彭浦区庙头镇正和桥 28 号	150000	机器原料生财花板全部焚毁
永和实业股份有限公司	闸北西宝兴路底民生路 71 号	600000	390956 元
裕丰丝厂	闸北共和新路底新营盘 20 号	138000	89300 元
华美烟公司工厂	虹口塘山路 365 号	300000	590000 元
大陆橡胶厂	韬朋路 876 号	150000	210000 元
正大鸿记橡胶厂	虹口韬朋路 884 号	50000	70000 元
大康橡胶厂	闸北江湾路 272 号	1500	30000 元
大上海橡胶厂	斜徐路西日晖路斜徐桥内	100000	61000 元
翔华义记工厂	上海南市小南门外青龙桥	12000	70000 元
立兴热水瓶厂	闸北全家庵路 210 号	100000	120000 元
辛丰织印绸布厂	印染布闸北柳营路织造部西门斜方路	200000	81593 元
光大文记热水瓶桶罐厂	闸北交通路 533 号至 537 号	130000	
中国印铁制罐热水瓶厂	闸北宝昌路 443 号	80000	85000 元
光大昌记玻璃厂	闸北恒夜路顾家湾 14 号	3300	3800 元
上海和泰五金厂	南市制造局路汝南街中	12000	8000 元
光大顺记热水瓶厂	闸北青云路 309 号	10000	29500 元
天元久记厂	虹口塘山路 1198 号	26000	厂屋受损内部损失未详
天一味母厂	第一厂华盛路 1080 号 第二厂昆明路 823 号	300000	174701 元
大陆染厂	天宝路 75 号	15000	全部被毁
大来漂染厂	天宝路 74 号	25000	全部被毁

---

① 详见《四年制倭寇经济侵略（密）》，国民党中央调查统计局特种经济调查处编，民国三十年十二月印。

厂名	厂址	资本（元）	损失
上海龙章造纸厂	龙华路 972 号	1200000	366000 元
晋明振记玻璃电料瓶胆厂	玻璃厂闸北伦敦路 1 至 5 号瓶胆部　庆云路	20000	38200 元
全记绸厂	韬朋路底修安里 72、70、68、56 号	25000	18743 元
天然协记鲜味精厂	闸北潭子湾 395 号	30000	33400 元
中华热水瓶厂	南市斜土路 77 弄	20000	20000 元
明锟机器厂	周家嘴路 30 号	120000	108000 元
亨利皂烛碱厂	南市小九华路 15 号	166000	165980 元
新民机器厂	塘山路 796 号	96000	80000 元
大华热水瓶厂	南市局门路张家浜路 125 号	20000	生财、机器、模子等共值 8640 元是否全毁未悉
太乙调味麦精粉厂	海昌支路 85 号	30000	78550 元
中国工商谊记橡胶厂	周家桥西白利南路 2679 号	80000	34000 元
亚细亚实业公司	总工厂上海同孚路 282 弄 215 号分工厂设青浦章练塘 432 号	3000	2000 元
广兴机器厂	虹口通州路 330 弄 17 号	70000	77540 元
天厨第三厂	新桥路 453 号、609 号	2200000	一部分遭焚毁
天厨淀粉厂	翟真人路 759 号		全部损失不详
天生滋味素厂	第一厂虹镇飞虹路第二厂昆明路发行所熙华德路办事处萨坡宝路	150000	139899 元
钧昌机器厂	闸北会文路 263 号	10000	14850 元
天香味宝厂股份有限公司	第一厂闸北宝兴路董家宅 25 号第二厂邓脱路 351 号	150000	厂屋、机器、货品、原料及客账等约计 20 万元以上，是否被毁未悉
珠宝华记雪茄烟厂	虹口西武昌路文锦里 24 号	5000	5900 元
仁丰机器染织厂	齐齐哈尔路 951 号	500000	1550000 元

厂名	厂址	资本（元）	损失
上海协成银箱厂股份有限公司	欧嘉路 89 号	50000	厂屋全毁
中国公胜棉毛织染厂	沪西周家桥林肯支路 210 号	300000	100000 元
元通织染厂	南市打浦路 80 号	30000	139000 元
中国铅丹厂	制造局路康衢路玉家宅 2630 号	27000	7500 元
中华辗铜厂	南市翟真人路 1122 号	140000	174430 元
新和机器铸铁工厂	周家嘴路 1243 号	65000	90000 元

然而不知为何原因，这一统计明显不全。现仅作参考。

对于八一三期间的上海企业损失的调查统计的几种数据，应该讲都有一定的事实依据，是深入研究这一问题的重要参考资料。令人十分惋惜的是，以上调查统计的原始表格、卡片都因战争因素散佚了，能够找到这些东西将为我们的工作取得更坚实的基础。

三、1941 年太平洋战争后日军对上海企业的"军管理""军征用"等

1941 年 12 月，日本发动太平洋战争，日军随即占领上海租界，全上海都沦入它的统治之下。在战争秘密酝酿时，日军即已制定掠夺包括工厂企业在内的巨大财产计划，这就是它所谓的"敌性财产处理"。其中包括中国和英美等国的财产。八一三战后，中国抗战力量西撤，部分上海企业移往租界，经过在"孤岛"的休养生息，部分行业、企业出现了短暂的"繁荣"，这更成为日本急欲侵吞的"囊中之物"。根据它的这一企图，日本大藏省制订了关于"敌性银行、工厂、仓库公共事业等接受、管理"等规定，委托占领区日军部队监督执行。为便于实现这一掠夺行径，日军又将上海的中国工厂分为所谓"旧敌产"和"新敌产"。"旧敌产"即指 1941 年 12 月 8 日以前被它侵占的企业。它侵占的形式分六种，即（一）军管理、（二）委任经营、（三）原主委托、（四）中日合办、（五）租借、（六）收买。其中最主要的形式为"军管理"，即"依国际法或战时法规，没收敌人官资及私人企业"。方法又分为两种，一为军队直接进驻，一为军方委托日本企业经营。

1940年3月，经日军授意汪伪工商部颁布《申请发还日军管理工厂产业规则》，但实际上从未真正实行过。太平洋战争后，日军又宣布对冒用英美商名义的中国企业以"新敌产"，实行军管。这样，日军在太平洋战争便继续上述6种形式，对上海企业实行掠夺并造成巨大的损失。对此，现存档案，包括图书等各类史料情况，据笔者所知如下：

1. 档案

由于中国政府已经西撤，能反映这一情况的主要为上海企业和日伪机构档案。上海企业档案集中保管在上海市档案馆和上海社会科学院经济研究所。市档馆内有申新纺织、福新面粉、天原电化、天利淡气、大中华火柴、上海水泥、五洲药皂、中国化学社、永安纺织、安达纺织、永和实业等几十家重要企业在这一时期的档案。经济所有刘鸿生账房、荣氏企业、中国经济统计研究所等机构的相关档案、资料，并已制成缩微卷盘。日伪机构档案则数量更多，上海市档案馆和二档馆所藏伪政权经济类档案都涉及这一问题，现择要介绍若干。日本中国派遣军：《敌产企业置于军管之下》（1942年5月22日）；日兴亚院华中联络部：《日办企业进入中国的暂行指导要纲》（1940年6月5日）；《关于军管企业监督之件》、《军队管理企业监督章程》（1942年4月10日）；日上海经济会议所：《上海经济会议所（秘）报告》（1943年3月）；汪伪国民政府：《国民政府公布战时经济政策纲领》（1943年2月13日）；汪伪立法院编译处：《中华民国法规汇编（四）》（1943年版）；日华中振兴公司：《日华中振兴公司事业概况》（1944年）。

2. 报刊

这一时期在日伪统治区能够发行的也多为日伪报刊，包括被日伪侵夺的《申报》《新闻报》等。另日伪也办了《中华日报》《和平日报》《新中华报》等报纸。这些报纸都以相当版面报道了日伪的政策和活动。如日伪的物资封锁、企业统制等，日陆海军上海最高司令官、伪上海市政府等，都以公告、告示、命令、讲话等名义在报章刊布。这是反映日军对上海企业掠夺政策的最直接材料。当时的日伪政权团体或民间机构还办了相当专业刊物，如中国工业银行编印的《中国工业》（1943—1945年），共3卷；伪中华商统会编印的《商业统治会刊》（1943年7月15日）；伪财政部财政学会编印的《中国经济》和《财政月刊》等都有关于上海企业活动的记载和文章。

3. 图书

同时期出版的图书，在重庆有郑伯彬的《敌人在我沦陷区的经济掠夺》，国民图书出版社于1941年出版。在上海出版的稍多，尤其是《申报年鉴》（民国三十二年）、《申报年鉴》（民国三十三年）连续2卷，都有相当篇幅记载日伪对上海企业的统制政策和举措。此外，由《新闻报》馆于1945年7月20日印行的《上海工业概况》；由《申报月刊》于1943年12月在复刊第1卷第12号上刊发的朱琛《中国同盟与日本国策公司之调整》等。另外由日方所编的日本东亚研究所：《中国占领区经济的发展》，东京，1944年版；日本上海恒产公司：《上海恒产股份有限公司说明书》（1943年10月）；（日）渡边辖三编：《华中蚕丝股份有限公司沿革史》，1944年上海印行。

近年来出版的上海市档案馆编《日本帝国主义侵略上海罪行史料》《日本在华中经济掠夺史料》；二档：《中华民国档案资料汇编》第5辑第2编附录（下）（江苏古籍出版社1997年（南京）出版）；江苏省档案馆：《审判汪伪汉奸笔录》（上）、（下）（江苏古籍出版社1992年（南京）出版）等，都反映了日本的这一罪行。根据以上史料，日本于太平洋战争后以"军管理"等形式对上海企业实行掠夺概况如下（军管理据日军承认共为140家），详见下表①：

	厂名	厂址	委托管理者	工厂代表
1	协兴毛纺织厂	无锡第一区惠河镇排经岸	钟渊公大实业公司	唐熊源（接收者）
2	仁丰机器染织厂	上海齐齐哈尔路昆明路951号	裕丰纺织株式会社	谢子和
3	恒大新记纺织厂	上海淮东杨思区南街	日华纺织株式会社	陈子馨
4	恒源兴记花厂	上海淮东杨思区南街	日华纺织株式会社	陈子馨
5	大成纺织第一厂	常州大东门	丰田纺织株式会社	吴镜渊　刘尧生
6	大成纺织第二厂	常州东门外政成路	丰田纺织株式会社	吴镜渊　刘尧生
7	大成纺织第三厂	常州大南门	丰田纺织株式会社	吴镜渊　刘尧生
8	民丰纱厂	常州小东门外	丰田纺织株式会社	张一鹏

---

① 据《申报》馆编《申报年鉴》（民国三十三年）（《申报》馆民国三十四年五月印行），第679—683页《日方解除华中军管华商工厂厂名表》编制。该表说明文字中称有工厂厂名者为138家，并推测缺漏的2家应为江南造船厂和汉冶萍煤矿。

	厂名	厂址	委托管理者	工厂代表
9	合记振华纱厂	上海杨树浦西兰路110号	大日本纺绩株式会社	薛行善 薛润生
10	元通（达）漂染厂	上海南市打浦桥80号	钟渊大公实业公司	王锡藩
11	五丰机织漂炼印染厂	上海市杭州路700号	日兴纺绩株式会社	李云 徐玉麟
12	大丰纱厂	上海闸北潘家湾167号	同兴纺绩株式会社	徐堂
13	新祥面粉厂	上海闸北曹家渡浜北岸	三兴面粉公司	杨河清
14	大中华造纸厂	吴淞蕴藻浜	矢野进一郎	刘敏斋
15	世界书局	上海大连湾路130号	华中印书局	沈知方
16	维新染色厂	无锡北门外周家浜	大日本纺绩株式会社	夏铁焦（接受人）
17	勤兴袜衫厂	上海鸭绿江路130号	康泰织布社	卢仲虎
18	宏大橡胶厂	上海杨树浦路齐齐哈尔路	明华产业会社	任志远
19	南昶铜厂	上海陆战队路607号	花王石碱会社	朱镇南（郑源兴）
20	怡成面粉厂	镇江新河街一号	新井洋行	李皇宇
21	江南水泥厂	江宁摄山渡	三井物产会社	袁伯武
22	苏伦纺织厂	苏州磐门外二马路	内外棉会社	严裕棠
23	丽新纺织印染厂	无锡惠南桥北首	大日本纺绩株式会社	唐熊源
24	丽华机器染织厂	无锡惠南桥北首	大日本纺绩株式会社	唐熊源
25	大隆棉织厂	上海光复路二号	内外棉会社	严裕棠
26	仁德纺织厂	上海华德路1637号	东华纺绩株式会社	严裕棠
27	中一纱厂	芜湖	裕丰纺绩会社	中国实业银行
28	鼎新纱厂	上海闸北光复路29号	东华纺绩株式会社	孙仲立 陈维增
29	广勤纱厂	无锡北门外广勤路	上海纺绩株式会社	杨荫北
30	中华教育玩具厂	上海昆明路715号	无	邵大宝

	厂名	厂址	委托管理者	工厂代表
31	林笙军装第一分厂	上海宝山路新民路9号	北海道酪农会社	
32	良新油罐厂	上海杭州路南临青路714号	同兴纺绩会社	徐衡周
33	裕丰染色厂	上海岳州路底飞虹支路9号	惠美染织厂	童连孙
34	大新绸厂	上海兆丰路559号	岸本喜一郎	王殿臣
35	美亚第五绸织厂	上海南市斜土路679号	无	蔡声白
36	美亚第六绸织厂	上海南市斜土路2093号	上海制纸厂	蔡声白
37	美亚第七绸织厂	上海南市翟真人路1403号	无	蔡声白
38	美亚第八绸织厂	上海南市日晖东路33号	无	蔡声白
39	美亚染织厂	上海市鲁班路104号	无	蔡声白
40	振新纺织厂	无锡西门外大宝	上海纺绩株式会社	荣广明
41	振业公司租办业勤纱厂	无锡城外兴隆桥	大日本纺绩株式会社	朱静安　杨连士
42	大公染色厂	上海华德路齐物浦路981号	同兴纺绩株式会社	唐性存
43	裕通面粉厂	上海闸北袋角裕通路	三兴面粉公司	朱荣康
44	顺全机器榨油厂	上海曹家渡河北	日华油脂公司	朱秉彝
45	中华第一针织厂	上海杨树浦路龙口路10号	内外编物公司	谢敏汶
46	恒兴泰榨油厂	上海曹家渡河北	日本油脂会社	陈子磐
47	杭州缫丝厂	杭州武林门外	无	浙江省政府
48	惠纶制丝厂	杭州市外拱宸桥	无	浙江省政府
49	吉田号制油工场	上海浦东张家浜	吉田久一郎	
50	益新面粉厂	芜湖东门外	华友制粉会社	章仰山
51	杭州造币厂	杭州市西大街99号	杭州铁工厂	国民政府
52	大中华橡胶厂	上海宁国路锦州路	日本护谟株式会社	太田常治

	厂名	厂址	委托管理者	工厂代表
53	龙华造纸厂	上海南市龙华路 5 号	无	庞秉臣
54	霖记木行	上海南市半淞园路花园路外滩	无	张啸林
55	启明染织厂	上海西门斜桥西首庄花园	无	诸文绮
56	中华煤球第一厂	上海浦东周家渡中华码头	无	刘鸿生
57	中华煤球第二厂	上海市斜土路	无	刘鸿生
58	上海纺织印染厂	上海华德路 1382 号	裕丰纺绩株式会社	章荣初
59	中孚绢织厂	上海闸北金陵路 28 号	钟渊大公实业公司	朱节香
60	申茂打包厂	南通唐家闸	江商会社	朱秉彝
61	开林油漆公司	上海西体育会路 299 号	大日本涂料株式会社	黎润生　周元泰
62	中国制冰厂	上海狄思威路 30 号	赵考林	
63	华福制帽厂	上海杨树浦河间路 30 号	掘技帽子店	顾吉生　陈吉卿
64	美亚杭州绸厂	杭州市燕子弄 20 号	无	蔡声白
65	华澄染织店	江阴	大日本纺绩株式会社	华澄染织公司
66	豫康纺织厂	无锡	大日本纺绩株式会社	豫康纺织公司
67	福新第一厂	上海	三兴面粉公司	福新面粉厂
68	福新第三厂	上海	三兴面粉公司	福新面粉厂
69	福新第六厂	上海	三兴面粉公司	福新面粉厂
70	茂新第一厂	无锡	华友制粉公司	茂新面粉厂
71	茂新第三厂	无锡	华友制粉公司	茂新面粉厂
72	九丰面粉厂	无锡	华友制粉公司	九丰面粉厂
73	文华美术印刷公司	上海	中田熊次	文华美术印刷公司
74	开成造酸厂	上海	钟渊纺绩株式会社上海出张所	开成造酸厂

	厂名	厂址	委托管理者	工厂代表
75	杭州冷藏冰厂	杭州	仓岛良太郎	
76	西冷机制冰厂	杭州	仓岛良太郎	
77	永安纺织第二厂	上海吴淞蕰藻浜	裕丰纺绩副社长菱田逸次	郭顺（董事）
78	永安纺织第四厂	上海吴淞蕰藻浜	裕丰纺绩副社长菱田逸次	郭顺（董事）
79	恒丰纺织新局	上海杨树浦华德路	林日本纺绩中支出张所所长胜田操	聂路生
80	纬成利记绢丝厂	浙江嘉兴东门外	钟渊公大实业取缔役北野荣政	吴蕴斋
81	利泰纺织厂	江苏太仓沙溪镇	内外棉上海支店长田庆太郎	朱秉彝
82	华丰造纸厂	杭州市外小河施家村	杭州造纸厂专务理事浅冈信夫	金润庠（董事兼经理）
83	南洋兄弟烟草公司	上海东百老汇路	中华烟草株式会社常务取缔役前田正孝	程叔度（董事兼总经理）
84	章华毛纺织股份有限公司	上海浦东周家渡西中华码头	上海纺绩株式会社黑田庆太郎	程年芳（董事兼经理）
85	利用纺织股份有限公司	江阴北门外	大日本纺绩株式会社胜田操	祝丹乡 周继美（代表者）
86	永安纺织第一厂	上海杨树浦西湖路	日华纺绩株式会社森本将虎	郭顺（董事兼经理）
87	大华印染厂	上海杨树浦	同兴纺绩株式会社立川团三	郭顺（董事兼经理）
88	大中华火柴公司上海荧昌店	浦东陆家渡	中华全国火柴产销联想营社田口武夫	陈伯藩（董事长）
89	大中华火柴公司南汇中华厂	南汇周浦	中华全国火柴产销联想营社田口武夫	陈伯藩（董事长）
90	大中华火柴公司东沟梗片店	浦东东沟	中华全国火柴产销联想营社田口武夫	陈伯藩（董事长）
91	大中华火柴公司苏州鸿生店	苏州胥门	中华全国火柴产销联想营社田口武夫	陈伯藩（董事长）
92	大中华火柴公司镇江荧昌店	镇江新河	中华全国火柴产销联想营社田口武夫	陈伯藩（董事长）

	厂名	厂址	委托管理者	工厂代表
93	大中华火柴公司杭州光华店	杭州江干海月桥	中华全国火柴产销联想营社田口武夫	陈伯藩（董事长）
94	大中华染料厂	上海龙华天钥桥路	钟渊公大实业公司北野荣政	荣鸿元
95	申新第七纺织厂	上海杨树浦路 468 号	钟渊公大实业公司北野荣政	荣鸿元
96	美丰纺织厂	上海公平路 750 号	德珍洋行德珍正藏	王伯元
97	上海水泥厂	上海龙华镇江阴庙	小室健夫狩野宗三	刘念仁
98	中国水泥厂	江苏句容龙潭镇	焜城水泥株式会社岩崎清七	顾志霄（代姚锡舟）
99	民丰造纸厂	浙江嘉兴	经营委员会奥田新三	金润庠
100	扬子面粉有限公司	南京下关三汊河	有恒面粉公司佐藤贯一	朱章金
101	振华油漆股份有限公司	上海闸北中山路谭子湾	日本油脂会社持田由孝	秦竟成
102	华丰搪瓷厂	上海浦东周家渡西村	中山钢业厂中山保之	李直士
103	庆丰纱厂	无锡北门外周山浜	大日本纺绩株式会社	唐星海
104	三友实业杭州纱厂	杭州城外拱晟桥	裕丰纺织株式会社	王云甫（董事长）
105	纬通合记纺织厂	上海平凉路	丰田纺绩株式会社	郭顺（董事长）
106	嘉丰纱厂	嘉定西门外	丰田纺绩株式会社	汤所均（经理）
107	申新第三厂	无锡西门外大保凉	上海纺绩株式会社	荣依仁（经理）
108	申新第五厂	上海华德路 1382 号	裕丰纺绩株式会社	荣尔仁（经理）
109	申新第六厂	上海河间路 29 号	上海纺绩株式会社	荣鄂生（经理）
110	申新第一及第八厂	上海白利南路 1772 号	裕丰纺绩株式会社	王云程（经理）
111	中国打包厂	江北东台丁坝	江西株式会社	中国棉业公司
112	五洲固本肥皂厂	上海徐家汇谨记路	日本油脂株式会社	卢成章（董事长）
113	泰山砖瓦厂	上海新龙华长桥港	兴亚窑业株式会社	黄失民（经理）

	厂名	厂址	委托管理者	工厂代表
114	大德新油厂	上海浦东杨家渡	大日本涂料株式会社	李祖华（总经理）
115	中孚化学染料厂	上海闵行镇	日本化成株式会社	王鹏程（总经理）
116	天利氮气制品厂	上海闸北陈家渡	维新化学株式会社	吴蕴初（总经理）
117	天原电化厂	上海白利南路420号	维新化学株式会社	吴蕴初（总经理）
118	中国酒精厂	上海浦东连经镇	大桥龟次郎	黄江泉（总经理）
119	钱屏记采石厂	青浦县天马山	江南实业株式会社	郑熊丞（代表者）
120	湖州今山荧石厂	浙江湖州	华中矿业株式会社	邱培琳（代表者）
121	和兴铁厂	上海浦东周家渡	株式会社中山钢业厂	
122	苏州电气公司	苏州	华中水电株式会社	宁友斐（总经理）
123	东南砖瓦厂	上海闵行	兴亚窑业株式会社	王佐方（总经理）
124	中国植物油厂	上海杨树浦	大日本涂料株式会社	守子文（总经理）
125	宏业砖瓦厂	南京和平门外	东邦商会	朱培德（总经理）
126	大生纺织第一厂	南通唐家闸	钟渊纺绩株式会社	徐静仁
127	大生纺织第一副厂	南通江家桥	钟渊纺绩株式会社	徐静仁
128	大生纺织第三厂	海门三厂镇	钟渊纺绩株式会社	徐静仁
129	大通纺织厂	崇明南堡镇	钟渊纺绩株式会社	姚锡舟
130	达记布厂	如皋丁堰镇	钟渊纺绩株式会社	
131	天生港电厂	南通天生港	钟渊纺绩株式会社	徐静仁
132	中国制腿厂	如皋	钟渊纺绩株式会社	张仲明
133	复新面粉厂	南通	钟渊纺绩株式会社	徐静仁
134	广生榨油厂	南通	钟渊纺绩株式会社	徐静仁
135	复安纺织厂	崇明岛南堡镇	钟渊纺绩株式会社	杜少如
136	新昌碾米厂	上海南市外马路	中支戒克协会	朱子香
137	龙华兵工厂	上海南市龙华路2591号	东洋制罐会社	国民政府

就上表所列名录来看，厂址设于上海的有 85 家，连总公司设于上海而厂在苏州、无锡、常州和杭州等地的共为 103 家，可见日军对上海企业"军管理"掠夺之一斑。

发动太平洋战争后，日军以"新敌产"名义实行"军管理"的共为 7 家，计有：申新纱厂一厂、申新纱厂九厂、永安纱厂三厂、保丰纱厂、安达纱厂、德丰纱厂、合丰纱厂等。对照上表，尚不在其内①。从 1940 年 10 月起，日军被迫实施所谓"解除军管和发还"。但至 1943 年 10 月 4 日，据日本山崎经济研究所上海分室的极密报告："已解除（军管）现正运营的工厂，合计八十九家，纺织工厂三十八家，普通工厂五十一家，"其中："一、纯军管归还二十二家，纺织十七家，普通五家；二、合办二十家，纺织十一家，普通九家；三、收购十四家，纺织六家，普通八家；四、征借二十三家，纺织一家，普通二十二家；五、关闭或移交国民政府②管理十家，纺织三家，普通七家。""即正在运营中的八十九家工厂中，实际上仍在日方手中的达五十七家，为实际已归还的中方工厂的二倍。"同一报告，对 140 家"军管理"企业处理又有另一说："（一）：归还五十一家；（二）合办：十七家；（三）收购：十八家；（四）征借：二十四家；（五）关闭或移交国民政府③管理的：三十家。在日方手中的有五十九家。"这就是说，继"军管理"以后，日本又以"合办""收购""征借""移交"等④手段掠夺上海企业。现对这几种手段略作介况：

（1）合办。日伪于 1939 年制订了所谓"中日合办国策公司"的通则。强调其宗旨："增加生产在'决战第一'之原则下又为完遂大东亚战争，以达到大东亚共荣建设之急务。""其业务：'仍照往例，直接受日军之军事上所必要求与监督外，'若遇特殊情况应预先与日军当局协议第一项旨趣。"⑤ 1944 年 3 月，日伪双方又作了补充调整。截至 1942 年年底，被日军以"中日合办"形式侵占的工厂达 66 家，分属日本华中矿业、上海恒产、华中火柴、中华蚕丝、中央化学等株式会社。这些"合办"的企业，在日方各种手段打压下，日资总额占 62%，中资总额仅占 38%，中资方完全丧失了企业的管理等权⑥。

（2）征借，又称征租、租赁。至 1943 年 10 月有 24 家，一说 23 家。关于日本这方面的专门条令现尚未发现，据上档藏的日本油脂株式会社征租五洲药

① 《日本军管理英美等国资本企业概略（1942 年 5 月 22 日）》，见上海市档案馆编：《日本在华中经济掠夺史料（1937—1945）》，上海书店出版社 2005 年版，第 370—393 页。
②③ 即汪伪政权。
④⑤⑥ 上海市档案馆编：《日本帝国主义侵略上海罪行史料汇编》（下编），上海人民出版社 1997 年版，第 167—237 页。

厂、日本麦酒株式会社征租信大面粉厂等合同看，用日本的一句话说明再贴切不过，是"归还是归还，一旦归还后，有可能又以合理的方法再次没收。"如日本征租五洲的合同规定：它可在厂内添置设备，并可将主要的甘油设备移往他处；并今后停止用原五洲商标。对于其目的，日军也说得很明白："将促进某些军需品的生产。"① 因此，不难断定，征借是继"军管理"后的又一掠夺形式。

（3）移交，即所谓"移交国民政府（指汪伪）管理。具体的内容，可看日本维新化学工业株式会社与汪伪实业部委任经营天原、天利二厂的合同。汪伪实业部借口原厂主"不知去向，它是"当然正当权利代理人，"将它们"委托经营"于日本维新化学会社。开工后，伪政府可得一笔不大的"租金"和10%的纯利，期限自1943年7月至1949年7月共6年②。实际上，是伪政权在分得少量利益基础上对中国厂家利益的出卖。日军以这种形式掠夺上海厂家也达30家。

（4）收购。日军借口上海的一些企业毁损严重，只有由日方收购后才有可能修复。同时，又指示汪伪政府出面，充当双方的所谓"资产评估人"，经日方授意，汪伪将原上海企业资产压得很低，如申新一、八两厂资产汪伪才评估了252万日元，和兴铁厂评估了193万日元、中国植物油厂机器评估了15万元（汪伪储备券）③。可作比较的是，当时每石米市价就达130日元军票。日军以这样低廉价格收购的上海厂家据记载也达18家。

此外，对上海企业日军还有公然霸占、强占的。至于上海企业被日军劫夺、搜刮的物资、器材和原物料更难以尽数。如1943年8月，日伪在上海实行的"花纱布统制"，就从上海棉纺织企业以强制收购的手段掠夺走棉花、纱布27.5万件。占当时上海棉花、纱布存量47万件的56%以上。它制定的强制收购价格20支兰凤纱每件1万元（汪伪储备券）、龙头细布每匹375万元（汪伪储备券），仅是当年上海市场价格的23%左右④。其掠夺之巨大可见一斑。

据重庆国民政府经济部的《1942年前日本在华工矿业资产之调查统计之一》⑤，当时上海被日本以各种手段掠夺、侵占的企业如下：

---

① ②　上海市档案馆编：《日本帝国主义侵略上海罪行史料汇编》（下编），上海人民出版社1997年版，第167—237页。
③　吴景平等著：《抗战时期的上海经济》，《上海抗日战争史丛书》之一，上海人民出版社2001年版，第60页。
④　《审判唐寿民档案》，载上海市档案馆编：《档案与史学》1997年第5期，第14页。
⑤　中国第二历史档案馆：《民国档案》1992年第1期，第31页。

厂名	所在地	资本	日方侵占机构
和兴铁厂	上海	1000000 元	中山钢业厂
顺华铁工厂	上海	55000 元	田中铁工第一厂
大新铁厂	上海	50000 元	大钢铁管制造厂
锡记铁厂	上海	3000 元	小浦洋厂
周金昌正记	上海	10000 元	杉木商会
公顺翻砂厂	上海		
江南造船厂	上海		三菱重工业公司
上海水泥公司	上海	3000000 元	小野田水泥会社
中国水泥公司	上海龙华	2000000 元	盘城水泥会社
五洲药房固本皂厂	上海		日本油脂会社
中国家庭工业社	上海		花王皂长漱商会
立德油厂	上海		日本油脂会社
振华油漆厂	上海		日本油脂会社
开林油漆厂	上海		大日本涂料会社
大华火柴厂	上海	（年产火柴 778 箱）	
南洋火柴厂	上海		
荣昌火柴厂	上海	（年产火柴 16903 箱）	
通燧火柴厂	上海	（年产火柴 13435 箱）	
大明火柴厂	上海	（年产火柴 7189 箱）	
美光火柴厂	上海	（年产火柴 27933 箱）	
内河贸易火柴厂	上海	（年产火柴 2751 箱）	
中华火柴厂	上海	（年产火柴 22744 箱）	
大中华造纸厂	上海		日华制纸公司
海南造纸厂	上海		钟渊纺织公司
天章造纸厂	上海		清木和吉
华兴橡胶厂	上海		吉田洋行
大上海橡胶厂	上海		
永安纺织公司	上海	3000000 元（纱锭 125790）	日本同兴纺织
申新第一纱厂	上海	3400300 元（纱锭 40000、布机 1000）	日本丰田纺织
申新第五纱厂	上海	2700000 元（纱锭 49588）	日本裕丰纺织

厂名	所在地	资本	日方侵占机构
申新第六纱厂	上海	（纱锭 75356、布机 813）	日本上海纺织
申新第七纱厂	上海	（纱锭 58848）	日本公大纱厂
申新第八纱厂	上海	2600000 元（纱锭 40000）	日本丰田纱厂
大丰纱厂	上海	3150000 元（纱锭 29922）	日本同兴纱厂
振泰纱厂	上海	2000000 元（纱锭 34000）	日本丰田纱厂
鼎鑫纱厂	上海	1740000 元（纱锭 32496）	日本东华纱厂
纬通纱厂	上海	1200000 元（纱锭 32024）	日本丰田纱厂
恒丰纱厂	上海	1150000 元（纱锭 54544）	日本大康纱厂
恒大纱厂	上海	500000 元（纱锭 20600）	日本日华纱厂
仁德纺织公司	上海	500000 元（纱锭 17088、布机 476）	日本东华纱厂
振华纱厂	上海	400000 元（纱锭 13928）	日本大康纱厂
上海纺织印染公司	上海	2000000 元（纱锭 15616、布机 818）	日本华丰纱厂
达丰染色工厂	上海	1000000 元	日本丰田纱厂
光华染织厂	上海	1000000 元	日本公大纱厂
仁丰机器染织厂	上海	500000 元	日本裕丰纱厂
嘉丰纱厂	上海嘉定	1000000 元（纱锭 12000）	日本裕丰纱厂
大通纱厂	上海崇明	960000 元（纱锭 26000）	日本公大纱厂
富安纱厂	上海崇明	800000 元（纱锭 14000）	日本公大纱厂
章华毛织厂	上海		日本上海纺织
中国毛绒纺织厂	上海		日本永田寮
福新面粉一厂	上海	500000 元（日产粉 4000 元）	日本三兴四厂
福新面粉三厂	上海	660000 元（日产粉 6000 包）	日本三兴四厂
福新面粉五厂	上海	（日产粉 5000 包）	日本三星一厂
福新面粉六厂	上海		日本三星五厂
裕通面粉厂	上海	100000 元（日产粉 7000 包）	日本三星三厂
森泰面粉厂	上海	（日产粉 5500 包）	日本同孚面粉厂
中华面粉厂	上海	160000 元	日本华裕面粉一厂
祥生面粉厂	上海	100000 元（日产粉 3000 包）	日本华裕面粉二厂
新华卷烟厂	上海		日本东洋卷烟公司
华东卷烟厂	上海		日本东亚卷烟公司

（注：表中资本额为 1935 年 11 月价值的法币）

以上共为62厂，可结合其他史料作参考。日本占领上海租界后，还对租界内100余家英美等国在上海企业实行了"军管理"进行掠夺①。日本于太平洋战争后对上海的全面占领，造成了上海企业的进一步破坏损失。

四、战后关于日本侵华造成上海企业损失调查

早在日本发动全面侵华战争之初，中国人民就立下一定要向侵略者讨还损失的誓言。1938年12月的首届2次国民参政会上，黄炎培等的开展抗战公私财产损失调查的议案，就代表了这一呼声。1939年7月，重庆行政院便下达了《抗战损失调查》等文件。1943年11月，设立了抗战损失调查委员会，隶属行政院后改隶内政部。1945年9月，委员会由兼任主任、内政部长张厉生主持，举行了第一次全体委员会议。会议决定立即在全国各省、市展开抗战损失调查工作。11月13日行政院又召开军政、交通、经济、司法、财政、内政、教育等10余部、会专门会议，会议决定将抗战损失调查委员会更名为赔偿调查委员会，复归行政院辖属。

接着，该会便通知下达3项调查任务：1. 抗战损失调查；2. 日本赔偿能力调查；3. 中国已接收日方公私财产情况调查。据内政部抗战损失委员会规定的调查范围为："凡在中华民国领土内，后方、战区或沦陷区，所以中国之公私机关团体或人民，因战争被敌强占、夺取、征发、破坏、轰炸或杀戮、奸掳之暴行遭受之损失，或中国在敌国领土及其占领区内遭受之损失"，均在调查之列。调查时间分为前后两期，前期自民国二十年（1931年）九月十八日至二十六年（1937年）七月六日止，后期由民国二十六年七月七日至民国三十四年（1945年）八月十五日抗战结束。损失计算办法分为直接损失、间接损失两类。直接损失是指上述范围、时间内，因日军侵略直接造成的财务损失价值。间接损失是指上述损失物中有营业、经营收入的由此造成失去的价值。

行政院赔偿委员会又制定了《抗战损失赔偿办法纲要草案》。其中赔偿范围、时间与前所发各件相同外，还补充："凡合本纲要之规定，属于人民之损害，应与我国所得日本全部赔偿总额内，以三分之二拨充赔偿，其余三分之一作为赔偿国家及公有财产之损失。"同时将计算损失金额时间统一为："人民列报损失金额，该折合为二十六年上半年之市值，为损失赔偿之计算单位。"②

---

① 详见上海市档案馆编：《档案与史学》1995年第4期，第30页。
② 秦孝仪编：《中华民国重要史料初编——对日抗争时期》第2篇，台北1981年版，第71页。

1945 年 12 月 5 日，上海市长钱大钧便遵命将该通知及所附调查办法等文件公告全市，并训令由市社会局具体负责承办，各局、区、县和各同业公会等必须指定专人接受公私财产损失申报。这一消息发布，全市各区、县和各同业公会前往查询的人群络绎不绝。经过蒙受损失团体、企业和个人依据保存的原账册、单据等认真计算，再由市受理部门审核汇编，据市政府报告行政院。至截止日，总计收到损失申报书（连同所附各类证明文件）共有 10000 余份，即公私财产直接损失和间接损失户共为 9508 户。法币损失总值（以 1937 年 7 月前币值计）为 896136662880 元。另有美金 4493600.14 元。港币 47616 元①。

其中，上海工业企业损失调查分民有、国有两部分，民有工厂申报直接损失户 557 户。总金额计法币 49588388293 元，又美金 34985 元②。

户数	损失数（单位国币元）	户数	损失数（单位国币元）
30	$ 45371381	30	$ 129394431
30	$ 1784066	30	$ 23014013588
30	$ 744597177	30	$ 7072715278
30	$ 887594177	30	$ 464814296 美金　32985
30	$ 94718455	30	$ 12335085
30	$ 856987619	30	$ 10484548887
29	$ 16562245 美金　2000	30	$ 4694416303
30	$ 4112158	30	$ 724562947
30	$ 24306818	18	$ 296318871
30	$ 24306818		

这些厂家分别属于铁工机器、化工医药、纺织丝绸、橡胶玻璃、面粉榨油、搪瓷皮革、水泥油漆、造纸印刷、仪表文具、烟草食品等各行各业，据申报表填载，有 80% 以上为八一三期间日军进攻时被炸、被焚所毁。少量为内迁途中遭炸或日军进入租界后强制收购。分布地区主要是南市、闸北、虹口、杨浦、普陀、浦

①② 上海市政府统计编制：《上海市民营事业（民营工业部分）财产直接损失汇报总表》（一）（中华民国三十六年八月）。原始表存上海市档案馆：Q1 全宗 14 号目录。

东等华界地区。内有一些著名的厂家，计为：华丰搪瓷厂、华美染料厂、大中华火柴厂、中孚兴业化工厂、中央化学玻璃厂、三星棉铁厂、大中华橡胶厂、顺余机器榨油厂、华成烟草公司、南翔电气公司、华生电器厂、民丰造纸厂、泰康食品厂、五洲药厂、亚浦耳电器厂、三友实业社、恒通纱厂、丽新针织厂等。这些厂家的损失都为上千万元至亿元法币不等。其损失事由、日期、地点都确凿可考。如大中华橡胶厂于日机空袭时厂房、发行所被炸毁。民丰造纸厂在日机轰炸闸北时也中弹起火焚毁。华生电器厂在日军进攻嘉定时被炮击、轰炸，内迁途中又于广州遭轰击。泰康食品厂于南市大火中厂房被焚，内迁途中船队又于昆山被击沉。华成烟草公司于日军进攻虹口时在汇山路被纵火焚烧。中央化学玻璃厂内迁船队有 11 艘在汉口江面被日军劫掠、5 艘撞沉于万县江面险滩。五洲药厂小沙渡分厂被炸、徐家汇总厂被占①等等。现将上海民营工厂战时损失情况申报表整理附下：

填报者	住址或通讯处	报失时价值总数（法币元，1937 年 7 月前币值）	事件	日期	地点	证件
双轮利记牙刷公司	山西路盆汤弄 24 号	$ 57000. –	日军进攻	26/11/20	南市	
鸿纶双宫丝厂	西摩路 815 弄 4 号	$ 28000. –	炸毁	26/8/13	闸北	
盛泰昌糖果厂	云南路 11 号	$ 177500. –	炸毁	26/10/11	南市	
天星糖果饼干厂		$ 102835.09 –	日军进攻	26/11/11	南市	
马宝山糖果饼干公司		$ 141500. –	敌人强占	26/8/13	东熙华德路	
马宝山糖果饼干公司		$ 30100. –	敌人强占	26/8/13	东横浜路	
华记糖果厂发行所		$ 7950000. –	敌人强占	26/8/13	小东门	
名利糖果厂		$ 141000. –	炮火	26/8/13	南市	
和济食品公司		$ 235000. –	炸毁	26/9/12	闸北	

---

① 上海市政府统计编制：《上海市民营事业（民营工业部分）财产直接损失汇报总表》（二）（中华民国三十六年八月），上海市档案馆馆藏档案，Q1 全宗 14 号目录。

填报者	住址或通讯处	报失时价值总数（法币元，1937年7月前币值）	事件	日期	地点	证件
知味罐头食品厂		$ 3830. –	炸毁	26/8/30	闸北	
康纳商店及工场		$ 40000. –	敌人强占	26/8/13	北四川路	
元益印刷工厂		$ 82100. –	日军进攻	26/11/9	漕河泾	
徐胜记印刷厂	静安寺路赫德路 175 号	$ 132000. –	日军进攻	26/8/15	大连湾路	
三一印刷股份公司		$ 594937. 52. –	日军进攻	26/8/30	昆明路	
时代印刷厂		$ 130000. –	日人占据	26/8/13	平凉路	
四达印刷所		$ 69000. –	日军进攻	26/8/13	昆山路	
合记印刷公司		$ 9775. –	日军进攻	26/8/13	虹口	
文华美术印刷公司	福州路 884 弄 4 号	$ 375000. –	日军进攻	26/8/13	周家嘴路	
第一印刷股份公司		$ 8480000. –	日军进攻	26/8/30	榆林路	
华商股份印刷公司		$ 943705. –	日军进攻	26/9/10	虹口	
华泰行	四川路 569 号	$ 387812. 50. –	日军进攻	31/6/19	蓝烟囱码头	
益商书店	闸北宝山路 183 号	$ 4360. –	日军进攻	26/8/13	宝山路	
益商书店	闸北宝山路 183 号	$ 18900. –	日军进攻	26/8/13	狄思威路	
中国乒乓公司		$ 198489. –	日军进攻	26/9/10	塘山路	
华中工厂	黄坡南路 48 号	$ 70000. –	日军进攻	26/8/13	南市	
国威工艺厂		$ 15000. –	日军进攻	26/12/30	南市	
实学通艺馆制作所		$ 35000. –	日军进攻	26/8/13	南市	

填报者	住址或通讯处	报失时价值总数（法币元，1937年7月前币值）	事件	日期	地点	证件
永义昌玩具厂		＄ 5800. –	日军进攻	26/8/13	闸北	
标准运动器具公司		＄（报告时价值）25900000. –	焚毁	26/8/13	南市	
中国仪器厂	大沽路506弄27号	＄ 109106. –	焚毁	26/10/17	闸北	
大华铅笔厂股份公司		＄ 109240. –	日军进攻	26/8/13	虹口	
保权工艺厂		＄ 52910. –	日军进攻	26/11/2	南市	
兴业瓷砖股份公司	新闸桥路19弄8号	＄ 642700. –	日军进攻	26/8/13	中山路	
均泰顺记汽灯厂		＄ 23056. –	日军进攻	26/9/2	虹口	
华泰汽灯五金厂		＄ 640. –	日机轰炸	26/9/2	虹口	
成兴发记汽灯厂		＄ 6594. –	日军进攻	26/8/21	昆明路	
隆兴祥仁记汽灯厂		＄ 147336. –	日机轰炸	26/8/14	东有恒路	
永胜厂王克勤		＄ 20118. –	中弹失火	26/10/14	南市	
国光人造象牙厂		＄ 72000. –	日军进攻	26/8/13	斜土路	
国光人造象牙厂		＄ 8962. –	日军进攻	26/8/13	斜土路	
国光人造象牙厂		＄ 7200. –	日军进攻	26/8/13	蓬莱市场	
永大锅炉铁厂		＄ 3500. –	日军进攻	26/8/13	周家嘴路	
行聚兴铁工厂		＄ 9620. –	日军进攻	26/11/30	斜徐路	

填报者	住址或通讯处	报失时价值总数（法币元，1937年7月前币值）	事件	日期	地点	证件
周恒泰铁工场		$ 3200. –	日军进攻	26/8/25	虹口	
王永昌、王阿本		$ 2600. –	日军进攻	26/8/15	华德路	
周源兴铁工场		$ 4187. –	日军进攻	26/8/20	虹口	
朱盛昌铁铺		$ 564. –	日军进攻	27/2/24	闸北	
协兴源记铁厂	北京路852号	$ 17540 –	日军进攻	26/9/14	斜徐路	
鸿昌丁凤根		$ 870. –	轰炸	26/8/21	虹口	
高信昌铁店		$ 25000. –	轰炸	26/9/15	南市	
顺泰铁工厂		$ 11870. –	日军进攻	26/8/13	虹镇	
张聚盛铁工厂（一）		$ 52000. –	日军进攻	26/9/14	虹口	
张聚盛铁工厂（二）		$ 196200. –	日军进攻	26/9/14	欧嘉路	
张聚盛铁工厂（三）		$ 238500. –	日军进攻	26/9/14	陶家湾路	
张聚盛铁工厂（四）		$ 38000. –	日军进攻	26/9/14	德润路	
朱永兴铁铺		$ 376. –	日军进攻	26/8/13	南市	
戴隆泰铁铺		$ 6265. –	日军进攻	26/8/13	江湾	
顺昌铁厂		$ 59100. –	日军进攻	26/8/19	闸北	
钱耀庭		$ 22000. –	日军进攻	26/9/14	闸北	
富顺兴铁铺		$ 2918. –	日军进攻	26/8/13	育婴堂路	
杨聚隆		$ 470. –	日军进攻	26/8/25	虹口	
鑫昌铁铺		$ 1000. –	日军进攻	26/9/1	虹口	
万顺恒铁厂		$ 250000. –	日军进攻	26/8/13	虹镇	
邓裕兴铁工厂		$ 60200. –	烧毁	26/8/13	虹口	

填报者	住址或通讯处	报失时价值总数（法币元，1937年7月前币值）	事件	日期	地点	证件
蒋金泰铁厂		$ 110000. –	日军进攻	26/12/30	吴淞	
张万兴铁铺		$ 730. –	日军进攻	26/10/20	南市	
宜万顺陪记铁铺		$ 84150. –	日军登陆	26/10/10	浦东	
宋福兴铁工厂		$ 24648. –	日机轰炸	26/12/10	闸北	
袁兴昌铁厂		$ 7352.94 –	日军进攻	26/8/13	通州路	
邰振兴铁店		$ 1188. –	被人窃去	26/8/15	杨树浦	
谢万兴铁铺		$ 7959. –	日军进攻	26/10/5	虹江路	
曹根和		$ 2810. –	日军进攻	26/10/5	闸北	
浦万兴铁铺		$ 18000. –	日机轰炸	26/8/13	小东门	
郑荣泰铁店		$ 2000. –	日军纵火烧	26/11/12	南市	
安福棉纺织厂	南市复兴东路653号	$ 2483029. –	日军进攻	20/9/18	闸北	
玉成染织厂	南市复兴东路653号	$ 432435. –		26/8/15	虹口	
吴长泰机器厂	上海市商会转	$ 480600. –		26/8/13	南市	
恒泰玻璃厂	梅格路600弄18号	$ 73300. –		26	南市	
源兴昌机器厂		$ 233000. –	日军进攻	26/8/13	虹口	
建华慎记纺织厂	中正中路877弄46号	$ 742750000. –	日机轰炸	21/2/19	闸北	
顺昌机器厂		$ 110672. –	日军侵占	31/10/15	建国中路	
祥丰厂		$ 110850. –	日军进攻	27/1/30	东有恒路	
祥顺铁厂		$ 113000. –	日军进攻	26/10/15	虹口	
祥兴翻砂厂		$ 106000. –	日军进攻	26/10/15	虹口	
祥泰铁厂一厂		$ 76000. –	日军进攻	26/10/15	宝昌路	
沈海涛		$ 11500. –	日商强占	26/8/13	东余杭路	

填报者	住址或通讯处	报失时价值总数（法币元，1937年7月前币值）	事件	日期	地点	证件
润泰新翻砂厂		$ 1200. –	日军进攻	26/8/13	虹口	
黄金记冶坊		$ 7000. –	日军进攻	26/8/14	闸北	
胡祥泰		$ 119102. –	日军进攻	26/8/14	华德路	
金泰翻砂厂		$ 2650. –	日军进攻	26/9/28	唐山路	
顺泰翻砂厂		$ 57000. –	日军进攻	26/9/5	周家嘴路	
同兴裕		$ 40000. –	日军进攻	26/8/14	欧嘉路	
华兴翻砂厂		$ 5400. –	日军进攻	26/8/13	闸北	
伟利翻砂厂		$ 7600. –	日军进攻	26/7/24	唐山路	
张岳金		$ 1000. –	日军进攻	26/8/20	虹口	
潘思钦		$ 3000. –	日军毁坏	26/8/12	虹口	
华兴翻砂厂		$ 2300. –	日军进攻	26/8/14	虹口	
王生记		$ 4067.72 –	日军烧毁	26/8/15	虹口	
金昌翻砂厂		$ 11708. –	日军烧毁	26/8/29	虹口	
福泰翻砂厂		$ 5045. –	日军轰炸	26/11/8	南市	
侯复兴翻砂厂		$ 1600. –	日军进攻	26/8/13	中兴路	
万昌翻砂厂		$ 1000. –	日军进攻	26/8/13	闸北	
石华兴翻砂厂		$ 65160. –	日军进攻	26/8/18	虹口	
冯祥兴		$ 1700. –	炸毁	26/8/22	东有恒路	
杨生记翻砂厂		$ 7215. –	炸毁	26/9/18	周家嘴路	
茂昌厂		$ 602250. –	炸毁	26/8/14	虹口	
顺兴翻砂厂		$ 12315. –	炸毁	26/8/25	虹口	
华丰搪瓷公司		$ 386265900. –	日尚霸占	27/9/6	浦东	
铸丰通记搪瓷公司	上期中正东路228号	$ 201424157. –	日军进攻	21/1/28	闸北	
铸丰通记搪瓷公司	下期中正东路228号	$ 117249520. –	日军进攻	26/8/13	闸北	

填报者	住址或通讯处	报失时价值总数（法币元，1937年7月前币值）	事件	日期	地点	证件
金燮记皮厂		$ 1000. –	日军进攻	26/10/27	闸北	
精益制革厂		$ 100000. –	日军进攻	26/8/13	闸北	
源牲制革厂		$ 331200. –	日军进攻	26/8/13	南市	
大上海橡胶制品公司	吕班路 206 弄 1 号	$ 73600. –	日军进攻	26/11/10	南市	
华美燃料厂	金陵路卜邻里 12 号	$ 131212. 58. –	日军进攻	26/11/10	闸北	
大中华火柴公司		$ 149927100. –	焚毁	27/12/8	浦东	
瑞士火柴厂	老北门 夏街 26 号	$ 19200. –	原料	30/12/8	上海	
筱舫照相化学工业厂	天津路福绥里 4 号	$ 500000. –	焚毁	27/7/8	城内	
中国制管厂	菜市路祥顺里 65 号	$ 50000. –	日军进攻	26/8/13	东区	
中华教育用品制造厂	复兴中路 561 号	$ 619895. 82. –	轰炸	26/8/13	虹口	
丰裕云记绸厂	东余杭路荣昌里 123 号	$ 90520. –	日军进攻	26/8/22	引翔区	
金记绸厂		$ 50000. –	日军进攻	26/8/13	虹口	
张鸿泰		$ 2215. –	日军进攻	26/8/13	华德路	
张鸿泰		$ 2132. –	日军进攻	26/8/13	周家嘴路	
丁恒泰		$ 4770. –	日机轰炸	26/8/14	虹江路	
丁顺泰铁铺		$ 12290. –	日军进攻	26/9/13	闸北	
朱裕丰铁工厂		$ 4950. –	日军进攻	26/8/26	虹口	
钱顺新锅炉铁厂	梵皇渡路钱家巷复兴里 37 号	$ 3588. 60. –	被人窃去	26/8/15	虹口	
陆长兴铁铺		$ 843. –	日军进攻	26/8/13	亚德路口	
侯耀记铁铺		$ 5250. –	日军进攻	26/8/13	华德路	
新恒泰铁厂		$ 84450. –	日军进攻	26/5/10	军事委员会	

填报者	住址或通讯处	报失时价值总数（法币元，1937年7月前币值）	事件	日期	地点	证件
新恒泰铁厂		$ 141290. –	日军进攻	26/5/10	浙赣铁路	
新恒泰铁厂		$ 15340. –	日军进攻	26/7/30	首都国立博物馆	
新恒泰铁厂		$ 204300. –	日军进攻	26/9/1	内迁汉口	
大中染料厂公司		$ 155648. –	日军进攻	26/11/5	龙华	
东方面包饼干厂		$ 35000. –	日机轰炸	26/8/13	虹口	
东方机器厂		$ 21350. –	日军进攻	26/8/13	西姚家宅	
联裕工业原料号		$ 90000. –	日军进攻	26/11/10	南市	
肇新化学厂		$ 99541. –	炸毁	26/10/30	西光复路	
炽昌新公司		$ 100548.74. –	焚毁	26/10/30	南市	
中孚兴业化学制造厂		$ 92000000. –	日军进攻	29/2/1	闵行镇	
端隆荣记橡胶厂		$ 19000. –	日人盗窃	26/10/30	华德路	
美亚织绸厂（上海分公司）		$ 324094.97. –	日军进攻	26/8/18	闸北	
醒民绸厂	青岛路尚勤里10号	$ 39435. –	日军进攻	26/8/13	闸北	
福利廷记绸厂	东有恒路荣昌里96号	$ 10000. –	焚毁	26/8/13	通州路	
利亚橡胶厂		$ 39560. –	日军进攻	26/8/30	□明路	
华丰橡胶厂		$ 991476. –	强制车去	30/12/5	□信路	
鼎新染织厂		$ 125565. –	日军进占	26/10/5	南市	
新华玻璃厂		$ 14300. –	日军进占	26/8/13	闸北	
天然味精制造厂		$ 53000. –	焚毁	26/10/28	闸北	
华德工厂		$ 100000. –	被占	26/8/13	闸北	
浦东第一玻璃厂		$ 1160000. –	日军进攻	26/10/12	闸北	

填报者	住址或通讯处	报失时价值总数（法币元，1937年7月前币值）	事件	日期	地点	证件
大明火柴公司		$ 62670. –	日军进攻	26/8/13	龙华镇	
华昌火柴梗片公司		$ 23350. –	日军进攻	26/11/17	浦东	
中央化学玻璃公司		$ 13949000. –	触礁沉没	27/6/14	万县	
中央化学玻璃公司		$ 37887000. –	敌人攫去	26/8/13	平凉路及汉口江面	
三星棉铁厂		$ 656747050. –	敌海军占毁	26/8/13	华德路	
上海炽昌新牛皮胶公司		$ 100584.74 –	日军进攻	26/10/12	南市	
大中华橡胶厂兴业公司		$ 6400822. –	敌机空袭	26/9/24	上海暨各分处	
中孚绢丝厂股份公司	长沙路149弄16号	$ 773300. –	日军进攻	26/10/12	闸北	
颜宝记制桶厂	梅白克路432弄39号	$ 12036.80. –	日军进攻	26/10/29	闸北	
中国铅丹厂	康脑脱路883号	$ 52500. –	日机轰炸	26/10/29	南市	
建国化学厂	康脑脱路883号	$ 204500. –	日军侵占	31/12/1	香港	
中华面粉厂		$ 350000. –	日机轰炸	26/10/5	闸北	
五和织造厂		$ 795483.42. –	日军进攻	26/8/18	虹口	
五和织造厂		$ 24400.56. –	日机轰炸	26/12/1	蓬莱路	
国华棉织厂		$ 4310400. –	日机轰炸	34/7/17	东余杭路	
林森织造厂		$ 124985. –	日军进攻	26/8/13	虹口	
上海长德榨油厂		$ 5800. –	日军进攻	27/9/10	浦东	
福新第一面粉厂		$ 65715. –	日军进攻	26/8/13	闸北	
福新第三、六面粉厂		$ 69177.51	日军进攻	26/8/13	闸北	

填报者	住址或通讯处	报失时价值总数 (法币元，1937 年 7 月前币值)	事件	日期	地点	证件
福新第六面粉厂		$ 25167.70	日军进攻	26/8/13	闸北	
福新运输堆栈		$ 45950. –	日军进攻	26/8/13	闸北	
茂利工艺社	吕班路 206弄 1 号	$ 13764000. –	强制收买	31/6/24	甘肃路	
美丰绸厂		$ 78411. –	敌人取去	26/8/30	虹口	
美丰绸厂		$ 286315. –	焚毁	26/8/13	虹口	
和丰绸厂（美丰第二厂）		$ 226190. –	焚毁	26/8/13	海勤路	
金华丝织公司		$ 135117. –	炸毁	26/8/18	闸北	
得师绸厂		$ 67844. –	炸毁	26/8/18	闸北	
永盛绸织厂		$ 344966. –	焚毁	26/8/30	邓脱路	
太乙绸厂		$ 101500. –	焚毁	26/8/30	华德路	
大陆绸厂		$ 306400. –	焚毁	26/8/23	华德路	
旭永绸厂		$ 80000. –	日军进攻	26/8/13	塘山路	
华通绸厂		$ 30000. –	日军进攻	26/8/13	华德路	
合丰经纬绸厂		$ 203429. –	焚毁	26/8/23	虹口	
民信绸厂		$ 30300. –	日机轰炸	26/8/20	虹口	
大同柏记绸厂		$ 39000. –	日机轰炸	26/11/10	曹家渡	
福兴绸厂		$ 2810. –	日军进攻	26/8/22	华德路	
协馀织绸厂		$ 24000. –	焚毁	26/10/23	闸北	
协记织绸厂		$ 24000. –	焚毁	26/10/23	闸北	
协泰织绸厂		$ 24000. –	焚毁	26/10/23	闸北	
荣成绸厂		$ 49200. –	焚毁	26/11/4	闸北	
裕厚协记绸厂		$ 53650. –	日军进攻	26/8/13	虹口	

填报者	住址或通讯处	报失时价值总数（法币元，1937年7月前币值）	事件	日期	地点	证件
裕盛织绸厂		$ 14070. –	日军进攻	26/8/13	虹口	
裕纶织绸厂		$ 14815. –	日军进攻	26/8/13	虹口	
永丰久记绸厂		$ 44260. –	日军进攻	26/11/10	打浦路	
友谊绸厂		$ 32000. –	日机轰炸	26/8/13	南市	
重阳绸厂		$ 38485. –	日机轰炸	26/8/13	闸北	
涛记织绸厂		$ 13361. –	日机轰炸	26/8/13	虹口	
史同珏银箱厂		$ 90500. –	日军进袭	26/9/11	闸北	
瑞康机器厂		$ 8185. –	被敌盗窃	27/2/1	小西门	
瑞泰机器厂		$ 750000. –	日军强占	33/3/15	北苏州路	
大华铁厂		$ 83438. –	日军进攻	26/8/15	东有恒路	
钜昌五金厂		$ 5100. –	日军进攻	26/9/2	通州路	
大昌源铁厂		$ 15565. –	日军进攻	27/3/28	引翔区	
华泰机器造船厂		$ 81650. –	日军进攻	26/8/13	汇山路	
和永机器铁工厂	顺昌东路永年路 95 弄 6 号	$ 12900. –	日军轰炸	26/11/25	南市	
南翔电器照明公司		$ 125000000. –	日军轰炸	26/8/13	嘉定县	
振钛机器厂		$ 42200. –	日军进攻	26/10/11	欧嘉路	
新祥机器厂		$ 3750. –	日军进攻	26/8/13	南市	
协锝厂		$ 7000. –	日军进攻	26/8/13	华德路	
新中国电气制造厂		$ 16430. –	日军进攻	26/8/30	岳州路	
慎和铁管厂	虹口岳州路 332 号	$ 1495000. –	日军进攻	26/8/13	周家嘴路	
大兴工厂		$ 19300. –	日军进攻	26/8/16	昆明路	
广兴机器厂		$ 201975.19	日军进攻	26/8/30	虹口	
公兴机器厂		$ 4956. –	日军进攻	26/11/2	南市	

填报者	住址或通讯处	报失时价值总数（法币元，1937年7月前币值）	事件	日期	地点	证件
中新工厂		$ 470000. –	日军进攻	26/9/30	华德路	
协华机器厂	昆明路荆州路东	$ 13500. –	日军进攻	26/8/16	昆明路	
兆丰机器铣牙厂		$ 15500. –	日军进攻	26/8/14	公平路	
祥昌铜铁机器厂	西康路1233弄496号	$ 366400. –	日军进攻	26/8/14	闸北	
义兴盛工厂	长寿路并樱华里1812号	$ 113500. –	日军进攻	27/1/10	虹口	
馀昌机器厂		$ 136690. –	日军进攻	26/8/13	闸北	
中国铜铁工厂		$ 194860. –	日军进攻	26/8/13	闸北	
茂昌机器厂		$ 40000. –	日军进攻	26/8/13	虹口	
恒新股份两合公司		$ 54122. –	日军进攻	26/8/10	保定路	
荣孚机器铁厂		$ 20000. –	被日人取去	27/2/6	华德路	
马源顺铁工厂		$ 49000. –	日军进攻	26/8/13	海勤路	
五昌铁厂		$ 2910. –	日军进攻	26/8/13	周家嘴路	
永兴昌医器械制造厂		$ 80000. –	敌军强取	30/12/29	天目路	
中原铁工厂		$ 4500. –	日军进攻	26/8/13	欧嘉路	
华胜义记机器厂		$ 73780. –	被焚	26/12/8	小西门	
上海华生电气厂	福建路431号	$ 111200000. –	日军进攻	26/8/13	嘉定县	
上海华生电气厂	福建路431号	$ 47580000. –	日军炸毁	27/5/10	广州	
上海华生电气厂	福建路431号	$ 8844000. –	日机轰炸	26/8/25	闸北	
上海华生电气厂	福建路431号	$ 10829000. –	日机轰炸	27/5/3	广州	

填报者	住址或通讯处	报失时价值总数（法币元，1937年7月前币值）	事件	日期	地点	证件
振华油漆公司	北苏州路478号	$ 114601.19	日军侵入	26/11/2	闸北	
益泰信记厂		$ 527716.29	日军侵入	26/11/2	虬江路	
梁新记兄弟牙刷公司		$ 11631. –	日军进攻	26/9/10	昆明路	
梁新记兄弟牙刷公司		$ 44831. –	日军进攻	26/11/15	南市	
锦昌泉记铁厂		$ 213950. –	日军进攻	26/8/13	虹口	
宝利袜厂		$ 7300. –	日机轰炸	26/11/10	制造局路	
胜利织造厂	陆家浜路大所街口11号	$ 3000. –	日军进攻	26/9/30	南市	
英利针织厂		$ 106500. –	日军火焚	26/11/5	南市	
和丰电机针织厂		$ 19900. –	日军进攻	26/11/5	无锡	
东方袜厂	北江西路293号	$ 2170. –	日军进攻	26/10/5	南市	
三才电机针织厂		$ 142364. –	日军进攻	26/8/20	虹口	
同泰针织厂	大吉路三多里17号	$ 2600. –	日军进攻	26/9/10	南市	
宝成针织厂		$ 52105. –	燃烧弹毁	26/8/27	虹镇	
鼎森布厂		$ 2400. –	日军进攻	26/10/5	闸北	
同丰针织厂		$ 120260. –	日军炸毁	26/10/5	南市	
亨利花袜厂	建国东路502弄9号	$ 11283.73	日军炸毁	26/12/8	平湖	
美达针织厂		$ 50000. –	日军轰炸	26/11/10	南市	
中源工业厂		$ 20000. –	偷袭	26/8/10	西门	
老大衡袜厂		$ 1600. –	日军占领	26/11/11	南市	
中和针织厂		$ 113200. –	日军占领	26/11/11	南市	
上海针织厂		$ 360700. –	日军占领	26/10/1	徽宁路	

填报者	住址或通讯处	报失时价值总数（法币元，1937年7月前币值）	事件	日期	地点	证件
姚德全		$ 4950. –	日军轰炸	26/11/12	南市	
元昌印书馆		$ 146000. –	日军进攻	26/8/13	闸北	
民丰造纸公司		$ 22833402347. –	炸毁	26/10/26	闸北	
华丰造币公司		$ 4353155635. –	日军轰炸	26/10/26	闸北	
邓仲泽	宁夏路久安里26号	$ 48158121. –	日军轰炸		闸北	
邓仲泽	宁夏路久安里26号	$ 9929405. –	日军轰炸		闸北	
诚孚股份有限公司	江西路213号	$ 1382400. –	日机轰炸	28/9/13	启东县、海门县	
郭琼		$ 591648. –	日军侵夺	31/3/9	博物院路	
华通电业机器厂		$ 1333766. –	迁运不及	26/8/13	虹口	
南洋皂烛厂	海格路740号	$ 128285. –	日军进攻	26/8/13	闸北	
达新染织厂	闸北长安路351号	$ 267150. –	日军进攻	26/8/13	闸北	
华商上海水泥公司		$ 2221606000. –		26/9/1	龙华水泥厂	
金丰经纬绸厂	麦根路335弄10号	$ 203429. –	焚毁	26/8/23	通州路	
永盛绸织厂	山西路255弄10号	$ 344966. –	焚毁	26/8/20	邓脱路	
泰康罐头食品公司	南京路766—768号	$ 113049000. –	不及迁运	26/10/8	南市	
泰康罐头食品公司	南京路766—768号	$ 19270000. –	炸沉	26/9/20	昆山临近	
中国植物油料厂	河南路61号	$ 1417876. –	日军占去	31/12/1	罗斯福码头	
中央熔炼厂		$ 356000. –	日军轰炸	26/9/5	虹镇	

填报者	住址或通讯处	报失时价值总数（法币元，1937年7月前币值）	事件	日期	地点	证件
恒达制罐厂		$ 110000. –	日军轰炸	27/11/2	闸北	
嘉美印铁制罐厂		$ 47000. –	日军轰炸	26/8/13	闸北	
天安制罐厂		$ 21400. –	日军轰炸	26/8/18	虹口	
立成兴记印铁制罐厂		$ 8222. –	敌军封锁	26/9/15	虹口	
大丰制罐厂		$ 51400. –	炸毁	26/8/14	虹口	
润馀印铁制罐厂		$ 183683. –	炸毁	26/8/13	虹口	
协昌印铁制罐厂		$ 27500. –	被劫	26/8/13	虹口	
中国制罐厂		$ 889043. –	强迫收买	31/3/11	南洋仓库	
江南化学工业制造厂	西摩路815弄4号	$ 352000. –	敌人劫夺	26/8/13	闸北	
华美染料厂		$ 149927100. –	日军进攻	26/11/14	闸北	
林森记营造厂	白克路439弄10号	$ 30520. –	日军进攻	26/10/27	北新泾	
五洲大药房	福州路221号	$ 29146503. –	日军进攻	26/8/13	小沙渡路	
中国亚甫耳电气厂		$ 120206788. –	被炸	34/7/22	汉口	
东方年红公司		$ 243132. –	日军进攻	26/9	上海	
亚光制造公司		$ 331358. –	日军进攻	30/12/28	香港	
汇明电筒电池厂		$ 100940. –	日军进攻	26/11	南市	
大华科学仪器公司		$ 450000. –	日军进攻	26/8/13	其美路	
任万兴胶木电气螺丝制造厂		$ 200000. –	日军进攻	26/8/13	欧嘉路	

填报者	住址或通讯处	报失时价值总数（法币元，1937年7月前币值）	事件	日期	地点	证件
振丰电气厂		$ 49528. -	日机轰炸	26/8/13	中兴路	
华昌电业机器厂		$ 100000. -	日军进攻	26/8/13	韬朋路	
潭半蓄电池公司		$ 200000000. -	敌人掠夺	32	香港	
烈新炭精厂		$ 26000. -	日军焚毁	26/11/12	徽宁路	
南翔生明电器股份公司		$ 125439. -	日军炸毁	26/8/13	嘉定县	
中国蓄电池厂		$ 117430000. -	日机轰炸	26/11/12	重庆、汉口、上海	
公一电木工业社		$ 20208. -	焚毁	26/8/13	虹口	
益中福记机器瓷电公司		美金 32985. -	炮毁强取	26/ - /4	浦东	
梁行公记电池厂		$ 25594000. -	日军进攻	26/8/13	闸北	
张贤训（永安胶木厂）		$ 2935. -	日军进攻	26/8/13	昆明路	
永和实业公司		$ 1328786. -	一二八日军侵沪	21/1/28	闸北	
永和实业公司		$ 581260. -	一二八日军侵沪	26/8/13	闸北	
永和实业公司		$ 212329. -	被炸	28/4	重庆	
华南电器厂		$ 32845. -	火焚	26/8/14	东嘉兴路	
华生电器厂		$ 346057. -	轰炸	26/10—27/9	宜昌、万县、重庆	
永固造漆公司		$ 705000. -	焚毁	26/8/15	江湾路、香港、南京	
上海喷漆制造厂		$ 15000. -	被炸		汉口船上	
万里油漆厂		$ 47800. -	日军进攻	26/11/18	南市	

填报者	住址或通讯处	报失时价值总数（法币元，1937年7月前币值）	事件	日期	地点	证件
大昌织造厂		$ 50000. -	火毁	26/8/13	闸北	
中原新记绸厂		$ 8000. -	没收	31/7/7	开纳路	
三友实业社		$ 1603612. -	被占	21/11—34/9	杭州	
于义昌铁公司		$ 49362. -	日军进攻	26/8/18	虹口	
源丰棉织厂	建国西路279弄18号	$ 9445. -	炸毁	26/8/13	闸北	
庆丰染织布厂		$ 1284400. -	进攻及没收	26/8—27/3	闸北	
天申染织厂		$ 44688850. -	轰炸及抢去	26/12	南市	
天津大新国布申庄		$ 53242500. -	轰炸	26/11	南市	
一中织厂		$ 16500000. -	被拆	34/6	长阳路	
天艺染织厂		$ 684225. -	强迫收买	32/9/6	本市	
天益染织厂		$ 6377075. -	强迫收买	32/9/6	本市	
永丰染厂	忆定盘路信义里	$ 8550. -	轰炸		南市斜桥	
永隆布厂		$ 3300. -	轰炸		南市斜桥	
仁丰染织厂		$ 1554000. -	焚拆	26/8—27/1	齐齐哈尔	
良友织布工厂		$ 108000. -	焚毁	26/8/13	南市陆家浜	
公胜棉毛绢厂		$ 1200000. -	日军进攻	26/10	周家桥	
瀛洲染织厂	徐家汇路1015号	$ 62568. -	焚毁	26/11/11	龙华	
义兴工业厂		$ 25000. -	强夺	31/3/6	合群堆栈	
善益康染织厂		$ 38000. -	日军进占	26/10/3	嘉善	
申丰棉织漂染厂		$ 812340. -	炸毁	26/8/13	引翔区	

填报者	住址或通讯处	报失时价值总数（法币元，1937年7月前币值）	事件	日期	地点	证件
三新实业社		$ 147950. –	日军进攻	26/11/20	无锡、江阴	
华兴布厂		$ 18300. –	炸焚	26/10	斜桥	
同康染织厂		$ 63000. –	焚毁	26/8/13	南市	
天丰染织厂		$ 41000. –	焚毁	26/10/20	南火车站	
华昌布厂		$ 20000. –	焚毁		南市车站路	
鸿兴染织厂		$ 91710. –	日军进攻	27/2	浦东	
大乐工业社		$ 21840. –	轰炸	26/8/21	虹镇	
永孚染织厂		$ 45000. –	被毁	26	喻塘乡	
大华拉绒厂		$ 30500. –	日军进攻	26/11	沪西	
洪华染坊		$ 3490. –	日军进攻	26/8/10	徽宁路	
大丰馀染织厂		$ 90288. –	轰炸进攻	26/10/21	嘉定县	
天宝布厂		$ 8300. –	轰炸	26/8/15	闸北	
丽洲染织厂		$ 4900. –	日军进攻	26/9/10	浦东	
启明染织厂	爱多亚路260号443室	$ 218000. –	被焚	26/10	斜土路	
祥生布厂		$ 3000. –	轰炸	26	制造局路	
仲记厂		$ 9700. –	焚毁	26/10	制造局路	
振馀染织厂		$ 95000. –	焚毁	26/8	虹口	
大顺布厂		$ 36060. –	焚毁	26/8	闸北	
大丰恒染织厂		$ 513989. –	轰炸	26/10/9	嘉定县	
悦新厂		$ 24900. –	烧毁	27	南市	
裕丰染织厂		$ 74000. –	焚毁	26/8/13	南市	
民生染织布厂		$ 4190000. –	轰炸	33/11/21	浦东	
鸿新染织厂	东棋盘街30号	$ 57930. –	日军进攻	27/2	安徽	
新丰印染厂		$ 500000. –	焚毁	26/8/13	华盛路	
振昌棉织厂		$ 7694. –	日军进攻	26/8/13	共和路	

填报者	住址或通讯处	报失时价值总数（法币元，1937年7月前币值）	事件	日期	地点	证件
合丰丝光染厂		$ 7625. –	日军进攻	26/12/12	南市	
固华制造厂		$ 14657. –	日军进攻	26/8/13	公园路	
同丰印染公司		$ 190158. –	轰炸劫去	26/8—9	周家嘴路	
家庭工业社		$ 906407. –	火毁	26/11/3	南市	
天兴绸织厂	北京路福兴里20号	$ 256689. –	八一三事件	26/8/23—28	华德路	
慎昌机器厂	牯岭路108号	$ 23200. –	日军进攻	26/8/13	虹口	
新光华电泡厂	小沙渡路1212弄31号	$ 88000. –	日军进攻		广州、汉口	
三民帆布制造厂	北京西路1312弄33号	$ 57000. –	日军进攻	26/8	闸北	
豫成行打包厂	江西路467号301室	$ 1300000. –	日军进攻	26/11	市中心区	
中国火柴公司		$ 956265. –	日军进攻	26/9/30	闸北	
中国机器印花厂	戈登路达德里22号	$ 504000. –	轰炸	26/8/13	闸北	
华成萃记煤球厂	南昌路6号	$ 25925. –	日军进攻	26/8/13	兰州路	
马德记红木工厂	永加路250弄1号	$ 214730. –	焚毁	26/11	南市	
华德工厂		$ 100000. –	被占	26/8/13	闸北	
浦东第一玻璃厂		$ 1160000. –	日军进攻	26/10/12	闸北	
大明火柴公司		$ 62670. –	日军进攻	26/8/13	龙华镇	
华昌火柴梗片公司		$ 23350. –	日军进攻	26/11/17	浦东	
中央化学玻璃公司		$ 13949000. –	触礁沉没	27/6/14	万县	

填报者	住址或通讯处	报失时价值总数（法币元，1937年7月前币值）	事件	日期	地点	证件
中央化学玻璃公司		$ 37887000. –	敌人攫去	26/8/13	平凉路及汉口江面	
三星棉铁厂		$ 656747050. –	敌海军占毁	26/8/13	华德路	
上海炽昌新牛皮胶公司		$ 100584.74	日军进攻	26/10/12	南市	
大中华橡胶厂兴业公司		$ 6400822. –	敌机空袭	26/9/24	上海暨各分处	
中孚绢丝厂股份公司	长沙路149弄16号	$ 773300. –	日军进攻	26/10/12	闸北	
颜宝记制桶厂	梅白克路432弄39号	$ 12036.80 –	日军进攻	26/10/29	闸北	
中国铅丹厂	康脑脱路883号	$ 52500. –	日机轰炸	26/10/29	南市	
建国化学厂	康脑脱路883号	$ 204500. –	日军侵占	31/12/1	香港	
中华面粉厂		$ 350000. –	日机轰炸	26/10/5	闸北	
五和织造厂		$ 795483.42 –	日军进攻	26/8/18	虹口	
五和织造厂		$ 24400.56 –	日机轰炸	26/12/1	蓬莱路	
国华棉织厂		$ 4310400. –	日机轰炸	34/7/17	东余杭路	
林森织造厂		$ 124985. –	日军进攻	26/8/13	虹口	
上海长德榨油厂		$ 5800. –	日军进攻	27/9/10	浦东	
同兴昌机器厂		$ 17212. –	日军进攻	26/8/13	虹口	
协隆铁厂		$ 4006. –	日军进攻	26/8/13	扬州路	
培兴铁工厂		$ 350000. –	日军进攻	26/8/22	昆明路	
武林铁工厂		$ 28100. –	日军进攻	26/6/27	虹口	
德华机器厂	北山西路523号	$ 4500. –	日军进攻	26/11/20	闸北	
汇通机器厂		$ 5200. –	日军进攻	26/8/13	虹口	
大华铁厂		$ 689280.05	日机轰炸	34/7/17	公平路	

填报者	住址或通讯处	报失时价值总数（法币元，1937年7月前币值）	事件	日期	地点	证件
大昌铁厂		$ 175013. –	日军进攻	26/8/13	塘山路	
良泰机器厂		$ 10000. –	日军进攻	26/8/13	虹口	
兴华机器厂		$ 30000. –	日军进攻	26/8/13	虹口	
同益机器厂		$ 14000. –	日机轰炸	27/10/24	陆家浜	
福昌机器厂		$ 80000. –	日军进攻	26/9/24	周家嘴路	
项兴昌厂	西摩路835弄33号	$ 102000. –	日机轰炸	26/8/13	虹口	
陆新祥机器厂		$ 89070. –	日军进攻	27/1/28	虹口	
王岳记机器厂		$ 65000. –	日军搬窃	26/11/5	虹口	
茂兴铜铁厂		$ 246325. –	强迫购买	31/2/7	劳勃生路	
陈鹤记机器厂		$ 11520. –	日军进攻	26/8/13	岳州路	
王美兴机器厂		$ 2450. –	日军侵占	26/8/13	虹口	
王庆记水龙厂		$ 52425. –	日军侵占	26/8/15	虹口	
茂泰厂		$ 5785. –	日军进攻	26/8/13	闸北	
明精机器厂	海防路528号	$ 28154.30	日军进攻	26/8/13	闸北	
华昌铁厂		$ 3300. –	日军进攻	26/8/13	虹口	
中国福新烟厂		$ 652000. –	日军进攻	26/11/12	苏州河	
中国华成烟草公司		$ 4299183.23	日军纵火	26/9/9	汇山路	
华菲烟草公司		$ 135024. –	焚毁	26/8/20	昆明路	
华菲烟草公司		$ 146757. –	日军进攻	26/8/31	虹口	
杨泽和		$ 3550000. –	日军进攻	26/8/15	虹口	
杨泽和		$ 4000000. –	日军进攻	26/8/16	其美路	

填报者	住址或通讯处	报失时价值总数（法币元，1937年7月前币值）	事件	日期	地点	证件
同兴制皮带、皮鞋厂		$ 23750. –	日军进攻	26/8/13	江湾	
同兴制皮带、皮鞋厂			日军进攻	26/8/13	江湾	
益丰搪瓷公司		$ 21531. 51 –	日军进攻	26/10/1	局门路	
益丰搪瓷公司		$ 39494. 97	敌机轰炸	26/8/13	半淞路	
益丰搪瓷公司		$ 13599. 27	日军进攻	26/10/1	日晖东路	
益丰搪瓷公司		$ 28646. 69	日军进攻	26/10/1	打浦桥	
益新教育用品社		$ 237549. –				
东亚颜料厂公司	愚园路宏业花园 220 号	$ 118608. –	日军进攻	26/8/13	闸北	
森泰营造厂	白克路 439 弄 10 号	$ 8032. –	日军进攻	26/8/13	西嘉兴路	
中南棉毛织造厂		$ 441656. –	日军进攻	26/9/10	打浦桥	
三泰机器厂		$ 312450. –	日军进攻	26/9/20	华德路	
远大铁工厂		$ 449100. –	日军进攻	26/11/31	南市	
陆顺兴机器厂		$ 20000. –	日军进攻	26/9/22	万豫街	
邓顺锠机器厂		$ 22800000. –	日军侵击	26/8/13	闸北	
培昌铁工厂		$ 166600. –	日军进攻	26/8/28	昆明路	
白兴昌机器厂		$ 3040. –	被烧	26/11/20	南市	
沪西铁工厂		$ 5225. –	日机轰炸	26/9/25	周家桥	
明星机器厂		$ 17000. –	日军进攻	26/8/14	昆明路	
瑞星机器厂		$ 32722. –	日机轰炸	26/8/14	周家嘴路	

填报者	住址或通讯处	报失时价值总数（法币元，1937 年 7 月前币值）	事件	日期	地点	证件
黄德泰机器厂		$ 7000. -	日军进攻	26/11/20	南市	
新兴华机器厂		$ 45000. -	日军进攻	26/8/13	周家嘴路	
安泰铁厂		$ 242690. -	日军进攻	26/8/18	昆明路	
铭益铁工厂		$ 3270. -	日军进攻	26/12/10	闸北	
培源铁工厂		$ 12700. -	日机轰炸	26/11/8	闸北	
华通文记机器厂		$ 125000. -	日机轰炸	26/8/13	大连湾路	
陈兴记机器厂		$ 27500. -	日军进攻	26/8/27	威海路	
震源机器厂		$ 55000. -	日军进攻	26/10/15	北西藏路	
袁骏钰制造工厂	梵黄渡路 1502 号	$ 23835. -	敌人强占	26/10/30	白利南路	
南山铁厂	西摩路 835 弄 33 号	$ 360000. -	日机轰炸	26/8/13	闸北	
瑞华铜铁厂		$ 7340. -	日军进攻	26/8/27	塘山路	
正昌铜铁厂		$ 12300. -	日军进攻	26/11/12	卢家湾南	
隆大机器厂		$ 35000. -	日军进攻	26/8/13	虹口	
华成机器厂		$ 10470. -	日军纵火	26/9/12	北西藏路	
华振大铁工厂		$ 5020. -	日军进攻	26/8/13	杨树浦路	
一大复记机器厂		$ 57290. -	被焚	26/8/30	虹口	
大中工厂		$ 15160. -	强取	31/1/27	梅白克路	
公大慎记机器厂		$ 53000. -	日军进攻	26/8/20	虹口	
德昌深记机器厂		$ 68000. -	日军进攻	26/8/13	虹口	
顾福生		$ 17200. -	日军进攻	26/8/24	临青路	
福庆机器厂		$ 75090. -	日军进攻	26/8/14	虹口	

填报者	住址或通讯处	报失时价值总数（法币元，1937年7月前币值）	事件	日期	地点	证件
顺华金记机器厂		$ 115300. –	日军强占	26/8/13	平凉路	
协大机器厂		$ 5000. –	日军进攻	26/10/20	南市	
铸亚铁工厂		$ 2030566.90	日军进攻	26/11/4	南市	
铁华机制玩具铁工厂		$ 13700. –	日军攻击	26/8/13	闸北	
中兴铁工厂		$ 24000. –	日军进攻	26/8/13	虹口	
广厚机器厂	海宁路814弄34号	$ 23830. –	日军焚毁	26/9/15	引翔区	
周茂兴机器厂		$ 19540. –	日军进攻	26/11/20	南市	
永泰铁厂		$ 4483. –	日商取去	26/8/13	丹阳路	
金昌机器厂		$ 60000. –	日军进攻	26/8/13	塘山路	
裕生机器厂		$ 85000. –	日军进攻	26/9/30	天宝路	
国泰铁工厂		$ 7550. –	日军进攻	26/8/15	虹口	
钧昌机器厂		$ 50000. –	日军进攻	26/8/13	闸北	
勤昌和记铁厂		$ 38000. –	全毁	26/8/16	虹口	
鸿泰机器厂		$ 42200. –	日军进攻	26/8/20	周家嘴路	
承泰机器厂		$ 3333. –	日军进攻	26/8/13	东有恒路	
翔华电器公司	福建路南香粉弄18号	$ 403000. –	日军攻沪	26/10	引翔区	
福伦恒丝厂	福建路南香粉弄18号	$ 232000. –	日军攻沪	26/10	天宝路	
远远福记丝厂	天津路110弄9号	$ 339528. –	日军攻沪	26/8/13	闸北	
宝康丝厂	天津路110弄9号	$ 239820. –	日军攻沪	26/8/13	闸北	
吴伯银	西藏南路268号	$ 19000. –	日军攻沪	26/11/11	南市横街	
翰章电力机厂	杨家浜路191号	$ 13500. –	日军攻沪	26/8/13	太平桥路	

填报者	住址或通讯处	报失时价值总数（法币元，1937 年 7 月前币值）	事件	日期	地点	证件
新华电力机厂	杨家浜路 191 号	$ 4000. -	日军攻沪	26/8/13	天宝路	
钱根机器厂	星加坡路品安坊 3 号	$ 198000. -	日军攻沪	26/8/13	物华路	
谈成志	台湾路 10 弄 4 号	$ 120534.85	日军攻沪	26/8/13	岳州路	
求新工厂	西藏中路 639 号	$ 257500. -	日军攻沪	26/8/13	闸北	
中华辗铜厂	海防路 429 弄 20 号	$ 282300. -	日军攻沪	26/12	翟真人路	
奥业工厂	塘山路 602—604 号	$ 257000. -	日军攻沪	26/8/13	虹口	
珠宝华烟厂	武昌路文锦里 11 号	$ 2147500. -	日军攻沪	26/8/13	虹口	
谢祖耀	方斜路西林横路 6 号	$ 10860. -	日军攻沪	26/8/13	望云路	
屠汉卿	福州路万国药房	$ 7433731. -	日机炸毁	33/9/20	柳州河路	
光明水瓶电气厂	北京西路 708 号	$ 316178.95	日军进攻	26/8/13	闸北	
民生纺织公司	霍必兰路 4 号	$ 4681158640. -	日军进攻	26/10/25	霍必兰路	
经昌机器厂	愚园路 112 弄 4 号	$ 470000. -	被敌盗窃	27/4—28/1	十六铺	
上海造纸厂	南京西路 646 弄 9 号	$ 1496852. -	日机轰炸	26/10/20	闸北	
森林藤柳草器厂	北京西路 1012 号	$ 59106. -	被毁	26	军工路虹江桥	
森林藤柳草器厂	北京西路 1012 号	$ 39676. -	被毁	26	军工路观音堂	
森林藤柳草器厂	北京西路 1012 号	$ 32145. -	被毁	26	闸北交通路	

填报者	住址或通讯处	报失时价值总数（法币元，1937年7月前币值）	事件	日期	地点	证件
建华纺织厂	中正中路877弄46号	$ 742750000. –	轰炸	21/2/19	天通庵	
华成电器制造厂		$ 9730677250. –	战事内迁	26/8—33/6	上海、汉口、衡阳	
大中华煤球厂	老大沽路51号	$ 38280. –	日军进攻	26/8/13	杨树浦	
裕华化学工业公司	江苏路188号	$ 78931. –	日军进攻	26/8/13	江湾	
中国仪器厂	大沽路506号	$ 109106. –	日机轰炸	26/9	闸北	
卓春记校具厂	跑马厅路463号	$ 250000. –	日军进攻	26/11/8	南市	
周天锡	山西路42号	$ 6946. –	日军攻沪	26/8/13	天宝路	
福利农场制具工场	南京路277号	$ 275500. –	日军攻沪	26/8/13	真如镇	
金荣机器铁厂	长阳路4446弄59号	$ 21100. –	日军攻沪	26/8/13	昆明路	
锦华机器厂	嘉善路206号	$ 20000. –	日军攻沪	26/12	龙华路	
国富线厂	汉口路恭庆大楼307号	$ 2137. –	日军攻沪	26/10	国庆路	
物华丝厂	福建路南香粉弄18号	$ 150000. –	日军攻沪	26/10	引翔区	
鼎裕米厂	周浦周元昌转	$ 13740. –	日军进攻		南市	
同兴	中正西路57弄18号	$ 8904. –	日军进攻	26/9	闸北	
协丰绸厂	山海关路	$ 45855. –	日军进攻	26/8/15	虹口	
光大热水瓶厂	马当路661号	$ 219500. –	日军进攻	26/8/15	虹口	
大众染织厂	延平路160弄16号	$ 200000. –	日军进攻	26/8/13	闸北	
嘉华织物厂	延平路160弄16号	$ 190000. –	日军进攻	26/8/13	闸北	

填报者	住址或通讯处	报失时价值总数（法币元，1937年7月前币值）	事件	日期	地点	证件
中华煤球公司	四川路33号707室	$ 301207. –	日军进攻	26/8/13	浦东	
永茂织绸厂	宁波路428号	$ 55200. –	日军进攻	26/11/16	吴兴	
中英制药厂	河南路235号	$ 4895920. –	被占		沪西	
正泰橡胶厂	中正东路53号	$ 1037439. –	兵灾	26/8/18	虹口	
信大面粉公司	澳门路10号	$ 212502000. –	被占	31/5	澳门路	
心记绸厂	北京路新菜场12号	$ 27300. –	焚毁	26/8	龙江路	
仁德纱厂		$ 511851. –	焚毁	26/8	临青路	
嘉丰纺织整染公司		$ 567006. –	炸毁	26/9	嘉定	
恒通纱厂		$ 499367960. –	烧毁	34/7	南市	
纬成利记绢丝厂		$ 833278. –	轰炸	26/9	嘉兴	
汉城电气厂	圆明园路115号	$ 26600. –	被毁	26/9	塘山路	
宝山造纸厂	中正东路1454号507室	$ 440768. –	劫夺	26/3/4	闸北	
鼎固纱管厂	东熙华德路995号	$ 80770. –	日军进攻	26/8/17	虹口	
兴顺泰铁厂	宋公园路中山路口	$ 16605. –	日军进攻	26/8/13	闸北	
广生木工厂		$ 158250. –	日军进攻			
广兴隆船厂		$ 39167. –	日军进攻			
施万昌制造厂	东余杭路1039号	$ 18000. –	日军进攻	26/8/13	虹口	
鸿丰染织厂	太兴路维新里	$ 94873. –	日军进攻	26/10/26	闸北	
天福织造厂	西康路1212弄1086号	$ 89870. –	日军进攻	26/8/13	南市	

填报者	住址或通讯处	报失时价值总数 （法币元，1937年 7月前币值）	事件	日期	地点	证件
正大橡胶厂	顺昌路170弄6号	$ 746000. –	日军进攻	26/8/13	虹口	
义成瓶胆厂	安广路256弄5号	$ 4983. –	日军进攻	26/9/10	闸北	
汉锟制造厂	安广路256弄5号	$ 17137. –	日军进攻	26/9/10	闸北	
大通热水瓶厂	安广路256弄5号	$ 9811. –	日军进攻	26/9/10	闸北	
徐皋飏	安和寺路684号	$ 95500. –	日军进攻	26/8/14	闸北	
中兴矿公司	黄河路6号	$ 264527. –	日军侵占		浦东	
鸿昌造船厂	中山东二路4号	$ 1250000. –	轰炸	26/8/21	南市	
有益公司		$ 24875. –	日军进攻	26/8/13	虹口	
吴志鸿	苏家角45号	$ 33100. –	日军进攻	26/8/13	虹口	
三益公司	紫金街52号	$ 14578. –	日军进攻	27	虹口	
物业织物公司	香粉弄18号	$ 830000. –	日军进攻		虹口	
达远染厂	中正东路123号	$ 18908. –	日军进攻	26	南市	
德龙织物厂		$ 91520. –	火烧	27	长沙	
汉记美灵登厂	圆明园路115号	$ 47600. –	被毁	26/9	大连湾路	
中汉玻璃厂	圆明园路115号	$ 102000. –	被毁	26/9	大连湾路	
天章造纸厂	汉口路115号31室	$ 1614044. –	日军进攻	26/8/13	浦东、杨树浦	
同同针织厂	康定路546号	$ 22500000. –	被毁	26	吴淞	
庆丰针织厂		$ 5109000. –	炸毁	26 – 32	无锡	
大有印刷公司	北京东路819弄4号	$ 253517200. –			梧州路	

填报者	住址或通讯处	报失时价值总数（法币元，1937年7月前币值）	事件	日期	地点	证件
申新纺织第六厂		＄1973359.－	抢劫	26/9/15	河间路	
振兴机器厂		＄137332.－	被毁	26/8/13	虹口	
华澄纱厂	天津路238号4楼	＄1378240.－	被毁	26/11	极司菲尔路	
兴农纺织厂		＄296885.－	被毁、劫去	30/8	南通	
鼎鑫纱厂		＄736779.－	抢去	26/12	闸北	
信和纱厂		＄2125440.－	强制征发	30/7	莫干山路	
崇信纺织厂		＄1286974.－	强制征发	32/2	光复路	
统益纺织厂		＄2690855.－	强制征发	31/7	莫干山路	
中纺纱厂		＄1584931.－	强制征发	32/5	沪西	
恒大心记纺织公司		＄24412.－	炸毁	21/10	浦东	
大通纺织公司		＄1102300.－	拆毁劫夺	28—30	崇明	

上表所列各项数据已损失惨重，令人愤慨。但和实际情况相比照还远属不足。首先是申报厂家户数严重不足。据上海市社会局统计，1937年上海各类工厂登记数达5000家。后于八一三期间宣布停产的即为2200家。而此次申报统计的仅为557家，这就不足登记数的15%，且很多规模最大的代表性企业未申报在内。在这些登记的企业内，有220余厂留有相对明细的财产损失申报表，可作厂房、机器、原材料等分类统计，是现存档案中具有原始性意义的①。而更多的是现未发现原始统计，甚至于没有一简单的数据申报。

如荣宗敬、荣德生兄弟开办的申新纺织公司，1936年资产总值就达7365.3万元。拥有9家厂、57万枚纱锭、5300台布机。八一三之后，在上海的申新一、五、六、七、十一厂均被日军以"军管理"名义，委托日商钟渊纺织、上海纺

---

① 详见上海市档案馆馆藏Q1全宗—17号目录—1118、1128、1129等案卷。

织等会社管理。为迫使其就范，日军竟绑架了企业管理人吴增裕父子。太平洋战争后，原在租界内以英、美商人名义经营的申新二、九两厂，也被日军接收，可称损失巨大。战后企业因复员发还等问题困扰，这一核算申报即未全面展开。即以下列几表分析：

1. 战后申新各厂设备和规模与战前的比较①

（1936 年与 1947 年）

厂名	战前（1936 年）			战后（1947 年）			1947 年为 1936 年的%		
	纱锭数（锭）	布机数（台）	工人数	纱锭数（锭）	布机数（台）	工人数	纱锭数	布机数	工人数
申新一厂	122876	1387	6034	56800	700	2640	46.2	50.5	43.8
申新二厂	56744		2497	60628		2580	106.8		103.3
申新三厂	67920	1478	4142	55000	410	3150	81.0	27.7	76.1
申新四厂	50000	657	2460	59824	398	3827	119.6	60.6	155.6
申新五厂	49588		1800	56216		1555	113.4		86.4
申新六厂	73800	814	3532	65040	628	3100	88.1	77.1	87.8
申新七厂	59848	452	2928	45358	300	1545	75.8	66.4	52.8
申新九厂	89224	516	4540	130380	835	6802	146.1	161.8	149.8
共计	570000	5304	27933	529246	3271	25199	92.9	61.7	90.2

据上表可知，直至 1947 年底，已抗战复原两年半之久，申新各厂的纱锭数还仅为战前 92.9%，布机数更低为战前的 61.7%。同样，申新各厂的棉纱、棉布产量也说明这一问题。

---

① 详见上海社会科学院经济研究所编：《荣家企业史料》，上海人民出版社 1980 年版，第 551 页。

2. 战后申新各厂棉纱产量与战前的比较[①]

（1936 年与 1947 年）

厂名	棉纱产量（件）		1947 年较 1936 年增（+）或减（-）	
	1936 年	1947 年	匹数	%
申新一厂	87804	31684	－ 56120	－ 63. 9
申新二厂	3556	33513	＋ 29957	＋ 842. 4
申新三厂	57692	31001	－ 26691	－ 46. 3
申新四厂	37090	22945	－ 14145	－ 38. 1
申新五厂	2763	23358	＋ 20595	＋ 745. 4
申新六厂	40860	34637	－ 6223	－ 15. 2
申新七厂	34575	19750	－ 14825	－ 42. 9
申新九厂	55313	69882	＋ 14569	＋ 26. 3
共计	319653	266770	－ 52883	－ 16. 5

3. 战后申新各厂棉布产量与战前的比较[②]

（1936 年与 1947 年）

厂名	棉纱产量（匹）		1947 年较 1936 年增（+）或减（-）	
	1936 年	1947 年	匹数	%
	841034	302961	－ 538073	－ 64. 0
	885478	331757	－ 553721	－ 62. 5
	440912	183357	－ 257555	－ 58. 4
	147967	162078	＋ 14111	＋ 9. 5
	247396	118829	－ 128567	－ 52. 0
	321485	321381	－ 104	
共计	2884272	1420363	－ 1463909	－ 50. 8

---

① 详见上海社会科学院经济研究所编：《荣家企业史料》，上海人民出版社 1980 年版，第 559 页。

② 同上书，第 560 页。

据上两表可知，1947年申新各厂棉纱产量也为战前的83.5%，棉布产量仅及战前的42.9%。

如果排除战后复员中，申新已修复了部分设备，申四、申五内迁部分战时还有增长，直接和抗战初胜利接收时情况对比，其反差当更加惊人。再如吴蕴初管理的天厨、天原、天利三家天字号工厂，战时损失按战前币值计算即达970万元法币，设备损失更极其严重，并留下大量现场证据照片①。此次也未申报统计在内。可以讲，战争前的上海5000家工厂无一不在战争中受创，仅是程度不同而已。

其次，即以申报的557家工厂来说，也仅为战争中的直接财产损失，而数额更加巨大的间接财产损失，因一时难以统一统计口径和计算方法等问题，基本付于缺如。这在今日的研究中应作为一重要问题来考虑。

由此，可以认定战后上海企业战时损失调查遗憾是多多的。并首先必须指出，战后国民党政府包括上海市政府的日本侵华战争损失调查，是很不全面的，很不深入的。当然，原因也是多方面的，复杂的，有深刻的社会历史背景的。主要为：1. 日军在投降前夕大量销毁原始罪证和档案，自那时已确定了抵赖战争罪行的政策、态度，这在上海市档案馆留有充分的证据。2. 由于战争时间长达8年之久，上海的战争受害人或机构，在日军威胁和战乱颠沛流离等情况下，不易保存原始资料，以至各种证物大量散佚，包括上海市政府于战争爆发后在内迁时期的档案。3. 抗战胜利后接收，国民党各级政府行政能力软弱，但又极欲内战，和审判日战犯、汉奸等问题一样，对这一工作不够重视，以致大量的敷衍现象等等。然而，又必须看到，它也毕竟留下了一批原始资料。对于今日研究这一问题，追究日本侵华战争损失具有不可忽视的作用。

对于战后上海战争中企业损失的调查，现存资料有档案、报刊和图书等，仅据笔者所知，介绍如下：

1. 档案。

（1）上海市档案馆现存有当年企业填报的直接财产损失申报表和统计表一批。现藏于Q1全宗—14号、15号、17号等目录档案。另在Q6全宗—3号目录中也有反映。且该馆所藏的Q38全宗（化工系统）、Q193全宗（申新纺织）、Q194全宗（统益纺织）、Q195全宗（丽新纺织）、Q196全宗（安达纺织）、Q197全宗（永安纺织）、Q198全宗（诚孚纺织）、Q199全宗（上海纺织系统各

---

① 《吴蕴初为天厨、天原、天利三公司战争直接损失要求日本赔偿呈经济部文》，上海市档案馆馆藏档案，Q38（上海化工系统）全宗—2号目录—（天原电化厂案卷）。

厂）、Q419 全宗（钢铁系统）、Q459 全宗（机械系统）等企业中也有相当反映日军掠夺、破坏的材料。此外，S1 全宗（机器工业）、S33 全宗（机器染织）、S37 全宗（缫丝工业）、S65 全宗（制药工业）、S66 全宗（橡胶工业）、S69 全宗（火柴工业）、S86 全宗（日用化学品工业）等规模较大，历史较久的工业同业公会档案也有不少记载。由于历史原因，上海部分著名企业和相关机构档案，如刘鸿生企业、荣氏企业（部分）、中国经济统计研究所、正信会计师事务所等档案，收藏于上海社科院经济所。这些档案中也有不少案卷反映了这一问题。（2）南京中国二档馆藏有行政院日本赔偿委员会全宗（第 189 号）、苏浙皖区敌伪产业处理局（第 534 号）、经济部全宗（第 4 号）、经济部苏浙皖区特派员办公处全宗（第 553 号）等档案中都有关于上海企业损失调查的资料。（3）台北"国史馆"藏有国民政府赔偿委员会全宗大部分档案。它包括其前身赔偿调查委员会、抗战损失调查委员会等机构档案，共有 10521 卷。内各省市抗战损失统计即达 89 卷。案卷目录号分别为 301 号、302 号、303 号、304 号、305 号。这批档案对于研究上海企业战时损失调查有重要价值。

2. 报刊。

上海等地的报刊于抗战胜利后关于政府开展战时损失调查、企业战时损失索赔、企业战时损失救济等，包括对国民党政府在国际会议中对中国战争损失程度的表示，都有相关报道。其数据未必精确，但也具参考价值。

3. 图书。

这方面目前相关的研究仍少。旧版图书中《民国三十五年上海年鉴》《民国三十七年上海年鉴》都有个别章、节记载。另：国民政府行政院新闻局印行《日本赔偿》（1948 年）、行政院上海区敌伪产业处理局报告书（1946 年度）、上海市政府编印《胜利周年纪念手册》(1946 年)、朱斯煌著《民国经济史》（1948 年）、中国陆军总司令部《处理日本投降文件汇编》（1946 年）、上海市政府《上海市政会议记录》（1945.9—1949.3）等都有可参考记载。近年已有学者和机构涉略这一问题，如高平等著的《血债：对日索赔纪实》（国际文化出版公司1997 年版）；上海市档案馆所编《日本帝国主义侵略上海罪行史料汇编》《日本华中经济掠夺史料》；上海宝山区党史办等编《泣血吴淞》等。

以上是笔者就日本侵华上海企业损失分四个阶段的调研情况，相信通过这次更深入的研究会有更多的发现。

五、结　语

　　对于日本侵略造成的中国巨大财产损失，近年已引起了相当关注，成为日本必须正视的历史问题之一。上海是全国的工业中心，当年其企业数和资产总额据估计都分别在36%和60%以上。同时，上海企业的门类齐全、技术创新、设备先进、品种繁多等，都使它成为中国近现代化过程中最有创造性的动力源之一。因而，对上海企业战时损失的评估，不仅要注重量的统计汇总，还要加强质的分析。这也是日本亟欲发动的侵华战争在上海挑起两次大战的罪恶动机之一，即破坏阻挠中国的经济发展及国力增强，实现它独霸亚洲、奴役中国的野心。

（二） 抗战时期上海教育文化事业的损失

上海市档案馆　庄志龄

作为全国重要的经济文化中心城市之一，上海在抗战期间两次遭受日本帝国主义侵略炮火的蹂躏和占领破坏，前后历时长达 13 年之久（1932 年 1 月 28 日至 1945 年 8 月 15 日止）。在此期间，上海地区的经济事业和人民生命财产的损失极为严重，仅就教育文化事业而言，损失亦不下亿万！在日军的摧残下，昔日美丽的校园，巍峨的建筑，化作一片片残垣断壁，无数负笈学子，被迫失学辍学，流离失所。

在日军侵略上海的过程中，上海教育文化事业的损失情况究竟如何，是人们一直关注的问题。在战争期间，上海市社会局等机构就对抗战损失情况进行了调查统计，但限于各种因素的影响，缺漏甚多。战后，上海市作为日军侵略战争的重灾区，开展了大规模的抗战损失调查。现根据上海市档案馆及上海有关高校档案馆典藏的档案文献，以及旧报刊资料的记载，对抗战期间上海教育文化事业的损失情况作一概述。

一二八抗战时期上海教育文化事业的损失[①]

上海是近代中国教育事业最为发达的地区之一。清末以来，上海的爱国人士为实现其"教育救国""实业救国"理想，纷纷创办各类学校，培养人才。20 世纪 30 年代初，随着上海经济的发展，学校教育事业亦不断扩大，至 1932 年，上海计有专科以上学校 33 所，中等学校 125 所，初等学校 774 所[②]，其中很多学校位于闸北、吴淞、江湾等华界地区。这里不仅有许多著名的高等学校如复旦大学、同济大学、中国公学、沪江大学、劳动大学、持志学院、暨南大学、上海医

---

① 本部分中，涉及损失计算的货币金额，均指银元。
② 《上海市教育局接管工作报告》，载上海撤兵区域接管委员会编：《上海撤兵区域接管实录》，1932 年 11 月刊行，上海市档案馆馆藏档案，档案号 Y6—1—5，第 260 页。

学院、上海商学院、吴淞商船学校、江苏省立水产专科学校等，爱国女中、市北中学、道中女中、广东中小学等著名中小学校也遍布于此。这些学校办校经年，成绩斐然，在国内外享有很好的声誉，是培养中国建设人才的基地。

1931年日本侵略者制造九一八事变，出兵侵占中国东北。时隔数月，日军又在上海挑起了一二八事变，将侵略战火烧至上海。

1932年1月28日，日本驻沪海军陆战队进攻闸北，日军的侵略行动遭到驻沪十九路军的顽强抵抗。日军企图"四小时占领上海"梦想破灭。随后日本当局先后三次大规模向上海增兵，总兵力达约七万余人，向中国守军发起疯狂的进攻，同时公然违反国际公法，利用飞机、大炮、装甲车等，对上海城乡无辜平民的城市设施进行了大规模的轰炸破坏。激烈的战争持续了一个多月。3月5日，在国联的调停下，中日双方开始停战谈判。但是在停战期间，日军完全将其停战诺言置诸脑后，继续轰炸沪宁沿线一些城镇和交通枢纽，烧杀无辜。在一二八淞沪战争期间，上海的各类学校和文化机构是日军轰炸破坏的主要目标之一。

一、上海高等教育事业的损失

吴淞镇一带是上海高等学校的聚集地之一，这里有同济大学、中国公学、中央大学医学院、劳动大学农学院，以及吴淞商船学校等高校。在日军进攻吴淞时，这些学校首先遭到了日军的狂轰滥炸，损失严重。如同济大学是沪上著名的国立大学，1924年同济大学吴淞新校舍落成。但在日军的轰炸中，同济"全校房屋十五座均被炮弹及炸弹轰毁，无一完整者。大礼堂被日飞机掷弹炸穿七大洞，医学院生理研究馆、中学部、教育室宿舍及新筑将竣工之宿舍被日军炮弹攻穿与机枪打破之板壁窗户不计其数，屋瓦横飞，橡崩栋折，尤以附设工厂大部分竟至塌为瓦砾场"[①]。全校620余名学生，有400余名下落不明[②]。位于吴淞炮台湾的吴淞商船学校也全部被日军炸毁，除断壁残垣外，一无所存。位于吴淞镇的另一所著名大学——中国公学，全部校舍十分之六毁于炮火，2000余学生逃散大半；在吴淞镇车站之旁的中央大学医学院被炸毁一半，学生因事前离校，幸未罹难；劳动大学农学院部分校舍被日机掷弹炸毁[③]。

江湾地区的高等学校也比较多，其中有复旦大学、中央大学商学院、劳动大学工学院、持志学院、上海艺术专科学校、上海法学院等9校。在日军侵占江湾

---

① 《吴淞国立同济大学"一·二八"沪战所受损害概况表》，载上海撤兵区域接管委员会编：《上海撤兵区域接管实录》，1932年11月刊行，上海市档案馆馆藏档案，档案号Y6—1—5，第267页。

②③ 上海同志合作社编：《日本侵略淞沪暴行真相》（非卖品），1932年3月印刷，第6页。

时，复旦大学被日军占据，所有器物均被捣毁。与复旦大学一墙之隔的中央大学商学院，于 2 月 22 日被焚起火，损失繁重。2 月 10 日下午 5 时，一队日军手持机关枪，冲入水电路上的持志学院，先用机关枪向门警扫射，随即纵火焚烧，将持志学院新建的宿舍楼、教学楼、大礼堂、图书馆、餐厅、标本仪器室等全部付之一炬。位于江湾西体育会路的国立中央大学商学院，刚建成一年的新校舍全部被日军焚毁，包括宋元明版在内的 4 万册中西文藏书及大量仪器设备亦全部损失殆尽①。在江湾车站的劳动大学工学院亦全部被毁，学生失踪过半。

在真如一带还有暨南大学、东南医学院等校。暨南大学在 2 月 5 日即遭到日机的轰炸，暨南大学科学馆被炸去一角。日军占领真如镇后，暨南大学成为日军的驻兵之所，备受蹂躏。"窗户校具，以为薪火，衣服书籍，贵重者劫去，残余者尽付一炬，教员宿舍变为马厩，浴室膳堂作为便所，学府精华，摧毁殆尽。"学校教室办公处"变作厨房，多年苦心搜集之资料，尽变薪材，化为灰烬"②。

在日军的蹂躏下，上海各高等学校的损失极为严重，略见下表③：

1. 吴淞国立同济大学一·二八沪战所受损失损害概况表④

项　　目	毁坏或损失情形	损失总数
房屋	全校房屋 15 座均被炮弹及炸药轰毁，无一完整者	153400 元
机器试验所	所内所有 100 马力联合引擎容纳阀、压榨机、传动机、汽油引擎等均遭损失	13330
工厂	工厂房屋大部分塌下，内部机器损失甚大，蓄电池及各种机械与传动轴工具等均遭损失	23300
化学研究室	化学用品测量器具、镜架，以及各种设备均遭损失	4570
物理研究室	压力与抛力试验器以及其他试验表尽悉遭损失	3750
电学研究室	电机和变压器、测量器以及其他一切设备颇多损失	22700
图书标本设备等	本校图书馆房屋损失尚轻，书籍则狼藉满地，散失颇多，标本损失已有一部分不适于用	165000
电灯设备	办公室、教室、宿舍、电灯及电表与所属电池等均有损坏	14550

① 《国立中央大学商学院呈教育部文》，1932 年 3 月 14 日，上海市档案馆馆藏档案，档案号 Q246—1—149，第 19 页。
② 《真如国立暨南大学沪战损失报告》，见上海撤兵区域接管委员会编：《上海撤兵区域接管实录》，1932 年 11 月刊行，上海市档案馆馆藏档案，档案号 Y6—1—5，第 268 页。
③ 此处所节录的各高校抗战损失概况表均选自上海撤兵区域接管委员会编：《上海撤兵区域接管实录》，1932 年 11 月刊行，上海市档案馆馆藏档案，档案号 Y6—1—5，第 267—277 页。
④ 上海撤兵区域接管委员会编：《上海撤兵区域接管实录》，1932 年 11 月刊行，上海市档案馆馆藏档案，档案号 Y6—1—5，第 267 页。

项　　目	毁坏或损失情形	损失总数
天雨损失	灾后所余存之笨重电机仪器图书等因屋顶经炮弹轰毁，暂用芦席遮蔽而因天雨致重受损失	15082
生理学馆	玻璃器具化学药品	62500
解剖学馆	玻璃器具化学药品	78000
校具及其他设备	校具损坏仅一部分而其他设备受害亦非浅鲜	20000
关于中外教职员及学生书籍等	兵灾之后继遭兵匪劫掠教员及学生所有衣物行李书籍文具皆取之无遗	191818
工厂工人及校工	工厂工人计一百二十人，校工计八十人，衣物行李大多损失	10000
营业公司货物	各种货物悉遭损失	2100
总数合计		780100 元

2. 国立中央大学医学院一·二八沪战损失调查表[①]

主持者姓名	颜福庆	地址	吴淞镇	
被灾情形	1. 正教室轰毁全部；2. 宿舍半部轰毁；3. 解剖室全毁；4. 动物室轰毁半部；5. 模范区未毁			
直接损失	1. 房屋：300000 元；2. 校具：57000 元 3. 仪器：80000 元；4. 标本：40000 元 5. 图书：20000 元；6. 文具：3000 元 7. 文件：重要文件已取出；8. 药品动物：13000 元			
间接损失	1. 搬运费 3000 元；2. 房租 2000 元（一学期） 3. 薪工 500 元；4. 工役个人财产损失 2000 元 5. 教职员个人财产损失 24000 元；6. 学生个人财产损失 16000 元			
人口损伤	死亡：无。蓝医生及学生陈化东医药费 100 元			
失业	失业共 30 人			
善后情形	一二年级在圣约翰大学借用校舍校具于 3 月 14 日开学，女生 8 人另租胶州路胶州坊民房为宿舍；三四五年级仍在实习医院授课实习并分发各伤兵医院服务。			
共计损失	直接损失 51300 元，间接损失 47600 元，总计 560600 元			

---

① 据上海撤兵区域接管委员会编：《上海撤兵区域接管实录》，1932 年 11 月刊行，上海档案馆馆藏档案，档案号 Y6—1—5，第 274 页。

3. 国立劳动大学一·二八沪战损失调查表[①]

名称：国立劳动大学	地址：工学院、社会科学院：上海江湾 农学院：上海吴淞
被灾情形	校长办公处全毁，工厂办公处全毁，工厂陈列室全毁，医院全毁，图书馆全毁，饭厅全毁，社会科学院全毁，张三桥附属小学全毁，其他建筑物工厂机器及到设备损毁颇巨，无一完整者
损失资产总额	洋六十二万一千九百九十二圆
直接损失	房屋：300000 元；校具：20000 元；仪器：50000 元 标本：15000 元；图书：50000 元；文具：3000 元 药品：5000 元；工厂机器：66492 元；农场：20000 元 市房：40000 元；案卷：损毁十之九
间接损失	搬运费：3000 元；房租：5000 元；薪工：1000 元 工役个人财产损失：1500 元 教职员个人财产损失：30000 元；学生个人财产损失：12000 元
善后情形	损失过钜难期恢复，教育部于二十一年六月十一日训令该校于二十年终了时全部结束

4. 国立上海商学院一·二八沪战损失调查表[②]

国立上海商学院	校长：徐佩琨	地址：江湾西体育会路
损失资产总额	1047000 元	
被灾情形及程度	全部被焚	
直接损失	1. 房屋、200000；2. 校具、150000 3. 仪器、1000；4. 标本、2000 5. 图书、500000；6. 文具、5000 7. 文件、已取出；8. 打字机、20000	
间接损失	1. 搬运费、1000；2. 房租、6000（一学期） 3. 薪工、80000；4. 工役个人财产损失、2000 5. 教职员个人财产、30000；学生个人财产损失、50000	
总计：直接损失 878000 元，间接损失 16900。共计 1047000 元		

5. 复旦大学一二八战事损失情况

学校损失：房屋 16248 元；道路竹篱等项 2460 元；水电五金 4666 元；仪

---

① 据上海撤兵区域接管委员会编：《上海撤兵区域接管实录》，1932 年 11 月刊行，上海市档案馆藏档案，档案号 Y6—1—5，第 276 页。

② 同上，第 273 页。

器：化学 3932 元、物理 2477 元、心理生物 4325 元；土木工程 355 元；体育、军事教育器械 1879 元、3625 元；床柜桌椅 11865 元；杂物文具 3432 元；卫生处用具 1350 元；搬运物件费用 3016 元。总计 60130 元。

复旦大学共收到教职员学生个人损失调查表 81 张，损失总数为 1107880 元①。另，校方曾估计教职员学生工役个人损失为："住校教职员三十余人，学生八百余人，平均每人以三百元计算，共计廿五万五千元。工役八十余人，计三千元，总共廿五万八千元。"②

6. 国立暨南大学沪战损失情况

当沪战发生，本校因地处战区，员生分处各地，校中器物，无法迁运，然在十九路军未退之前，除学馆炸一角外，余均完好如旧，及日军进占，窗户校具，以为薪火，衣服书籍，贵重者劫去，残余者尽付一炬，教员宿舍变为马厩，浴室膳堂作为便所，学府精华，摧毁殆尽。

五月廿三日上午十时，日军依停战协定退出真如，（该）校当派整理委员及教职员十余人前往接收。十一时，驻扎本校之日军始整队退出。检视校内各处，所有教室宿舍之门窗，多已损坏，而门窗玻璃，十无一全，室内器物，亦狼藉不堪，新村房舍，十室十空，东面操场，则为敌骑蹂躏，铁蹄印迹，春草不生……（该）校所受损失约计：校产之部 250300 元；教职员之部（附新村教职员住宅）83000 元；学生之部 478000 元；工警之部 13000 元；其他 2000 元。以上五项总计损失 826300 元③。

此外，位于真如桃浦路的上海私立东南医学院于 3 月 1 日被日军占据，日军在校内"设置飞机场，四周竹篱、门窗地板概行破坏，校内所有校具、仪器、标本、图书、文件、学生职员工役行李抢掠一空"。全校损失 30 余万元④。该校摄有照片 10 余幅为证。

地处吴淞炮台湾的吴淞商船学校，"房舍损毁特甚，如教员会议室、办事处、游泳池等全部被毁，轮机工厂、无线电室、礼堂、教室、图书仪器室、教员学生宿舍等半部被毁。因事起仓促，所有图书仪器校具等均未及撤出，致皆被炮毁，荡然无存"。"损失资产总额 965600 元。"⑤

---

① 《复旦同济大学报告战时损失》，1933 年 1 月，上海市档案馆馆藏档案，档案号 Q235—1—2095，第 16 页。

② 据上海撤兵区域接管委员会编：《上海撤兵区域接管实录》，1932 年 11 月刊行，上海市档案馆馆藏档案，档案号 Y6—1—5，第 270 页。

③ 同上，第 268 页。

④ 《上海市教育局关于战区各校损失调查表》，1932 年 6 月，上海市档案馆馆藏档案，档案号 Q235—1—2159，第 217 页。

⑤ 《上海市教育局关于日帝侵略受灾学校文化机关损害调查表》，1932 年 6 月，上海市档案馆馆藏档案，档案号 Q235—1—2162，第 12 页。

上海艺术专科学校，地处江湾路，"属校地处火线区域，被毁净尽，损失资产总额 77865 元"[1]。同处此地的上海法学院，在 2 月 3 日下午，因"日军到校放火，连烧两日，全部被焚"。损失 305089 元[2]。

据上海市教育局报告，截至 1932 年 7 月 20 日，上海 17 所高等学校呈报战时的损失情况，详见下表：

上海市被灾学校损失清册（截至二十一年七月二十日止）[3]

校　　名	损失数
国立同济大学	788000
国立劳动大学	757850
国立交通大学（上海本部）	33151
国立暨南大学	824300
国立中央大学商学院	1047000
国立中央大学医学院	556900
交通部吴淞商船学校	965600
私立大夏大学（连附中）	1250
私立上海持志学院	600800
私立上海法学院	305089
私立震旦大学	254278
私立中国公学	2125620
私立东吴大学法商学院	8420
私立上海艺术专科学校	77865
私立德园家禽专科学校	33758
私立东南医学院	283030
私立文化学院上海第二院	73597
以上高等学校 17 校，共计损失银 8716508 元	

根据以上各项损失数据统计，一二八时期上海有 17 所高等学校受灾，占全市高校总数的 66% 以上，学校财产损失达 871 万余元。

---

① 《上海艺术专科学校战时损害调查表》，1932 年 6 月，上海市档案馆馆藏档案，档案号 Q235—1—2162，第 61 页。

② 同上，第 58 页。

③ 上海市教育局编：《上海市被灾学校损失清册》，1932 年 7 月，上海市档案馆馆藏档案，档案号 Q235—1—2157，第 88 页。

（注：具体的统计数字上海市教育局的"损失清册"与《上海撤兵区域接管实录》中收录的"教育局接管工作报告"中的统计数字有些许出入。前者为17所学校，而后者为16所。由于"接管报告"中并未开列出受损高校名单，无法查对是哪一所学校缺漏，故这里采纳了"损失清册"中的数据为证，而以"接管报告"所列各高校受损情况作为佐证。）

二、上海初中等教育事业的损失

在一二八期间，日军不仅对占地较广、空中目标显著的大学校园实施轰炸加以摧毁，对星罗棋布的中小学校也进行了有目的的破坏行动。

闸北、江湾、吴淞等区域是上海学校教育较为发达地区，"不特学府林立，小学若星棋之满布，商务印书馆及东方图书馆，亦矗立于此。经一二八敌骑之蹂躏，往日繁荣，悉化作断垣残壁，瓦砾焦土，累累文化丘墓矣"。位于闸北永兴路的市北中学，是闸北地区一所著名中学，其教学设施、教学水平均属一流。日军占领闸北后，即将其焚毁殆尽，"校舍全部焚毁，校具图书文件荡然无存，损失高达 24168 元"[1]。虹江路上的沪北中学，也是一所规模较大的中学，战事发生后，日军即将其占据，该校的一名校工因不及逃出，躲在夹弄洞中，亲眼目睹了日军"出入甚忙，将仪器图书陆续捣毁"[2] 的情景。2 月 4 日上午，江湾路的一队日军冲入持志学院中学部，"当冲入时，即将该院门警刺刀惨杀，侵入该院内部，将该院男女佣役十余人驱逐一隅，立时用枪击毙，继续深入该院四楼大宿舍、三楼饭所教室礼堂等处，纵火焚烧，致该院所有大批图书仪器以及房屋，全部被焚"[3]。私立南洋商科高级中学位于闸北天通庵路同济路，"全校四座洋房俱被焚毁，校具校产一物不存。教员吴静珊被枪伤手指，学生王永镇失踪"[4]。市立吴淞初级中学校"全部教室教员办公处及宿舍屋顶均炸去一角，操场炸成无数窟陷，起伏不平，所有教职员役私物或遭焚毁或遭抢掠，都已丝毫不存。损失 43900 元。"[5] 私立爱国女中宿舍及校董住宅被日军纵火焚毁，办公楼教室被日军占作司令部，图书文件荡然无存。

---

① 《市北中学战时损害调查表》，1932 年 6 月，上海市档案馆馆藏档案，档案号 Q235—1—2161，第 37 页。
② 上海市档案馆编：《日本帝国主义侵略上海罪行史料汇编》（上编），上海人民出版社 1997 年版，第 36 页。
③ 《申报》1932 年 2 月 5 日报道。
④ 《上海市教育局关于战区各校损失调查表》，1932 年 6 月，上海市档案馆馆藏档案，档案号 Q235—1—2161，第 38 页。
⑤ 同上，第 33 页。

受灾学校不仅直接受到日军的狂轰滥炸，还遭受到日军及日本侨民暴徒的蓄意破坏，前此提及的市北、沪北、持志等校遭遇即是如此。停战以后，中国军队撤出上海战区，日军进占吴淞、江湾、闸北、真如等广大区域。大批日军强占民房和学校等文化机关为驻军场所，以教室为马厩，课桌椅为薪材，肆意破坏教育设施。如复旦实验中学被日军占据后，"日本马队住在校中，楼下养马，楼上马夫及士兵居住。门窗被毁，教职员学生行李校具概被捣毁"①。市立江镇小学"自日军进占江镇后，本校即屯驻大队日兵，于是逞所欲为，将校中所有文件及门窗围篱均行焚毁"②。

在上海市教育局 1932 年 7 月 20 日统计的《上海市被灾学校损失清册》上，有省立水产学校、市北中学、爱国女中、粤东中学等中等学校 31 所，共计损失银 1893589 元，初等学校计 81 所，共计损失银 280867 元③。

在《上海市教育局接管工作报告》中，对全市教育事业损失的情况进行了统计分析，详见下表：

一·二八时期上海学校损失情况表④

		初等学校	中等学校	高等学校	社教机关
人口伤亡	死亡		9	3	1
	失踪	19	4	8	48
	伤害	11	5	4	10
	总计：死亡：13　失踪：79　伤害：30				
被灾学校	全市总数	774	125	33	
	损失校数	81	30	16	
	所占比率	10%	24%	50%	
	总计：被灾学校：127　全市学校总数：932　所占比率：13%				
资产损失	资产损失	293148	1866703	8617575	
	全市总校产	6188881	13244860	13377539	
	损失比率	5%	14%	66%	
	合计：被灾学校资产损失：10777426 元，全市学校资产总数：32811280 元，全市校产损失比率：32%				

---

① 《上海市教育局关于战区各校损失调查表》，1932 年 6 月，上海市档案馆馆藏档案，档案号 Q235—1—2161，第 46 页。
② 《上海市教育局关于各小学呈报日帝侵略受灾损失调查表》，1932 年 7 月，上海市档案馆馆藏档案，档案号 Q235—1—2158，第 39 页。
③ 上海市教育局编：《上海市被灾学校损失清册》，1932 年 7 月，上海市档案馆馆藏档案，档案号 Q235—1—2157，第 89～95 页。此项数据亦与"接管报告"略有出入。
④ 据《上海市教育局接管工作报告》有关统计材料编制，载上海撤兵区域接管委员会编：《上海撤兵区域接管实录》，1932 年 11 月刊印，中央档案馆馆藏档案，档案号 Y6—1—5，第 260 页。

由此可知，一二八日军侵沪战争，使上海的教育事业受到严重创伤，全市有129 所学校遭受了直接的战争破坏，学校被炮火摧毁，教室变成一片废墟，学校财产损失总额高达 10777426 元。许多学校被迫停办，或延期开办。如中国公学、劳动大学因被毁严重，相继停办，吴淞、江湾、闸北等地区许多中小学校也被迫停办。由此而导致的教师失业、学生失学者比比皆是，据统计，战争造成了全市2396 名教师失业，占全市教师总数的 24%；更有 98046 名学生失学，占全市学生总数的 62%①，此项数字不能不说是十分惊人的，上海教育事业因此所受到的打击，根本无法在短时间内得到恢复。

为重整上海教育事业，有关机构制定了战区学校恢复计划，教育部制订高等学校复元计划，为遭受战争破坏严重的 10 所高等学校紧急拨付了 11.5 万余元专款，用于校舍的租赁或修缮之用。上海市教育局对战区市立中小学的恢复，也拨出专款，进行救助。但是这些款项，对于那些遭受巨创深痛的学校来说，只能是杯水车薪。

三、社会文化机构的损失

作为全国的重要文化中心，上海不仅教育发达，学校林立，各类社会教育文化机构的数量也相当可观，据统计，20 世纪 30 年代初，上海已有各类图书馆200 余家，出版印刷机构多达 300 余家②。由市教育局和各界人士兴办的各级各类社会教育机构如民众学校、补习学校、民众教育馆、公共体育场、流通图书馆、民众阅报室等更是遍布大街小巷。1931 年上海市教育局主办的社会教育机构有 85 家③，此外还有大量图书出版、学术研究、艺术剧社等文化机构，据市教育局统计，仅在闸北、江湾、吴淞等战区，就分布了 71 家各类文化机关④。在日军的狂轰滥炸下，受损情况亦相当严重。

在上海市教育局的接管工作报告中，给出的有关社教机构损失情况是⑤：

---

① 上海撤兵区域接管委员会编：《上海撤兵区域接管实录》，1932 年 11 月刊行，上海市档案馆馆藏档案，档案号 Y6—1—5，第 136 页。
② 上海通志编纂委员会编：《上海通志》第 9 卷，上海人民出版社 2005 年版，第 5904、6192 页。
③ 上海市通志馆编纂：《上海市年鉴·教育》（1937 年〈上〉），上海市档案馆馆藏档案，档案号 Y15—1—33。
④ 上海市教育局：《战区及战区附近社会教育文化机关一览表》，1933 年 8 月，上海市档案馆馆藏档案，档案号 Q235—1—2160，第 13 页。
⑤ 《上海市教育局接管工作报告》，载上海撤兵区域接管委员会编：《上海市撤兵区域接管工作实录》，1932 年 11 月刊行，上海市档案馆馆藏档案，档案号 Y6—1—5，第 260 页。表中资产损失单位为"元"。

机关名称	被灾社教机关总数	被灾机关资产损失
图书馆	1	2276219
书坊	5	14067394
学艺社	1	300000
理科实验室	1	4000
合计	8	16647513

上述报告显然缺失甚多。表中的一家图书馆即东方图书馆，5 家书坊中包括商务印书馆，而其他许多中小图书馆、印刷出版机构等文化机关均未统计在内。如市立吴淞民众阅书报室，是 1930 年上海市教育局为推行社会教育运动而设立的传播大众文化的场所，在日军炮火中，这一小小的阅览室劫运难逃，事后调查显示："该室房屋已完全轰毁，仅余残壁，室内器物，无一留存。"毗邻的上海第四简易体育场也是如此，"场地有两大炸穴，运动器具已大部损毁"①。

闸北、江湾等地的民营文化机构也损失惨重：大观书局，闸北新民路，资产31000 元，全毁；出版合作社，江湾永义里四号，资产 1 万元，全毁；学海书局，虹口清云里，资产 5000 元，损失 980 元；新中国图书股份公司，资产 5 万，损失过半；民治书店，1 万元，全焚，有图书 31 箱，纸版 45 箱②。

精武体育会是上海著名民间武术教育会，地处虹口横浜桥，总资产125000元，创办于 1909 年，以提倡中华民族武术精神为号召，经过 20 多年的发展，在国内外武术界享有较高声誉。历来为日本浪人所嫉恨。日军占领虹口之后，冲入精武体育会内，将其室内物件全部捣毁，"所有器物荡然无存"，直接间接损失15000 元③。另一家位于闸北西横路鸿德里的武术研究社，资产 550 元，全毁，死工役一名。

位于上海北四川路的中华学艺社，是国内著名的学术团体之一，该社大半成员为留日归国之士，积极从事抗日救亡工作。日军在发动侵沪战争的第二天，日海军陆战队即会同一批日本浪人，冲入该社，大肆搜查，捣毁什物，并将大门用海军司令部的封条封死。2 月 22 日，我军进攻北四川路底，日军竟于败退之际

---

① 《上海市教育局关于战区各校损失调查表》，1932 年 6 月，上海市档案馆馆藏档案，档案号 Q235—1—2159。

② 《上海市教育局关于战区各学校损失调查表及善后办法》，1933 年 8 月，上海市档案馆馆藏档案，档案号 Q235—1—2160，第 105—110 页。

③ 《精武体育会战时损失报告》，1932 年 6 月，上海市档案馆馆藏档案，档案号 Q235—1—2160，第 98 页。

纵火将中华学艺社全部焚毁。该社所藏专门图书甚多，约值20余万元，社员寄存的图书约值10万余元，均付之一炬。此外，"所存社员交来付印之著作稿件数十种。又该社秘书、社会教育专家马宗荣氏，十数年所搜集之社会教育专门书籍千余册，均成灰烬，诚我国文化上又一大损失矣"①。

综上所述，一二八期间上海文化事业的损失为：市教育局报告8家社教文化机构损失16647513元；再，大观书局31000元，出版合作社10000元，学海书局980元，新中国图书公司25000元，民治书店10000元，精武体育会15000元，武术研究社550元。中华学艺社图书损失30余万元。又，宝山教育公产：文庙损失约4000元，明伦堂损失约1000元，学海书社损失约800元②。以上各项共计17045843元。

总计在一二八日军侵沪战争时期，上海教育文化事业财产受灾损失高达27936804元，死伤失踪人员达122人。

八一三时期上海教育文化事业的损失情况③

1937年7月7日七七卢沟桥事变后，日本发动了全面侵华战争。日军先后侵占北平、天津等地，与此同时，驻沪日军不断制造事端，在上海挑起了八一三事变。日本最高当局在8月13日即决定组成"上海派遣军"，赶赴上海参战，源源不断的日军增援兵力涌向淞沪战场，在短短的两个月内，日军在上海的总兵力便达到20余万之众。日军首先占领了闸北、虹口、杨树浦一带，随着战争规模的扩大，日军的占领范围日益扩大，罗泾、吴淞、宝山等地相继为日军所占据，中国军队不畏强敌，顽强抗击。9月底，中国军队退守北站、江湾、庙行一线。不久日军强渡蕴藻浜，占领大场，中国军队腹背受敌，被迫退出闸北与江湾，闸北、江湾陷入敌手。11月5日，日军在金山卫登陆，占领松江、虹桥机场、龙华镇、浦东。上海华界遂全面陷落。

在长达三个月的八一三战争期间，日军再次以最残暴的手段对上海人民的生命财产进行了肆无忌惮的破坏和践踏，对上海城乡进行了持续数月的狂轰滥炸。战

---

① 上海市档案馆编：《日本帝国主义侵略上海罪行史料汇编》（上编），上海人民出版社1997年版，第34页。

② 宝山县教育科：《宝山原有教产损失状况表》，1932年6月，上海市档案馆馆藏档案，档案号Q235—1—2160，第33页。

③ 本部分中，涉及损失计算的货币金额，除另注明币种者外均指法币，当时亦称为国币。

争爆发后，日军即对上海周围机场及南京、杭州等地进行了反复轰炸，为配合地面部队的进攻，日机大肆轰炸上海市区及周围地区的民房建筑，尤其是对工厂、学校、道路、桥梁等进行了有目的的反复轰炸和毁灭性破坏，杨浦、闸北、江湾、吴淞、宝山、罗泾、真如、松江等地的城乡建筑，几乎全部被炸成一片废墟。据日军当局自己宣称，仅在 10 月 25 日至 27 日的三天时间里，日军就出动飞机 850 架（次），"轰炸上海战场华军阵地及后方"，"共投掷炸弹 2526 枚，计重 164 吨"①。1938 年 1 月 22 日，"日本海军大臣米内向贵族院报告，自上年 8 月 13 日至是年1 月 3 日，日本飞机轰炸中国 13000 次，其中轰炸淞沪地区 6000 次，轰炸南京1200 次，粤汉、广九两路 900 次，津浦、陇海 600 次"②。侵华日军对于淞沪地区的轰炸频率之高，几占此期日机轰炸中国次数的一半，可见八一三时期日机轰炸上海的暴烈程度！日本飞机的狂轰滥炸，使上海华界地区所有地面建筑几乎毁坏殆尽。

除了狂轰滥炸之外，日军还利用多种手段，大肆破坏上海的教育文化事业。8 月 17 日，日军在自引翔镇败退前，肆意烧杀，全镇一片火海。8 月 21 日，日军退出百老汇路时，纵火焚烧东有恒路、唐山路、东熙华德路一带，大火殃及位于兆丰路上的麦伦中学，巍峨校舍顷刻之间化为焦土。日军占领上海南市后，纵火焚烧，大火在 10 余处同时燃烧，据当时报纸报道，在"斜桥直烧至海潮寺一段之火，占地最广，面积计有三里长程。此处由西至东之陆家浜路而林荫路、大吉路、黄家阙路、大林路、大佛厂、桑园街等悉遭焚毁。其右至中华路南段清心中学及长老会清心堂、同仁辅仁堂亦遭浩劫。至该段小学被焚者亦不下二十余所，其火势已向东方图书公司一带烧去。蓬莱路市场已在燃烧，而文市政路东段之火，已将民众教育馆、市动物园烧中，历史悠久之西城小学，及曲尺湾朱氏思敬花园祠堂，亦遭焚毁。唐家湾后丽园路、局门路之火，仍焚烧甚厉。南市所有繁华区域，现已尽毁一炬"③。因日军纵火燃起的南市大火整整持续了五天五夜，上海的百年老城厢，繁华的南市到处是一片断壁残垣。大同大学、中华职业学校、清心中学等数十所大中小学校惨遭焚毁，变成一片废墟。

日军占领上海以后，上海高校和部分中学开始向大后方转移，在内迁办学的过程中，师生辗转千里，历尽艰辛，在精神上和物质上遭受的损失无法用数字统计。如同济大学师生在八年抗战之中，辗转于浙赣湘粤桂滇川七省和越南，在日机的轰炸扫射中，行程数千里，付出了巨大的牺牲。复旦、大夏、光华、上海法

① 《大美晚报》1937 年 11 月 3 日报道。
② 金辉著：《恸问苍冥》，解放军文艺出版社 1995 年版，第 204 页。
③ 《申报》1937 年 11 月 15 日报道。

学院等校在内迁过程中也都遭受了极其沉重的损失。

一、上海高等学校的损失

八一三抗战期间日军对上海的狂轰滥炸，造成了上海高等学校的惨重灾难，许多高校被全部炸毁、其破坏程度远甚于一二八时期。战前上海全市共有 32 所高校，至 10 月中旬，已有 14 所学校被日机炸毁或被日军占领，损失初步估计高达 662 万余元。详见下表①：

大学之部

校　名	被炸毁情况	损失估计	校　名	被炸毁情况	损失估计
同济大学	全部被炸毁	1864018	正风文学院	局部被毁	
暨南大学	局部被炸毁		同德医学院	大部被毁	150000
大同大学	局部被炸毁	10000	持志学院	大部被毁	500000
沪江大学	校舍被日军占领	1679749	复旦大学	大部被毁	1200000
音乐专科学校	校舍被日军占领	171632	吴淞商船学校	全部被毁	406760
上海商学院	校舍被日军占领	201000	东南医学院	全部被毁	230000
上海法学院	全部被毁	210000	市立体育专科学校	校舍被日军占领	
总计　14 校			损失：6623159 元		

随着日军侵略战争规模的不断扩大，日军对上海的狂轰滥炸有增无已。10 月 22 日，日军倾陆海空之全力，大举反扑，企图一举侵占上海。日机对于所有苏州河以北地区进行密集轰炸，10 月 24 日，日机轰炸大夏大学，新建成的"巍峨校舍，在日机轰炸与炮弹烧毁之下，多半成为灰烬"，"全部损失，约在二百万元以上"②。一河之隔的圣约翰大学也在日机的轰炸中受损严重，大同大学则在日军占领南市后的大火中焚毁殆尽。上海数十所大学校园到处都是日军轰炸扫射所造成的累累弹痕和废墟。

1938 年 12 月，国民政府教育部调查了全国教育文化机关的被毁情况，并公布了损失概况：

"抗战以来全国学校及文化机关损失达二千余万元，专科以上学校损失一千五百万元"，其中上海"各大学校竟占七百余万元"③。具体各校的损失情况为：

---

① 《大公报》（沪版）1937 年 10 月 17 日报道。
② 欧元怀：《抗战期间大夏大学的苦斗》，载商务印书馆编：《教育杂志》第 29 卷第 4 期。
③ 《申报》1938 年 12 月 21 日报道。

"本市各大学损失总数，以国立同济大学损失最钜，全部毁去计一百八十六万四千零十八元；大夏大学全部毁去计五十万元；光华大学全部毁去计五十万元；复旦大学毁去一部计一百二十万元；国立暨南大学毁去一部计二十五万元；大同大学毁去一部计十五万元；国立音专毁去一部计十七万元一千六百三十二元；国立上海商学院全部毁去计二十万一千元；上海法学院全部毁去计二十一万元；正风文学院毁去一部计五万元；同德医学院毁去一部计十五万元；持志学院毁去一部计五十万元；东南医学院全部毁去计二十五万元；吴淞商船学校全部毁去计四十万六千元；新华艺专大部毁去计十万元；东亚体专内部损失计二万元；市立体专内部损失计三万零七百七十元；沪江大学内部损失计二十五万元；东吴大学连苏州部分损失计二十五万元。"①

根据以上数据列简表如下：

同济	1864018	大同	150000	同德	150000	东亚体	20000
大夏	500000	音专	171632	持志	500000	市立体	30770
光华	500000	商学院	201000	东南医	250000	沪江	250000
复旦	1200000	法学院	210000	商船	406000	东吴	250000
暨南	250000	正风	50000	新华艺	100000		
共计 19 校，7113420 元							

此次公布的调查统计，较之 1937 年 10 月份公布的损失情况，增加了大夏大学、光华大学、新华艺术专科、东亚体育专科、东吴大学 5 校，各学校的损失数据基本沿用了 1937 年的初步调查估计数字，略有调整，如沪江大学，原报"被日军占领，损失 1679749 元"，此次调查时查知房屋建筑损失尚轻，唯内部设备仪器等损失较大，故调整为"内部损失计 25 万元"。但是许多高校的实际损失仍远不止此数，其主要问题有三个方面：1. 战争期间进行的估算，很多数据难于反映损失的全貌。1937 年、1938 年两次的统计数字只是初步的估算，如大夏大学及附中在八一三战争期间中山路校舍大部毁于日机的轰炸破坏，新建的巍峨校舍变成一片废墟，继之校园被日军占领，后残存校舍竟又成为日军关押欧美等敌性国成员的集中营。1938 年初大夏大学被迫内迁。1943 年大夏大学校长欧元怀在"抗战期间大夏大学的苦斗"一文中估计学校的损失至少在 200 万元以上。2. 未统计进去的学校很多也是损失严重，如交通大学虽然没有受到炮火的直接摧残，但是在日军占领苏州河北岸后，全校紧急停课 4 天，仓促迁进法租

① 《申报》1938 年 12 月 21 日报道。

界，租借震旦大学校舍上课。12 月 30 日，日军占领了交通大学校园，学校设备物资损失严重。3. 抗战期间内迁的高校，数量很多，如大夏、光华、复旦、交大、暨南、法学院等，内迁过程中损失的人力物力，以及内迁中遭遇敌机轰炸、财产损失、人员伤亡等，也是一笔不小的数字。所以 1938 年底公布的损失统计数据也是无法反映出上海高校的实际损失情况的。

抗战胜利后，在大规模的抗战损失调查过程中，上海各高校对本校的损失情况进行了总的调查和统计，但是有关的损失调查报告是由各高校直接上报国民政府教育部或行政院赔偿委员会，所以在旧上海市教育局的存档中，并没有这方面的档案材料。各高校的历史档案随着解放后全国高校院系的调整而流散。现根据已查找到档案资料，将部分高校损失情况罗列如下：

1. 大同大学

大同大学呈行政院赔偿委员会文①。

案查八一三战祸骤起，本校地处南市，于风声鹤唳之时，多方设法借得车辆，仅将图书仪器之重要精细而轻便者抢运租界。嗣华租交界之铁门即闭，所有笨重之件，全部无法运出，以是校具图书仪器机械损失不赀。而校舍拆毁十去七八，损失尤为浩大。此情前已呈报教部在案……理合另开损失单备文呈送钧会，仰祈鉴核备案，并祈核实配赔，以偿损失而应校需。

财产直接损失汇报表

机关名称：私立大同大学
事件：敌伪军队驻校时损毁
日期：二十六年十一月至三十四年八月
地点：上海市南市车站路

建筑物（13 座、227 间）	602840 元（损失时价值）
器具（水管电线、课桌椅、办公用具等）	130000 元
现款	
图书（西文书 4696 本、中文书 21695 本、杂志一部分）	80518 元
仪器（物理化学仪器、生物标本、体育器械等）	140000 元
共计	953358 元

（附财产损失报告清单 2 张）

上海私立大同大学校长胡刚复
中华民国三十六年十二月二十五日

---

① 《私立大同大学为抗战校舍被毁事呈行政院赔偿委员会文》，1947 年 12 月 25 日，上海市档案馆藏档案，档案号 Q241—1—263，第 42 页。

2. 圣约翰大学

圣约翰大学损失清单：房屋类：新科学馆 18973900 元，四十七号西人教授住宅 9138550，四十八号西人教授住宅 9369500，总计 37482250 元；桥梁类：63018375 元；校车 8000000 元，校树 2720000 元，图书馆：中文书约 600 册，西文书约 1250 册，7800000 元；总计 81538375 元（按报告时值估算）[①]。

3. 震旦大学

震旦大学申请登记战时损失表：震旦大学图书馆及医学院、法学院。三十四年四月八日，本校校舍大厦一座、大礼堂一座及足球场均被日军强制占用，在匆遽迁出时，图书仪器及家具损失颇巨，尤以许多医学仪器现均遭损坏不堪使用。而所被占用之校舍屋顶及地板楼梯玻璃以及球场草地（掘作防空壕十余尺）之破坏，全部损失估计值法币叁千陆佰万元（现时币值）[②]。

震旦大学附属松江光启中学：大礼堂及教室，1937 年 8 月 20 日日机轰炸，全毁，购买时 2 万余元；全部校舍二层楼 29 间，1937 年 11 月 16 日林田部队纵火焚毁，购买时 5 万余元；教员办公室及宿舍 20 间，8000 余元，全部校具教具 6000 余元。直接损失共计 8.4 万余元，间接损失 3300 元（当时币值）[③]。

震旦大学女子文理学院：1945 年 4 月 5 日至 8 月 25 日，蒲石路震旦大学女子文理学院被驻沪日军占用该校作为军医院，校中设备被改造或拆除之处甚多，所受损失颇巨。所需修理清理等费共计 23000000 元[④]。

4. 东吴大学法学院

东吴大学法学院呈教育部文（廿六年十月十九日发）：属校地处上海公共租界苏州河之北，适在敌军包围之中……校舍曾中炮弹数枚，图书校具均凌乱不堪，日侨曾一度盘扰校中。今战事日剧，其损失当在国币三十万元左右。此属校遭受损害大略情形也[⑤]。

5. 暨南大学

"暨南被毁了。敌人的炸弹，从敌机腹下，穿过空中，很迅速地落下来，击中了我们的暨南。堂皇的化学馆、大礼堂、女生宿舍和初中宿舍，都被无情的炸

---

① 《圣约翰大学致教育部京沪区特派员办事处函》（1946 年 2 月），上海市档案馆馆藏档案，档案号 Q243—1—394，第 10 页。法币在战前及战后，币值变化较大，各校的战争损失统计，或根据战前币值统计，或按照报告时的币值统计。

② 《震旦大学关于抗战期间损失报告》，1946 年，上海市档案馆馆藏档案，档案号 Q244—1—264，第 1 页。

③ 同上，第 12 页。

④ 同上，第 7 页。

⑤ 《东吴大学抗战期间损失报告》，1946 年，上海市档案馆馆藏档案，档案号 Q245—1—51，第 5 页。

弹毁灭了，并且炸死了我们两位同学。"①

暨南大学抗战损失表：（一）校舍：大学部：校门、南星书店、科学馆（仅存围墙）、大礼堂、文商学院、总办公室、图书馆、教务处办公处、体育馆、职员宿舍、大膳厅、疗养室、学生宿舍、莲韬馆、印刷所、机器间，总计损失时值835000元。中学部：办公室、教室、图书室、宿舍，总计损失时值320000元；小学部，损失时值60000元；（二）图书：65000册，损失时值115800元。（三）仪器：19800件，损失时值56600元。（四）器具：17200件，损失时值60900元。合计1376300元②。

6. 大夏大学

沪西中山路大夏大学遭敌机三度轰炸，已全部被毁。记者昨往巡视，校门口有弹坑四处，大操场中弹痕累累，大学部教室、高中部教室全部坍毁，平房数间幸存，学生宿舍、实验小学及大夏新村房屋亦大部炸毁③。

大夏大学校舍损失调查报告：中山路校舍现有教室、男女生宿舍、理化实验馆、图书馆及教职员寄宿舍等十一座。1. 理学院：1）科学馆，山形平房建筑一座，三十间，全部被焚无存；2）物理实验室、化学实验室，完整；3）理学院教室，二层建筑教室容二百五十人，局部损坏；4）工业化学工场，平房六间，全部被焚；5）金工场，平房六间，全部被焚。2. 群贤堂，三层建筑一座四十间，屋顶墙壁门窗及设备局部损坏；3. 群策斋，三层建筑一座，二百间，墙壁门窗地板等局部损坏；4. 群力斋，三层建筑一座，二百间，全部被焚无存；5. 群英斋，三层建筑一座，一百二十间，全部被焚无存；6. 教职员宿舍，二层建筑十二座，局部损毁；7. 图书馆，二层建筑一座，大部损毁；8. 大礼堂一座，全部被焚；9. 办公厅，二层建筑一座，全部被焚；10. 体育馆，全部被焚。此外疗养室、浴室及锅炉房、马达间、信件收发处、市房等全部被焚……现有之各建筑内部及装修均遭破坏极重，本年内必须全部修理始可应用。至于被毁各建筑应重建，需费至少在十万万元以上，期于五年中全部恢复④。

1939年大夏大学内迁至贵阳，建筑新校。1944年11月，日军犯黔，贵阳告急，大夏大学全体迁往赤水，历时三个月。此次事变直接损失共计26171500元

① 朱作同、梅益主编：《上海一日》第一部分第181页，华美出版公司1939年版。
② 《国立暨南大学损失报告表》（1945年12月），上海市档案馆馆藏档案，档案号Q240—1—153，第123页。
③ 《立报》1937年10月27日报道。
④ 《大夏大学校舍损失调查表》，1945年12月1日，华东师范大学档案馆馆藏档案，档案号大夏81—2—359，第155—157页。

（其中损失图书 5449 册），间接损失（迁移费、防空费、赤水校舍租赁费等）15000000 元①。

大夏大学校舍损失调查表（34 年 12 月 1 日）②

Ⅰ建筑（全部损失无存者）	损失时值
A 校舍：学生宿舍 2 座，科学馆 1 座，机械工场、化学工场、材料试验工场、生物实验场（平屋），体育馆 1 座。办公厅 1 座，大礼堂 1 座，平屋 20 间，马达间、锅炉间、浴室 20 间，平屋 40 间，膳堂、厨房一座，木桥 3 座	350000
B. 大夏新村教职员及校友住宅、建筑家具及设备装修 1. 王伯群先生住宅（2 座），2. 欧元怀先生住宅（2 座），3. 王毓祥、鲁继曾、吴浩然、吴泽霖、汤尚松、陆演僧、汪泰伶、孙瑞璜、陆谦受、林笃信、沈志明、胡其福、胡嗣鸿、唐明时、沈志开、梁建梅、朱霞林、陈学沛、贝树德、严怡之先生住宅	1400000
Ⅱ设备（全部损失）	607000
1. 教室及大礼堂全部设备（2000 人桌椅、黑板、讲台）	30000
2. 办公室全部设备	45000
3. 男女生宿舍全部设备（1700 人铁床、书架、衣橱等）	51000
4. 科学馆实验室、图书馆、体育设备等	461000
加一学生宿舍设备	10000
Ⅲ图书、仪器、标本、模型	559000
1. 图书（中文书籍、杂志报刊等 150000，西文书籍杂志图表等 120000）	270000
2. 仪器机械标本模型等	289000
Ⅳ场地损失（树木等）	10000
共计损失（抗战前物价估价）	2926000

7. 私立同德医学院

查本院魏德迈路（即江湾翔殷路）之院舍自遭八一三战役被毁甚重，其后未毁之全部院舍，即被日寇占住，未能前往摄影。去秋胜利，日寇迁离，院舍之被毁各部分已变为平地，无迹象可资摄取……本院校舍、校具、仪器文具、图书、标本、药品等几全部被毁，其直接、间接损失估计约国币 141491 元。（此项损失数于民国三十年五月十五日制表呈部）

8. 上海美术专科学校

上海美术专科学校战事期内资产损失：本校收容难民及南市退集军警出校

---

① 《大夏大学校舍损失调查表》1945 年 12 月 1 日，华东师范大学档案馆馆藏档案，档案号大夏 81—2—359，第 203—219 页。
② 华东师范大学档案馆馆藏档案，档案号大夏 81—2—359，第 220—222 页。

时，墙壁门窗等多被破损，所费不赀。讵不旋踵上海即遭沦陷，事出仓促，法租界巡捕房勒令连夜让出房屋以收容南市退集军警，致校具教具及其他设备搬移不及，遂致损毁。且收容难民先后历时四月，校具堆置露天霉烂，一部分在天寒时被拆作燃料，损失颇巨。计校舍建筑 6786000 元，校具 6835500 元，教具 9888000 元，石膏模型 7743000 元，仪器标本 1962000 元，音乐设备 4267500 元，机器及工艺用具 4344000 元，图书 8850000 元，工艺参考品 2452500 元，古物 21127500 元，藏画 32700000 元，共计损失时值 106956000 元（注：此表总值依据 27 年 7 月呈报教部损失表原值，藏画增加 3000 倍，其他增加 1500 倍）①。

9. 光华大学

光华大学抗战时期财产直接损失汇报表②

填送日期　　34 年 12 月 15 日

分　　类	价（单位：国币元）值
共计	3040308000
1. 建筑物	2012000000
2. 器具	582400000
3. 图书	146000000
4. 仪器	179908000
5. 医药用品	30000000
6. 其他	90000000

附财产损失报告单拾壹张

光华大学抗战时期财产间接损失汇报表③

分　　类	数（单位：国币元）额
共计	捌千万元
1. 迁移费	肆千万元
2. 防空设备费	五百万元
3. 疏散费	壹千万元
4. 救济费	贰千万元
5. 抚恤费	五百万元

---

① 《上海美术专科学校战事期内资产损失表》，1946 年 12 月，上海市档案馆馆藏档案，档案号 Q250—1—260，第 62 页。又，该档案案卷第 37—49 页有 299 件古物、85 件藏画损失清单。
② 华东师范大学档案馆馆藏档案，档案号光华 82—2—338，第 2 页。
③ 同上，第 3 页。

10. 沪江大学

位于杨树浦滨江西岸的沪江大学校舍在战争中部分受损，后被日本海军陆战队占据。至1940年，该校校董设法入内探视，统计学校财产损失情况如下[①]：

教授个人损失：U. S. ＄17650.18；财产间接损失：8382.61。生物学系：35176.45；化学系：13868.00；物理系：21855.54；附属中学：4851.20；音乐系，1879.30；物理实验工场，3351.15；图书馆：10623.40；校具和设备：28887.00；电路系统和管道设备：13619.61；修理费：79302.50；总计U. S. ＄239446.94。

11. 复旦大学

复旦大学校舍被毁，计有体育馆全座焚毁，子彬院（科学馆）及宿舍三座均受损甚重。复旦大学财产直接损失汇报（按战前物价估计)[②]。

事件，抗战爆发；时期，二十六年八月十三日；地点，上海江湾。全部损失共计五百二十万壹千五百元。建筑物：五百二十万壹千五百元；器具，壹百五十万元；图书，肆拾万元；仪器，五拾万元；图案用品，拾陆万元；土地，贰拾万元；印刷部门，叁拾万元；花木，贰万元；标本，贰拾万元；文具，叁万元；汽车，壹万贰千五百元；汽油，玖千元。间接损失：共计二十四万五千元。防空设备八万五千元，迁移费拾陆万元。（填表时间三十四年十二月）

内迁时期复旦大学抗战损失[③]

事件：敌机轰炸。时期：二十八年五月二十七日。地点：四川北培黄桷镇。损失共计六十万元。器具，拾五万元；图书，贰拾万元；仪器拾五万元；医药用品，拾万元。（填表时间三十四年十二月）

12. 同济大学

"同济大学校长翁之龙昨对记者谈：八月二十三日以后，暴敌竟以飞机集中轰炸校舍，除各项建筑均遭破坏外，所有不便搬移之机械等设备，亦均炸毁无余，估计损失当在百万以上。"（《立报》1937年9月4日）

13. 上海法学院

私立上海法学院八一三事变损失清单：甲、上海本校损失：学校房屋类26000元；器物设备50370元，图书设备（中文图书25000册，东西文图书2000册，中文杂志3000册，西文杂志600册）96000元，军训设备4620元，水电设

① 《沪江大学损失统计》，1945年12月，上海市档案馆馆藏档案，档案号Q242—1—55，第133页。原文系英文。
② 《复旦大学填报抗战损失调查表》，1945年12月，复旦大学档案馆馆藏档案，档案号FG05—5，第393页。
③ 同上，第392页。

备 7000 元；乙、教职员个人损失：教务主任沈衡山，时间 1937 年 8 月，地点上海江湾路，损毁图书 1450 册，8000 元；教授曹辛汉，时间 1938 年 8 月，地点浙江柳乡，损失房屋 22 间，图书 1200 册、古物 80 件、器具 250 件（敌兵占领县城后先占用后拆毁，器具图书等被敌兵没收），损失 13500 元；职员张伯涛，时间 1937 年 10 月，地点，浙江嘉兴塘堰镇，12 间房屋及器物生财等均为敌兵占领该县后焚毁，损失 10000 元。以上个人损失合计 31500 元。丙、浙赣战事损失：本院内迁至浙江兰溪杨塘。三十一年五月六日敌骑突进，仓促西移，致文件遗失，校具弃留。合计损失法币七万叁千贰百叁拾元①。以上三项合计损失264820 元。（当时价值）

呈送本校抗战期间财产损失暨教职员财产损失等调查表（民国 35 年 1 月 16 日）②

建筑		
教授住宅房屋	10 幢	90000
第一学生宿舍	50 间	2000
第二学生宿舍	1 幢	50000
第三学生宿舍	30 间	1000
第四学生宿舍	80 间	2000
第五学生宿舍	20 间	500
礼堂及教室	1 幢	200000
厨房及浴室房屋	1 幢	50000
医学院		
解剖馆房屋	1 幢	80000
解剖馆器具		18400
解剖馆其他		21100
生理馆	1 座	（原表数字模糊无法辨识）
器具	330 件	10000
图书	236 套	10000
仪器	96 件	10000
其他	100 件	15000
附设高中房屋	96 间	57600

---

① 私立上海法学院抗战损失报告，1947 年 6 月，上海市档案馆馆藏档案，档案号 Q247—1—38。

② 同济大学档案馆藏：历史档案 1—654。由于该档案有破损，部分数据模糊不清，现根据可辨识数据制成此表。总的损失数字系根据原报告确定。

器具	280 件	38000
标本	300 件	1500
病理药理细菌室设备	全部	600000
理学院数理系		
房屋	25 间	80000
书籍	850 册	50000
器具	120 件	30000
仪器	300 件	40000
图书馆房屋	20 间	18000
图书（中西文）	9691 册	100147
器具	230 件	5000
理学院生物学系		
房屋	40 间	10300
器具	550 件	1650
图书	3000 册	3000
仪器	450 件	90000
动植物标本	5000 件	60000
……		
全部共计 9116747 元整 另教职员工等 45 人，财产损失 4717530 元		

14. 上海商学院等

江湾翔殷路上各校被毁惨状：自大上海计划实现，市府迁移市中心区后，翔殷路一带，几成学府中心。八一三沪战爆发，该地适当其冲，大部分学校均已被毁，兹据最近经过者报告各校被毁情形如下：1）上海法学院，毁损极少，现已修复，有人居住；2）爱国女校在八一三时适为军事据点，故除最后一部分房屋尚存空壳外，其余全毁；3）国立上海商学院之校舍是新建者，画栋雕梁颇为精美，现仅存骷髅，唯校门尚完好；4）复旦大学四座房屋全毁，中心尚有两幢未全毁；5）同德医学院因建筑较低，故未受毁损；6）两江女体师除平房略有破坏外，余全毁；7）东南女体师仅存断壁残垣[①]。

---

① 《申报》1938 年 10 月 14 日报道。

至 1942 年底，上海商学院残屋被日海军派人全部拆除。"案据市中心区分局局长呈称：窃巡官查得本境西体育会路前国立上海商学院残屋有人拆除。据在场日本海军监工员板东一次答复：此屋系军管理所属水电路第一海军建筑部，奉令来此拆屋。"伪教育局"奉令亲往原地勘看，全部残屋已拆除完尽，无从交涉制止也"①。

根据上述档案资料，在战后损失调查中，一些高校的损失查报更为准确，财产损失中包括八一三战争期间及日军占领上海期间的损失，以及高校内迁过程中被日机轰炸破坏等的损失。但是在战后的查报中，统计标准有所不同，大部分学校都是根据战前价值进行的统计，少数学校是按照战后 1946 年的物价指数进行估算，两类统计相差数额较大。为便于统一，此处根据 1946 年上海美术专科学校在申报抗战损失时所使用的折算办法，即按照损失时价值结合当前物价指数增加 1500 倍的做法，对圣约翰大学、上海美专、光华大学、震旦大学等 4 校的数据进行了折算，具体数据统计为（小数点后数字省略）：

大同大学 953358 元（时值），圣约翰大学 81538375（报告时值）/1500 = 27447 元，震旦 59000000（报告时值）/1500 = 39333 元，东吴大学法学院 300000 元（时值），暨南大学 1376300 元（时值），大夏大学 2926000 元（时值），1944 年贵州轰炸损失 41171500/1500 = 27447 元，同德医学院 141491 元（时值），上海美专 106956000（报告时值）折成损失时值 60404 元，光华大学 3120308000（报告时值）/1500 = 2080205 元，复旦大学 6046500 元（时值），同济大学 13834277 元（时值），上海法学院 264820 元（时值），计 12 所高校，抗战损失总计 28104494 元。另，沪江大学损失值美元 239447 元。

再综合 1938 年 12 月教育部公布的上海高校财产的损失数据：音专 171632 元，上海商学院 201000 元，正风文学院 50000 元，持志学院 50000 元，东南医学院 250000 元，吴淞商船学校 406000 元，新华艺专 100000 元，东亚体育专科 20000 元，市立体专 30770 元，计 9 校，损失共 1339402 元。

综上所述，在 1937 年 8 月 13 日至 1945 年 8 月 15 日的长达 8 年的时间里，上海共有 22 所高等学校遭受了直接或间接的战争损失，损失金额高达战前法币值 29443896 元，又美元 239447 元②。这是一二八时期上海高校损失的 4 倍，损失学校占 1937 年上海高校总数的 68% 以上。当然，这一数据也只是初步的估算，如水产专科等学校的损失并未计算在内，上海商学院的损失也不可能仅止

---

① 《日伪上海特别市政府关于日海军拆除上海商学院残屋文件》，1942 年 10 月 19 日，上海市档案馆藏档案，档案号 R1—8—662，第 1 页。
② 此项损失数额系按照抗战前的价值折算统计。上海商学院的全部损失亦应不止 20 万元。

20万元，上海交通大学的损失情况还有待进一步查考等。

二、八一三时期上海中小学校的损失

1937年10月公布的教育文化事业损失统计中，被日军摧毁破坏中学校有27所、小学校44所。详见下表①：

中学之部

校　名	被毁情形	损害估计	校　名	被毁情形	损害估计
爱国女中	全部被炸	105950	市北中学	全部被炸	120070
持志附中	同上		启秀女中	同上	221000
新民中学	详情不悉	40000	大公职中	局部被炸校舍损害	30000
育青中学	同上	40000	新陆师范	大部被炸	109000
东南女体师及附中	全部被炸	150600	立达学园	鸡场农场全部被毁校舍校具局部被轰	25500
澄衷中学	局部被炸	60000	吴淞中学	全部被炸	50830
麦伦中学	全部被毁	82800	复旦中学	同上	119404
沪北中学	详情不悉	50000	广东初中	全部被毁	140000
惠群女中	全部被炸	100000	岭南初中	局部被炸	30000
建国中学	详情不悉	100000	同德助产	同上	3000
安徽中学	校具被毁	3000	三育初中	详况不明	
新亚中学	同上	6000	粤东中学	全部被炸	200000
两江体师	全部被毁	110000	崇德女中	详况不明	290000
浦东中学	局部被炸	2000			
总计：27校，损失2199954元②					

小学之部

区　别	损害校数	被毁情形	损害估计
闸北	八	在火线内详情无从得悉	47953
南翔	七	同上	50185
江湾	九	同上	61890
吴淞	九	同上	19224
中心区	三	同上	54356
庙行	八	同上	25539
总计：44校，损失　259129元			

---

① 《大公报》（沪版）1937年10月17日报道。

② 此处损失统计总数疑有误，中学之部各校损失总计2189154元。

根据以上各表统计，可知在八一三战争爆发后不到两个月的时间里，上海已有 27 所中学、44 所小学被日军炸毁或纵火焚毁，损失估计中学部分约 220 万元，小学部分约 26 万元。

由于处于战争时期，调查人员无法深入现场对损失情况进行统计，无法了解真实的受灾情况，有些学校对损失价值的估算也只能从略。但是当时日军已经占领了虹口、闸北、杨浦、吴淞、江湾、宝山、真如、桃浦等大片区域，日军飞机控制了上海的制空权，对租界区域以外的上海地区进行了持续不断的狂轰滥炸。这些地区的学校数量众多，仅闸北区就有大中小学校 126 所，江湾区 35 所，吴淞区 23 所，引翔区 18 所，真如区 19 所，蒲松区 36 所，法华区 42 所，沪南区 248 所，学校数量高达 557 所，其中高等学校 21 所，中等学校 47 所，初等学校 489 所①。因此社会局调查的各学校损失情况显然无法反映上述地区大中小学校的真实损害情况。

1946 年 9 月 7 日，上海市教育局将各中小学校等教育机关报送的抗战损失调查表进行了第一次汇总统计，编制成《上海市教育局调查抗战财产损失清册》。根据此项调查，上海各中小学校损失情况为：市立中学校（直接部分）7 校，损失 2316080 元；私立中学校（直接部分）38 校，损失 139339452 元；私立中小学（直接部分）37 校，损失 9168857 元；市立小学校（直接部分）79 校，损失 19128549 元；私立小学校（直接部分）112 校，损失 20522574 元；市立小学校（间接部分）7 校，损失 8960 元；私立中学（间接部分）7 校，损失 1500705 元；私立中小学（间接部分）3 校，损失 13755 元；私立小学（间接部分）19 校，损失 35549 元②。共有 273 所中小学校遭受直接战争损失，36 所学校遭受间接损失。

详见下表③：

上海市教育局调查抗战财产损失清册——市立中学（直接部分）

校 名	损失金额						
	建筑	图书	仪器	器具	医药用品	其他	合计
迪化路西侨中学	200000	20000	40000	100000			360000
新陆师范	300000	100000	100000	260000		50000	810000
洋泾初级中学	20000	1500	1500	12900			35900

① 据上海市通志馆编：《上海市年鉴·教育》（1937 年〈上〉）"全市学校分区表"，上海市档案馆藏档案，档案号 Y15—1—32。

② 《上海市教育局调查抗战财产损失清册》，1946 年，上海市档案馆藏档案，档案号 Q1—17—1125，第 15—38 页。

③ 因篇幅所限，此处仅选录各类学校直接损失清册。表中损失金额以"元"为单位。

校 名	损失金额						
	建筑	图书	仪器	器具	医药用品	其他	合计
敬业中学	172000	15000	53000	69500		30000	339500
务本女子中学	400000	150000	30000	100000		20000	700000
市北中学	2000	1000	3500	750		2400	9650
吴淞初级中学	32500	5000	10000	7830		5700	61030
合计7校							2316080

上海市教育局调查抗战财产损失清册——私立中学（直接部分）

校 名	损失金额						
	建筑	图书	仪器	器具	医药用品	其他	合计
上海法学院附中		10150	7000	14275		1050	32475
东南女子体育师范初级中学	432800	16942	7000	540401	4000	3000	527782
大同附中	354640	18000	54600	86244		7300	520784
建国中学	82000	35000	25000	50500	2000	48000	242500
广东初级中学（民二十一年）	73950	8050	14100	18610	900	1800	117410
广东初级中学（民二十六年）	90063	7070	6500	15892	2250	5456	127168
南洋中学	134500	35000	35000	41625		28000	274125
天同中学		3750	7500	15000		1500	27750
浦东中学	450000	9600	3440	58216	12450		533706
江西中学	174000	6968	5400	12502			198870
中国女子中学	30000	20000	22000	73200	500		145700
立人中学		2150	5000	16500			23650
中西女子中学	100500000	650	3193000	9019000		4906000	117618650
念华中学	33200	20180	10000	46710	4900		11990
爱国女中	252000	7500	10000	25000	4000	15000	313500
江淮中学	140000	5000	4500	2840		10000	162340

校 名	损失金额						
	建筑	图书	仪器	器具	医药用品	其他	合计
崇德女中	200000	50000	20000	30000			300000
上海女中	500000	50000	50000	400000	2000		1002000
明德女中	148000	20000	40000	51000	8000	30000	297000
审美女中		3480	3700	3900		2640	14720
城东初级女中	24000	150000	50000	345000	2000	5500	576500
岭南初级中学	20000	15750	4000	33000	1000	4000	117750
麦伦中学	190000	25000	30000	120000	25000		390000
光华大学附中	1000000	50000	180000	147600			1377600
民生初级中学	5000	6000	5000	9500	2000		27500
新民中学	180000	14000	8200	54000	2000	4000	262200
育青中学（民26）	350000	110918	45731	11239		21094	538982
育青中学（民21）	874000	113450	183920	211100		948000	2330470
徐汇中学	8850000						8850000
立达学园中学（民21）	62600	800	100	4940	11160		79600
立达学园中学（民31）	158200	2900	50	19510	17820		198480
晓光中学		150000	250000	150000	60000	120000	730000
安徽初级中学	160000	3000	3900	2200		200	169310
三育中学	55000	12000	2500	4040			73540
新寰中学				4500			4500
齐鲁中小学		500					500
澄衷中学	813000	50000	16000	110500			988500
开明中学	123000						123000
合计38校							139339452

上海市教育局调查抗战财产损失清册——私立中小学（直接部分）

校 名	损失金额						
	建筑	图书	仪器	器具	医药用品	其他	合计
怀恩中小学	140000	13000	28000	68100	10000	10000	269100
惠群女子中小学	150000	68300	39500	83680			341480
振新中小学	25200	1200	19200	2680	2000		50280
南洋女子中小学		2000	5000	1036		650	8686
立达中小学	250000	432000	157000	713500		87810	1640310
新华艺术师范学校	125000	20000	6500	44760			196260
南洋模范中小学		20000	30000	90000			140000
粤东中学	154343.66			35000			189343.66
圣约翰青年中学	100000	200	2100	500		2000	104800
仿德女子中学	40000	1400	2800	1800		3000	48000
启秀女子中学	240000	18000	30710	6900		5000	300610
中华职业学校	110000	19345	42500	7760		200000	379605
钱业初级中学		300	1659.50	706		1824.80	4490.30
东南高级职业学校	30000	6500	8560	524		1480	47064
惠生高级助产职业学校	84400	33520	86270	21076		68620	284886
中国商业中学		875					875
清心女中	130000	15000	30000	45000		60000	280000
君毅中学	200000		100000				300000
清心中学	65000	50000	45000	15000		30000	205000
青年中学		1000	600	2380		3040	7020
晏摩氏女中	250000					100000	350000
育材中小学	500000	13500	38000	1710		2000	555210
旦华初级中学		500	2150	2750		300	10200
斯盛中学	15000	1200	3900	7500		1900	29500
重实初级商业职业学校	1500	220	2230	1590		220	5770

校 名	损失金额						
	建筑	图书	仪器	器具	医药用品	其他	合计
城东女子中学		150000	125000	120000		150000	545000
爱群女中	100000	18000	23845	7000		2539	151394
复旦实验中学	70000		80000	44000		8000	202000
博仁中学	全毁	17000	75000	43000		80000	215000
惠灵中学	285000	13460	51400	63320		23800	436980
青华中学		2500				1000	3500
泉漳中学	500000	28000	80300	3700		5000	617000
东亚体育专科学校附属体育师范学校	154900	17460	64150	18110		10875	265415
东亚中学	115000	9390	38280	12850		8505	184025
新亚中学	150000	600	3400	1600		1000	155600
民立女中	200000	28490	11552	2235		5680	225957
大同初级中学				18500			18500
合计 37 校							9168857

上海市教育局调查抗战财产损失清册——市立小学（直接部分）

校 名	损失金额						
	建筑	图书	仪器	器具	医药用品	其他	合计
江镇小学	2000	480		1000			3480
蒲松小学	4600	83.25	6.30	500			5189.55
新桥小学	88	180		558			826
克能海路小学		3000	5200	2690			10890
东沟小学	1000	150		625			1775
其美小学	16150	2103	6212	7839			32304
蒋塘小学	144	56		414			614
塘严小学	5000			500			5500
农村小学	18000		280	763		435	19478
王寺小学	2500	1250	50	630		1370	5800
东明小学		800	500	1010			2310

校 名	损失金额						
	建筑	图书	仪器	器具	医药用品	其他	合计
中道小学	16800	4200		2134			23134
西裘小学		1200		570	100	200	1170
杨树浦小学	5000	1200	1200	980		32	7512
甘露小学	1000	440	330	800	30	1500	4100
江境小学	18500	200	1000	3080		350	23130
养正小学	100000	80000	100000	533300		58100	871400
陈渡小学	8000	350	3000	13545		8000	32895
蒙养小学		300	600	1550			2450
尚文小学	35000	11820	5000	6172		4700	62692
培朝小学		20	20	1800			1840
务本小学	250000	2000	4500	18500			275000
和安小学		15000	20000	3600			38600
唐湾小学	75000	7500	225	8530		174	91419
万竹小学	1003280	46050		7890		30000	1158240
周渡小学	1300	100	40	980		360	2780
福田小学	1920	120		705			2745
阜春小学		1800	12320	13010		3200	30330
高桥小学	60000	10000	15000	16200			101200
梅溪小学	680	800	920	1400			3800
培英小学	3662	68	117		38	18	3903
管桥小学	62	1496		3012			4570
华漕小学	10000			500			15000
塘畔小学	46000	1700	4000	7720		1420	60840
三修小学	15400	2500	400	2400		3200	23900
普善小学	5000	200	500	1310		550	7560
西新小学	1500	200		498		300	2498
震修小学	200000	5000	4900	56000	149	1183	267232
法华小学	2500	1825	10000	3225	500	255	18305
怀德小学	1200	1000	1168				3368
永宁小学		60		1224			1284
麦村小学		38	35.8	167.47		3	1744.27

続表

校　名	損失金額						
	建築	図書	儀器	器具	医薬用品	其他	合計
都川小学	710	150	90	852		15	1817
沙港小学	350	810	1200	1635		235	4230
虯江小学		5400		3895		400	9695
施村小学	2000	20		1060			3080
志新小学	640			290			930
社庄小学	100	117.15		633.41		16.78	867.34
洋泾小学	6000	1500	500	3920		450	12370
梅陇小学	6000	1000	5000			800	14800
复兴小学	1000	1000	2000	53400		500	57900
安邦小学	4500	85	240	1300			6125
彭城小学	10000000						10000000
拱北小学		100	50	550		60	760
适存小学	9800	800	750	3800		850	16000
虹镇小学	500000	5000		25000			530000
陈巷小学		400	200	1150		50	1800
竞存小学		1116.96	572.4	3524.32		215.32	5428.9
马桥小学	1500	35		620		42	2197
大西路小学		300	2000	137000		3000	142300
仓基小学		1050	1892	4222		152	7316
诸安小学		300	200	1370		250	2120
张塘小学	9000	200		1530		100	10830
树基小学	10000	300	300	5477		476.5	16553.5
港口小学	600	500	1000	2900		500	5500
农坛小学	1000	60	250	1030			2340
晖桥小学	30000	5000	150	2600		200	37950
西成小学	60000	5837	3260	24404		2320	95821
引溪小学	3000000	200000	400000	350000		60000	4010000
旦华小学	10000	15000	15000	2500		1000	52500
敬业小学	180000	4000	5000	30200		50000	269200
巽兴小学	250000	10000	500	102000			362500
高行小学	1500	500		800		500	3300

校 名	损失金额						
	建筑	图书	仪器	器具	医药用品	其他	合计
吴淞小学	102000	6000	5000	19000		1000	133000
求知小学							20000
西摩路小学	10000	2100		2280		5850	20230
博爱小学	735	179		62		166	1142
宗村小学	8400			2900		23746	35046
陆泾第一小学	14500	393		4400		9690	28983
合计 79 校							19128549

上海市教育局调查抗战财产损失清册——私立小学（直接部分）

校 名	损失金额						
	建筑	图书	仪器	器具	医药用品	其他	合计
景海小学		2327	3545	6945			12817
景海第二小学		1830	1722	5035			8587
敦惠义务第一小学	134	74	122	888			1218
敦惠义务第二小学	151360	404	51	1309			153124
敦惠义务第三小学	10800	100	94	546			11540
敦惠义务第四小学		58	28	437			523
敦惠义务第五小学	84	73	77	480			714
敦惠义务第六小学		18	75	391			484
建国小学	16500	3000	18500	20500		2000	60500
广东小学（民 21 年）	98500	4650	2600	29700			135450
广东小学（民 26 年）	69000	7700	2450	50600			129750
天同小学		4500	4500	2300		750	31050
华中小学	3200	500	1500	3160	600	400	9360
锦同小学	1200	120	300	1280	200	300	3400
湖光小学	4150	300		1300			5750

校 名	损失金额						
	建筑	图书	仪器	器具	医药用品	其他	合计
青云小学	6000	850	1400	5040			13290
国基小学	4000	1060	750	5640		700	12150
宏才小学		2150	4300	65010			71460
新旦小学	1200	392	1000	4060	200	200	7052
强华小学		2300		24600			26900
俊秀女学	33000	60000	50000	486120	5200	10000	923320
爱国第一小学		1700	2500	10000	600	9000	23800
智和小学	1000	1250		895		150	3295
中西第一小学	4960000	24000		2998400			7982400
联谊小学	1442	77.6		1405.3	9	49.5	2983.4
人寿小学		90		495.30			585.30
三民小学	10000	900	500	4607	200	1200	17407
群贤女子小学		760		4714		864	6368
太和小学	3436	750	585	2620	33	6	7430
宝珊小学	65000	1200	4100	40000	8000	5000	123300
郇光小学	106000	1948	8250	26900		2408	145506
戒之小学	206000	5400		282100		386	193886
清华小学	130	2000		1910	60		4100
沪海小学		2000	400	1870	1000	60	9330
维兴小学	351220	3250	900	3887	1079	2470	362806
开明小学	180000	5000	6000	67000			258000
新寰小学		400000		365000			765000
中陆小学	7500	600	150	2220		300	10770
重实小学（民 21 年）	1200						1200
重实小学（民 26 年）	1900	350	600	2710			5560
城东小学	300000	500000	25000	310000		1000	686000
华实小学	58000	970	1500	5205	420		66097
正英小学		2150	1000	3500		4200	11450
光裕第一小学	40000	250	300	19800			60350
求智小学	6600	1600	3300	10850	1140	2830	26320

校　名	损失金额						
	建筑	图书	仪器	器具	医药用品	其他	合计
北市幼稚园（民21年）		170		610		770	1550
北市幼稚园（民26年）		260		1410		700	2370
大江小学		350	1860	2040		280	4530
大东小学		7	60	127		72	266
三林小学	35000	5000	7500	4000		3000	54500
上海女子小学	300000	20000	5000	85000		20000	500000
上海聋哑学校		400	1600	6000		3000	11000
化农小学	8000	290	1900	890		200	11280
文艺女子小学	2500	450	837	3368		643	7798
引北小学	2000	1000	2000	2650		800	8450
永定小学	60	150		300		10000	10510
市北幼稚园（民12年）		100	304.5	188			692.50
正中小学	500000	20000	120000	210000		50000	900000
正东小学	30000	100	500	5400			56000
正华小学	18000	1979	3010	3770		1656	28985
正毅小学		200	720	1420		1000	3340
旦光小学	3600	320	540	1750		400	6610
日新小学	5000	1000		1000		1700	8700
民生小学	2000	400	950	780		470	4600
申培小学	损失殆尽确数无从估计						
成化高等小学	房屋仍在购价难以估计						
成化两等小学	房屋仍在购价难以估计						
甬化小学	4000						4000
念华小学	30000	5000	7000	4080		1000	47080
尚庄小学		400	1400	2200		500	4500
青华小学		2000				1000	3000
亚光小学	5000	3000	8000	14000		3000	33000
英才小学	50000	410	320	390		180	51300
虹溪小学	275	50	440	2605			3370

校 名	损失金额						
	建筑	图书	仪器	器具	医药用品	其他	合计
俊修小学	100000	24000	323400	59120		34400	654320
南离小学	3000					10000	13000
南通义务小学	8000	250	680	1400		500	10830
明德女子小学	150000	4000	10000	4800		10000	178800
博爱小学	6000	1500	9000				18000
大成小学	290000	3000	68000	33000		225000	619000
大中华小学	4500	735	1954	3944		3750	14883
丝工小学	5000	2000	2500	1350		1000	11850
建华小学		3000	1750	4500		300	9550
修德小学	40000	2000	50000	8000			100000
染业小学	15400	600	540	910		50	17500
绍兴七县旅沪同乡会第一小学二部	5000	600	1800	800		150	8350
伟民小学	2000	7500	800	2450		200	12950
斯盛小学	9000	1480	3580	6800		880	21740
华成烟厂工人子弟小学	23000	12500	23000	3270		1000	61770
华东小学	2500	3000	3350	5000		700	14550
远东小学	5000	200	454	3058		500	7694
宁波旅沪同乡会第四小学	全损未能详填	105	221.3	1065		42.6	15213.9
宁波旅沪同乡会第二小学	2000	5000	7700	4412		10440	29552
宁波旅沪同乡会第五小学	全损未能详填	84	175.6	718		28	1005.6
宁波旅沪同乡会第八小学	全损未能详填	83.2	157.9	629.5		24.4	895
勤德女校	2870000	120	460	3140		1500	2875220
慎德小学		131.3	25.7				157
毓英小学	180	120	273	325		32	930
沪南第一小学幼稚园	全损未详	200	4150	3500		300	8150
博仁小学	全损未详	1300	150000	37500		30000	218800

校　名	损失金额						
	建筑	图书	仪器	器具	医药用品	其他	合计
爱群女子小学	22000	2500	4900	5300		1479	36179
慕义小学	6000	2800	3100	5600		400	17900
中国女子中学附属广明小学校		4000	37800	3600		1200	46600
广肇女子小学		12460	67700	114380		34900	229440
广肇公学第一小学	20000	2780	17632	10760		6080	57252
药材义务小学	72000	1900	350	6110			84560
顾恩小学	74	25	71	143.5		34	347.5
步高小学	60000	180000	266000	320000		160000	986000
两广小学	17000	10000	5000	10000		8000	50000
彭浦小学	5000	500	600	1600		200	7900
合计：112 校							20522574

对于在战争期间遭日军轰炸破坏的中小学校，其受灾情况究竟如何，这里选取一份 1946 年 4 月市教育局对部分私立学校被毁情况调查表，以见其概。详见下表：

上海市私立被难学校被毁情形一览表（民国三十五年四月）①

校　名	原　址	自建或租赁	被毁情形	现在情形
爱国女子中学本校分校暨第一小学	本校江湾路尘园路分校小学四川路昆山路	本校房屋自造，分校小学租赁	本校于民国二十二年十月自建校舍八座（内有钢骨水泥三座）二百余间，经八一三抗战全部毁灭，分校暨小学校舍被日侨侵占，校具全部损失，房屋交涉续租未得结果。	现在校址在南阳路二一五号。抗战期间除分校停办外，本校暨小学照常进行，此屋租期为六年，今届期满在迫迁中。
东南女子体育师范初级女子中学暨附属小学	江湾市中心区翔实路	校基自购校舍自建	钢骨水泥校舍三层楼五座，体育馆游泳池各一座，共计房屋一百零三间，全部被毁片瓦无存。	师范中学小学各部因校舍无着全部停办。

---

① 上海市档案馆馆藏档案，档案号 Q235—2—4579，第 11—20 页。

校　名	原　址	自建或租赁	被毁情形	现在情形
广东初级中学暨附属小学	闸北宝源路（即新广东街北首）	民廿三年冬自建校舍二座	二层楼校舍一座全部毁灭，钢骨三层楼校舍一座西南角一部分被毁，内部破坏不堪，窗户楼板荡然，仅存四壁。	残存校舍房屋现由粮食部上海市粮政特派员办公处接管，国际碾米厂占用。
中华职业学校	南市陆家浜路	自建	共全毁六座计一百五十二间，依建筑时价估计约值当时国币拾捌万二千肆百元。	尚存校舍一座计四十五间。
私立上海崇德女子中学	上海虹口公园后面体育会东路	自建	该处有自建校舍六座，乃民国二十五年及二十六年所建造者。民国二十六年八一三战事发生均受损严重，其中三座且被敌人拆去。	现时暂在陕西北路五三五弄三十号上课，一切因陋就简，希望当局从速救济。
上海市私立麦伦中学	虹口兆丰路六九〇号	自建	被毁共92间占全部四分之三，值损失时之价值计拾玖万元，图书及设备值损失时价值二十万元。	余屋为八百犹太难民所占住，暂租武定路九四〇号勉强上课。
澄衷中小学校	中学部虹口塘山路84号小学部北京路384号	中学部校舍自建小学部校舍租赁	廿六年沪战后本校地处虹口首告沦陷，计焚毁西式房屋廿四幢，什物洗劫一空，去年秋间又为国机轰炸，于是仅存之屋无不变为断垣残壁。	敌寇退出后即申请教育局准予接管，勉筹经费因陋就简略事修葺，将中学部学生先行迁回藉以保管，残破之校舍现尚在修理中。
南洋中学	龙华路外日晖桥西首	自建	工场一幢及守卫室一幢全毁，其他局部损坏。	现假北京路盐业大楼五楼上课。
私立清心女子中学	南市陆家浜路650号	自建	西籍教员住宅三座圣经学院一座全部被毁，其他校舍八座屋顶地板门窗损害占十分之五，设备方面桌椅家俱水电卫生损害占十分之七，仪器图书占十分之五。	被毁房屋四座，无力重建，其他房屋设备因陋就简稍加修理应用，大部分未能恢复旧状。
私立清心中学	南市陆家浜路597号	自建	教室一座宿舍一座全部被毁，其他校舍十座水电卫生设备全毁，屋顶地板门窗玻璃损害占十分之五，设备方面仪器图书全毁桌椅家俱损害占十分之七。	校舍全毁二座及被损害者四座无力重建修葺，仪器图书无力购置，其他因陋就简勉为修理应用。

校　名	原　址	自建或租赁	被毁情形	现在情形
上海私立新民中学	江湾新市路底	一部分自建一部分租赁	全部被敌焚毁。焚毁间数一百四十六间（原有四屋楼大洋房一座、三层楼大洋房二座、二层楼洋房二座，共计一百四十六间。连同校具图书仪器等全部被毁）。	现租北京西路王家沙花园三十号为临时校舍。教室六间、办公室一间、图书室一间、各室容量不大，旁无操场。
明德女子商业职业、中学、小学校	南市昼锦路昼锦坊二号	自建	廿一幢全毁，仅余宿舍一部分。小学五幢全毁。	余屋已收回办理小学，中学部租赁林森路 688 号办理。小学暂赁林森中路七百号办理。
私立育青中学	翔路复旦大学东首	自建	校舍计教室实验室图书室礼堂等一座，膳厅兼健身房一座，宿舍两座，共计四座全部被毁。	待校舍有着即可复兴。
博仁中小学	虹口塘山路	四分之一自建	教室十二间、礼堂一、办公室等六，共六幢全部被毁。	教室六间，办公室等五间。
私立新华艺术师范专科学校	南市斜徐路打浦桥堍 683 号	校基自购校舍自建	钢骨水泥二楼六幢、图书馆工艺美术陈列室及宿舍等共计八十三间，全部被毁片瓦不存。	师范学校因校舍无着全部停办。
上海私立念华女子中学小学校	虹口昆明路 523 号	租赁（但该校舍为本校校董产业已蒙面允捐赠因战事发生未将手续办竣）	校具设备等全毁。校舍被毁三分之一。	校舍被航空委员会上海飞机修理厂强制占用。
私立俊修女学	闸北宝山路口西宝通路	租赁后自己改造	1. 校舍二层三幢一侧计十四间，2. 住宅二层一幢计四间均被敌焚毁片瓦无存，3. 内中图书仪器校具家具衣箱什物当时价值总计叁万壹千伍百拾肆元	在停顿中。

校名	原址	自建或租赁	被毁情形	现在情形
私立君毅中学	南市局门路	自建	本校于民国廿三年二月自建校舍七座，共有百余间，均为二层楼，各座均有卫生设备，八一三抗战后全部校舍被敌军拆去建筑营房，校内所有生财亦均被奸伪盗卖如洗。	本校八一三后大部学生即迁去浙东设校上课。刻仍在浙东义乌办理。惟所有校舍均系租借乡下民间祠堂庙宇，又均破旧不堪教育者，非早日在沪设法校舍，迁回沪上复员不可。沪上虽有复员办事处设立，但复校校舍终无办法。

这里调查的 18 所私立中小学校仅是"损失清册"中 197 所私立中小学的一小部分。且教育局选择进行调查的，又是一些著名的私立学校，对于大量存在着的普通私立中小学校的现存状况，则无暇顾及。如"损失清册"中"申培小学"一栏填"损失殆尽，确数无法估计"，教育局也未对该校损失情况作进一步调查，其他还有许多填"全损"的私立小学、幼稚园等，也未列入其调查范围。

由于许多学校在被迫停办，时隔八年之后，档案文件散失，教职员工亦已星散，致使报告损失工作一拖再拖，直至 1946 年底，一些学校还在陆续补报损失情况，如位于虹口路 587 号市立沪北初级中学，该校在一二八时期已经遭受过重创，被毁严重。而八一三的炮火，又使刚刚恢复的校园再次沦为一片废墟。该校损失报告称："日军侵入炮毁校舍及一切设备，计损失四层洋房一幢，二层洋房两座，大礼堂一座，图书馆、储藏室等建筑共值国币 5 万元，课桌椅等 800 套，值 4800 元整，图书约 2000 册，值 1500 元整。其他仪器设备值 3000 元，共值59300 元。"① 私立涤蒙小学校因"地处华租交界之间（前门租界后门华界），又值日海军司令部近在咫尺，以故八月十五日下午三时即被敌寇焚毁，而校工丁维翰亦于是时惨遭杀害。共计损失 4790 元。"②

截至 1947 年 1 月底，教育局又收到 17 所学校的补填的损失报告，其中：吴

---

① 《上海市教育局关于私立沪北初级中学损失调查表》，1946 年 9 月，上海市档案馆馆藏档案，档案号Q235—2—4519，第 34 页。

② 同上，第 43 页。

淞中学，损失 150140 元；民立中学，331200 元；民立女子中学，231957 元；肇和中学，69700 元；徐汇中学，8850 元；民光中学 18000 元；陆库国民学校1316.4 元；西塘国民学校 261 元；新桥国民学校 2300 元；法华国民学校 1000元；见科小学 63000 元；市立王楼国民学校 6500 元；新新小学 12350 元；协兴小学 4950 元；励志小学，2380 元；白鹅绘画函授学校，46890 元①。

根据上海市 1947 年 4 月对全市补行查报损失情况的统计，上海的中初等学校补报直接损失的有 24 所，其中市立学校 6 所，私立学校 16 所，损失金额9877709 元。其中励志英文学校、蒋庄初级小学、大公职业学校、虹光小学、钱荡小学、苏常小学、沪北初级中学、涤蒙小学等 7 所系新增加者。另，补行填报的间接损失者 1 户，损失 28900 元。

综合上述各项数据，可知上海在八一三抗战时期，共有 297 所中小学校遭受直接损失，损失金额 200353215 元；有 37 所学校遭受间接破坏，损失 1587869元。损失总金额达 201941084 元。

三、八一三时期社会文化机关的损失情况

在八一三战争期间《大公报》公布的遭受损失社教机关计有 8 处：上海市博物馆、市图书馆、市体育场、商务印书馆、航空协会新中国建设协会、工程师学会、德北奥同学会。详情如下表②：

社教机关之部

名　称	被毁情形	损害估计	名　称	被毁情形	损害估计
市博物馆	全部被毁	390000	航空协会	同上	
市图书馆	同上	470000	新中国建设协会	同上	
市体育场	局部被焚现被敌军占领	1000000	工程师学会	同上	
商务印书馆	详况不悉		德北奥同学会		
总计：8 处，损失 1860000					

在战后上海市教育局编制的"调查抗战损失清册"中，关于社教机关部分，报告直接间接损失者共有 13 家。详见下表：

---

① 《上海市教育局关于各公私中小学呈报被敌劫夺物资调查表》，1947 年 2 月，上海市档案馆藏档案，档案号 Q235—2—4578，第 13 页。
② 《大公报》1937 年 10 月 17 日报道。表中损失计算以"元"为单位。

上海市教育局抗战财产损失清册——社教机关（直接部分）

校　名	财产损失金额（元）						
	建筑	图书	仪器	器具	医药用品	其他	合计
中华职业学校	151800	5000	10400	8200		15000	190400
重实商业职业学校	5940	2080		2733			10753
上海聋哑学校	9000	4050	3900	3996		1410	22356
中华无线电学校	全部	无线电机及材料					43920
上海市立动物园	13856.82	224.59		1743.24	动植物 135.44	544000	33369.19
私立引翔图书馆	50000	7500	4500	8000		5000	75000
民教馆	200000	1250000	4750000	2000000		2000000	10200000
私立文生氏英文学校		4914	1337	2029		1254	9534
儿童教育馆		1250		550		300	2100
中华邮工函授学校		22500	500	4000		10000	27000
私立旦华商业英文补习学校		5000	150	1800		70	7020
合计							10631452

上海市教育局调查抗战财产损失清册——职业学校（间接部分）

校　名	财产损失金额（元）						
	迁移费	防空设备费	疏散费	救济费	抚恤费	其他	合计
中华职业学校	2000					48000	50000
重实商业职业学校			250				250
合计							50250

该项调查统计与八一三期间《大公报》公布的社教机关完全不同，这可能是统计口径不一致的原因。

作为全国文化中心之一，近代上海的图书文博事业发展迅速，图书馆博物馆数量众多。据统计，1934年全市有图书馆229家，1936年全市有图书馆300余家，其中学校图书馆就有158家。在八一三战争期间，上海的图书馆和藏书受到严重破坏，100 多家公私图书馆，战时损失图书 40 万册①。

上海图书馆藏书的损失，一部分直接毁于战火，还有相当一部分毁于日军占领租界后的劫掠。1941 年 12 月太平洋战争爆发后，日军占领上海租界，立即封闭了商务印书馆、中华书局、世界书局、大东书局、开明书局五大书局及附属的书店、印刷厂、仓库，并贴出"告示"，大肆搜缴所谓"有害"书籍。其张贴的告示内容如下②：

一、现下存在各书局及印刷工厂之抗日与其他有害治安的图书及纸型，今后应由其负责人严重检查后交出与日本军。

二、应交出与日本军之图书每种一百本，纸型全部须交与日本宪兵队，其他则须从宪兵之指示南昌搬出之。为此应预先备妥于一月二十四日前搬出。

三、各书局及印刷厂须着手整顿内部，俾于一月二十五日前复业。

四、将来需要出版之图书须事前受工部局之检阅交其准许。

五、如有将有害之图书及纸型隐藏或故意贩卖或擅自搬出或秘密出版翻刻等事发生直接行为者，则当然即其他之管理负责人亦严肃处罚。

六、须供充分之便利与赴检查图书之宪兵及军图书调查班员。

七、须遵兴亚院之批示将上海书业同业公会改组。

八、关于印刷工厂复业后运营当另指示。

昭和十七年一月十八日

上海宪兵队本部

宜注意事：

一、此次宪兵所没收之图书乃限定于抗日共产及其他有害于治安之图书及其纸型。二、初级中学以下之教科书将没收全部，而高级中学之教科书则再检查后也许准发还一部分。三、各书局及印刷工厂如发现泄露检查之有害图书及纸型，留有时应迅速自动交到宪兵队本部特高科支那系。四、军部之意图在乎扫清上海地区内之有害图书而建设明朗上海，关乎文化之振兴及营业之福利，军部正欲与协办保护，务须防止有反军部意图之谣言。

昭和十七年二月十四日

上海宪兵队长　纳见敏郎

事实上日军对五大书局的存书是全部劫夺，而非所谓的"每种一百本"。此次被日军扣押的存书达 1916 万余册，其中有小学教书 15178284 册，中学教科书

①　上海通志编纂委员会编：《上海通志》第 9 卷，上海人民出版社 2005 年版，第 6192 页。
②　上海市档案馆馆藏档案，档案号 195—5—401。

1464817 册，"作为抗日等不法文献扣押"的有 3398 册，其他 2517488 册，大部分为医学书、工业书、辞典等，"均胡乱投放在同一仓库，计划将其中一部分化为纸浆"①。

日军对各书店、图书馆等机构存书的劫掠情况，究竟如何，并无确切记载。有关的一些报告散见于战后的抗战损失调查之中。如科学书局是八一三之后在租界成立的一家民营书店，以销售教科书籍和科普参考书为主，1942 年 1 月 12 日，日本宪兵队将该店存所有教科书及各种科教书籍全部搜缴，装入两辆军用卡车运走。此次科学书局被劫走书籍计 34305 册，时值 30701 元，科学书局被迫停业，间接损失 22295 元②。与科学书局同在一幢大楼内的上海出版股份有限公司，也遭到日军的搜劫。该公司所存的 48126 册教科书及各种科学书籍，均被日军搜走，损失时值 57171 元，间接损失 80830 元。中国科学社上海明复图书馆在战后的损失调查报告中称，该图书馆在 1941 年 12 月 30 日，遭日军搜劫，损失图书杂志 10500 册，损失时价值 5250 元③。八仙桥上海青年会图书馆，亦于 1942 年 1 月 30 日午后，被日本宪兵强行搜走图书 1259 册。

上述图书馆及被日军强行占领的上海出版机构存书的损失，数额巨大，仅就这些被劫图书数量统计，已有 19258207 册之巨。

关于文博事业的损失，在现存的抗战损失调查档案中，未见到有关的统计材料。如前此提及的市图书馆、市博物馆等均未出现在战后市教育局的损失调查清册中。在市社会局调查统计的"市有财产损失"中的 11 家市机关单位及后来补报的 7 家中也未见其踪影。其中缘由，尚不清楚。但是，战后上海市博物馆馆长杨宽确实向上海市政府报告了市博物馆的损失情况，其报告如下：

上海市立博物馆抗战被灾损失情况：甲：一、馆舍建于市中心区，民国二十四年十月落成，共建筑费国币五拾万元。抗战军兴，本馆适当其冲，旋被敌军盘踞，现在外表虽尚存在，而内部及屋顶已被摧毁，损失占全屋百分之五十。二、馆舍内部设备包括钢骨厚玻璃陈列橱等，全部损失，价值国币壹拾万元。三、地下室为调节空气之设备，全部被毁，值国币二万五千元。乙：陈列品：一、陈列品之笨重者均未迁出，全遭毁灭，计损失国币二十万元。陈列品已迁至特区而复被劫持者，胜利后经交还，然已损失书画类一一五件，铜锡类二七〇件，陶器类

---

① 上海市档案馆编：《日本帝国主义侵略上海罪行史料汇编》（上编），上海人民出版社 1997 年版，第 658 页。

② 上海市政府关于本市抗战损失查报汇案，1947 年 7 月，上海市档案馆馆藏档案，档案号 Q6—15—690（二），第 159 页。

③ 中国科学社抗战损失报告，1947 年 11 月，上海市档案馆馆藏档案，档案号 Q546—1—202，第 55 页。

八〇八件，明器类四二件，货币邮票类二八七三件，服饰四四九一件，化石石玉类二二一件，历史文件五九四件，拓本照片类四五六五件，杂件二五八九件，共一六五六八件，总值国币四十万元。丙：图书：一考古类书籍，计损失中文二八九册，西文二二册，共二一一一册，总值国币五千元。馆长杨宽①。

根据此项报告，市博物馆在此期间建筑设备被炸毁破坏者，时值 37.5 万元；战时损失各类文物陈列品时值 20 万元；迁入租界后被毁的各类文物 16568 件，总值 40 万元；损失中西书籍 2111 册，时值 5000 元；共计损失 78 万元。

综上所述，八一三时期上海社会文化事业的损失数量应远不止于此，有关材料还有待进一步查考。仅就上项数据统计，此期上海损失各类图书 1965 万余册，损失文物 16568 件，直接损失价值 11504574 元。

① 上海市立博物馆抗战损失报告，1946 年，上海市档案馆馆藏档案，档案号 Q235—2—4766，第 33 页。

（三）上海日军"慰安妇"人数调研报告[①]

上海师范大学　　苏智良　　陈丽菲　　姚霏

"慰安妇"，日语发音读作"I AN FU"，英语为"Comfort Women"。"慰安妇"是指被迫为日本军人提供性服务、充当性奴隶的妇女。"慰安妇"一词也带有很大的欺骗性。因为，"慰安妇"的实质是日军的性奴隶，而"慰安妇"一词是加害者一方的日本政府、日本军队、日军官兵所采用的语言，正因为如此，至今亚洲各国的很多受害者，仍坚决反对使用这一名词。

"慰安妇"制度是日本军国主义在侵略中国和亚洲国家期间，出于将战争持续下去的目的，而强迫各国妇女充当日军士兵的性工具，并有计划地为日军配备军事性奴隶的制度。这一战争暴行，极大地侵害了被强迫女性们的人格、人性、民族自尊心和民族荣誉感，使她们蒙受了无比巨大的肉体和心灵上的痛楚。"慰安妇"与日军的关系，是数千年人类文明史上找不到第二例的特异现象，这一现象充分反映了日本军国主义的野蛮、残忍和暴虐。"慰安妇"制度是日本军国主义违反人道主义、违反人类两性伦理、违反战争常规的、制度化了的国家犯罪行为。"慰安妇"自然也是战争的受害者之一，但由于"慰安妇"是1992年以后才被人们重视和揭露的战争罪行，因此过往的战争受害统计，并没有将"慰安妇"受害者包括在内。上海曾是日军"慰安所"存在时间最长、最集中的城市，本文拟对日军在上海实施的"慰安妇"制度及其受害者人数作一调研[②]。

一、资料与调研情况

1. 资料

本课题的资料主要有四个方面。

第一，战争时期形成的书籍、报刊资料。该部分资料形成与战争时期，编写

① 本报告的撰写得到中国"慰安妇"研究中心、韩国挺身队研究所、日本"慰安妇"资料馆等单位的大力协助，特此说明并致谢。
② 本文所指上海为今上海直辖市之管辖范围，特此说明。

者为那个时代的人，比较可靠。如战前和战时，连续在上海出版的《支那在留邦人人名录》（上海北四川路日本金风社），其中非常详细地罗列了日军"慰安所"。赵炳淳（白川秀男）所著的《在支半岛人人名录》（上海白川洋行1942年版），披露了不少在上海朝鲜人设立的"慰安所"。朝鲜总督府官方外务部编著的《中华民国在留朝鲜人概况》（京城1939年版），记录了在华朝鲜人的活动。战时的中国报刊揭露日军暴行的文章也有一些，如宋美龄的《抗战建国于妇女问题》（重庆《中央日报》1939年1月15日），揭露了日军在上海的暴行。《新华日报》1938年2月1日刊登的《敌淫污闵行妇女五百名》，也非常重要。还有《孤岛近讯》（载《妇女生活》，第5卷第12期，1938年）、范式之等著的《"皇军"的兽行》（战时出版社1938年版）、《上海的地狱——敌寇的行乐所》（《大公报》1938年2月27日）等，也指出了不少"慰安所"的信息。

第二，档案资料。主要有日本上海总领事馆的档案，如该馆制定的《1936年在沪日本人特种妇女的状况及其取缔》（收入吉见义明编的《从军"慰安妇"资料集》）。《昭和五年在上海总领事馆警察事务状况》（载《警察史·上海1》）等。日本防卫研究所图书馆厅藏的《关于设置陆军"慰安所"与"慰安妇"募集的警察史料》等，可以确认日本政府与"慰安所"的关系。还有一些上海市档案馆所藏的敌伪档案，如伪上海特别市政府警察局、上海特别市卫生局批准设立的虹口闸北的"慰安所"公会，该会曾制定规约，发布《上海虹口平康福利会通告》、《伪上海特别市卫生局、警察局呈文》（1941年11月26日）、《上海市虹口闸北区"慰安所"组合会办理"慰安所"登记户数报告表》等，明白无误地确认敌伪当局与设置"慰安所"的关联。

第三，当事人回忆录。如麻生彻男的《从上海到上海》（石风社1994年版），麻生作为日军在上海负责"慰安妇"体检的军医，他的回忆录提供了大量第一手的史料，非常珍贵。《"海乃家"——上海海军"慰安所"的故事》的作者叫华公平，其父是"海乃家""慰安所"的老板，其名字也来自"海乃家"的所在地——公平路公平里，战时他曾帮助父亲管理"慰安所"的钱财等，90年代重返上海故地，所著具有很高的史料价值。

第四，资料集和研究著作。日本中央大学教授吉见义明主编的《从军"慰安妇"资料集》，刊登了很多日军档案。《日本帝国主义侵略上海罪行史料汇编》记录了上海市档案馆所藏的有关上海"慰安所"的档案。金一勉的《天皇的军队与朝鲜人"慰安妇"》（三一书房1976年版），探讨了上海"慰安所"与朝鲜人的关系；最近出版的孙科志《上海朝鲜人社会史研究》一书（北京学苑出版社 2004 年版），也对朝鲜人经营"慰安所"作了分析。上海文史资料和专业志所刊载的有关"慰安所"的内容，也起到了拾遗补缺的作用。

此外，还有长期的田野调查所获得的口述资料。如笔者对日本东久留米市市民佐藤的调查。1994 年起对原"大一沙龙"工人陆明昌的调查，对杨家宅"慰安所""大一沙龙"数十次的调查所获得的资料。还有来自一些当事人的信件。多年来，不少上海市民给笔者写信，提供亲眼所见、亲身经历的历史事实，如陈炳荣老人，他的家被日军占领后，开设了其昌栈军官和士兵"慰安所"。

2. 调研情况

自 1993 年起，笔者对上海日军"慰安所"进行了长期的调查。最初从杨家宅"慰安所"开始，继之是"海乃家"和江湾地区"慰安所"的系统调查，然后对全市各地的"慰安所"遗址全面调查。

同时，笔者及中国"慰安妇"问题研究中心对"慰安妇"幸存者进行了长期的查访。20 世纪 90 年代后期，在崇明查到朱巧妹、陆秀珍和郭亚英等，确认她们为幸存者，2000 年起对她们进行了援助，并请上海市卢湾区公证处对她们的受害事实进行认定，出具了公证书。此后，尽管在寻访中国及受害者方面受到了挫折（有些受害者否认自己是受害者，担心被媒体曝光，给自己和家庭带来压力），但仍在市中心找了韩国国籍的玄大娘和朝鲜国籍的朴大娘，她们提供了在上海遭受日军摧残的事实回忆。我每年一直援助至今。

有了以上资料的把握和口述历史的调查，使得本调研具有科学性。

二、日军上海"慰安所"概况

1. 上海是日军"慰安所"存在时间最长的城市

上海是日军实行"慰安妇"制度的发源地。

自晚清始，上海就是日本海军在海外最大的基地。为了给海军陆战队官兵提供"卫生"的性服务，早在 1931 年 11 月，日本驻上海海军当局已将虹口一带的"大一沙龙""小松亭""三好馆""永乐馆" 4 个日本侨民经营的风俗营业酒吧，指定为海军特别"慰安所"，不仅要求其对日本军队开放，还要接受军医的身体检查。这是"慰安所"名称的第一次出现，也是世界上第一批"慰安所"。此后，"大一沙龙""慰安所"一直延续到战争结束，长达 14 年。10 年来，笔者对"大一沙龙"遗址进行了反复调查，该"慰安所"全盛时代有 5 幢房屋，

"慰安妇" 50—80 人, 14 年中总受害者应有数百人①。

在 20 世纪 30 年代以前, 所谓"慰问战地官兵"的女性, 并未见有称"慰安妇"的, 她们往往被称为"卖春女""酌妇"。"慰安妇"一词正式的使用, 约见于 1932 年日军进攻上海的一二八事变以后。后来担任侵华日军最高司令官的冈村宁次, 此时任日本上海派遣军副参谋长。正是他, 为了维持日军败坏的军纪, 首次要求日本关西地区的行政当局招募日本妇女, 集体来沪"慰问"日军, 他采用了一个好听的名词——"慰安妇团"。1932 年 3 月, "慰安妇团"登陆上海, 并在吴淞、大场、江湾等地为日本陆军服务, 这是日军第一次使用"慰安妇"一词。从此以后, "慰安妇"的身影, 便开始遍及于日军铁蹄践踏之处。当一二八事变结束之后, 日军"慰安妇团"虽返回了国内, 但日侨、朝侨经营的为日军服务的"慰安所"却不断增长。

2. 上海是日军"慰安所"最集中的城市

1937 年日本对中国的侵略战争全面发动以后, 日军逐渐占领上海。战争初期, 日军设立了上海派遣军兵站司令部管理的"杨家宅'慰安所'"。这是一个知名度非常高的日军"慰安所", 一方面, 它的许多制度如"'慰安所'规定"、价格等成为后来日军"慰安所"的范本; 另一方面, 也是因为军医麻生彻男拍摄的照片和记录, 留下了真实的史料。此后, 日军直营的、日侨、朝鲜侨民经营以及汉奸经营的各种"慰安所"充斥于上海各处。

在上海, 有些地区的"慰安所"是非常集中的。扼长江之险的、作为进入上海的第一镇吴淞, 驻扎有大量日军, 据我们中国"慰安妇"问题研究中心多年的调查, 至少前后有 17 家"慰安所"在那里出现。日军第 13 军司令部设在江湾五角场 (其址在南京政治学院上海分院), 其周边的"慰安所"十分密集; 江湾万安路战时被日军称为"花街", 有"慰安所"6 处。四川北路周边是日本人居留民活动的中心地带, 是"慰安所"最密集的区域, 共计有 70 处以上, 包括横浜桥美楣里的 9 个"慰安所"和松柏里一处的 8 个"慰安所"。

为了加强对"慰安所"的管理, 日本统治者还设立协会来进行管理。1940 年 2 月, 上海虹口闸北区慰安组合会成立②, 此会的成立, 是由伪闸北区公署日指导官嘉野正孝将成立报告递给伪市警察局日指导官秋山健次核准的。该会设组合长一人, 由与日人关系密切的原妓院老板何乾赓为组合长, 并配有为妓女体检

---

① 详见苏智良、陈丽菲、姚霏:《上海日军"慰安所"实录》, 上海三联书店 2005 年版。

② 上海市档案馆编:《日本帝国主义侵略上海罪行史料汇编》(上编), 上海人民出版社 1997 年版, 第 519 页。

的医生和进行有关事务调查的调查员若干名。会址设在虬江路 95 弄 2 号，并订有 13 条"慰安所"临时规约，除规定"慰安所"的适用范围为闸北区，由伪警察局管理等外，特别强调卫生管理，例如第 5 条：妓女每月须经本会指定医师检验 3 次，确定无花柳病者，始准营业，第 6 条："慰安所"内设备必须清洁卫生，置备消毒用品，等等。从该项档案的《上海市虹口闸北区"慰安所"组合会办理"慰安所"登记户数报告表》中，我们可以知道该会所属的"慰安所"有 20 家，"妓女"91 人。这只是此年闸北区新设"慰安所"的一份材料。

日军在上海设立了多少个"慰安所"呢？经 13 年调查，我们在《上海日军"慰安所"实录》一书统计为 149 家。该书出版后的近半年里，陆续查访到一些新线索。新增加的有乍浦路 254 弄"慰安所"①、乍浦路 180 号月逎屋②、武昌路 338 号孔敦经营的"慰安所"③、中山南二路的"徐家宅""慰安所"、今"龙山新村""慰安所"、泖港镇"慰安所"④、崇明县城"慰安所"等，至少增加了 7 家，因此，目前所知的上海日军"慰安所"为 156 家。

当然，这 156 个"慰安所"，还不是日军上海"慰安所"的全部。举个例子来说，冈村宁次带来的"慰安妇团"，曾在上海战场活跃地为日本陆军"服务"，其在吴淞、大场、江湾、纪家桥、庙行等战地的情况，至今尚不清晰。闸北曾经也是"慰安所"的集中地，仅 1940 年设立的虹口闸北区慰安组合会，就管理着 20 家"慰安所"，但遗憾的是调查中几乎没有收获。还有一些"慰安所"地点尚不明确，也未统计列入。如当年担任过旗昌栈日军"慰安所"帮手的黄文忠生前回忆，该"慰安所"在横浜桥畔有个分所，本来我们希望他能带调查者去寻访，但这个调查因黄文忠的病故而中断。

根据我们对中国各地日军"慰安所"的调查，如南京、武汉、海南等地，都有 60 个左右的"慰安所"，其余城市的"慰安所"基本没有超过这个数字。另外，根据我们所掌握的日本、韩国、朝鲜、东南亚各国的研究资料，没有一个城市的日军"慰安所"数量超过上海的，因此，可以得出结论，上海是日军"慰安所"数量最多的城市。

3. 上海日军"慰安所"之类型

日军"慰安所"按其经营方式可以分为多种类型。第一种是日军自己经营

---

① 《上海军事志》编纂委员会编：《上海军事志》，上海社会科学院出版社 1994 年版，第 600 页。
② 唐应光：《虹口历史上的日本人》，见《虹口史苑》，中国人民政治协商会议上海市虹口区委员会 2001 年编，第 511 页。
③ ［日］赵炳淳（白川秀男）：《在支半岛人人名录》，上海白川洋行 1942 年版。
④ 《市民吴剑富致苏智良信》，2005 年 9 月 3 日。

的。如 1938 年 1 月设立的杨家宅"慰安所"（地点在杨浦区翔殷路东沈家宅），由日本上海派遣军东兵站司令部设立。日军占领上海初期，设立过一些抢抓中国女子为性奴隶的场所，在虹口地区设立的"行乐所"等也属于此类。八一三事变以后，日军占领了杭州路、眉州路一带作为军营，最初驻扎的是千田部队。在现在的跃龙化工厂门口的位置，设立了"千田部队'慰安所'"。后来深谷部队入住于此，于是，该处又变成了"深谷部队'慰安所'"。

日军上层始终关心在战略枢纽的上海设置"慰安所"的情况，1942 年 9 月，在日本中国方面军总司令部举行的副官（庶务军官）会议上，明确要求增加上海"慰安所"数量，这份文件现在藏日本防卫研究所。

（前略）

九、上海地区的慰安设施比较少，应考虑增设。军队聘用人员也希望增设娱乐设施（如汽车厂、军火厂、货物厂）。

意见　　上海地区现有慰安设施如下：

1. 特种"慰安所"16 家，酌妇人数 140 名；

2. 休息娱乐所　军队专用休息所、料理店食堂计 7 家。

（中略）

现在各类设施最近利用情况判断如下：

1. 特殊"慰安所"　有增加之必要；

2. 军队专用休息所料理店食堂等，因禁止利用地方上的设施所以显得不足；

3. 演艺场所　有增加之必要；

4. 各种娱乐设备因利用者较少，故没有增加的必要。

十二、卫生避孕套交付"慰安所"经营者之问题

现在军队平均给每个士兵每 2 个月交付 1 只卫生避孕套，这里依据以下之理由而交付给"慰安所"经营者的。

1. 过去，"慰安所"使用的避孕套是从市场上购买的，把避孕套交给军人是免费的，最近，市场上难以购买到才非常困难；

2. 像上海地区，规定"慰安所"等设备，各业者必须向进入的军人交付避孕套，但实际上，交付的避孕套的并不多；

3. 从以往的情况观察，虽要求交付军人避孕套，但军人使用的几乎没有，这样变成了浪费或是拿着避孕套到军队"慰安所"以外的场所去使用了；

4. 各人拿着"慰安所"给的避孕套而到非军队"慰安所"的场合去使用，恐怕会成为事故发生的诱因。

因此，目前一个月使用量只有 4300 只。这是由登第 7331 部队后勤部门"慰安所"股制订分配方案而向"慰安所"的从业者发放的①。

第二种是日本侨民根据日军命令设立的民营"慰安所"。号称海军在沪最大的"慰安所"——"海乃家"，就是退役海军士兵坂下熊藏开设的，地址公平路公平里，他儿子的名字华公平，就是为了纪念此事。"海乃家""慰安所"的房屋、开办费用、所需物品等均得到日军的大力支持，甚至连"海乃家"三个字也是由日本海军方面确定的。江湾万安路、四川北路等是日侨经营、管理的"慰安所"的集中地。包括对外以其他面目出现的"慰安所"，如岸本忠治经营的"风月庄"，地址施高塔路（今山阴路）花园里 17 号，对外的名义是日式普通旅馆，实际上也是日军"慰安所"。还有以食堂、酒吧、舞厅等名义出现的"慰安所"。

第三种是朝鲜侨民在日军的指使下设立的。这些"慰安所"多以酒吧、舞场等名义出现，尤其在 30 年代中期颇成规模（参见本文的表 2、3、4），许多朝鲜女子就是被控制在这样的"慰安所"遭受凌辱的。

第四种是日军或日本人指使伪政权或胁迫中国的妓院主开设的。这类"慰安所"出现于 1938 年以后，有的名"慰安所"，有的则称妓院。

为了管理"慰安所"，经过伪上海特别市政府警察局、上海特别市卫生局批准，虹口闸北的"慰安所"公会于 1940 年设立，该会制定规约，全文如下：

上海市虹口闸北区慰安组合会管理"慰安所"临时规约

本组合成立之目的：为鉴于区内市面繁盛，人口众多，对于慰安营业确有限制之必要时，设本会管理"慰安所"一切事宜，以其扑灭花柳，保持健康为本旨。兹定临时规约数条于后：

（一）本规约于虹口闸北区内适用之。

（二）组合长应受闸北警察署监督指挥办理一切事宜。

（三）本会设组长一人，组合员五人。医师一人，看护一人或二人，其他员役数人。

（四）凡在虹口闸北区内营业"慰安所"者，均须先行填具"慰安所"申请书三份，本人二寸半身照片四张，呈送本会审核后，转请闸北区警察署发给许可执照，方可开业。

（五）妓女每月须经本组指定医师检验三次，确无花柳病者始准营业。

（六）"慰安所"内设备必须清洁卫生，置备消毒用品。

---

① ［日］吉见义明主编：《从军"慰安妇"资料集》，大月书店 1992 年版，第 269—272 页。

（七）妓女不准在门外或路旁强行拉客。

（八）未满十六岁女不得为妓女。

（九）改业必须将所领之许可执照呈缴本会转呈闸北警察署核销。

（十）违背本规约各条之一者，得酌量情形停止营业（十日以下），或令歇业，吊销执照。

（十一）本会每月至少开会二次，讨论一切进行事项，遇有紧急事项召开临时会议，议决施行。

（十二）本规约如有未尽事宜得随时更正之。

（十三）本规约自奉闸北警察署核准之日施行。

这个规约规定，开设"慰安所"者需提供申请书，由闸北区警察署发给许可执照。目前尚没有发现这类申请书的实物。此后到1941年，以日本海军为后台的上海虹口平康福利会宣告成立，其目的是"为根除梅毒，保障日支军民健康起见"①，日本同仁会华中支部长世井中将还担心"慰安所名称与军之'慰安所'名称混同，恐士兵误会不可用"，并指示："娼妓大多为华人，原属市府本身职务，现因环境关系，先行利用福利会试办，得有头绪后，再由市府接办。"②所以，中国人开设的"慰安所"也有一定的数量。

三、日军上海"慰安妇"人数估计

1. 上海"慰安妇"的国籍与来源

以国籍区分，上海乃至中国的"慰安妇"主要来自中国、朝鲜和日本这三个国家。

（一）日本"慰安妇"

由于日本与上海之间交通便利，且上海原来就有不少日式风俗店铺，再加上日军的推波助澜，上海应是日本"慰安妇"最集中的城市。最早的日本"慰安妇"，是由"酌妇"改变而来的。日本从国内运来许多女子，通常是妓女，也有良家妇女。因此，在30年代初的海军"慰安所"里，就有不少日本"慰安妇"。她们多是出身贫寒，为养家糊口而充当了"慰安妇"。战争爆发后，日本军方、地方政府等号召日本女子"为国效力"，到中国去。日本政府为她们打开绿灯。如对于妇女来上海做"慰安妇"，从日本上海领事馆到其国内各个机关均予以协

① 上海市档案馆编：《日本帝国主义侵略上海史料汇编》（上编），上海人民出版社1997年版，第520页。

② 《伪上海特别市卫生局、警察局呈文》（1941年11月26日），上海市档案馆藏档案。

助，这从下面一份领事馆警察署要求长崎方面协力的信函中可见一斑①。

日本驻上海总领事馆警察署长（田岛周平）致长崎县水上警察署长角川茂的依赖状（1937年12月21日）

方便提供日军官兵"慰安妇"的依赖文件

关于本文件，随着前线各地皇军的进展，考虑官兵的慰安人们与各机关的关系，近日本领事馆陆军武官室和宪兵队合议的结果，设立作为日军设施一种的前线各地军队"慰安所"（事实上的贷座敷）有以下要领。

领事馆

一、对提出愿意从事该营业的人提出同意与否的决定；

二、办理"慰安妇"的身份及对该业的一般契约手续；

三、提供航行上的方便；

四、决定是否同意"慰安妇"到沪（上海的别称，永井）和在上海滞留，并引导给宪兵队。

宪兵队一、从领事馆那里得到营业主及妇女的前往就业地移动的手续；

二、对营业者及该业妇女保护、取缔。

武官室一、准备就业场所和房屋等；

二、有关一般保险及检诊。

关于以上设施，如果有紧急场合，既为了该业妇女（酌妇）的募集，而需要到内地或朝鲜去旅行。今后也同样作为要务旅行，本馆将发给身份证明书，交予本人携带。并提供乘船等方便。如果是到上海然后前往就业地时，将交付给募集者业主或其他的代理者以必要的证明文件，而不至于在到上海后而陷入繁杂的办理手续之事中。准备一切需要携带的文件，此事拜托。

前线陆军"慰安所"营业者的注意事项：

在为了募集从事在前线陆军"慰安所"服务的酌妇时，同伴回沪必须齐备以下必要的文件，到沪的同时交付给本馆，以得到许可。如果没有必要的文件，不能得到许可，切须直接回东京。

记

一、本人照片二枚及临时酌妇营业许可证（样式第一号）

二、承诺书（样式第二号）

三、印章证明书

① 上海市档案馆编：《日本帝国主义侵略上海史料汇编》（上编），上海人民出版社1997年版，第522页。

四、户籍抄本

五、关于从事酌妇的调查（样式第三号）

昭和十二年十二月二十一日

日本在上海总领事馆警察署①

战后研究者从日本档案中寻找到为数不多的外务省发给去中国的"慰安妇"的身份证明书：

外旅秘第 79 号

1937 年 12 月 15 日

福冈县知事　赤松小寅

内务大臣　　末次信正殿

外务大臣　　广田弘毅殿

各厅府县长官殿

自 11 月底施行办理去中国渡航手续以来，所发身份证明书如下：

颁发日期及颁发地点	目的地	渡航理由	期限	本籍住所	职业、姓名、年龄
（前略）					
十一月二十九日八幡	河北省井陉煤矿	受兴中公司之嘱托调查华北资源	3 个月	八幡市大字枝光一、100 八幡市清田町 5 町目	矿业
十一月三十日	上海	应间狩源治之召唤到上海北四川路海军"慰安所"为酌妇	1 年		安部哲雄
十一月三十日	上海		1 年9 个月		明治 44 年3 月 26 日生
（后略）					

资料来源：〔日〕吉见义明编：《从军"慰安妇"资料集》，大月书店 1992 年版，第100—101 页。

要确认上海有多少个"慰安所"里拥有日本"慰安妇"，现在还难以统计，但至少有 41 个"慰安所"内有日本"慰安妇"。如根据当时日本上海总领事馆的调查，到 1936 年底，接待日本军人和侨民的料理、风俗店共有 10 家（包括 3 家海军

---

① 日本防卫研究所图书馆厅藏：《关于设置陆军"慰安所"与"慰安妇"募集的警察史料》。

"慰安所"料理店），"酌妇" 131 名，其中日本人 102 名、朝鲜人 29 名①。

曾在长崎将"慰安妇"运到上海来的日本商人田口曾回忆过往事，下面是他与调查者之间的对话。

"我无意中跟着福冈编成的联队到了中国。也还不是军队的御用商人，如果士兵们想要酒喝，我就设法弄来……就是干那些事。"

"薪水是联队本部给你发的吗？"

"饭嘛，本部的士兵们总算是给我吃……"

"不拿薪水？"

"是的。"

"那么军队让你去征集'慰安妇'吗？"

"不光是我一个人。"

"此外，还有什么人？还委托给哪个团体了吗？"

"这个嘛……可就不知道了。再说已经是三十多年前的事了，不记得了。详细情况，自那以后发生了各种各样的事，都忘了。好像还委托过别人。"

"征集还是在当地，也就是在上海啰。"

"不，在内地。"

"那么说，你是坐上军队的运输船回日本去搜集女性的？"

"可以说是那样的。从上海到长崎二十五六个小时就到，不是什么了不得的事情。"

"你是用什么方法募集的？比方说吧，是委托给了内地专管妓院的人吗？"

"不，零零星星地募集的。在达磨房之类地方转悠。"

"你所说的达磨房，就是花酒馆或者是私娼窟吧？地点在哪儿呢？"

"因为我那个部队北九州的士兵多，毕竟还是同乡的女人好吧，所以是在九州募集的。我记得一开始是在远贺川的河边上寻摸来着。开头人数不那么多……"

"总之你募集的是有卖淫经验的啰。条件是什么呢？对这种女性一般是由老板借给她预支款来拴住她的身子。什么手纸费啦，伙食费啦，眼看着借支越来越多，让她动了心。军队当时是以什么条件要她们去呢？和这相似吗？"

"没有这么厉害。给了她们一个人一千元预支金。把这个全都返还之后就可以自由了。可是手纸费供给，其他什么都不需要……因为是上战场。跟她们明说了。军队在当时有信用，人们都相信。"

---

① 日本上海总领事馆：《1936 年在沪日本人特种妇女的状况及其取缔》，［日］吉见义明编：《从军"慰安妇"资料集》，大月书店 1992 年版，第 91—93 页。

"实际上有返还一千元钱，而得到自由的女性吗？"

"有，有。多得很。第一批去的一伙人，最迟的有的几个月就还清了借支，变成了自由之身。可是她们当中的许多人，有的不想停止这种营生。"

"为什么？"

"应募的当时，有的说像我这样的身子，还能为士兵做事，为国家尽力，因此很高兴，因为她们知道，就是获得了自由回到内地，仍然还只能出卖肉体，所以宁愿为士兵服务。当然啰，她们也想挣钱。"

"这种募集是军事机密？"

"是的，因为是当作军事机密的，所以应募的女人们都悄悄地聚拢来了。"

"据说其中有的娼妇伙伴拿来了一盒酒和板栗（日本称为'胜栗'，象征吉祥）来祝贺上阵。她们穿的虽然是丝绸。但只有这一身衣服。"

"从内地去大陆时，仍然是坐军队的运输船吗？"

"这个成了问题。当时陆军运输规划中，作为生物的有士兵、军马、军犬、军鸽的名目，却没有妇女这一项。歌曲中不是有这样的词儿吗？'不载女人的运输船'。因为这是'军规'，不能破坏。担任运输指挥的军官对此感到为难。"

"于是，怎么办了呢？"

"决定作为物资运输。当成既非武器，又非弹药，更不是粮秣的物资了。"

"可是，她们不是按军队的需要募集的吗？哪怕是给她们文职人员待遇也好啊。"

"作为军队，不这样就上不了军队运输船，没有办法。这事没有告诉她们。当然她们就是知道了，也不会介意的。因为她们受惯了虐待。"

"募集来的女性有多少人？"

"记不清了，一百多个吧。当然并非全都是我一个人募集的。经我谈妥的，充其量只有二十来个人。"

"全都是日本女性吗？"

"有少量的日本女性。"

"她们是从哪儿募集的呢？也是北九州吗？还是让你到朝鲜岛去了？"

"我记得也是北九州。"

"那么说，在远贺川河边达磨房里，也有朝鲜啰。"

"朝鲜女性，是外行人吧？"

"因为没和她们交谈，说不清楚，其中纯洁女性，从年轻人到中年都有，年纪大的略多一些。听方言，立刻就知道是从北方九州募集来的。一看就知道她们全都有卖春的经验。令人吃惊的是，其中掺杂着腹股沟部有很大的刀伤疤，即患过严重花柳病的人。有的女性的性器官使用得过于残酷了。"

"问得有些失礼。面对这种情况，您有什么想法呢？可是给我的印象是她们在内地无法糊口，才换马来到战地似的。感到照这样，对皇军官兵也是极大的麻烦事。"

"当然啰，有这种情况的是日本女性。朝鲜女性是纯洁的。这且不提，检查的结果，有不合格的吗？"

"我记得没有。多半从内地出发前，作过一定的检查。即使如此，这些日本人女性，作为'慰安妇'质量不高这事，深深地留在我的脑海里。为此，我在后来写了意见书。"

"六一亭"在北四川路（今四川北路）四川里1604弄63号，为海军"慰安所"。家住日本久留米市的近藤老人，学生和青年时代是在上海度过的，笔者在日本调查时，曾与之详谈。他回忆，四川里弄口的63号，20世纪二三十年代是日侨经营的酒吧，一二八以后实际上是接待日军军官的"慰安所"，名为"六一亭"。"六一亭"入门后是个大房间，当时用来提供酒菜和咖啡，后面是厨房，旁边有螺旋形楼梯通向2、3楼，当时只有店员和海军军官才能上楼。楼上为一长排房间，共有30余间，每间七八个平方。据近藤所言，这里的"慰安妇"清一色全部是日本女子，估计有30来名。

1940年时，"海乃家"拥有日本"慰安妇"10人，还有朝鲜"慰安妇"10人，中国"慰安妇"20人（参见表1）。

表1　海乃家本馆部分"慰安妇"情况（1944年）

姓　名	概　况
いさむ	日本神户人，嗜酒。
清　香	日本九州人，18岁，为年龄最小的"慰安妇"，性格活泼。
すみれ	日本人，年轻漂亮，1945年7月5日，死于美军空袭。
小　铃	日本人，21—22岁，容易怀孕。直到战争结束。
娟　代	朝鲜人，沉溺于鸦片，后被开除，乞讨为生，惨死于上海街头。
一二三	朝鲜人，30岁，聪明漂亮。
さちこ	东南亚人，混血儿。
花　子	中国人，21—22岁，活泼开朗，日语最好。
樱　花	中国人，23—24岁。
失　名	日本人，1944年秋因肾炎而死去。

资料来源：华公平：《从军"慰安所""海乃家"の传言》，日本机关纸出版中心1992年版。

杨家宅"慰安所"里也有不少日本"慰安妇",1938年初有24名日本妇女,根据军医麻生彻男的回忆,她们多有妓女的经历①。一次,一个从日本大浜被买来的妓女,在厕所里试图上吊自杀,结果总算被救活。这个差一点死去的"慰安妇"后来学会了各种接客的本领,不到半年竟成了"慰安所"的"红妓"。还有一个情况也值得注意,就是有些"慰安妇"在日军转移时,被迫跟着该部队转移,如杨家宅"慰安所"的庆子、李金花、李承希、郑裕花、李必莲等,后来被迫跟随日第18师团第124联队前往浙江②。

(二)朝鲜"慰安妇"

朝鲜妇女也是上海日军"慰安妇"的重要来源。

以下原因使得上海是朝鲜"慰安妇"的集中地。第一,上海交通发达便捷,朝鲜妇女多坐船或乘火车来到上海。第二,上海原来就有不少朝鲜侨民在此居住,他们中的一些人在日军的指使、胁迫下,设立"慰安所",使用本族女子为日本军人服务。

进入20世纪30年代以后,随着上海日军的增加,以及"慰安妇"制度的推行,一些朝鲜人经营的风俗店被纳入向日军开放的性服务系统。其所用的"慰安妇"多是自己的女同胞。比较1936年、1937年和1939年的3个表格,可以看到这类营业的变化(见表2、表3、表4)。

表2　在沪朝鲜人的风俗营业一览(1936)

商　号	经营者	所在地	来沪日期
伦敦酒吧	姜汉朝	虹江路97号	
心酒吧	韩汶礼	虹江支路宝德里8号	
贝贝酒吧	赵秉铉	南浔路121号	
少女酒吧	朴钟善	海宁路322号	
伊甸园酒吧	吴贤海	虹江支路362弄5号	
亚细亚酒吧	朴日硕	汉壁礼路35弄31号	1937.9.7

资料来源:《支那在留邦人人名录》,第28版,1936年版;〔日〕赵炳淳(白川秀男):《在支半岛人人名录》,第3版,上海白川洋行1942年版。

---

① 〔日〕麻生彻男:《从上海到上海》,石风社1994年版,第42页。
② 〔日〕千田夏光:《从军"慰安妇"·庆子》,光文社1981年版,第138—140页。

表 3　在沪朝鲜人的风俗营业、"慰安所"经营（1937 年）

商　号	经营者	资本额	本　籍	现在住处
贝贝酒吧	赵秉铉	2000 元	平安北道义州郡	南浔路 121 号
伯格斯酒吧	朴正淳	2000 元	平安北道义州郡	南浔路 135 号
亚细亚酒吧	朴日硕	2000 元	平安北道义州郡	汉壁礼路 35 弄 31 号
乐酒吧	金字济	1500 元	京畿道仁川府	汉壁礼路 37 号
少女酒吧	朴钟善	1500 元	平安南道平壤府	静安寺路安乐坊 17 号
心酒吧	崔次礼	2000 元	庆尚南道昌原郡	虹江支路宝德里 8 号
伦敦酒吧	崔鸿绮	2000 元	京畿道京城府	海能路 81 弄 48 号
伊甸园酒吧	吴铉淑	2000 元	平安南道平壤府	虹江支路宝德里 8 号
阿里郎酒吧	白利淳	2000 元	平安南道大同郡	北四川路丰盛里 25 号

资料来源：在上海日本总领事馆警察部编：《昭和十二年管内状况ノ内　特高警察ニ关スル事项》，在上海日本总领事馆警察部发行，发行年份不明。

表 4　上海朝鲜人的风俗营业、"慰安所"（1939 年 10 月）

营业种类、商号	经营者	资本额	本籍	在沪住处
＊远东舞厅	宋世浩	20000 元	汉城	海能路 81 弄 48 号
贝贝酒吧	赵东铉	20000 元	平安南道	
"慰安所"	朴日硕	20000 元	平安北道	
"慰安所"	金一准	20000 元	庆尚北道	
"慰安所"	李昌柞	20000 元	京畿道	
"慰安所"	李相佑	20000 元	汉城	
"慰安所"	李致云	20000 元	平安南道	
＊伦敦酒吧	崔鸿绮			虹江支路 95 号
＊亚细亚酒吧	朴日硕			汉壁礼路 35 弄 31 号
＊Idealism 酒吧	金锦淑			虹江支路 129 号
＊日之出酒吧	文点钟			吴淞路克俭里 3 号

资料来源：[韩] 玄圭焕：《韩国流民史》，上卷，汉城 1967 年版，第 685 页。＊者为《支那在留邦人人名录》第 29 版存录。

根据朝鲜人人口资料（见表 5），可以发现从 1931 年以后，上海朝鲜人中的女性人口不断在增加。特别从 1935 年开始，女性人口的总数开始超过男性人口；1937 年日本侵华战争爆发后，上海朝鲜人人口有所减少，但女性人口仍比男性人口多 101 名。朝鲜人中女性增加的一个主要原因，是朝鲜人"慰安妇"的增加。从 1937 年 11 月到 1938 年 10 月的一年间，进入上海的朝鲜人女性达到 1006 名，而同一时期离开的只有 291 名①，净增加 815 名。1939 年朝鲜人女性有 1715

① 朝鲜总督府官方外务部：《中华民国在留朝鲜人概况》，京城 1939 年版，第 16 页；转引自孙科志：《上海朝鲜人社会史研究》，北京学苑出版社 2004 年版，第 135 页。

名，比 1936 年增加了 815 名①，1940 年又比前一年增加了 195 名②，可见朝鲜人"慰安妇"持续上升。

表5　上海朝鲜人人口构成（1931—1937）

年　份	户　数	男	女
1931	?	717	139
1932	438	742	610
1933	425	983	409
1934	448	939	644
1935	491	846	877
1936	496	897	900
1937	393	491	592

资料来源：日本外务省亚细亚局：《支那在留邦人及外国人人口统计表》（1930—1931）；日本驻上海总领事馆：《昭和12年特高警察关于管内地区状况之调查》《日本外务省特殊调查文书》27，第719页。

在战前一些日侨、朝侨开设的"慰安所"里，有不少是朝鲜妇女。而现有的人口资料并没有包括所有在上海的朝鲜"慰安妇"。如 1938 年初开业的杨家宅"慰安所"，拥有 80 名朝鲜妇女，这个数字在该年份朝鲜人口变化中并没有反映。再看表为《日本上海总领事馆特高警察事务状况》，1937 年 12 月末调查，涉及在上海朝鲜人设立的陆军"慰安所"仅一家，"慰安妇"仅 1 人，实际情况当然远不止③。

表6　上海朝鲜人的职业　1937 年 12 月底调查

职　业	人　数	职　业	人　数
电车查票	18	跳舞教师	2
牙科医生	1	舞女	18
保姆	1	（中略）	
料理店	1	陆军"慰安所"	1
咖啡屋	7	外国人小妾	20
自来水笔制造	1	卖淫者	20
自来水笔制造工人	10		
共　计			267

---

① 朝鲜总督府官方外务部：《中华民国在留朝鲜人概况》，京城 1939 年版，第 15 页；转引自孙科志：《上海朝鲜人社会史研究》，北京学苑出版社 2004 年版，第 135 页。

② 大陆新报社：《大陆年鉴》（1941 年版），第 8 页；转引自孙科志：《上海朝鲜人社会史研究》，北京学苑出版社 2004 年版，第 135 页。

③ ［日］吉见义明编：《从军"慰安妇"资料集》，大月书店 1992 年版，第 173—175 页。

朝鲜"慰安妇"在上海受害个案也屡见不鲜。如杨家宅"慰安所"的朝鲜"慰安妇"郑裕花和金承希两人曾写家信①：

父母大人：

你们好吗？我每天为士兵们洗涤衣服和做饭，身体很好，只是很忙。下个月也许可以寄钱给你们了，请多保重。

再见。

女儿

日军规定：朝鲜妇女一律穿和服，着木屐，而不准穿朝鲜服装，并且不准讲朝鲜语。有个别朝鲜妇女隔着围墙用日语与村民们交谈后，才知道他们不是日本人，而是朝鲜人。她们有时会请村民洗衣、做馄饨吃。并支付日元或者储备券作回报。她们几乎没有娱乐生活，没有报纸、没有广播，"慰安所"里有架留声机，那是要到日军来了之后才放的。

尽管朝鲜妇女都不肯接待日本兵，但在日本人的淫威之下，为了保全性命，只能委曲求全。东沈家宅的居民沈锦珠（1933 年生）曾向笔者转述过她已死去的母亲给她讲的故事：

"朝鲜慰安妇们拒绝为士兵提供性服务时，管理者便把从小河里捞上来的小龙虾放在慰安妇赤裸的身上爬，以逼你重新同意做日军的性奴隶。"

朝鲜受害者金德贞回忆在上海被逼迫为日军性奴隶的自述："船一到上海码头，就来了一辆汽车把我们拉走了。车子穿过混乱的上海市区，来到了一个很大的院落。这是日本的陆军本部，我们就被安排住在陆军本部旁的一所大房子里。这所房子比较破旧，里面有许多小的房间。

进去一看，房间里面已经有两名日本妇人和 20 多名朝鲜女子。加上我们这次来的人，一共有 50 名左右。这些日本女子大约二十七八岁，比朝鲜女子大 10 岁左右。她们以前就是妓女。日本军人认为朝鲜女人比日本女人温柔因而更喜欢朝鲜女人，原来在这儿的朝鲜女孩大都来自全罗道和忠清道，年龄和我们相仿。在这儿，我被叫作'常兰'，我们这 50 人中，除了有病的，有事的，每天大约有 35 个人可以干活。"

该慰安所也有 20 多名朝鲜女子。

朝鲜受害者命运也极其悲惨，死亡并不少见。朝鲜 1992 年 7 月 4 日的《劳动新闻》曾报道过名为《"慰安妇"的死尸扔在荒郊野地》的文章："朝鲜女子

---

① ［日］千田夏光：《从军"慰安妇"·庆子》，光文社 1981 年版，第 179 页。

金大日从长春、哈尔滨等地转到上海，继续充当从军'慰安妇'。在她被送到上海从军'慰安所'时，那里正流行传染病，许多女性染上疾病很快死去，日军只顾放火焚烧所有患者居住的地方，而对尸体连草垫子都不盖一个便扔到荒郊野地去了。金大日悲痛地说：'这就是慰安妇们的命运，遭受如此命运的人们怎样才能倾泄对日本侵略者的仇恨呢？'"

根据"慰安妇"李贤淑的回忆，她被日本人骗到上海一个郊区，成了性奴隶。"有一天清晨，日军突然命令她们带上行李集中到码头上去，当时聚集了约有1000多名不知从哪里来的朝鲜女性。稍后，便跟大炮、坦克混在一起被日军赶上了大型货船。李贤淑去了新加坡。"①

可见，上海地区的朝鲜"慰安妇"数量不少，至今仍有两名受害者朴大娘和玄大娘在上海生活。笔者认为，在上海的朝鲜"慰安妇"超过日本"慰安妇"的人数。理由是，在同时有日、朝"慰安妇"的"慰安所"里，基本上，朝鲜"慰安妇"的人数要比日本"慰安妇"多，朝鲜"慰安妇"的生活环境比日本"慰安妇"更糟糕、更险恶，死亡情况要多于日本"慰安妇"，因此更替时间也更频繁。

（三）中国"慰安妇"

上海是日军中国"慰安妇"的来源地，我们寻访到的朱巧妹、陆秀珍、郭亚英等均是上海籍贯，也有一些资料表明，上海周边地区的妇女也被日军大批运至上海充当性奴隶。

早在战争初期，迫不及待的日军便开始在战地大肆掳掠中国妇女充当"慰安妇"。随着战争的扩大和升级，侵华日军的增加，日军更残暴地掳掠中国女子充当"慰安妇"。在中国战场，日军主要通过以下手法来掳掠中国妇女进行"慰安妇"的征集。

第一种是通过暴力强行掳掠中国妇女。日军在上海掳掠中国女子后，常常当众"剥掉衣裳，在肩上刺了号码。一面让我们的女同胞羞耻，不能逃跑；一面又让充他们的兽欲。"② 这种强暴、强征并不鲜见。《新华日报》曾刊文报道"八一三战役"最后时刻日军对妇女的暴行。"上海四方协会原在闵行镇设有伤兵医院一所，自我军退出苏州河阵线后，即已改为难民收容所，其中住有良家妇女五百余名，系由敌宪兵驻所保护，迨至（1938年）一月二十八日，忽有大批敌兵开到该镇，当将该所妇女一一奸污，敌宪兵目睹暴行，无可如何。"

在上海市档案馆也存有一些日本占领者强征中国妇女为"慰安妇"的记录。

---

① 朝鲜《劳动新闻》1992年7月1日。
② 宋美龄：《抗战建国于妇女问题》，载重庆《中央日报》1939年1月15日。

1938 年 1 月 25 日，公共租界巡捕房的副巡官万代尔发现日本人将集中于福州路的女子送往他乡，随即干预。请看他的报告：

本月 24 日中午 12 时，接到索尔特副巡官的电话，报称：当地负责由华捕 1707 号和 2172 号组成的旅馆搜查小组前往福州路 604 弄 5 号中华旅馆进行搜查时，发现在 4 号房间集合了几名女子（妓女），等待日本军方把她们从这儿带走。

索尔特将此报告了本人，本人将此事转报给主管警官正巡官谢尔斯韦尔，同时本人通知了中央捕房，请求派日籍警官，165 号日籍巡长山本和 207 号日捕中山参加此行动。

下午 12 时 20 分，在上述警官及 47 号华籍探目陪同下，本人前往该旅馆，并从索尔特副巡官处得知下述情报：

上午 11 时 55 分，他来到这家旅馆逐个房间进行搜寻，在底层 4 号房间内遇到 9 名中国女子和 2 名中国男子。在审问时，他们说，她们是一名日本人要她们来此集合后去乡下做妓女的，在他询问这些人时，一名日本平民出现，他自称是日本军方的代表，于是副巡官索尔特给捕房打了个电话。

下面是日籍巡长山本获得的情报：

上述日本平民名叫神田，他是一个名叫河西的日本占领区特务的代表。河西让他租下该 4 号房间，他们打算在那里收集 30 名中国妓女，这些妓女在日本军事医院通过体检后，就要被送往靖江。这位代表说，他认为，挑选工作到本月 24 日下午 6 时即告结束，并可望到时有一辆军车把她们送走，但他担心，如果没有军车，他就得让挑出来的那几个女子在旅馆呆上大约 2 天（若情况允许的话）。该代表被告知，本人要将此事向主管警官报告，并通过日籍巡长山本把此事决定通知他。

主管警官于下午 2 时 15 分，将此事通知"甲"区区长罗伯逊先生。只要选出的女子愿意让日本人带走，罗伯逊先生就批准这种作法。本报告随之将此批示转给日籍巡长山本。

下午 6 时，本报告人在 1013 号华籍探长陪同下，转回该旅馆，发现在那儿的 9 名女子和 2 名男子已于下午 2 时许被带走。事情经过大致是：警方人员一离开，该代表就出旅馆去打电话（那个旅馆没有电话），几分钟后折回。约午后 2 时，9 名女子和 2 名男子在该代表的护送下不知用什么方法给带走了。

本报告人询问了在附近值勤的巡捕，他们说他们没有看见什么日本军车来，也没有看见这些人乘什么车离去的，显然他们是悄悄地溜走的。

本报告人看到的那 9 名女子层次很低，当问她们时她们都情愿跟日本人走，并不反对在离去之前留在旅馆里，这些女子是当我们到旅馆时在那个房间发现的2名男子的指使下在那集合的，这两名男子和日本人一起离去，他们叫陈佐才和徐润洪。

本报告人查对了旅馆登记簿，查明这房间是由一名叫沈国华的人租定的，1938年1月14日—28日这个房间都由他占有，特务的代表到24日上午9时才来，从9时到中午12时这些妓女陆续到来。

特此报告。

报告人：副巡官万代尔（签字）①

2月7日，巡官又发现日本兵在天津路423号大上海旅馆集中被抢来的妇女，人数达20人。可见，这类事件在日军占领时期尤其是初期，还是比较普遍的。

甚至不少上海妇女被日军掳掠到外地去。2001年8月11日，笔者在黑龙江当地两位热心调查的韩茂才和宋吉庆陪同下，来到东宁县绥阳镇河南五委三组57号陈桂英家，听她诉说辛酸的往事。

陈桂英的家在闸北，具体路名已经忘记，她的亲弟弟现在还住在闸北彭浦新村。那年她18岁，有人来召佣工。陈桂英为了减轻家中的负担，便跟着那人走了。这样就到了哈尔滨，被押送到东宁——日军对苏作战的前线，成为了日军性奴隶。尽管这段历史已过去半个多世纪，但老人至今还记得"慰安所"叫"乔燕堂"。一个18岁的女子，从繁华的上海被骗到北国的乡下，生活的轨迹完全改变。当我最后询问大娘，你还有什么话时，陈大娘只是流着泪说："我也不会说话。反正那时真是很苦的，一个人最好的时光就这样被消耗掉了。我的命苦啊！"现在这位陈桂英大娘也已离开了我们。

根据《支那在留邦人人名录》第33版（1942年出版）记载，1942年，在宣城县湾沚镇有一个名为"上海美人馆"的"慰安所"，经营者是来自日本高知县的狄野勇，地址为第八甲街。从"慰安所"的名字可以看出，其中的受害者来自上海。

第二种是设下种种圈套，诱逼妇女坠入陷阱。1938年，日军占领上海后，租界成了"孤岛"，便在租界诓骗妇女："他们放出野鸡汽车，候在娱乐场所前面。等顾客上车后，汽车飞也似地驰着，到了僻静地方，将男子抛下或干了，女客便从此无影无踪。"② 有时则鼓吹说其任务是给日军官兵洗衣服、照顾伤员、

---

① 上海市档案馆编：《日本帝国主义侵略上海罪行史料汇编》（上编），上海人民出版社1997年版，第517页。
② 《孤岛近讯》，载《妇女生活》第5卷第12期，1938年。

打扫营房卫生，诱使妇女参加。实际上是强迫良家妇女供日军官兵发泄性欲，任其蹂躏。这种"战地后勤服务队"的人员，绝大部分是即地强征。时人留下了一个"阿珠的遭遇"的悲惨故事。

阿珠，是一个女子中学里的毕业生，她今年才十九岁。她的家，本来在闸北，因为无情的炮火，使她及她的父母从家里奔出来，方才避居到租界里来。接着，因为一个大工厂的倒闭，她的父亲，又宣告了失业，一家的生活，渐渐地陷入了恐慌的境况，她的父母只生这一个阿珠，所以，阿珠自身，也感觉应该去担负一个非常沉重的责任，在家庭里极不愿意依"妇女回到厨房去"的一句话，老是躲在家里。她愿意到社会上去找件事做，挣一些钱来，奉养她的父母，因此在她发现这条广告的时候，她认为这是她一家三口的生活源泉。

广告上这样告诉她，某公司为扩充业务起见，拟添聘女职员数位，凡年在十六岁以上，二十五岁以下，略识文字者，均可应征，倘能粗通国语或日语者更佳，月薪五十元，有意者请至某处面洽。

她征得了父母的同意，立刻依着地址，赶到那里应征。详细地问了她的姓名，年龄，籍贯及学籍后，并没有经过什么考试，他对她微微的一笑。这一笑，很快的在他脸上消逝，他还是挂着一副严肃的面孔，对她说：

"很好，你的资格很适合，但是这里是临时办事处，你还得坐上我们的汽车，由我们这里派一个职员，伴着你，到我们的公司里去，见见我们的总经理，面试一下。"

这好像是投考的应有步骤，而且在白天，她并不害怕什么，所以她毫不迟疑地随着他们所派的一个职员，踏上汽车。呜呜的几声喇叭响，这辆汽车便飞一般地驶向东面而去。

车身拐了好几个弯，并且经过一顶广大的桥面，在一座大厦的门口，停止了行驶。她下了车，发觉这里是上海东区，是"八·一三"炮火发生地不远的地方，她想到这里，就好像四周有非常紧密的机关枪呼叫，一颗巨大的炮弹，从她头顶上掠过，她吓得几乎哭出来，她很明白自身已经陷入魔窟。恐怖，笼罩了她整个的心灵，她四肢，是这样的战栗，她好像丧失了聪明，她不知道哪一条是她可以逃走的路。

一只强有力的臂膀，不容她站在那里呆想，一把扭住她的玉臂，拖过了又长又大的石阶，拖上了一个小小的电梯，又拖进了一间宽大的房间。

在那里，她发现水汀是烧得这样热烈，但是房间里，还是充满阴森冰冷的氛围，地板上除了铺一块广大坚厚的绒毡外，找不到一榻一椅，只有数十个与自己同遭遇的中国女子和数不清楚的魔鬼，都是赤裸裸一丝不挂地躺在毡上。每个女子，都印着深深的泪痕，紧紧地闭着双目，吐着急促的呼吸，听凭那命运的支配，一个个的魔鬼都嘻开牙齿，露出狰狞的恐怖的笑容，像得了什么宝贝似的兴奋。

她知道处境的危险，很快的，拼命地挣脱了强有力的臂膀，旋转身躯，正拟开门逃出这个暗无天日的人间地狱，但是魔窟哪能这样容易地脱离。她的热泪，像是玉一般从她的眼眶里涌出来，内心的悲痛，使她哭不出声响来。接着，一个长大的魔鬼，强迫地把她推倒地毡上，她究竟是一个女子，哪里有这样的力量，可以去抵抗这厄运的来临，好像一条毒蛇，爬上她的胸际，啮咬她纯洁的心灵，一阵剧痛之后，她已昏厥过去了。

经过了很久的时候，她渐渐地清醒过来，她发现最宝贵的贞操，已经破坏，两腿是这样的软绵，没有力量可以把她沉重的身体支持起来，她微微地转了一身，又发生了一阵剧烈的痛楚，她发现右臂已经被魔鬼们用火烙着一个"二四"的号码，正和旁的女子一样，她这时不自禁地放声大哭起来，哭得又昏厥过去。

从此，她就像可怜的一群一样，依着号码，没有白天和黑夜，都遭受着蹂躏。那里的女子，谁个不想自尽，但是没有一个适当的时间，去找一根带子或者少许毒药，每天虽然有很多的东西，送到地狱里去，但是谁也不愿意尝试一下，去延长她们残余的生命。

经过了数天，阿珠脸上苹果一般的处女美，早已消逝得干干净净，所留的只有一张枯黄瘦削的面容，一双眼珠，吐出软弱疲劳的目光，深深地陷在眼眶里。她自己很明白，已经离死神不远，但是她终不愿将她的尸体遗留在那里，她宁愿死在家里。

父母们正为着她的失踪，焦急得日夜不安，现在看见她回来真不知怎样去表示他们的欣慰，所以赶着问她在过去的几天里遭遇到什么，但她没有一句话可以去安慰父母慈爱的心灵，她只有两串辛酸的热泪，连续不断地挂到她刚才所换的旗袍上。

是睡眠的时候了，但是在一间深静的卧室里的阿珠。在一个深沉静穆的夜上，还在那里伏案书写她最后的一封信，信里是详细的叙述着她经过被魔鬼诱骗蹂躏的一切，正像以上的情形一样，更不知道一滴滴的是血是泪浸透了洁白的信笺，模糊了一个个字迹。

翌晨，在这间卧室里的床上，还是安静地躺着一个阿珠的身体，但是她的灵魂，已经脱离了她的躯壳，离开了这污脏残暴的世界。她的面容，是这样的苍白，眼睛还是这样瞪着不愿紧闭。她好像有许多的愤恨，蕴藏在她的心头，无法发泄。

台上，留着一个来沙尔的空瓶，和一封昨夜她所写的遗书①。

第三种是依靠汉奸组织协助，挑选妇女充当"慰安妇"。他们常常借口登记"良民证"，挨家挨户地挑选年轻貌美的女性。上海沦陷后，日军指使汉奸政权在虹口、闸北等地设立一批"慰安所"，寻找胁迫妇女充当性奴隶。崇明朱巧妹、陆秀珍、郭亚英等受害的经历表明，汉奸往往是日军的爪牙。

（四）其他国籍的"慰安妇"

还有较少的别国女子充当"慰安妇"。如德国、法国、俄罗斯女子。根据日军士兵田义一的战时日记记载，早在 1937 年 12 月 3 日，上海的公共租界内就有"慰安所"，门口张贴着价格表："日本妇 7 日元，朝鲜女 5 日元，苏联、德国、法国女子只需 2 日元，卫生一流。"

1. 关于日军部队的人数

在上海驻扎的日军前后有很大变化②。1937 年八一三抗战前，日本驻上海地面部队以海军陆战队为主，八一三抗战爆发后，日本于 8 月 24 日设立上海特别陆战队，由大介内价七少将指挥，下辖东部支队、杨树浦支队、北部支队、闸北部队、沙井港地区队、虹口地区队等。

淞沪会战期间，日本组织上海派遣军，以松井石根大将为司令官。下辖第3、11 师团等部队。9 月下旬起，日本统帅部先后将第 9、13、101、18、114、6、16 师团及重藤支队，第 3 飞行团，野战炮兵第 5、6 旅团等调至上海，组成华中方面军，下辖上海派遣军和第 10 军（下辖第 6、18、114 师团合国崎支队等），兵力增加到 30 万人③。

淞沪会战结束后，日军第 101 师团守卫上海。1938 年 2 月，日军解除华中方面军的编制，编成华中派遣军。1938 年底以后，上海防卫由日军第 13 军负责，司令官西尾寿造大将，司令部设在上海江湾。下辖第 15、17、22、116 师团，以及独立混成第 11、12、13 旅团。管辖江苏、安徽、浙江地区。后来增加了独立混成第 17、20 旅团。1944 年 2 月，第 116 师团调归第 11 军，第 22 师团调归第 23 军；而将独立步兵第 6 旅团、第 4、11 野战补充队编入第 13 军，下辖第 60、61、65、70 师团，其中第 60 师团的 56 旅团司令部设在上海。此外，空军的第 1 飞行团设在上海。1945 年时，第 13 军管辖着第 60、61、65、69、161师团。第 61、161 师团司令部均设于上海。隶属于第 6 军的步兵第 100 旅团从东

---

① 范式之等著：《"皇军"的兽行》，战时出版社 1938 年版。
② 本段资料均引自耿成宽、韦显文：《抗日战争时期的侵华日军》，春秋出版社 1987 年版。
③ 通常情况下，日军一个师团人数为 25000 人，一个旅团人数为 7800 人。

北到达上海后，驻扎于松江。

上海日军特点是，一、人数不算很多，1945 年日本投降时，上海受降日军为 165000 人（南京为 138800 人）。二、上海是日军中转站，大量日军在此登陆，转入中国各地，或经上海再坐船赴国内外。如 1945 年 2 月，原属于关东军的第 6 军（下辖第 70、133 师团等部队）由东北调到上海，归入中国派遣军战斗序列。日军占领东南亚的不少部队是经过上海的。三、短期驻屯日军部队人数不少。如 1939 年 10 月 1 日，第 5 师团被从南宁调至上海，后来，第 5 师团又归属于中国派遣军大本营。

2. "慰安妇"受害者人数推定

要推定"慰安妇"人数，还需要研究日本军人与"慰安妇"的比例问题。

根据日本学者千田夏光的研究，1941 年，关东军实行"特别大演习"，该项得到天皇批准的《作战动员计划书》记载："动员为 70 万兵员慰安使用 2 万"慰安妇"从军。"参与制定该计划的关东军司令部参谋三科的推算，日军与"慰安妇"的比例是 37.5∶1。金一勉分析说："军队内部的混乱，其起因之一，是士兵们的性处理的不圆满，为此，需要一定数量的'慰安妇'。可是，由于以一名'慰安妇'一天满足 29 名男性的限度，所以，认为 29 名官兵对一名'慰安妇'为妥。于是，产生了'二九一'这个隐语。"[①] 多年来，国际学术界多以"29∶1"来推算日军士兵与"慰安妇"的比例[②]。

其次要对上海日军"慰安所"进行分析，我们根据"慰安所"的规模将其分为大、中、小三类（见表 7）。

表 7　日军"慰安所"大小分类

大型"慰安所"（30 人以上）	中型"慰安所"（10—30 人）	小型"慰安所"（10 人以下）
其昌栈"慰安所"30—40 人	万安路 745 号	杨行"三百亩""慰安所"10 人
"六一亭"（30 人以上）	罗店镇朱家祠堂 10 人	海能路 26 号 3 人
四川里曙庄数十人		海能路 31 号 4 人

这里主要剖析大型的"慰安所"。

（一）规模较大"慰安所"举例

---

① ［日］金一勉：《天皇的军队与朝鲜人"慰安妇"》，三一书房 1976 年版，第 50 页。

② 例如 2000 年东京对日本性奴隶制度审判的民间法庭判决书，日本学术界和韩国方面等均以此为依据。

表 8　上海大型日军"慰安所"举例

"慰安所"名称	"慰安妇"人数	存在时间	死亡情况	资料出处
"大一沙龙"	初 10 多人，后增至 50—80 人	1931—1945 年	不详	陆明昌、近藤等知情者
杨家宅"慰安所"	开办时为日、朝妇女 104 人，以后为中国妇女	1938—1945 年	有人死亡，但具体情况不清楚	麻生彻男：《从上海到上海》；实地调查资料
虹口行乐所	一层数百人；二层数百人	1937 年底	"被掳女子入内后大多自愿绝食，不数日即毙命，而隔日即有新被掳来者补充"	《大公报》1938 年 2 月 27 日
路局"慰安所"	千人	1937 年底，日军占领闸北后	"敌虽多方防止此等妇女自杀，然伊等痛苦与耻辱多不能忍受，故撞壁而死者，日必数人"	《新华日报》1938 年 3 月 15 日
虹口大旅社	千人	1937 年底	有人死亡，最后所有人不知所终	范式之：《皇军的兽行》，战时出版社 1938 年版
其昌栈军官"慰安所"	30—40 人，总人数百人以上	1944—1945 年	不详	陈炳荣、黄文忠提供
"海乃家"	40 人	1939—1945 年	有些受害者死亡	华公平《"慰安所""海乃家"的故事》

　　战时，日本上海派遣军东兵站司令部设立的杨家宅"慰安所"，1938 年 1 月开办时，"慰安妇"人数是 104 人（其中日本女性 24 人，朝鲜女性 80 人）①。该"慰安所"一直延续至日本战败，长达 7 年。第一批"慰安妇"在 1938 年就随该部队去了浙江，以后改为由日本侨民主持，前后在此的受害者总人数应是非常多的。调查表明后来以中国受害者为主，有浦东、苏州、昆山等口音②。

　　1938 年的《新华日报》，刊有《敌军在沪奸淫兽行》一文，指出北站附近的路局大楼，居然也成了日军的"慰安所"，受害人数达千人。"顷有自上海来人称，敌自侵占上海后，将京沪路局新建之五层大厦内部，加以修葺，改为千余小房间，每一房间内只有草席垫地，将市外途中及夜间截抢之妇女千人，置于其

---

① ［日］麻生彻男：《从上海到上海》，石风社 1994 年版，照片说明，第 42 页。
② 苏智良、陈丽菲、姚霏：《上海日军"慰安所"实录》，上海三联书店 2005 年版，第 187—233 页。

内，强令剥去中国衣服裸体，只准着日本女和服一件，每日规定四小时为蹂躏时间，至时并用抽签式任敌军泄欲。妇女肩上均刺有号码，另有一大房间，预备妇女甚多，以作蹂躏之递补，敌虽多方防止此等妇女自杀，然伊等痛苦与耻辱多不能忍受，故撞壁而死者，日必数人，敌之此种集中秘密蹂躏我国妇女，外间鲜有知者。"① 当然，估计此种"慰安所"存在时间不会太长。

战时出版社 1938 年出版的范式之所著的《皇军的兽行》记载了虹口旅社"慰安所"概况："转而至虹口旅社，所见亦与上述相同，唯人数则较多数倍，每个房间至少有四五人，大多为 20 多岁，其左臂有罗马数目字，类多知识妇女，大都愁眉不展，为最后因战时失业被骗幽禁者。某君于遍视后，亦未发现其妻，黯然欲离此活地狱。其友即低声语之曰：宜随意指一，认为你妻，否则有间谍嫌疑，此后性命难保也。某君即指美貌者认之，由某君护送回返原家。事后某君云，敌军荒淫如此，古今罕闻，此事若非目击，定将疑为过甚其词，有意诋毁。至于迫令妇女裸体之原因，蓄意于饱尝其兽欲，凡属敌军、浪人、汉奸等，随时均得入内泄欲，彼辈置身火坑，纵拟自由逃走亦不可能云。"② 文中提到的虹口大旅社，为今海宁路 449 号的虹口大楼，俗称小虹口大楼。该楼建于 1927 年，为一钢筋混凝土结构的 7 层大楼，占地约 1300 平方米，建筑面积 5400 平方米。史料称"每个房间至少有四五人"，如此规模的大楼，人数当不在千人以下。该所受害者"其左臂有罗马数目字，类多知识妇女"，"慰安所"存在的时间估计会稍长些。

1938 年《大公报》上刊有一文，披露虹口一个大型的"慰安所"："日军在被陷各区之暴行，其最无耻与给我民族以莫大羞辱者，莫过于蹂躏吾国女性。各被占区域之百姓，无论老少，如被彼等发现，都难逃被污。最近昆山某教堂牧师述及一事，又令人发指，兹述之如下，望披露报章，以告国人！

昆山自陷落后，该地有小教堂牧师陆某，因未逃去，后居住该处之日兵长官调沪，陆某适亦欲来，故托同行，以求保障。迨抵沪虹口，该日兵官即引至北四川路横浜桥相近某银行旧址日兵行乐所一游。陆某初不知此行乐所如何内容，遂入内，毛发悚然。盖该屋各层有极暖之水汀，其最低一层，有日兵在无锡、浦东各地所掳之我国良家妇女，自十七八岁者，约数百人，皆一丝不挂，面有愁容，而日兵则川流不息其间，任意选择性的满足。如任何女子有不从者，皮鞭立至，陆某睹状亟思退出，忽有一女子猛曳其臂而不放，大声呼救，视之，则彼之邻妇王氏，彼甫结婚未数月，而被劫至此地狱。陆某恐累及己，促此妇勿声张，但已

① 《新华日报》1938 年 3 月 15 日。
② 范式之等著：《皇军的兽行》，战时出版社 1938 年版。

为旁日人所见，立以皮鞭猛挞。陆某系基督徒，大不忍，立跪下求彼识之日兵官救此妇出，该日兵官忽大慈善之慈悲心，允陆携此妇出。事后，妇告人，自被掳入内，每日至少遭十次以上之蹂躏，被掳女子入内后大多自愿绝食，不数日即毙命，而隔日即有新被掳来者补充。据又谓，此所谓行乐所二层楼，有同样命运之妇女，为自30岁至40岁者数百。至三层楼以上之情形，则不得而知。

日军之暴行至此，鄙人当询该陆某，其行乐所之确实地址，俾将此行告各国领署，作实地调查。惟该陆某坚不肯吐实，仅谓日人如此暴行，必遭天责。呜呼！我国之大耻大辱，谨据实以告我国男儿，大家奋起，洗涤耻辱，保卫全国女子，以尽男子责任！"① 该行乐所一层"数百人"，二层"为自30岁至40岁者数百"，两者相加，总人数应不少于五六百人。

存在达7年之久的杨家宅"慰安所"，总受害者应有数百人；仅以上的5家"慰安所"，受害者总人数就在三四千人。

（一）受害者死亡情况

由于日军的虐待和杀戮，相当部分的性奴隶制度受害者在战争结束前已遭杀害。如表6所示，有不少"慰安所"内，有中国受害者死亡的情况。尤其是虹口行乐所"被掳女子入内后大多自愿绝食，不数日即毙命，而隔日即有新被掳来者补充"。令人发指。性奴隶制度受害者因病死、被日军折磨致死，以及逃亡等原因，需要及时填补。尽管在战争60年后的今天，我们已无法精确地计算，但性奴隶制度受害者的死亡率相当高，确为事实。如李福女所在"慰安所"的20多名女性中，最后仅剩下5名幸存者，其余都被日军杀害了。幸存者金俊淑证实，那时，妇女得了病或是死了，鬼子就按数补充。幸存者崔凤仙回忆，曾有一个女子，被日军用浸过水的木棍打在后脑上，当即气绝身亡。黄锦周回忆，如果病重，军人们就将生病的人弄到别的房间隔离；如果治疗两次以后再复发，那么军人就会把她带走。这些被带走的女子没有再回来过。与黄锦周一起从家乡出来的20个女子中，最后只有黄锦周一人活了下来，其余的人或是莫名其妙地失踪了，或者是得病被带走了。即使是新补充来的"慰安妇"也有不少失踪的。一位在丰满水电站被逼为"慰安妇"的受害者证言："我们从南京被押出来的姐妹一共有几百人，到东北后死的死，亡的亡，估计也没有几个活着的了。"广州姑娘黄惠蓉，16岁时被日军抓获，当时约有100名姐妹一起被押往海南，沿途即遭日军蹂躏，到达海南黄流时，只剩下40多人了。由于死亡的出现，一般国

---

① 《上海的地狱——敌寇的行乐所》，载《大公报》1938年2月27日。

际上对"慰安妇"的更替率定为4.0。上海的"慰安所"大多开设时间相当长，有些甚至前后长达10多年，因此，更替率4.0推算，只可能是保守的估计。

（二）受害者人数考证

日本政府和军部为其侵略军队有计划按比例地配备"慰安妇"。由于战败时日军大量销毁有关"慰安妇"的档案，也由于日本政府至今未公开"慰安妇"的历史文件，要准确指出日军"慰安妇"的人数是较为困难的。尽管如此，我们仍可以通过对各种资料的分析，尽可能地接近历史的真实。

关于上海"慰安妇"的人数，我们可以从"慰安所"规模和日军人数两个方面进行考证。

上海"慰安所"156个，每个"慰安所"的"慰安妇"以平均20人计算，但虹口的大型"慰安所"一个所的受害者达千人或数百人，估计"慰安妇"人数约6000人，以更替率4.0推算，总人数约24000人。

再从日军士兵人数与"慰安妇"之比例来分析。以1945年日本投降时，上海受降日军为165000人计算，以"慰安妇"与士兵比例1：29推算，"慰安妇"应该为5689人。由于疾病、逃亡、死亡等原因，更替率4.0计算，得出"慰安妇"人数为22756人。再加上短期停留上海的日军部队所需要的"慰安妇"，上海"慰安妇"总人数可能在24000人以上。

根据统计，在159个"慰安所"中，有中国"慰安妇"的"慰安所"是37个，有日本"慰安妇"的"慰安所"为38个，有朝鲜"慰安妇"的为27个。另外有7个"慰安所"尚无资料表明受害者的国籍（见表9）。

表9　159个"慰安所"中各国"慰安妇"的数量分析

国籍	中国"慰安妇"	日本"慰安妇"	朝鲜"慰安妇"	"慰安妇"国籍不清楚
"慰安所"数量	37	38	27	79

关于上海"慰安妇"的国籍分布，尽管有中国"慰安妇"的"慰安所"数量比有日本受害者的"慰安所"数量要少1个，但考虑像超大规模的虹口大旅社、路局"慰安所"全部是中国受害者，有些同时有日、朝、中"慰安妇"的"慰安所"里，中国受害者人数要比日、朝受害者多，如海乃家有日本"慰安妇"10人，朝鲜"慰安妇"10人，中国"慰安妇"20人。因此，笔者推断中国受害者仍是最多的，而朝鲜"慰安妇"的数量，如果以杨家宅"慰安所"里80名朝鲜人比24名日本人等资料来推论，也应比日本受害者要多。因此，笔者推断的数字是，在上海的24000名"慰安妇"中，中国"慰安妇"有12000人左

右，朝鲜"慰安妇"约 7000 人，日本"慰安妇"为 5000 人。

2007 年 7 月 7 日

附录：

上海日军"慰安所"统计表

序号	名　称	存在时间	"慰安妇"国别			地　址	备注
			中国	日本	朝鲜		
1	大一沙龙	1931.11— 1945.8	○	○	○	东宝兴路 125 弄	建筑尚存
2	三好馆	1931.11— 1938		○	○	吴淞路松柏里 36 号	已拆
3	小松亭 （小松沙龙）	1930.11— 1943		○	○	虬江路大富里 5 号，1938 年迁至海能路（今海南路）81 弄 30 号	已拆
4	永乐馆	1931.11— 不详		○	○	狄思威路（今溧阳路）	
5	陆军慰安妇团	1932		○		吴淞、大场、江湾、纪家桥、庙行一带的农民房舍	
6	伦敦酒吧	1936—不详			○	虬江路 97 号，1939 年迁至虬江支路 95 号	已拆
7	心酒吧	1936—不详			○	虬江支路宝德里 8 号	已拆
8	伊甸园酒吧	1934—不详			○	虬江路 362 弄 5 号，1937 年迁至宝德里 8 号	已拆
9	阿里郎酒吧	1937.8— 不详			○	北四川路丰盛里 25 号	已拆
10	少女酒吧	1936—不详			○	海宁路 322 号，1937 年迁至静安寺路（南京西路）安乐坊 17 号	建筑尚存
11	亚细亚酒吧	1936—不详			○	汉璧礼路（今汉阳路）35 弄 31 号	已拆
12	光酒吧	1942 年已存在			○	汉璧礼路（今汉阳路）35 弄 37 号	已拆
13	乐酒吧	1937—不详			○	汉璧礼路（今汉阳路）35 弄一带	已拆
14	贝贝酒吧	1936 年已存在			○	南浔路 121 号	建筑尚存

序号	名 称	存在时间	"慰安妇"国别			地 址	备注
			中国	日本	朝鲜		
15	伯格斯酒吧	1936 年已存在			○	南浔路 135 号	建筑尚存
16	一心亭	1933—1936				北四川路横浜桥美楣里 7 号	已拆
17	梅月	1933—1935				北四川路横浜桥美楣里 31 号	建筑尚存
18	千登势	1933				北四川路美楣里 6 号	已拆
19	大星亭	1933—1936				北四川路横浜桥美楣里	
20	海乐	1933				北四川路横浜桥美楣里 16 号	已拆
21	筑紫	1933—1945				北四川路横浜桥美楣里 36 号	建筑尚存
22	浮舟	1933—1936				北四川路横浜桥美楣里 27 号	建筑尚存
23	曙	1933—1944				北四川路横浜桥美楣里 26 号	建筑尚存
24	都亭	1933—1938				北四川路横浜桥美楣里 29 号	建筑尚存
25	上海俱乐部	1933—1943		○	○	北四川路克明里 7 号，1935 年迁至美楣里 10 号	已拆
26	胜利亭	1933—1938				北四川路横浜桥美楣里 20 号	已拆
27	红梦	1938—1940				北四川路美楣里	
28	松竹	1938—1944				北四川路横浜桥美楣里 21 号	已拆
29	山游	1938—1941				北四川路美楣里	
30	东优园	1933—1940				北四川路克明里（今四川北路 1689 弄）4 号	已拆
31	大胜馆	1933—1941		○	○	北四川路横浜桥美楣里 12 号，1936 年迁至克明里 8 号	已拆
32	春园	1940—不详		○		北四川路克明里（今四川北路 1689 弄）13 号	已拆
33	虹口行乐所	不详	○	○	○	四川北路 1717 号	已拆
34	上海军人俱乐部	1942—1944				四川北路海伦西路口	
35	沪上园	1945				四川北路 2023 弄 7 号	建筑尚存

序号	名　称	存在时间	"慰安妇"国别			地　址	备注
			中国	日本	朝鲜		
36	旭俱乐部	1942—不详				四川北路 2023 弄 8 号	建筑尚存
37	风月庄	1938—1944				施高塔路（今山阴路）花园里 17 号	建筑尚存
38	沪月	1940—1943				东宝兴路 183 号	已拆
39	末广	1940—1943		○		东宝兴路 138 弄 3 号	已拆
40	东宝兴路 135 号	20 世纪 30 年代初				东宝兴路 135 号	已拆
41	东宝兴路 8 号	1940. 6. 1—不详				东宝兴路 8 号	已拆
42	东宝兴路 260 号	1940. 5. 1—不详				东宝兴路 260 号	已拆
43	六一亭	1932—不详		○		四川北路 1604 弄 63 号	建筑尚存
44	四川里 52 号	不详		○		四川北路 1604 弄 52 号	建筑尚存
45	曙庄	1936—不详		○		四川北路 1604 弄 41 号	建筑尚存
46	南昌上海馆	1942				北四川路三新里 3 号	已拆
47	三新里 2 号	不详				北四川路三新里 2 号	已拆
48	松柏里"慰安所"	1940. 6. 1—不详				虬江路松柏里 38 号	已拆
49	松柏里"慰安所"	1940. 6. 1—不详				虬江路松柏里 8 号	已拆
50	松柏里"慰安所"	1939. 11. 1—不详				虬江路松柏里 16 号	已拆
51	松柏里"慰安所"	1939. 12. 1—不详				虬江路松柏里 32 号	已拆
52	松柏里"慰安所"	1939. 11. 1—不详				虬江路松柏里 33 号	已拆
53	松柏里"慰安所"	1940. 2. 1—不详				虬江路松柏里 25 号	已拆
54	松柏里"慰安所"	1940. 4. 1—不详				虬江路松柏里 34 号	已拆
55	沪星	1941—1942				吴淞路松柏里 36 号	已拆

序号	名　称	存在时间	"慰安妇"国别			地　址	备注
			中国	日本	朝鲜		
56	顺兴里"慰安所"	1940.5.1—不详				虹江路顺兴里9号	已拆
57	顺兴里"慰安所"	1940.5.1—不详				虹江路顺兴里14号	已拆
58	顺兴里"慰安所"	1940.6.1—不详				虹江路顺兴里19号	已拆
59	映生里3号"慰安所"	1939.12.1—不详				海山路映生里3号	已拆
60	余乐里19号"慰安所"	1940.1.1—不详				虹江路余乐里19号	已拆
61	フロクタ—酒吧	1939—1942				虹江支路119号	已拆
62	Idealism酒吧	1939—1942				虹江支路129号	已拆
63	虹江支路116号"慰安所"	不详			○	虹江支路116号	已拆
64	海能路"慰安所"	1940.1.1—不详				海能路（今海南路）26号	已拆
65	海能路"慰安所"	1940.4.1—不详				海能路（今海南路）31号	已拆
66	水乐庄	1933—不详				海能路（今海南路）14号，1943年迁至60号	已拆
67	远东舞厅	1939—不详				海能路（今海南路）81弄48号	已拆
68	新田食堂上海支店	不详				老靶子路（今武进路）234号	建筑尚存
69	广东街"慰安所"	1940.2.1—不详				广东街16号	已拆
70	广东街"慰安所"	1940.6.1—不详				广东街三多里4号	已拆
71	广东街"慰安所"	1939.11.1—不详				广东街三多里5号	已拆
72	广东街"慰安所"	1939.11.1—不详				广东街三多里6号	已拆
73	军之友社	不详	○		○	海宁路168号	已拆
74	三亚贸易公司	1942				海宁路顺天坊11号	建筑尚存

序号	名　称	存在时间	"慰安妇"国别			地　址	备注
			中国	日本	朝鲜		
75	虹口旅社"慰安所"	1938 年已存在	○			海宁路 449 号	建筑尚存
76	海军くガぬ俱乐部	1942—1943				海宁路粤秀坊 9、11 号	已拆
77	花月	1938—1943				文路（今塘沽路）278 号	已拆
78	武昌路 338 号"慰安所"	1942		○		武昌路 338 号	建筑尚存
79	日之出酒吧	1939—1942				吴淞路克俭里 3 号	建筑尚存
80	汤恩路 260 号"慰安所"	1942				汤恩路（今哈尔滨路）260 号	建筑尚存
81	海乃家	1939—1946.3	○	○	○	公平路 425 弄 12 号	建筑尚存
82	海乃家别馆	1943—1945.8.15	○	○	○	东长治路 609 弄 3 号	建筑尚存
83	蒙特卡罗酒吧	不详				东百老汇路（今东大名路）471 号	已拆
84	公共租界"慰安所"	不详	○			公共租界	
85	中华旅馆"慰安所"	1938.1—不详	○			福州路 604—605 号	
86	大上海旅馆"慰安所"	1937.12—不详	○			天津路 423 号	建筑尚存
87	靠近法租界的"慰安所"	不详			○	法租界	
88	太仓路慈云别业"慰安所"	不详				太仓路 116 弄 2 号	已拆
89	梦花街"慰安所"	1938—1945	○			梦花街 151—153 号	建筑尚存
90	南市食堂	不详				南市中华路老西门 1505 号	已拆
91	闸北、虹口"慰安所"	1940—不详				虬江路 679 号	
92	北火车站路局大楼"慰安所"	不详	○			北火车站路局大楼	已拆
93	浦东庆宁寺"慰安所"	1940—1945	○			浦东上川路庆宁寺渡口	建筑尚存

序号	名　　称	存在时间	"慰安妇"国别			地　　址	备注
			中国	日本	朝鲜		
94	其昌栈军官"慰安所"	1943—1945	○			钱仓路 350 号	建筑尚存
95	其昌栈士兵"慰安所"	1943—1945	○			钱仓路 350 号	建筑尚存
96	杨家宅"慰安所"	1938.1—1945	○	○	○	杨浦区东沈家宅	已拆
97	みよし陆军"慰安所"	1938—不详	○			万安路 777 号	
98	朝日楼"慰安所"	1938—不详	○			万安路 761 号	
99	平和庄陆军"慰安所"	1938—不详	○			万安路 759 号	
100	陆军"慰安所"	不详	○			万安路 769 号	建筑尚存
101	万安路 745 号"慰安所"	1938—不详	○	○	○	万安路 745 号	建筑尚存
102	万安路 588 号—594 号"慰安所"	1936—1945	○	○	○	万安路 588 号—594 号	建筑尚存
103	天狗"慰安所"	不详				春生街 73 号	
104	立花楼"慰安所"	不详				花园路	
105	常盘"慰安所"	不详				江湾镇	
106	京屋	不详				江湾市中心昭和路	
107	敷岛楼	不详				江湾市中心区杨家宅（今杨浦区东沈家宅）	
108	第二加茂川	不详				江湾市中心樱花园内	
109	日东俱乐部	不详				江湾市中心区五角场九州旅馆	
110	闸北庄	不详				江湾市中心区二条路	
111	陆军军人俱乐部	不详				江湾市中心区政益路 357 号	
112	政府路"慰安所"	不详				政府路 181 弄富民花园近国光路	
113	三民路"慰安所"	不详				三民路附近	

序号	名　称	存在时间	"慰安妇"国别			地　址	备注
			中国	日本	朝鲜		
114	大康纱厂附近的"慰安所"	不详				杨浦区大康纱厂（今上海第十二棉纺厂）对面	
115	千田、深谷部队"慰安所"	1936—不详				跃龙化工厂内汽车库	
116	羽田别庄	1942—不详				眉州路 272 号	
117	上海寮	1937—不详				杨树浦路、大连路码头附近野战邮局一带	
118	突击屋	1943				杨树浦路 321 号	
119	恭兴路军人俱乐部	不详				恭兴路	
120	花月	1940—不详		○		淞兴路 232 号	
121	玉乃家	1940—不详		○		畑路通	
122	新月	1940—不详		○		三益路 71 号	
123	日之丸	1941—不详		○		苔市路 228 号	
124	朝日屋	1942—不详		○		淞兴路同江路口	
125	新上海	1942—不详		○		三益路 71 号	
126	末广	1944—不详		○		淞兴路 232 号	
127	名古屋	1938、1939—1945		○		三益路 77 号	
128	"慰安所"	1938、1939—1945	○	○	○	锦泰路 62 号	
129	"慰安所"	1938、1939—1945		○		逸仙路长江路口	
130	吴淞食堂	1938、1939—1945		○		淞兴路近商会路	
131	统一食堂	1938、1939—1945		○		同江路	
132	大陆食堂	1938、1939—1945		○		苔市路	
133	旭食堂	1938、1939—1945		○		淞兴路	
134	江华食堂	1938、1939—1945		○		同江路	

序号	名　称	存在时间	"慰安妇"国别			地　址	备注
			中国	日本	朝鲜		
135	日之丸食堂	1938、1939—1945		○		不详	
136	上海食堂	1938、1939—1945		○		不详	
137	上海郊外的"慰安所"	不详			○	上海郊外	
138	嘉定南翔金家园"慰安所"	不详	○			嘉定南翔金家园	建筑尚存
139	嘉定南翔大德寺"慰安所"	不详	○			嘉定南翔大德寺西首	
140	嘉定人民街朱家洋房"慰安所"	不详	○			嘉定人民街	
141	嘉定中下塘街"慰安所"	不详	○			嘉定中下塘街	
142	嘉定金家洋房"慰安所"	不详	○			嘉定西下塘街49号	
143	青浦县城"慰安所"	不详				青浦县城	
144	崇明庙镇"慰安所"	1938—1945	○			崇明庙镇镇政府内	
145	浦东高桥"慰安所"	1940—不详	○			高桥草镇七十一号	已拆
146	浦东塘桥"慰安所"	1938—不详	○			塘桥路大年坊	已拆
147	罗店镇米家祠堂"慰安所"	1940—1944	○			罗店镇新村	
148	杨行"三百亩""慰安所"	1939、1940—1941	○	○		杨行镇"三百亩"（宝山殡仪馆）	
149	松江第一"慰安所"	1943				松江城内中山路1528号	
150	马家宅"慰安所"	1941年底—1943	○			马家宅10号，今双峰路宛平南路间	已拆

序号	名　　称	存在时间	"慰安妇"国别			地　　址	备注
			中国	日本	朝鲜		
151	徐家宅 "慰安所"	不详	○			中山南二路一带	已拆
152	月洒屋	不详				乍浦路 180 号	建筑尚存
153	乍浦路 254 弄内 "慰安所"	不详				乍浦路 254 弄内	
154	顺安里 "慰安所"	不详		○		武昌路 326 弄	建筑尚存
155	六三亭	不详				塘沽路 346 号	建筑尚存
156	塘沽路 310 号—330 号 "慰安所"	不详				塘沽路 310 号—330 号	建筑尚存
157	昆山路 "慰安所"	不详	○			不详	
158	崇明城桥镇 "慰安所"	1938. 5— 1945	○			不详	建筑尚存
159	浦东浦上路 "慰安所"	1939 年	○			浦东浦上路	不详

（四）侵华日军在崇明制造的"竖河镇大烧杀"

崇明县抗战损失调研课题组

一、调研背景

侵华日军在六十年前侵占崇明岛，前后长达八年之久，在崇明制造了"小竖河惨案""永安镇大烧杀""竖河镇大烧杀""樊家宅惨案"等惨案，滥杀无辜，大肆掠夺，给崇明人民造成了永远抹不去的伤痛。可是，现今大多数青年可能不知道这段历史，因此而淡化了民族意识。

半个世纪后的今天，日本国内右翼分子对他们的国家在抗战时期对中国犯下的种种罪行不予承认，篡改教科书，企图掩盖事实真相，使曾经遭受日本侵略的国家和人民产生忧虑和不安。

通过"竖河镇大烧杀"子课题的调研，可以进一步澄清事实真相，以史为鉴，面向未来。

二、基本史实

惨案发生在 1940 年 7 月 30 日、31 日（农历六月二十六日、二十七日），具体地点为崇明岛中部——竖河镇（今属竖新镇）。

竖河镇是崇明岛上著名的百年老镇，民国初期很是繁荣，水陆交通发达。水路，向北直达江苏启东。陆路可通往全岛各镇。该镇除典当外，各种商店齐全，街上地面均铺石板、石条，街道两旁搭有凉棚供商贩设摊。该镇在当地方圆 10 里之内是一个重要的集市贸易集散地。

驻崇日军与伪军为了"搜剿"岛上的抗日游击队，扑灭岛上的反抗怒火，采取突然袭击的办法，于 1940 年 7 月 30 日清晨从堡镇、县城两地出发包围竖河镇，把集镇上的居民逼往集镇北首城隍庙（又名新庙）内，以开会为名，威逼居民交出抗日游击队。在遭到居民拒绝反抗时，日军恼羞成怒，下令开枪屠杀居民，用刺刀刺杀居民，并用燃烧弹放火焚烧集镇房屋。次日下午日军从西部八图界又赶来烧杀。两天内，总计屠杀无辜的平民百姓张锦明、沈仁其等 60 多人，伤李国祥等 20 多人，烧毁集镇市房、民房计 2000 多间，商店 100 多家，制造了震惊岛内外的"六·二六竖河镇大烧杀"（1958 年 12 月 2 日崇明县人民法院刑事判决（58）刑审字第 670 号）[1]。在此前后，侵华日军先后对崇明 18 个集镇（含竖河镇）进行大烧杀，共计烧毁民房 3400 多间，屠杀民众 260 多人，伤 100 多人（1959 年 1 月 25 日崇明县人民法院布告）[2]。

1989 年 3 月上海人民出版社出版、周之珂主编的《崇明县志》第 266 页记载：烧杀从上午八时持续到下午三时，120 余名百姓惨死，40 余人受伤，百余家大小商店、商摊被毁，1400 多间居民住宅全部毁于烈火。翌日，日军继续反复烧杀，一座百年老镇终成废墟。

在课题调研中，我们查阅了崇明县档案馆馆藏 1982 年周渭君整理的有关"竖河镇大烧杀"惨案的口述资料，采集到 20 世纪 80 年代部分幸存者和见证人的一部分回忆材料，详情如下。

季作丰口述：大烧杀前几天就谣言东洋人来烧，大丰公司把粮食先运到堡镇。那天先从铁店弄来五六十人，搬一张台子放在凉棚下，用无线电话通话联络，有汪派部队，把好的帐子拿去，包扎保险箱。后叫去开会，我袋里放好良民证，各条弄拦好，机枪架在河南桥上，东洋人问："游击队有吗？"孙利瞎子说："游击队是有的，但是游来游去。"东洋人说商家、老百姓和游击队联络，叫施友才领路，起初东洋人当他逃走，把他撤下来。开会进去 140 多人，死 86 人，30 多人逃出来，东洋人有 200 多人。拿出派司来未鞠躬，吃到两下耳光。张浩江握刺刀，八只指头落地，刘景贤兄弟刺一刀后，跌在地上装死，后得活。曹益三刺着七刀，从风墙上跳出来，爬到周家宅前，后看好。吴少峰和尚屋里 50 多人都死，米行镇人陈才是张义成店里学徒，躲在香亭里烘死。

张思荣口述：大烧杀那天，顾伯铭汪派部队一起来的，把镇上男人拦进庙门，高个子东洋队长问："民众自卫队昨天这里有吗？"群众回答："没有。"徐三才姐夫常熟人吴振兴见势头不好，说："我是外地人，上海过来。"一面拿出市民证，向西靠一边。门口把守好，架好机枪，钱吊郎、张浩江被刺一刀，季浩培假死后得逃生，沈俊的女儿 3 岁，吓得哭起来，学徒抱着，被一枪打死。和尚吴少峰 80 多岁，装念经，被一刺刀刺死，酒师傅龚银苟肚被刺穿，肠、肺捧在手里，呻吟、喊后即死去。东洋人要吃西瓜，抢西瓜吃，周臣才说："我去挑

——————————
[1][2]　崇明县人民法院档案室藏。

来。"后乘机逃脱。沈金根答话说："刁萝卜子。"后带到河西被杀，父沈顺余去寻子，遇到东洋人也被杀。张才郎被害后，遗下老娘、妻子和6个孩子，后二个送到育婴堂，一年后妻子死后，老娘、孩子乞讨过日。

李其甫口述：今年65岁，当时只有23岁，那天八九时半散市时，叫男的一边去开会，家中只剩女的，姚奎郎去时叫带良民证，没有刺到，出来的。东洋人几路来的，有骑马的，人很多，那天老百姓民沟里死的人很多，我是跳风墙出来，负伤之处：腰二处，背一处。忍痛不喊。起先叫我们卧下，机枪扫不着，再用刺刀刺，龚鸪臣九刺刀。逃出来的人向北跑，田里、坟边处处喊救救。郁才明肚肠出来，两手都是血，按住肚肠。

周臣彪口述：据被刺负伤后逃出的龚鸪臣讲，那天进庙去开会的估计有350人之多，击毙刺死的有220多人（包括乡下人在内），其余是先放出和伤后逃出来的。

张才生口述：大烧杀那年37岁，今年79岁，当时和沈先生合开沈顺记布庄，6月26日那天八九时，日本人从堡镇来，四面包抄，烧杀时沈先生也被刺死。

周生郎口述：周松园年五六十岁，无儿无女，刺伤后，先抬到公堂厅里，烧宅时爬到沟边，后住在邻居猪棚里，呻吟呼喊，8天后伤口腐烂而死。

李其甫妻子口述：烧杀过后，和婆婆一起去寻人，向北找，有人告诉我家中房子烧掉，婆婆就昏倒在地，几次要跳河自杀。后发现夫在高粱地里，父子在一起，后用银元揿在刀口上（借来5块银元），在季家宅上借宿，2天后刀口发腐，叫人扛到亲戚家，医生请不到，好容易请沈漱六子看病治疗。又谣言要烧港沿，又躲到田里，堡镇医生卞振伦不敢出来医治，不肯收我们住院。我家伙计秦祥宝是开引擎的，东洋人注目，用铅丝扎住手指、脚趾，抛在火旁烘死（人又长又胖）。我家面粉厂100多张芦菲扛死人拿光。那天开会进去250人，死伤120人，两侧厢机枪扫，正埭刺的，卧的时候叫伏卧，烧时马队撒硫磺，再放硫磺枪。

顾德修口述：大烧杀后，陆万家60多岁，三间草屋烧掉，无儿女，二三天后自己爬在庙前泥坑里死去。郭瑞林无依无靠，二三个月后死去。

赵志刚口述：大烧杀后，一家老小5人，借住喇叭镇岳父家，种田回来，往返10多里，1年后搬回。

竖东大队龚昌郎口述：施西林一担西瓜100多斤被敌人抢去吃光，再叫他挑一担，后溜走。张龙西被刺伤后，滚到池坑里，女儿捞起后又滚入河里，再捞出来后，未几就死去。我去找父亲时，见校东（即庙东）棉花叶上都是血迹，瞿灿青肩被子弹打穿，削去一大块肉，叫我带信给他家人。大烧杀后7月初一，东洋人又来过 100 多人，把我家 200 步（步为计量单位，一亩为 240 步）西瓜抢去吃光，夜里宿在周臣才宅上，陆桂福遇到被刺死。

沈文林口述：当时大丰公司有烧焦米 1000 多斤，被难民取回充饥。施雨春妻怀孕，有三个孩子，父被刺死，母险些被反锁屋内烧死，本以跑贩为生，后到上海设饭摊头谋生。

施友才口头反映：东洋人叫施友才领路，令他站到另一边，有一个鬼子以为他逃走，揪按他下来。后来带去做苦工，40 多天才放回，家里人真没想到能活着回来。

赵志成口述：大烧杀的第二年，我和孙克让等搞祭孤魂时，统到死者姓名 120 余人，当时被毁商店 100 多家，计南货店 10 家，木行 1 家，绸布店 3 家，粮行 2 家，酒店作坊 11 家，饭店 4 家，熟食店 3 家，茶食店 5 家，茶园 3 家，染坊 3 家，盐店 2 家，肉台 14 张，理发店 6 家，地场商摊 60 多个，被烧房屋 1 千间以上。

抗战胜利后，曾参与"大烧杀"的部分日军战犯、日伪汉奸相继落入法网，受到惩治。《申报》民国三十七年四月九日有《杀人不眨眼，谈甚么亲善，崇明作恶擢发难数，两日战犯同时枪决，中野、大庭临刑要求写信、抽烟》报道。《瀛报》民国三十七年一月二十五日有《日犯大庭早志，业经判处死刑》报道："大庭早志担任堡镇宪兵队长，杀害我地下工作同志、游击队员百余人。去年十一月二十八日军法官叶在增来崇详细调查，十二月八日在沪开审，一月二十二日由庭长石美瑜等审理，宣判执行死刑。"《申报》民国三十七年三月三十一日另有《策划崇明大烧杀案，伪侦缉处长陆茂昌枪决》报道。《新崇报》民国三十七年四月一日也有《本邑伪特工陆茂昌，前日在沪伏法》报道。

中华人民共和国成立后，又有一批曾任日伪汉奸的反革命分子受到人民政府的惩办。据 1996 年 10 月中共崇明县委组织部编印的《中共崇明县党史大事记》第 164 页记载：1959 年 1 月 30 日，崇明县人民法院在新河镇竞存小学大操场召开宣判执行大会，对曾在 1940 年 7 月带领日本鬼子、伪警察在竖河镇实施血腥大烧杀的日寇翻译金顺生和伪警察所长高增祥、巡长沈谦培、钮超宣判死刑，立即执行枪决；对同案犯杜汉声、杨宝声等 21 名罪犯分别判处死刑缓刑、无期徒刑和有期徒刑。

1995 年 8 月 15 日，崇明县人民政府在"竖河镇大烧杀"惨案旧址举行《侵华日军竖河镇大烧杀遇难同胞纪念碑》的揭碑仪式，建立"竖河镇大烧杀"纪念馆，列为爱国主义教育基地之一。

三、死者、伤者名单的统计

1989 年 3 月上海人民出版社出版、周之珂主编的《崇明县志》第 266 页记载："120 多名百姓惨死。"这个数据是 20 世纪 80 年代部分幸存者的回忆。

我们在本次课题调研时，从崇明县人民法院第一审刑事诉讼卷宗（一九五八年度刑审字第八一二号）内，查阅到 1958 年崇明县人民检察院起诉书崇检审监字第 489 号[1]："被告金顺生等呼喊群众百余人到城隍庙内集中，即以'游击队和串通游击队'之名关起庙门实行屠杀，经查明被杀者张锦明、沈仁其等 60 多名，受伤者李国祥等 20 多人。"1958 年 8 月 18 日崇明县公安局《关于预审"大烧杀"案件的终结报告》保审（58）字第 65 号[2]："竖河镇惨案，据现有查实，被烧民房数百间，烧死群众 60 余名，烧伤群众 20 余名。竖河镇周围三区范围内烧毁民房、死、伤群众不胜枚举。"1958 年 12 月 2 日崇明县人民法院刑事判决（58）刑审字第 670 号判决书："1940 年 6 月，金顺生与日寇、汪伪共同计议至竖河镇以开会为名，着伪警通知该镇商民等百余人集中在庙内，为日寇关门，杀死张锦明、沈仁其等 60 多人，烧伤李国祥等 20 多人。"

经考证，我们认为应以 1958 年的统计为准。

通过对"竖河镇大烧杀"惨案史实的实地调查，结合本县龚家政先生的研究成果，我们统计出当年"竖河镇大烧杀"庙内外人口伤亡的部分名单——

被害致死者：张锦明（张警明）、沈仁其（又名沈成基、沈顺余，开沈顺记布庄）、沈玉兰（女，开小杂货店的沈景的女儿）、龚祖新、郭祖衣、沈耀才、吴鸣高（又名吴高郎）、成龙、龚邦郎、王兴邦、徐达元、沈三林、秦祥宝（李其富家面粉厂开引擎的）、郭兴成、毛连郎、石才善、沈志福、施雨春父、沈文清、刘鸭郎、沈崇礼、郭川郎、王祖治、毛维成（又名毛早郎、茅早郎）、汤再其、詹锦云（又名生肋、孙利瞎子）、吴龙兴、蒋召元、钱刁郎（吊郎）、谭元清、吴文清、毛云郎、张浩江、吴少峰（老和尚）、龚银苟（银狗）、张廷相（张义成）南货店学徒陈才（米行镇人）、张才郎、孙贯全、杜少祥、沈鸣九（沈金根，沈顺余子）、张龙西、郁才明、染布店里的学徒（游击队员）、沈景小杂货店里的学徒成龙、沈耀祖、虞建成、周松园等 47 人。

受伤者和死里逃生者：宋惠贤、徐善郎、施忠元、施清郎、李国强（及其妻子）、李其富（及其妻子）、施惠如、黄惠英、曹益三、龚鹄臣、宋见郎、孙

---

① ② 崇明县人民法院档案室藏。

· 188 ·

冠军、孙应谷、施友才、茅兴斋、蒋和尚、龚秉钧、吴振兴（徐三才的姐夫，常熟人）、周臣才、施其林（施西林）、季浩培、姚奎郎、瞿灿青、刘景贤的兄弟、王斌（黄彪）等27人。

四、房屋财产损失的详情

　　房屋被焚毁的数量，相关报刊上的各种说法均不一致。据1958年崇明县人民法院刑事判决（58）刑审字第670号：侵华日军在制造的"竖河镇大烧杀"暴行中，"烧毁该镇房屋2000多间"。1989年3月上海人民出版社出版、周之珂主编的《崇明县志》第266页"竖河镇大烧杀"一节，依据1985年5月崇明县竖河乡志编写领导组编印的《竖河乡志》第343—348页①"竖河镇大烧杀惨案"：共计100余家商店及1400余间房屋被毁。后说颇为流行。今推考，竖河镇于1940年7月30日、31日被日军烧毁店铺100多家，民宅1400多间（一作1000多间）。日军又将竖河镇近郊房屋大肆焚毁：竖东大队393间，惠民大队105间，新华大队37间，油桥镇（明强大队、南新大队）200多间（一作300多间）。因此，烧毁房屋合计约为2000多间。因而，当以1958年崇明县人民法院刑事判决（58）刑审字第670号②的说法为近似准确。损失的折算价值，所见各种说法中都没有具体的银元价值。今据《竖河乡志》等罗列编制下表：

竖河镇被毁商店大小一百多家		
店　名	数　量	备　注
南货杂货店	10家	
木行	1家	
绸布店	3家	
纱布庄	3家	
粮行	2家	
酒店作坊	11家	
饭店	4家	
茶食店	5家	
茶馆店	3家	

---

① 崇明县档案馆、崇明县图书馆藏。
② 崇明县人民法院档案室藏。

店　　名	数　　量	备　　注
染坊	3 家	
盐业	2 家	
肉台	14 家	
理发店	6 家	
地场商摊	60 多个	
竖河镇被毁房屋 1400 多间		

　　"烧庙那天烧镇，烧脱一半样子。第二天东洋人从西面来又烧镇，除东市梢剩三个宅，加西市梢成功宅未烧脱掉，全镇全部烧光。镇外落乡也烧脱掉好几个宅。"

　　"被烧脱房子的从东市梢起，施江苟大宅，梅其郎大宅，沈炳之、龚谷郎、龚石浦酒店、黄达先、张振龙酒店、吴炳华茶馆、吴龙兴、吴永昌酒店、赵三郎宅等，都是大宅子。"

　　"河西，施进郎、施利祥、毛幸郎、毛明郎、万寿堂药号、张小和尚茶馆等大宅子和沿街全部店面屋。"

　　（据崇明县人民法院档案室藏：1958 年 6 月 7 日孙冠军、孙应谷证人证言）

竖东大队、惠民大队、新华大队、油桥镇等被毁房屋情况表

大　　队	小　　队	间　　数	备　　注
竖东大队	1	47	
	2	18	
	3	／	
	4	／	
	5	48	
	6	46	
	7	20	
	8	11	
	9	23	
	10	／	
	11	25	
	12	／	
	13	80	
	14	75	合计393 间

大 队	小 队	间 数	备 注
惠民大队	12 队龚洪章宅	5	
	12 队黄家田宅	20	
	13 队沈士才宅	2	
	12 队施友山北宅	5	
	12 队施友山南宅	10	
	13 队宋周俊（宋州俊）宅	14	
	13 队周玉林宅	12	
	13 队黄雨田宅	20	
	15 队张锦荣宅	17	合计 105 间
新华大队			被毁房屋共计 37 间
油桥镇西半街	其中现属南新大队范围地段的	占三分之二	
	属明强大队地段的	占三分之一	合计 200 间

"六·二六竖河镇大烧杀"，是侵华日军在崇明实施的最残酷的一次血腥暴行。竖河镇从此失去了百余年的繁荣，集镇市面趋向萧条。当地居民因蒙受日军的残酷侵掠，留下无尽的伤痛。

（执笔者：徐兵）

（协助：施建昌、张耀春、蔡俊春、季洪涛、陈彪）

三、资　　料

（一）档案资料

1. 人口伤亡资料

（1）伪督办上海市政公署警察局呈文二

（1938 年 8 月 1 日）

　　呈为呈报事。案查林肯路警察所于七月十九日会同驻军在华家宅北田渡等村庄拘获匪徒华伯泉等五十二名、女犯李陈氏等九口，并搜获枪弹一案，业经呈报。钧署察核。兹据该所所长胡德山续报称：剿获匪犯华伯泉等五十二名、女犯李陈氏等九口，并抄获枪弹一案，于七月二十六日下午四时，由指导员松田先生先提该案匪犯姚明兴等十九名，会同沪西区指导员北冈先生审讯后，内有匪首华伯泉、姚德生等二名，系该案中之首领暂行拘押侦讯，其余匪犯姚明兴等十七名，由竹下募部队加藤队长率领驻军及职所官警等百余人，将该犯等捆绑押赴何家角东南面铁路傍均各执行斩首。除女犯秦张氏、张阿妹二口已经交保外，本案男女各犯尚有四十二名口，仍拘押待讯。理合将斩决匪犯姚明兴等十七名姓名年龄开单呈报，仰祈鉴核。等情。附呈斩犯姚明兴等名单一纸到局，除指令该所仍将在押人犯四十二名口讯办情形随时具报，以凭核转外，理合抄具斩犯名单，备文呈报，仰祈鉴察。谨呈督办苏

督办上海市政公署警察局局长　卢英（印）

附呈斩犯姚明兴等名单一纸〈略〉

中华民国二十七年八月一日（督办上海市政公署警察局印）

　　［摘自：上海市档案馆编：《日本帝国主义侵略上海罪行史料汇编》（上编），上海人民出版社 1997 年版，第 249—250 页］

（2）伪上海特别市警察局呈文三

（1938 年 8 月 12 日）

呈为呈报事。案据南汇警察署署长卢杰呈称：八月六日据大团分驻所巡官朱校远呈称：七月二十七日上午三时三十分，据警长彭少甫报告有枪声发于南方向此射击，职当即集合长警严加戒备。而此时河浜对面匪势猖獗，枪声如雨点。约一点钟至拂晓时，在街巷隐声射击。皇军在瞭望台以机枪扫射至午后一时，匪势不支纷纷退去。是日计被焚民房两间，余飞汽油船一只，劫掠商店十余家。职督率长警赶造防御工事，武装戒备。迨于二十八日上午三时十分，匪又由东南北三面进犯，与皇军对抗互击，至上午八时二十分始行退却。是日本镇商民纷纷逃避，无法禁止。至二十九日上午零时，匪又三面侵扰，经皇军猛击，至天晓时击退。是日闻毙匪七十余名，中队长二名，受伤者一百余名。并经司令部探悉，此次匪系匪首顾笠峰、严增、张阿六、徐承德、谷守信、张思功等六人共率匪徒一千余人。三十、三十一两日枪声发于四乡，未敢进犯。先后三日共计被战火焚烧商店三十四家，损失货物九万九千有奇，连房产约四十万左右。兹将以上情形并将被灾户名列表呈报，仰祈鉴核等情。查自便匪各处进扰之后，大团至周浦交通水陆方面俱有阻碍危险，以致该分驻所报告始于本日由警士满得胜之妻化装带来。所有大团镇被焚烧劫掠情形，理合备文连同被灾户名调查表一并呈报，仰祈鉴核备案，实为公便。等情。附呈调查表一纸。据此。除指令随时商请友军防剿以安闾阎外，理合抄表备文呈报，仰祈鉴核备案。谨呈

市长傅

计呈送抄表一纸〈略〉

上海特别市警察局局长 卢英（印）

中华民国二十八年八月十二日（上海特别市警察局之印）

[摘自：上海市档案馆编：《日本帝国主义侵略上海罪行史料汇编》（上编），上海人民出版社 1997 年版，第 259—260 页]

（3）上海特别市市政府社会局闸北区
被毁房屋业主登记名册

（1938 年 12 月 24 日）

登记号目	业主姓名	房屋坐落地点	业主通讯处	备　考
1	韦家鼎	长安路五〇三号大成丝厂	公共租界仁记路一〇〇路	厂内尚有七尺炉子二只、八尺炉子一只
	同上	梅园路三三〇号声沅丝厂	同上	同上
2	张禄钧	国庆路二〇六号住屋		尚有灶披二间及残墙
3	张绍生	新疆路乌镇路口长兴里	法租界杜美新邨张宅	
4	陈允记	恒丰路恒通路全乐坊	康脑脱路七七弄八号	
	同上	恒丰路恒通路西协镇里	同上	
5	谢林记	共和路余庆里	静安寺路静安寺门楼	
	同上	梅园路吉庆里	同上	
	同上	汉中路聚庆里	同上	
6	陈元生	新民路太平里	公共租界浙江路龙泉浴室	
	同上	恒丰路维新里	同上	
	同上	虹江玉德池浴室房屋	同上	
7	瞿叔贤	恒通路永仁里	曹家渡永和邨	
8	沈联芳	满洲路敦睦里	公共租界江西路恒丰号	
	同上	蒙古路北公益里	同上	
	同上	蒙古路中公益里	同上	
	同上	蒙古路小菜场	同上	
	同上	光复路恒丰丝厂	同上	
	同上	光复路恒康里	同上	
	同上	光复路恒乐里	同上	
	同上	光复路亚洲煤球厂原址	同上	
	同上	恒通路恒德里	同上	
	同上	恒丰路恒通里	同上	
	同上	恒丰路恒福里	同上	

登记号目	业主姓名	房屋坐落地点	业主通讯处	备 考
9	项茂记	长安路四〇六号至光复路六九一号	梅白克路四六六号	电话三三七〇〇
	同上	大统路二七六号至三二四号	同上	
	同上	共和路四号至二八号	同上	
	同上	恒通路六号一八号	同上	
	同上	永祥里一号至七二号	同上	
	同上	南星路崇德里	同上	
	同上	大统路崇义里	同上	
	同上	南星路一五号至九四号	同上	
	同上	库伦路崇仁里	同上	
	同上	大统路七二号至一三七号	同上	
	同上	崇仁里四七号至二三七号	同上	
10	胡毓臣	厚祥里三〇六号至三三〇号	戈登路源源里二四号	
	同上	民立路三二九号至四三一号	同上	
11	徐慰萱	民立路德祥里	同上	
12	王生和	国庆路三二五号	国庆路万康酱园残屋内	
13	芥 航	新疆路四七七号紫竹禅院		
14	陆师宗	新疆路二五三弄八号	威海卫路三四八弄一一号	
15	陆云泉	新疆路二五五号南仁安里		日商高桥长雄代为登记
	同上	新民路仁安里		同上
	同上	满洲路长安里		同上
16	陆林生	大统路新民路新民里	公共租界青岛路顺兴里三七号	
17	洪宪廷	恒丰路通济路敬业里	法租界吉祥街吉安里怡大当铺	
18	徐雨田	梅园路梅林里	山西路九七号恒昌祥珠号	
19	陆渭泉	新疆路永庆里	爱文义路一五六四弄五号	
	同上	新疆路德邻里	同上	
20	曾康富	共和路德成里	东京路九三七号德成公司	
21	姜为昆	梅园路恒记里	麦根路永平里四号	

登记号目	业主姓名	房屋坐落地点	业主通讯处	备 考
22	后绍庵	华康路广肇路一三〇号	成都路杨子浴室	
23	耿道顺	康吉路永顺里	南京路高阳里广维新号	
24	蒋秋江	京江支路交通路仁贵坊	新闸路一一八号	
25	周廷璜	共和路余臣里	北苏州路五二八信大号	
	同上	共和路一一四号至一二二号	同上	
26	侯顺生	虬江路中州路方棚间西	文监师路八四一号	
27	徐鑫记	金陵路康吉路振兴里	金陵路一九九号	
	同上	梅园路六四号	同上	
28	王彬彦	梅园路同德里	康脑脱路世界殡仪馆	
	同上	宋公园路虬江路南北市房	同上	
29	韦志文	长春路十意里	大沽路二三号刘心田转	
30	叶莲生	永兴路三号至七号	新闸路聚庆里三六号	
31	陈伯恭	海昌支路夏家弄德成里	新闸路江宁公所	
32	王振记	恒通路振康里林祥里	新闸路斯文里四二七号	
33	浦君连	光复路五八三号恒德里	武定路一五号	
34	修 禅	大统路六四五号万福庵	愚园路静园路同益里二〇号	
35	虞绍伦	恒丰路长乐里	孟德兰路一七七号	
	同上	共和路有余里	同上	
	同上	大统路致宦里	同上	
36	谷庆德	中华路沪太路五弄一号至四号	福煦路爱伦里四三号	
37	复兴公司	永兴路会文路复兴里	爱多五路二七号	
38	张兆麟	鸿兴路陆家宅路一五五号	北山西路四七〇号山西戏院	
39	徐紫峰	共和新路海昌路口七〇号	同上	
	同上	宝山路兆福里	同上	
40	盛根生	金陵路德宝里三〇〇至三〇四号	海防路三九一街福兴里二七〇号	
41	马莲夫	新疆路均济里	宁波路永亨银行经租部	
42	王坤一	严家阁路一八九号	社会局特区办事处史麟阁转	
43	任仁奎	永兴路永兴支路口光华坊	法租界蒲石路一五二号	

登记号目	业主姓名	房屋坐落地点	业主通讯处	备 考
44	罗礼记	金陵路永乐里	北京路官润里一二号	
45	马福林	虬江路民德里同林里	大通路三一二号安裕当	
46	马周琴贤	宝山路宝山里	同上	
47	谭静澜	潭子湾潘家湾路一号	戈登路康口里一三号施成蕴转交昌记油厂	
48	庞怡泰	梅园路求安里	成都路五六三号	
	同上	汉中路汉中里	同上	
49	龙 章	恒丰路怀远里	法租界新永安街一七号	
	同上	库伦路南公益里	同上	
50	韩星桥	康吉路大华红丹厂	巨籁达路古棱路口光华里一一号	
51	王元才	永兴路兴安里八号	重庆路大沽路口景裕里二一号	
52	宫志昂	新疆路永清里	爱文义路赫德路西渭德里	
53	徐申如	共和新路海昌公所	北山西路丝厂协会海昌公所	
54	顾竹轩	太阳庙路共和新路西首	湖北路迎春坊一五号	
55	陈元生	海昌路海昌浴室	南京路日升楼五龙池	
56	王士佳	金陵路中段	静安寺路四二九号汇丰呢号	
57	顾阿宁	永兴支路一一号平安里	天潼路新唐里二五号	
58	徐祥伯	大统路二一弄一号	新闸路大兴酒行	本区警局许巡官代登
59	李元芳	普善路元芳里	北河南路一四二号晋盛箔庄	
60	徐传贵	宝昌路复兴邨	福煦路古棱路一〇八号	
61	谢宝生	太阳庙路共和新路西	静安寺路仙乐舞场	
62	谷如鸿	长安路裕通路口	戈登路一〇九二号	
63	陈良怀	永兴路永华里	泗泾路二一号同泰永号	
64	李叔良	华康路二二八弄	劳白生路一八八六号	
65	江义楼	金陵路德宝里	盆汤弄二〇弄五号永顺公司	
66	何允梅	海昌路华康路安吉里	爱多亚路纱布交易所四四七号	
67	陈纪庆	共和新路指江庙路大庆厂	汉口路画锦里五八号	
68	张才良	中山路一二一五弄一号	同上	

登记号目	业主姓名	房屋坐落地点	业主通讯处	备　考
69	怡昌泰	共和路和兴里		社会局第三科交来
70	贺贤荣	裕通路二二号和济饼干厂	小沙渡路四四二号	
71	归寅纲	民立路共和路南二六一弄	同上	
	同上	华康路共和路二四〇弄	同上	
72	韩国雄	虬江路民德路口	北京路福兴里一四号	
	同上	香山路公兴小口	同上	
73	卓铎业	香山路一一七号义大茶箱厂	爱文义路六二一〇弄三一号	
74	曹玉禄	西宝兴路四四六弄桂荫里	海宁路福寿里二八号	
75	乔尧山	新疆路百禄路口	爱文义路四七六号	
76	李正记	广东街正兴里虬江路北	北京路二六六号勃罗洋行任子翚转	
77	张李氏	广肇路三三一弄瑞德里	北山西路四七弄六号王才耀转	
78	李兆林	共和路华康路口	武定路太和坊一〇〇号	
79	沈轶群	大统路海昌路口	武定路八七〇号	
80	沈岐山	库伦路米业公会隔壁长康里	赫德路赵家桥四四弄五号	
81	顾祥鹏	海昌路华康路口	麦根路九〇弄一三二号	
82	袁锦生	梅园路二八六弄	山海关路一六六号	
83	朱锦华	新民路八五九号佛教居士林	哈同路慈厚里北里五一号	
84	曹连生	宋公园路三五号	海宁路福寿里二八号	
85	黄兴业	川公路焕麟里二三号	南京路先施公司炉子间陈官荣转	
86	倪志涛	光复路七五五号协生木行	麦根路一〇八号协行木行	
	同上	光复路七三五号协安丝厂	同上	
87	李邦贤	宝通路一六四号至一七二号	四川路六五〇号安和洋行	
	同上	宝通路小菜场隔壁长兴里	同上	
88	陆关寿	青云路四二五号	法租界敏体尼荫路文元坊一八号	
	同上	三阳路四三六号	同上	
89	周恒福	交通路一一一号理教普德善堂	新闸桥老街明远里一六八号	地处警线内不易树立木牌

登记号目	业主姓名	房屋坐落地点	业主通讯处	备 考
90	刘荣毅	宝山路三八一弄积善里	法租界西门路润安里三二号	
91	王月泉	王家宅路四四弄三号	新闸路戈登路二三〇弄一二一号	
92	陆家祺	蒙古路一一弄一二号	蒙古路一一弄一二号	
93	陆金生	蒙古路一一弄一六号	蒙古路一一弄一二号	
94	高子明	天通庵路北首福源里	北河南路景行里三三号后楼	
95	李贡九	宝安路一二五弄一号	永兴路警察局	
96	潘开声	宝安路一三二、一三四、一三六号	法租界麦祁路麦祁里一〇八号	
97	何远志	宝山路宝山里东弄	法租界福煦路福煦坊一一六九号	
98	顾汝德	普善路中山路德兴里	派克路三〇八号	
99	黄赓初	长安路九九二号	派克路一〇七弄二一号	
100	杨慧记	永兴路小菜场文会路如意里	江西路四五一华商出口行	
101	昌盛公司	永兴路昌盛里	江西路六五〇号李邦贤	

［摘自：上海市档案馆编：《日本帝国主义侵略上海罪行史料汇编》（上编），上海人民出版社1997年版，第232—241页］

(4) 伪上海特别市警察局呈文十七

（1939 年 6 月 10 日）

呈为呈报事。案据川沙区分局分局长戴宝卿呈称：窃于六月二日据竹桥分驻所巡官刘永宽报称：五月三十一日上午六时奉驻竹户田中队长命令饬派长警陈惠仁等六名随同友军出发巡逻去后，该军原为新调竹桥察看地方情形而起。讵知行至潘家行地方，遭遇巨量便匪，以致四面包围不能突出，一面抵敌，一面派人飞报竹桥驻军后，乃将留守所有驻军及自卫团四十余名，并令再派警士十名协同前往声援剿匪去后，至十一时许于四团仓一带炮声隆隆，以及机关步枪之声不绝于耳。战至午后四时余，忽有自卫团员五名回竹报称，该团部队及我长警不知下落，而驻军中队长足部亦稍受微伤，且弹药行将用罄等语。正在详询间，而先前出发之自卫团员四十余名忽分两路退回急报称，友军在包围中因弹药不济，危在顷刻。并称由四团仓、潘家行、老港一带遍地皆匪，并满悬伪青天白日旗等语。据核所述，该便匪既已北侵，则竹桥空虚，形势紧张已达极点。一般民人如大祸业已临头，而扶老携幼，子女哭泣父母呼救之声可震山岳并挟带箱箧包者如惊蛇之游行，凌乱凄惨之状难以形容，为竹桥战事自有以来空前未有。但职明知事已紧急，为镇定后方而免摇动前线作战能力，遂率领全体长警竭力镇压，并以本身性命担保共存亡，决无意外，再三开导免得一般逃难之人民稳定回归本宅。一面由职率领长警于本镇各要隘口布防，并请返竹自卫团员协助维持，始获化险为夷。旋即饬派干警化装前往战地探查我长警之踪迹去后，嗣于六月一日晚七时许，该探警始与户田中队长率领队警回竹。据巡长陈惠仁声称，长警随军二十余名出发巡逻，遭遇便匪援兵加入接战，统计仅百余名，而便匪线阿六、徐盛德二部作战人数竟达三五百名之多，俱属新式枪，射击猛烈。我方友军与川沙赶往增援之友军熟思至再，随带之弹药无多，于其无济于将来，何若即予冲锋肉搏，可以一鼓而歼灭之。议既定，乃号令一呼，齐上刺刀，遂开始冲杀。长警等虽无武器，睹状不甘人后，亦即跟着喊杀前进。岂知该便匪人数虽众，究属正能压邪，该便匪见势向后图逃，被我友军暨长警等刺杀者约八十余名，横尸遍野。为长警等生擒，被长田大队长杀死者亦数名之多。因此战刀一断再断，否则格杀之便匪尚可增加多名。嗣因长田大队长以便匪既已溃退无踪，且时间已迟，深恐穷追为行军之大忌，况户田中队长及军曹二名业已受伤，遂发令停止前进。检查于战毙及杀死之便匪身畔搜得之枪械八十余支，交由大队长带回川沙保管。并将受伤友军二名暨阵亡二名，雇工抬回竹桥转往川沙医治及营葬外，长警等既随友军进潘家行镇休息进餐后，奉令集合点名，均已安全分别返防。所用饭资计二日支洋拾叁元伍角捌分，开具名单请予核发前来，经职查核大致尚符，为特报请核发归垫等情前来。据此。查此次竹桥驻军因巡逻故未多带军火，讵竟遭遇便匪，能以百名之友军暨毫无自卫之长警十六名，而能战死便匪八十余名，获长短枪八十余支之多，并将成千之便匪一战而四散奔逃溃灭无影。我长警陈惠仁等以赤手空拳，竟于危险之时不甘人后，胆敢随同友军齐步上前冲杀，并生擒有枪便匪多名，交由友军经大队长当场一一予以格杀，且各安全返还，固邀钧长之虎威护庇，而该警等迭经出征，已极勇敢，而此次尤属出力，深得友军同口赞许，诚堪嘉慰。除另文请求破格转请叙奖，并将饭资核发，并前往驻军队部向受伤户田中队长及军曹等一一予以慰问外，理合将连日竹桥剿匪情形具文呈报，仰祈鉴核备案。等情。据此。除指令外，理合备文呈报，仰祈鉴核备案。谨呈市长傅

上海特别市警察局局长 卢英（印）

中华民国二十八年六月十日（上海特别市警察局印）

［摘自：上海市档案馆编：《日本帝国主义侵略上海罪行史料汇编》（上编），上海人民出版社1997年版，第279—281页］

（5）伪上海特别市警察局呈文十八

（1939 年 7 月 17 日）

呈为呈报事。案据川沙警察署署长戴宝卿呈称：案查七月一日奉驻军长田大队长命令派遣长警刘德胜等十名押运辎重，随同友军赴南汇竹桥剿匪去后，兹据特勤班长任幼容及警长张庭等先后返署报称：班长奉令后即派特勤警士等先后出发竹桥。据该分驻所报称，一日晚川沙所去军警到达竹桥后登岸略事休息，即奉大队长命令再由竹桥分驻所拨出警士六名随军出发剿匪，俾随时得知就询当地情况。经该分驻所派出朱胜三等六名，于二日上午四时随军三四百名及人民自卫团六十名向西南方向而去。约至是日上午十时许，忽闻三灶飞机及大炮声不绝于耳，知与便匪接触，亟拟返川回署报告。讵至中途九墩地方，发现便匪集结甚众，未敢轻进，乃仍返回竹桥分驻所，遂继续探访，并瞭望飞机三四架在南汇空中盘绕数匝，乃闻炸弹声有十数发之多，继即闻飞机及大炮与步枪之声约三时之久。旋询之南汇来竹民众，据称便匪吴振海一中队、李文元二中队、倪正二中队、徐盛德一中队均已退出南汇，战死便匪第四大队长文净长一名，便匪约计六十名，民人被炸死八名，伤十名。四日午后，日军攻进大团夜宿该处。讵于是日夜便匪约三百名围攻竹桥被驻军击退。五日晨友军进攻万祥俱获胜利，而我长警二十余名均随军前进矣。为特将调查情形报请查核等情前来。正拟据情呈报间，于五日午后七时许派遣随军出发之长警刘德胜等已安然由井上班长带领回署，报称各节核与调查所陈大致相同。除该长警等之饭资四十二元一角，经查核名单尚属相符，由职垫付月终汇案请领。并查该警长刘德胜迭次建功已属可嘉，而此次竟能四昼夜不眠不休，及宜奖晋。除另文呈请予以晋级藉示体恤而励来兹外，理合将此次出发剿匪胜利情形备文呈报，仰祈鉴核。正在核办间，复据该署报称，查此次随军出发剿匪，先后共派长警刘德胜等二十六名，竟四昼夜不眠不休，督率警士认真防范，深得各地会合之友军及人民自卫团十二分之嘉许。计是役友军除伤数名并阵亡兵曹二员，至便匪则死亡六十名，人民伤亡约二十余名。我长警幸均安全返还。除另文呈请叙奖外，理合遵照向章填具剿匪情况表二份。据此。除分别指令外，理合检同原表一份备文呈报，仰祈鉴核备案。谨呈市长傅

计呈送剿匪情况表一份〈略〉

上海特别市警察局局长 卢英（印）

中华民国二十八年七月十七日（上海特别市警察局印）

［摘自：上海市档案馆编：《日本帝国主义侵略上海罪行史料汇编》（上编），上海人民出版社 1997 年版，第 281—282 页］

（6）上海市政府公函

（1947 年 4 月 2 日）

前准贵部三十五年十月二十五日礼字第 460 号代电，附送抗战期间征用民工暨日人强征民力伤亡数目调查表式，嘱查填送部一案，准经抄发表式转饬所属各区查填报核凭转在案。除据邑庙等四区先后填表呈复外，其余各区咸以居民播迁离散，对于战时征用民工及日人强征民力伤亡情形，历时久远，难以普查，未能填报。兹将邑庙等区查填数目，统计列表，检送一份，以供参考。准函前由。相应函复，即希查照为荷。此致

内政部

附调查表一份

市长吴〇〇

附表：抗战期间日本征用或强征民工伤亡数目调查表①

项目 区别	征用民工伤亡数			强征民工伤亡数		
	征用数	伤数	亡数	强征数	伤数	亡数
邑　庙	六	三	三	一一	五	六
徐　汇	六〇			二二二		一①
北　站	二一三			二一七		
洋　泾						一②
第三十区						一③
合　计	二七九	三	三	二四三〇	五	一四

说明：①第十五保被敌强征民工每日三十人共二十天。

②第四十二保居民赵阿林被敌人拉去生死不明。第五十三保五甲居民朱仓生不服强征被枪杀。

③查本区在抗战期间境内凡十六岁以上居民均被敌人强征工作，征用数因时间已久难以统计。

［摘自：上海市档案馆编：《日本帝国主义侵略上海罪行史料汇编》（上编），上海人民出版社 1997 年版，第 581—582 页］

---

① 此表系上海部分区调查表，由编者据原报表重制。

2. 财产损失资料①

（1）上海永和实业股份有限公司财产损失备报表②

1）一·二八期间上海永和实业股份有限公司财产直接损失备报表

事件（注1） 一·二八日军侵犯淞沪之役

日期（注2） 中华民国二十一年一月廿八日

地点（注3） 上海闸北西宝兴路八士桥西首民生路71号

填报者：上海永和实业股份有限公司	填报日期：35年1月18日	
分　类	损失时价值（国币元）	重要物品项目及其数量
共　计	1328786.00	
厂房	172200	焚去房屋及装修75000两 损坏房屋及装修48000两 折合法币
现款	455000	焚去265000两 损坏60000两 折合法币
制成品	264600	焚去139000两 损坏50000两 折合法币
原料	93800	焚去25000两 损坏42000两 折合法币

---

① 以下财产损失资料中，涉及财产损失的货币统计数据，凡未标明币种者均为法币（亦称为国币），凡未标明货币单位者均以"元"为单位。特此说明。

② 标题为编者所加。

机械及工具		
运输工具		
其他	343186	1. 开支利息及房金两月 15490 两折合法币 21686 元 2. 暂留职工薪金两月 2000 元 3. 搬运费 2000 元 4. 职工事业 950 人 66500 元 5. 职工私产素食 231000 元 6. 营业减少损失 20000 元

注（1）事件　即发生损失之事件如日机轰炸日军进攻等

注（2）日期　即事件发生之日期如某年月日或某年月日至某年月日

注（3）地点　即事件发生之地包括某市某县某乡某村

（上海市档案馆馆藏档案，档案号 Q1—17—1129）

2）上海永和实业股份有限公司在重庆轰炸期间财产直接损失备报表①

事件（注1）　重庆被炸

日期（注2）　廿八年四月

地点（注3）　重庆上都街二十六号

填报者：永和实业股份有限公司	填报日期：35 年 1 月 21 日	
分　类	损失时价值（国币元）	重要物品项目及其数量
共计	212339.00	
厂房		
现款		
制成品	198812.71	
原料	9938.10	
机械及工具	2137.00	
运输工具	1451.19	
其他		

注（1）事件　即发生损失之事件如日机轰炸日军进攻等

注（2）日期　即事件发生之日期如某年月日或某年月日至某年月日

注（3）地点　即事件发生之地包括某市某县某乡某村

（上海市档案馆馆藏档案，档案号 Q1—17—1129）

---

① 标题为编者所加。

3） 八一三期间上海永和实业股份有限公司财产直接损失备报表①

事件（注1） 八一三日军侵犯

日期（注2） 中华民国二十六年八月十三日日军自八士桥开始进攻

地点（注3） 上海闸北西宝兴路八士桥西首民生路71—73号

填报者：上海永和实业股份有限公司　　填报日期：35 年 1 月 21 日		
分　类	损失时价值（国币元）	重要物品项目及其数量
共　计	147840.00	
厂房	188815.00	
现款	116780.00	细数单另附
制成品		
原料		
机械及工具	机械及附件 108834.00 生财 15031.00	
运输工具	3960.00	运货卡车一辆载重二吨半美国雪佛兰厂出品照会 16220 号
其他	间接损失另附细数单	

注（1） 事件　即发生损失之事件如日机轰炸日军进攻等

注（2） 日期　即事件发生之日期如某年月日或某年月日至某年月日

注（3） 地点　即事件发生之地包括某市某县某乡某村

（上海市档案馆馆藏档案，档案号 Q1—17—1129）

---

① 标题为编者所加。

4) 1937—1945 年永和实业股份有限公司间接损失表①

中华民国 35 年 1 月 21 日

年份（年）	照25年度法币生产标准应得之数	(1) 通货购买力倍数等于100	(2) 折合本年通货之数	(3) 本年份仅得生产之实数	(4) (2)与(3)相比减少之实数	(5) 百分之十盈利损失	(6) 通货购买力折合等于100	(7) 上项损失照市政府货币购买力折合25年之法币	依照25年法币3.30折合美金之计算
26 年 27 年并	13344182.07	134.85	18129479.52	1977940.28	16151539.24	1615153.92	75.185	1214353.47	367985.90
28 年	8799828.26	197.52	17381420.77	1605915.80	15775504.97	1577550.50	50.63	798713.82	242034.49
29 年	10559793.91	428.35	45232877.21	2399483.31	42833393.90	4283339.39	23.35	1005159.75	304593.86
30 年	12671752.69	826.24	104699087.63	5885425.69	98813661.94	9881366.20	12.10	1195645.31	362314.94
31 年	15206103.23	1993.56	303142791.55	4057750.23	299085041.32	29908504.13	5.02	10501406.91	454971.61
32 年	18247323.88	7225.65	1318487787.94	17563081.08	1304924676.86	130092467.69	1.38	1795276.05	544023.05
33 年	21896788.66	47750.57	10455841396.85	41322310.19	10414519086.66	1041451908.67	0.21	2187049.01	662742.12
34 年	26276114.64	186118.50	48904611090.40	1318728564.00	47585882526.40	4758588252.64	107333	3492803.77	1058425.38
								共计美金	3997091.35

（上海市档案馆馆藏档案，档案号 Q1—17—1129）

---

① 标题为编者所加。

5）1937—1945 年上海永和实业股份有限公司财产间接损失备报表[①]

　　填报者：上海永和实业股份有限公司

　　填报日期：26 年 8 月 13 日至 34 年 8 月

分　类	损失时价值（美金）	重要物品项目及其数量
共　计	1611.57	
运移费	1086.74	
防空设备费	118.18	依照 25 年份 3.30 计算
疏散费	321.38	
救济费	85.22	
生产减少	另附细表	
盈利减少	另附细表	

（上海市档案馆馆藏档案，档案号 Q1—17—1129）

---

① 标题为编者所加。

（2）商务印书馆启事

（1932 年 2 月 14 日）

　　谨启者：敝公司印刷制造厂及编译所、东方图书馆、尚公小学等向设上海闸北宝山路，上月廿八日夜，日本军队侵犯闸北，廿九日上午，用飞机连接抛掷炸弹，将敝公司印刷制造总厂及尚公小学全部炸毁。本月二日，编译所及东方图书馆，又被纵火焚毁，敝公司三十五年苦心经营致力文化之基础，尽付一炬，损失之大，莫可言喻。东方图书馆所藏古籍善本及本国各省、府、州、县志并各国学术图籍，皆积二、三十年之精力，逐渐搜罗所得，尤非以金钱数目所能计其损失。敝公司董事会因总厂全部被毁，资产损失殆尽，财力已无法维持，职工亦无从工作，不得已议决上海总馆全部停业，职工全体停职，俟大局粗定，召集股东会决定方针，再定办法，并已分呈各主管官厅在案。除敝公司损失数目，容俟设法清查，再行详报外，相应将敝公司印刷制造总厂及编译所、东方图书馆、尚公小学等被毁情形，备函报告，请烦查照，转呈国民政府行政院准予迅向日本提出严重抗议，并声明保留赔偿损失之要求，实纫公谊。

　　此致

上海市书业同业公会

商务印书馆谨启（印）

（摘自：上海市档案馆编：《日本在华中经济掠夺史料》，上海书店出版社 2005 年版，第 1 页）

（3）轰炸焚烧永安纱厂等工厂企业

（1932 年 3 月）

永安纱厂被日机炸毁

永安纱厂被日机炸毁　工人死伤达三十余人，电气马达一部、摇纱机五十二部被毁。

公共租界麦根路永安第三纱厂，于二月十二日晨，被日机投掷炸弹，弹落该厂东北角之摇纱间，内有一部分计电气马达一部、摇纱机五十二部均被毁，其他玻璃杂物等，亦遭破坏，约计损失在万两左右。被炸时适为工人食饭时间，只有三十余人留在摇纱间，遂不幸遇难，设非饭时，则死伤当更不止此数。日机随又掷一硫磺弹，击中该摇纱间楼梯之栏杆，当即起火，幸经驻防该处之美水兵设法扑灭，未受损失。查日人掷此种硫磺弹之目的，显系故意纵火，欲图于破坏外，将该厂完全焚去也。

吴淞两厂被毁

吴淞面粉厂在吴淞市河边，占地三亩，建筑四层楼为粉间，靠三羊路则造五上五下房屋为办事室，每日可出粉一千数百包。该厂近方图扩充，不料为日军舰炮击，致将厂房、机器及堆存麦粉与动用物件，尽行焚毁。估计损失大致如下：厂屋建筑费约三万两，制粉机器值银廿万两，存麦一万余包计银一万两，厂内生财及各职员行李等约值数千两。

常熟轧花厂，该厂开设在吴淞外马路，已有七、八年之历史，营业素称发达。不幸于二月十六日亦为日军炮火下之牺牲品。全部损失约计五万两。

华租界内三纱厂炸毁

二十日上午九时半，日军在闸北天通庵一带。向西南连开大炮，有开花炮弹五枚落于沪西一带纱厂，计统益纱厂两枚，溥益纱厂一枚，大丰纱厂两枚。兹将炸毁情形，分记如后：

统益纱厂　沪西莫干山路十号统益纱厂系国人资本，设在租界。廿日上午九时半，厂中正在工作之时，忽有日军炮弹自东飞来，一弹落该厂南职员宿舍三楼，炸去南方一角，瓦砾纷飞，玻璃、墙壁均有震坏。幸当时正在工作时间，职员均不在内，得无死伤。

溥益纱厂　劳勃生路十号溥益纱厂二厂，于同日晨正在工作之际，由东飞来日方开花弹一枚，将该厂清花间东首墙壁炸毁，炸伤守门及工人五名。

大丰纱厂　东京路浜北潭子湾大丰纱厂，亦于同时落下开花弹两枚。以该厂地在华界，停工已久，故无死伤，惟大部房屋已被炸毁。

火烧毛全泰木器厂

东体育会路五七号毛全泰木器厂，因战事停工，留有工人十余名看守门户。二月十七日下午，有日兵七人携军器前往该厂搜查，旋即退出。次日又有一小队携机关枪前往作同样搜查，结果毫无所得。至廿日下午，又来大队日步兵马队共约五百余人，其中半数直开向万国体育场而去，其余至该厂，破门入内，装置大炮及军用电话等，继用强力威吓，命该工人等供给烟茶。约半时许，前方电话来，命速即整装前去。未几日兵八人各携硫磺及其他引火物进来，命工人等归宿舍就寝。同时将引火物向各处分散放火，一时烈焰冲天，全厂尽毁。在内工人由火中爬墙而逃，日兵瞥见，即开枪追击，幸无死伤。该厂损失约七、八十万之巨。

［摘自：上海市档案馆编：《日本帝国主义侵略上海罪行史料汇编》（上编），上海人民出版社 1997 年版，第 30—31 页］

(4)"一·二八"战区上海教育事业损失概况

(1932 年 5 月 25 日)

战区教育事业损害概况（廿一年五月廿五日）

一、战前概况：本市为东亚巨埠，中西文化，于斯贯通。人文荟萃，学校林立，实为我国文化中心。本市有大学十二、学院十一、专科学校七，中小学校之多，尤为内地各埠之冠。以闹市特区环境非宜，多建校于近郊各区，如国立劳动、同济、暨南各大学，中央大学商学院、医学院、私立复旦大学、中国公学、上海法学院、持志学院、文化学院上海第二院、交通部立吴淞商船学校、江苏省立水产学校等，均设于吴淞、江湾、真如等处。各校费数十百万金钱，经多年擘画经营，莫不设备完善，成绩卓著。市立中小学之在闸北、江湾、吴淞三区者，共有三十六校，逐年扩展，就学者日众。其他私立中小学校，闸北区内更所在皆是。又供给全国学校教科书之商务印书馆及藏书丰富之东方图书馆亦在焉。

二、损害概况：事变爆发后，作战区域内学校，非遭焚毁成为灰烬，即敌军占驻备受毁损。其军队所经各区之学校，敌军时往骚扰，地痞乘机劫掠夺，亦损失非鲜。兹将该校等所受损害，类别略述如次：

A. 非市立学校

甲、公私立专科以上学校，全部均被轰毁者，国立同济大学；全部被焚者，国立中央大学商学院、私立持志学院、上海法学院、上海艺术专科学校；大部分被焚又被毁坏者，国立劳动大学、私立中国公学；大部分被毁者，国立中央大学医学院、私立复旦大学、文化学院上海第二院。其他各校亦无不损害甚巨。计公私立专科以上学校十三校，共损失银 6602500 元。

乙、公私立中等学校，全部被焚者，私立南洋商业高级中学；毁坏劫掠，几无校或得幸免。计中等学校二十九校，共损失银 1878792 元。

丙、私立小学校，战区中私立小学，以闸北区为多。闸北宝山路、虬江路、天通庵路、横浜路等处，俱付一炬，各私立小学同罹惨劫。其幸存者，器物荡然，仅余破屋。计私立小学四十校，共损失银 125278 元。

B. 市立学校

甲、中学校、市立吴淞初级中学设于吴淞，教室、图书馆俱焚毁，办公室亦被炸，图书标本及大部分校具，尽毁于火，少数残余校具，又为地痞劫掠，该校计损失银 43900 元。

乙、小学校，闸北战区市立小学幼稚园共十二校，全毁者三校，炮弹轰毁，不复可用者二校，余系弹伤毁劫，门窗无存者。江湾区市立小学共十二校，全毁者三校，大部分炸毁者五校，炮弹击断木柱者一校，余皆门窗篱笆尽被偷拆。吴淞区市立小学八校，全毁者二校，大部分炸毁者二校，炮弹轰毁者二校，余系仅存未能关闭之破屋。此系三区市立小学校舍损害概况。各校校具大部分已随屋同烬，其余有为敌军作燃料者，有移往田野间作他用散失者，有被地痞劫去者，几已损失殆尽。其他军队所经之真如、蒲淞、引翔、殷行各区市立小学校，因敌军骚扰，或被军队借住，校舍校具亦各受损失不等。计市立小学三十四校，共损失银 138623 元。

C. 其他文化机关，商务印书馆、东方图书馆俱被焚毁，共损失银 16330504 元。其他未查报者，当亦不在少数

三、筹拟临时善后计划。敌军未撤前，曾派员设法前往查勘，以交通警备等关系，未能周遍详勘。迨各区次第接管，已先往闸北详细视察，计建成、芦浜、惠风三校已全毁，育德及闸北幼稚园二校，炮毁不可复用，余亦毁损不堪。现拟筹订战区市立小学临时善后计划，即择校舍未毁，四周居民尚多，需要学校之处，先行开设临时小学，已有市民呈请恢复学校到局者。此项计划订完后，先于闸并实施。江湾、吴淞，依次推行。附具闸北区受灾学校分布图，以备查阅。

上海市教育局

（摘自：上海市档案馆编：《日本在华中经济掠夺史料》，上海书店出版社 2005 年版，第 7—9 页）

（5）"一·二八"上海战争损失统计（1932 年）

日攻上海我损失逾十四万万元

（社会局发表之统计）

北区

（甲）住户	（一）财产损失	四八六，六七一，一六九·五二 ［元］
	（二）间接损失	七九，二六〇，八八三·三六 ［元］
	（三）棚户损失	六〇三，九〇〇·〇〇 ［元］
（乙）商店	（一）财产损失	一·二八，五九三，九〇九·六〇 ［元］
	（二）间接损失	一八，九五四，二五八·四〇 ［元］
（丙）房产	（一）直接损失	二〇一，一六六，六六一·〇〇 ［元］
	（二）间接损失	一，九七二，二二二·〇〇 ［元］
（丁）工厂	（一）直接损失	四五，三二七，九一六·〇〇 ［元］
	（二）间接损失	二二，六六三，九五八·〇〇 ［元］

北区总计   九八五，二一四，八七三·八八 ［元］

南区

（甲）住户	一七，五六八，一〇二·六〇 ［元］
（乙）商店	一六一，九二五，一九八·〇〇 ［元］
（丁）工厂	九三〇，五五五·〇〇 ［元］

南区总计   一八八，〇四八，五一三·一〇 ［元］

特区

（甲）商店	（一）公共租界	一九三，三九六，二〇八·四〇 ［元］
	（二）法租界	九五，二六七，四九九·六〇 ［元］
（乙）工厂	二三，五三四，七五五·七五 ［元］

特区总计   三一二，一九八，四六三·七五 ［元］

统共计   一，四八三，四六一，八五四·七三 ［元］

（附注）（一）本统计表以各区受灾之轻重分为直接受灾区与间接受灾区。直接受灾区（北区）为闸北、引翔、殷行、吴淞、江湾、真如、彭浦等。间接受灾区（南区及特区）为沪南、漕泾、法华、蒲淞、浦东等，市区及公共租界。

（二）直接受灾区所受损失分直接（或财产）间接两项，统计两间接受灾区仅计其间接损失。

（三）本表仅就住户、商店、房产、工厂四项统计，至于交通、事业、学校、公园、政府、税收、金融疲滞等直接间接损失均未计及。

（四）住房商店之家数根据公安局二十年十二月份户口统计。

（五）特区商店之家数根据社会局商号调查。

（六）损失以统一调查处收到报告表平均计算。

（七）房产以市财政局房捐推算。

（八）工厂之家数及资本根据社会局工厂调查。

（摘自：上海市档案馆编：《日本在华中经济掠夺史料》，上海书店出版社 2005 年版，第 10—11 页）

（6）强占中央银行上海分行存钞

外交部快邮代电

（1941 年 6 月 12 日）

欧 30 第 3595 号

财政部勋鉴：据法国大使馆派员来部面称，六月二、三日间，上海当局向法租界要求检查界内 Moller 洋行堆栈。按该栈系中国中央银行所租，日人检查时，发现七十万元钞币，当欲提去，法驻沪总领事坚持不允，日方亦坚持不让。现已由法总领事电请驻日法大使向日方交涉等语。此事经过究竟如何，相应电请查明见复为荷。外交部。文。

中华民国三十年六月十二日

外交部快邮代电

（1941 年 7 月 16 日）

欧 30 第 4273 号

财政部勋鉴：关于上海日方攫夺 Moller 堆栈钞券事。六月十二日欧 30 字第三五九五号代电计达。前据法国大使馆派员来部面称，此事前由驻沪法总领事电请驻日法大使向日外部交涉制止攫取后，最近，得上海来电，日外部已拒绝法大使要求，并已由上海日宪兵队通知法方，定于七月十一日占取。此事法方已用尽力量，设法阻止，但日方态度坚决，终归无效等语。除已由本部声明保留有关此事之一切权利外，相应电请查照为荷。外交部。铣。

中华民国三十年七月十六日

[摘自：上海市档案馆编：《日本帝国主义侵略上海罪行史料汇编》（下编），上海人民出版社 1997 年版，第 11 页]

（7） 强占中国农民银行上海分行存钞

四联总处公函（1941 年 7 月 18 日）

中、中、交、农四行联合办事总处函 合发字第 25811 号

案查关于中央、交通两行上海分行被劫时，库存法币及证券等项数目并损失情形，经于七月六日以合发字第 25285 号函达查照在案。前准中农行总处七月十八日公字第 1027 号略称：查沪行于敌军侵占租界时，据现已查明者，计损失库存现钞 804351.10 元。又，密存外库者，计现钞 1276500.00 元外，发库 3363000.00 元（已盖作废戳记）、现洋 235680 元、标金三条计 210 两、赤八条计 80 两、银块 6200 两、美金镑 21 元、港币 754.00 元、统一公债 7400.00 元、寄存建华银行款 1779000.00 元。准函前由，相应复请察照。等语。相应转请查照为荷。此致

　　财政部

　　　　　　　　　　交通

　　　　　　　　　　中央

　　　　　　　　　　　　银行联合办事总处

　　　　　　　　　　中国

　　　　　　　　　　农民

[摘自：上海市档案馆编：《日本帝国主义侵略上海罪行史料汇编》（下编），上海人民出版社 1997 年版，第 13 页]

（8） 上海各业损失概况

（1941 年 12 月）

上海为我国工业中心地，占全国工业生产二分之一。战前华商工厂集中于上海者，在 5200 家以上；其中以毛织工厂为主，计有 20 家，资本总计 198 万元；纺织厂 31 家，丝厂 120 家，杂货制造工厂 83 家，机械器具工场 103 家，染织工厂 6 家，纸厂 14 家，皮革厂 8 家，玻璃工厂 31 家，火柴工厂 6 家。以上各厂，密集于闸北一带而全毁者，占 35%；浦东南市一带全毁者，占 20%；合计被毁者，当在 70% 左右。据上海社会局之推定，今次于战事中，南市华军未撤退前，若与南市被毁者合计，全部被毁者当达 2270 余家，损失总额在 8 亿元以上。

据上海市商会调查各重要华商工厂损失状况如次表：

厂　　名	厂　　址	资本（元）	损　　失
新中工程股份有限公司	闸北宝昌路 632 号	200000	129524 元
榭德公司（原名大胜丝厂）	闸北谈家橘柳营路大生桥 16 号	200000	104500 元
中国机器印花厂	闸北彭浦区庙头镇正和桥 28 号	150000	机器原料生财花板全部焚毁
永和实业股份有限公司	闸北西宝兴路底民生路 71 号	600000	390956 元
裕丰丝厂	闸北共和新路底新营盘 20 号	138000	89300 元
华美烟公司工厂	虹口塘山路 365 号	300000	590000 元
大陆橡胶厂	韬朋路 876 号	150000	210000 元
正大鸿记橡胶厂	虹口韬朋路 884 号	50000	70000 元
大康橡胶厂	闸北江湾路 272 号	1500	30000 元
大上海橡胶厂	斜徐路西日晖路斜徐桥内	100000	61000 元
翔华义记工厂	上海南市小南门外青龙桥	12000	70000 元
立兴热水瓶厂	闸北全家庵路 210 号	100000	120000 元
辛丰织印绸布厂	印染部闸北柳营路织造部西门方斜路	200000	81593 元
光大文记热水瓶桶罐厂	闸北交通 533 号至 537 号	130000	
中国印铁制罐热水瓶厂	闸北宝昌路 443 号	80000	85000 元
光大昌记玻璃厂	闸北恒业路顾家湾 14 号	3300	3800 元

厂　　名	厂　　址	资本（元）	损　　失
上海和泰五金厂	南市制造局路汝南街中	12000	8000 元
光大顺记热水瓶厂	闸北青云路 309 号	10000	29500 元
天元久记厂	虹口塘山路 1198 号	26000	厂屋受损内部损失未详
天一味母厂	第一厂华盛路 1060 号 第二厂昆明路 823 号	300000	174701 元
大陆染厂	天宝路 75 号	15000	全部被毁
大赉漂染厂	天宝路 74 号	25000	全部被毁
上海龙章造纸厂	龙华路 972 号	12000000	366000 元
晋明振记玻璃电料瓶胆厂	玻璃厂闸北伦敦路 1 至 5 号瓶胆部庆云路	20000	38200 元
全记绸厂	韬朋路底修安里 72、70、68、56 号	25000	18734 元
天然协记鲜味精厂	闸北潭子湾 395 号	30000	33400 元
中华热水瓶厂	南市斜土路 77 弄	20000	20000 元
明锠机器厂	周家嘴路 30 号	120000	108000 元
亨利烛皂碱厂	南市小九华路 15 号	166000	165980 元
新民机器厂	塘山路 796 号	96000	80000 元
大华热水瓶厂	南市局门路张家浜路 125 号	20000	生财、机器、模子等共值 8640 元是否全毁未悉
太乙调味麦精粉厂	海昌支路 85 号	30000	78550 元
中国工商谊记橡胶厂	周家桥西白利南路 2679 号	80000	34000 元
亚细亚实业公司	总工厂上海同孚路 282 弄 215 号　分工厂设青浦章练塘 432 号	3000	2000 元

厂　　名	厂　　址	资本（元）	损　　失
广兴机器厂	虹口通州路 330 弄 17 号	70000	77540 元
天厨第三厂	新桥路 453 号、609 号	2200000	一部分遭焚毁
天厨淀粉厂	翟真人路 759 号		全部损失不详
天生滋味素厂	第一厂虹镇飞虹路 第二厂昆明路发行所熙华德路 办事处萨坡宝路	150000	139899 元
钧昌机器厂	闸北会文路 263 号	10000	14850 元
天香味宝厂股份有限公司	第一厂闸北宝兴路董家宅 25 号 第二厂邓脱路 351 号	150000	厂屋、机器、货品、原料及客账等约计 20 万元以上，是否被毁未悉
球宝华记雪茄烟厂	虹口西武昌路文锦里 24 号	5000	5900 元
仁丰机器染织厂	齐齐哈尔路 951 号	500000	1550000 元
上海协成银箱厂股份有限公司	欧嘉路 89 号	50000	厂屋全毁
中国公胜棉毛织染厂	沪西周家桥林肯支路 210 号	300000	100000 元
元通织染厂	南市打浦路 80 号	30000	139000 元
中国铅丹厂	制造局路康衢路玉家宅 2630 号	27000	7500 元
中华辗铜厂	南市翟真人路 1122 号	140000	174430 元
新和机器铸铁工厂	周家嘴路 1243 号	65000	90000 元

（原载《四年之倭寇经济侵略（密）》，中央调查统计局特种经济调查处编。民国 30 年 12 月出版。）

（摘自：上海市档案馆编：《日本在华中经济掠夺史料》，上海书店出版社 2005 年版，第 74—77 页）

（9）上海各银行移交日本正金银行款项表

（1942 年 4 月 21 日）①

各银行移交正金银行款项表

行　　名	数　　目
盐　　业	四千一百三十五元
四　　明	一千三百〇二元
四行储蓄会	贰元九角九分
中国垦业	二千四百元
浙江兴业	四千九百五十四元五角五分
中国农工	九百廿四元
浙江实业	七千〇十元〇九角
中国实业	十一元三角九分
新　　华	二万七千九百十九元一角四分
永　　亨	四百九十五元七角
中　　孚	壹千三百三十八元一角四分
通　　商	叁百贰拾元〇四角六分
浙江建业	贰千九百六十二元四角四分
上　　海	壹万三千六百四十元〇七角七分
国　　华	贰万五千〇七十八元八角九分
中　　兴	一千三百五十六元二角一分
共九万	四月二十日杨先生送去三千八百五十三元二角五分
金　　城	五万八千二百八十三元九角六分
大　　陆	贰万贰千四百十七元四角七分
中华劝工	十五元八角八分

---

① 原件系稿本，故数据文字使用不统一，现仍照原件抄录。

行　名	数　目
中　汇	拾四万五千四百八十一元八角　支票八张

共　贰拾贰万陆千壹百玖拾玖元壹角壹分
卅一年四月廿一日杨先生送去叁拾五万〇肆百五十七元八角壹分

中国国货银行，该行自行缴送

合计　五拾柒万陆千陆百五拾六元九角贰分

　　〔摘自：上海市档案馆编：《日本帝国主义侵略上海罪行史料汇编》（下编），上海人民出版社1997年版，第15页〕

（10）青浦县第七区西安乡全乡财产损失报告册

（1945 年 11 月）

事件　日军围剿民众游击队　日期　二十九年四月十七日

地点　青浦县七区西安乡（青沪公路沿线蟠龙塘西方家窑东一带）

填送日期　三十四年十一月　日

损失项目	单位	数量	价值
瓦屋	间	一〇〇九，	一五一三五〇，〇元
草屋	间	八九九，五	四四九七五，〇元
春作店	工具材料	全部	一〇〇，〇元
白米	石	一〇七五，	一〇七五〇，〇元
糙米	石	一一二，	九七四，四元
谷稻	亩	一四二一，五	二八四三〇，〇元
谷	石	二八，五	一四二，五元
稻草	亩	一五二，	四五六，〇元
农具	户	一七三，	五一九〇，〇元
水车器	座	一五，	二二五，〇元
家具	户	一六二，	四八六〇〇，〇元
红木家具	套	四，	二〇〇〇，〇元
嫁妆	套	五，	二〇〇〇，〇元
衣服	户	一八一，	五四三〇，〇元
土布	匹	一四四〇，	二八八〇，〇元
猪	头	七九二，	七九二〇，〇元
耕牛	头	一一，	一一〇〇，〇元
羊	头	六	三〇，〇元

损失项目	单位	数量	价值
鸭	只	七一〇，	七一〇，〇元
大船	只	九，	九〇〇，〇元
小船	只	一二，	六〇〇，〇元
船舫	座	一二，	二四〇，〇元
法币	元	二〇〇〇〇，	二〇〇〇〇，〇元
茶炉子器具	套	一，	三〇，〇元
寿具	具	四，	四〇〇，〇元
金饰	两	一，五	一六五，〇元
布机	乘	一，	一五，〇元
全部字画	户	三，	
书籍	户	三，	
普通家具	套	八，	一六〇〇，〇元
死亡男	人	三八，	
死亡女	口	二六，	
合计		三三七二一二，九元	

备注　上列价值悉照二十六年夏季米价为标准如瓦屋每间以十五石米计算草屋以五石米计算金饰每两作一百十元牛以十石米计算猪以一石米计算总之一切物件悉依二十六年以前价值填报字画书籍不能估价故价值栏不能填入死亡人数亦难填价

损失者　二四九户另列清册

代报者　青浦县第七区西安乡乡长何仲良

（上海市青浦区档案馆馆藏档案，全宗号82，目录号2，案卷号172）

（11）上海华商电气股份有限公司财产直接损失汇报表①

（1946 年 1 月 5 日）

公用事业部分

事件：抗战时期敌伪侵占损失

日期：中华民国二十六年十一月十二日至三十四年九月十八日止

地点：上海南市车站路本公司及营业区域内

填送日期：35 年 1 月 5 日

分　类	价　　值（元）	
共　　计	国　　币	16599255712.00
房屋		478752210.00
器具		33010587.00
现款		480000.00
路线设备		2548376564.00
电讯设备		6444885.00
车辆		163442000.00
材料		440356745.00
修理机械及工具		84661830.00
货物		
发电设备		5113739960.00
配电设备		861233500.00
接户路灯设备		1841631245.00
出租机件		45328000.00
新厂设备		1893410766.00
电车设备		3088387420.00
其他		

附财产损失报告单　　三十七 张（略）

（上海市档案馆馆藏档案，档案号 Q5—3—4492）

---

① 标题为编者所加。

（12）上海铁业同业公会呈文

（1946 年 1 月 15 日）

谨启者。顷得贵会第六号通告并抗战时期财物损失调查表，嘱将战时损失逐项填明以便汇报等因。查民国三十年十一月八日敌人发动太平洋战事，上海敌军即在同日上午十时进驻前租界区域，同时在北苏州路及浙江路一带钢铁五金号集中之区施行戒严，密布岗位，如临大敌，随用迅速手段将钢铁五金号及堆栈前后门如数封闭，无一幸免。甚至拘捕人员，滥施非刑，迫令将所有钢铁五金向敌大使馆登记，意欲全部攫取。会员等以人民之财物即国家之元气，且商民血本攸关，为公为私均不能任凭敌人攫取，但当时吾政府因应付长期抗战，早已远迁重庆力不能及，会员等诉苦无门，保障全无，乃在同业公会团结掩护之下合力与敌抗争。忍受种种侮辱，奈爱国有心，制敌无方，赤手空拳相持月余，最后仍被以暴力攫取四千八百余吨。然若无月余之抗争，则决不止此数也。嗣敌人为掩蔽暴行，佯示给价核发货款，而所发之数只有当时市价十之三四。会员等本拟拒绝收受，俟胜利后向敌清算，无如各店被其封闭一月有余，营业完全停顿，收入毫无，而开缴支出如常不能减少，且值阴历年关，庄款货本均须清算，不得不忍痛勉受以度年关。综其损失，共计当时国币贰仟壹佰零贰万玖仟陆佰陆拾七元九角之巨。查吾国钢铁出产甚微，会员等之货物均以美金向国外购运而来，故其损失须以美金计算。当时汇率为国币壹佰元合美金五元贰角五分，今损失国币贰仟壹百余万，实际即损失美金壹百拾壹万四仟五佰五拾柒元五角八分。值兹抗战胜利，天日重光，仇人血账理应清算，谨将会员等被敌强迫攫取而去之货物细账联合附呈，请贵会转呈主管机关向敌清算赔偿。查敌人自投降后留下之敌产钢铁为数甚巨，去年十二月二十四日江海关第一次拍卖敌产即有三四千吨，其他所余十百于此，敬请贵会呈请主管机关将敌人剩余之钢铁分拨一部份发与会员等，以资补助救济，至感公便等语到会。查所称各节系属实情，除将损失货物细账汇总列表随文附呈。仰祈鉴核核转外，理合将损失详情一并呈明。仰乞多长鉴核分转赐于救济，不胜迫切待命之至。谨呈

附呈会员货物损失汇报表二份（略）

具呈人：上海市铁业同业公会整理

委员会常务委员 陈贵生

（印）

会址：上海香港路一五〇号二楼

电话：一二七四七号

中华民国三十五年一月十五日（章）

（摘自：上海市档案馆编：《日本在华中经济掠夺史料》，上海书店
出版社 2005 年版，第 366—367 页）

（13）上海市花树商业同业公会会员黄岳渊
财产直接损失汇报表

（1946 年 1 月 28 日）

1）表一

事件：（注 1）日军占领时被伐作战壕及柴薪用，观赏树被日搬盗

日期：（注 2）自二十七年起至三十四年八月十日止

地点：（注 3）真如车站西北国际电台正南

填报者：黄氏畜植场场主黄岳渊

填报日期：35 年 1 月 28 日

分 类		损失时价值（国币元）	重要物品项目及其数量
共 计		141780000	/
房屋		/	/
器具		/	/
现款		/	/
产品	农产品	59600000	果木廿亩约四万株、观赏树二千二百株
	林产品	81700000	行道木九十二亩，计大树 21700 株，中树十二万株
	水产品	/	/
	畜产品	/	/
工具	农具	/	/
	渔具	/	/
	其他	/	/
牲 畜		/	/
运输工具		/	/
其 他		480000	假山石十六吨

注：（1）事件：即发生损失之事件如日机轰炸日军进攻等

（2）日期：即事件发生之日期如某年月日或某年月日至某年月日

（3）地点：即事件发生之地点包括某县某乡某镇某村

（摘自：上海市档案馆编：《日本在华中经济掠夺史料》，上海书店

出版社 2005 年版，第 78—79 页）

2）表二

事件：（注1）日机轰炸日军占领及搬运

日期：（注2）自二十六年战起至二十七年春上

地点：（注3）真如西站西北国际电台西南

填报者：黄氏畜植场场主黄岳渊

填报日期：35 年 1 月 28 日

分类		损失时价值（国币元）	重要物品项目及其数量
共计		113480 元	／
房屋		19582	平屋五幢计廿九间、温室二所
器具		12500	计十间及周围竹笆一千八百尺、瓷瓦花盆共约二万五千只
现款		／	／
产品	农产品	61300	中西名兰花一千盆，松柏一千盆、山茶、杜鹃一万盆，其他数千盆
	林产品	8400	美国水仙、黄水仙等三十担，芍药铃兰五亩及其他
	水产品	150	鱼三池约计五百斤
	畜产品	／	／
工具	农具	4028	救火皮带五百尺、戽水车一具及各种农事用具仪器
	渔具	100	渔网等
	其他	／	／
牲畜		1775	军用鸽四十只、西洋狗七只、警犬一只、羊两头、鸡五只
运输工具		45	人力车一辆
其他		5600	台桌廿只、椅凳一百余只、床三十余张及箱橱花架等

注：（1）事件：即发生损失之事件如日机轰炸日军进攻等

（2）日期：即事件发生之日期如某年月日或某年月日至某年月日

（3）地点：即事件发生之地点包括某县某乡某镇某村

（摘自：上海市档案馆编：《日本在华中经济掠夺史料》，上海书店出版社 2005 年版，第 80 页）

（14） 大中华橡胶厂抗战时期经过及损失[①]

（1946 年 1 月）

一、战事爆发前，增资完成

廿六年四月四日零时，股东会议决加股二万股，每股五十元，计增资壹百万元，连前共资本叁百万元。同年五月二十三日，第三届股东常会报告增资完成，并选举董事监察人。

二、员工参加公民军训

自政府决心抗战，加紧公民军训，本厂成立公民训练第四大队第十四、十五两中队。第二期毕业者共达贰百卅四人。第四期壹百卅余人随军作战，有迄今未归者。而先薛经理方自琼州调查橡胶生产实况返沪后，以身作则参加特种公民训练。

三、先薛经理在西藏路口遭受弹伤，赍志以逝

八月十四日本埠开始抗战之第二日，敌忾同仇，人心激昂。先薛经理一面办理遣送员工回籍，一面接洽迁厂，行经大世界相近，遭受弹伤，救治无效，至八月卅日赍志以逝。此为本公司无可弥补之损失。

四、奉命迁厂，机器在九江、同登、那岑损失

二十六年八月初，资源委员会林继庸先生奉命来沪主持迁厂于本公司。制造汽车胎部分令迁往湘潭设厂。惟不数日间战事爆发，交通困难。当将制胎机械之重要者及南市剪刀桥路第四厂全部机械（后该厂全为炮火所毁）、一部分原料、汽车胎六十余只、胶鞋一万余双，共一百二十余吨在南市日晖港装载四船出发，因遭散兵阻难，一部份至九江、马当业已封锁，因而散失；一部抵汉口转长沙，因该地大火再由湘桂路至同登、那岑。因机件庞大，车辆难得，而此时敌军已在

---

① 本资料系"大中华橡胶厂"战时经过及损失，原件未署成文时间。

越南登陆，押运人员只得仓皇归沪，迄今情况不明。已呈报经济部奉京管（三五）七九二批令［函转外交部核办矣］。

五、二厂由施哥慈出面

二厂设沪西长宁路（旧名白利南路），该地为敌伪集中之所，应付具穷，后由施哥慈（G SCHULZ）出面折冲一切达四年余。

六、南市原料厂由巴尔台出面

设于斜徐路东庙桥路之制钙厂、制锌厂及谨记路之织染厂，自该地沦为战区即由巴尔台（K. BARTELT）出面，故得保全一部份物资（即后之美泰化学厂、德福织染厂），而房屋亦尚大部完好。

七、木箱工场及德元小学完全毁灭

制作木箱工场占地五亩余，存料为公民训练部队所借用，因此更为敌寇仇恨，毁灭无余。邻近之德元完全小学规模完备，为先余董事长独办以教育工友子弟，今片瓦无剩矣。

八、三厂拒绝合作，为敌侨强占

上海战事爆发，虹口最早入敌人掌握。该处宁国路锦州路转角，本公司设有第三厂。敌侨挟其武力为后盾，或要合作或谋占用，均婉言拒绝。终由敌侨淡海洋行（一部分厂基系向租地）由冈本乙一律师来信威吓，勒迫机器拆下，暂寄美最时栈房，再设法搬出虹口至厂址。卒被全部强占，改为华中蚕丝公司工场。经呈请敌伪产业处理局发还，奉《沪叁字三一三〇二号》批，一部份准予发还，一部份优先承买。

九、为防胁持，先余董事长避港，公司亦移往

自上海沦陷，敌伪气焰日张。先余董事长为防胁持，毅然避居香港山林道七号，公司亦移往午畏街八十四号。奉《经济部川商五九〇五号批令》，准予备案（太平洋战争回沪）。以高年远适异域日久，深苦水土不服，憔悴忧伤，四肢肿胀，虽秘密回沪求治，卒至不起。同人等深痛创办人余薛二公先后殉于国难，而同人等仍一本销声匿迹、抱残守缺之旨，于国族岗位能尽一分是一分。

十、各地营业机构被毁被炸

上海门市部计小西门之蓬莱市场内零售处、市商会商品陈列所零售处、平凉路之双钱商店、十六铺太平弄之太平商店均全毁。失南京发行所，在该地中华路府东街口，沦陷前即为敌机炸毁；芜湖发行所，在该地长街，亦全毁，抢出一部份存货沿江内迁，由宜昌而再万县，设二马路一百号，二十八年六月又炸毁；汉口发行所，在该地万寿宫街，亦全毁，携一部份货达长沙，后经浣陵而退贵阳，途中货船在青浪滩被匪抢失，绥靖公署县政府批示有案；重庆发行所，先设都邮街，二十八年五月四日炸毁，后在大梁子，二十九年八月十九日又炸毁；贵阳发行所，在正新街七十四号，二十八年二月四日炸毁；广州发行所，于二十七年因当地沦陷，经海防而达昆明至重庆发行所；及贵阳发行所，在抗战期内，始终在后方工作，后虽货源隔断，改营运输以迄胜利。其他均详直接损失表内。

十一、抗战期间分途抢运抵达内地物资

自沪战西移，遵守政府意旨，尽量将物资内移，如汉口、长沙、南昌、宜昌、万县、重庆、昆明、贵阳、赣州、上饶、丽水、温州、广州、香港、海防、广州湾设立分店及办事处。至民国三十年止，按账据可考，确实运抵内地以供军用民需橡胶鞋三百四十余万双，人力车胎七万余副，自由车胎叁万余副，飞机胎、汽车胎壹千数百只以上。物资系取道温州、广州、广州湾、香港、海防、镇南关，水陆分头运输。自备汽车装载，经枪林、弹雨、轰炸之下，工作者达百人。自滇越路断阻，遂无可着力。

十二、海防河内损失内运大批物资

三十年前上海周围虽已沦陷，旧租界及海关航运尚未全入敌伪掌握，故尽量将物资运往进入内地。惟一之咽喉——海防，分由汽车经镇南关及滇越路运赴昆明、重庆、贵阳。讵料法国数十日即生变化，敌澄田部队在越南登陆，当时政府及民间物资在越南何啻山积，尽入敌手。本公司在海防河内栈房及国际仓库计橡胶鞋贰拾柒万叁千另玖拾双、人力车胎柒千叁百陆拾副、自由车胎肆千贰百副、汽车胎壹千另拾伍双，其他如飞机坐垫零星，共计贰拾余箱。胜利后即经具呈越南受降长官第一方面军总司令请求调查，并依照《财政部渝财贸进三第五三号》《经济部卅四年管字第五四七六七号》令告开具清单呈报损失在案。

十三、奉命筹设云南橡胶厂

工矿调整处先派程志颐局长，继派李景璐先生来申，命赴后方筹设汽车胎厂，当推吴经理、薛技师长往渝。由经济部、交通部、航空委员会、富滇新银行及本公司集资设立云南橡胶厂。机器向英国订定，在云南郊外黑龙潭择定厂址，由上海方面招募水木工抵达昆明。正将兴工，而滇缅路及滇越路均被阻断，只得将水木工给资遣回，致功亏一篑。

十四、栈房有美商出面

本公司永安街栈房为防敌伪掠夺物资，于廿九年起以迄太平洋战争，由台维生（FAY LEONARD DAVIDSON）君以美商维新仓库名义出面掩护。

十五、敌宪兵拘捕副经理等以抗日拘禁拷问

三十年五月八日上午，由敌宪兵总部协同前租界警捕至本公司，将副经理洪念祖、采办主任蒋彬贤拘押捕房后解宪兵总部拷问代抗战后援会制造防毒面具（乃沪战发生时定制一批，奉《军政部衡字二六六〇号》给予褒奖）及将飞机胎、汽车胎、胶鞋等物资大批内运显系抗日份子，当时调动兵警至数十人及装货卡车多辆搜查公司及仓库（当时由美商台维生君出面），防毒面具幸未被查得。严重危急情形各报载之甚详。勒书永不再犯，虎口余生幸得生还。是年秋，敌伪又制造工潮企图乘机而作，焦头烂额应付具穷，幸大部工人深明大义，且平时劳资合作，相信相谅，未为所乘。

十六、吴经理被绑

三十年九月廿一日黎明，有武装便衣多人乘坐军用车至徐家汇路吓禁司阍声张，将吴经理绑架而去，先羁闭于沪西，再移禁于闵行乡间。历四十余日而得释，是年叠遭忧患，诚祸不单行矣。

十七、拒绝裕丰纱厂菱田合作借用

三十二年敌商裕丰纱厂菱田逸次以锌矿石一块送交本公司化验室化验，云此项矿石系汉阳所产，要求本公司南市原料厂合作，关于资金、电力、基地均可供给，后又进一步以本公司制造厂停顿而不用，殊为可惜，以彼主持下之兴亚护谟工场，暂时借用，均答以非经董监会取决，经理无权作主。虽推托于一时，而随

时仍觉心战胆栗到此地步，几同无可与语，无可与谋也。

十八、威吓诱骗至胜利为止

太平洋战争以后，处境日困，内忧外患交相煎迫，虽宁愿停厂断电而敌人终不能忘情，一再以军管理、军指定，硬吓软骗。当时抵御情形实有上天无路，入地无门之痛。

十九、十年以来，存货出品以定价供实销实用

十年以来，下半期几近停顿，出品寥寥，惟供给原有经销户及社会实用。本公司始终不变，盖感于皮之不存而不惜。故胜利后检点所剩活动物资较之战前之比率：原料方面，生橡胶减少百分之九十七，炭〔碳〕酸镁减少百分之八十七，墨灰减少百分之九十四，棉织品减少百分之八十；制品方面，橡胶鞋减少百分之七十五，汽车胎减少百分之五十七，自由车胎、人力车胎减少百分之五十七。环顾其他，不堪回首，然扪心自问，故无难安，且非如此，殊无以迄于今日也。

以上均荦荦大者。至十年间几无日不等于漫漫长夜，大海孤舟风狂浪激，随时有危险之境地，遭受残破，实力大损，一切迥非昔比，惟执行业务者职责勉尽。今幸天日重光，如何复兴有待于国家之培养，社会之维护，尤望诸股东随时指示，俾得及时前进也。

（本文无标点，标点为编者加注）

（上海市档案馆馆藏档案，档案号 S66—1—57）

（15）上海市公用局浦东自来水厂财产损失汇报表

（1946 年 3 月 6 日）

事件：抗战时期敌伪侵占损失

日期：中华民国二十六年八月十三日至三十四年九月十七日

地点：浦东游龙路本厂及营业区域

分　类	价　值
房屋	37876560.00
器具	2840535.00
进水设备	9461400.00
制水设备	310700025.00
输水设备	340319025.00
化验设备	5062035.00
其他设备	9346875.00
车辆	1220000.00
修理机械及工具	1198275.00
出租水表	34181200.00
材料	94978395.00
现款	14985.00
银行存款	31660.00
共计	847230970.00

填送日期：35 年 3 月 6 日

上海市公用局浦东自来水厂印章

（上海市档案馆馆藏档案，档案号 Q1—17—1140）

（16）上海华商公共汽车股份有限公司财产损失报告单①

（1946 年 4 月 16 日）

① 一二八期间上海华商公共汽车股份有限公司财产损失报告单

填送日期　三十五年四月十六日

损失年月日	事件	地点	损失项目	购置年月	单位	数量	价值（元）		证件
							购置时价值	损失时价值	
二十一年一月二十八日	炸毁	上海闸北交通路一号	房屋		座	市房及工厂三座	依当年决算规定净值	6297.79	
			器具			全部		5673.43	
			路线设备	十七年		各线		3750.56	
			公共汽车		部	十四部		58437.9	
			修理机械及工具			全部		12674.14	
			货物（汽油机油印件）					2122.09	
						共计		88955.97	

受损失者　上海华商公共汽车股份有限公司

填报者　黄中文

姓名　黄中文　服务处所与所任职务　总经理

通信地址　北京路 156 号一楼　盖章

---

① 标题为编者所加。

② 八一三期间上海华商公共汽车股份有限公司财产损失报告单

填送日期　三十五年四月十六日

损失年月日	事件	地点	损失项目	购置年月	单位	数量	价值（元）		证件
							购置时价值	损失时价值	
二十六年八月十三日	炸毁	上海闸北交通路一号	公共汽车		部	45	依当年决算规定净值	131616.29	
			房屋	一·二八后翻造	座	市房工厂4座		4790.79	
			器具			全部		9762.00	
			路线设备					7823.83	
			材料（租用电器）		只	75		1500.00	
			机械及物件	根据点查表	件	全部		16908.84	
			货物（汽油机械）			统计		2552.23	
			其他	未用制服1034 未用印件1923.28 有价证券710.17 随军徽用于职工预支薪8775.60				7443.05	
							共计	182397.03	

受损失者　上海华商公共汽车股份有限公司

填报者　黄中文

姓名　黄中文　服务处所与所任职务　总经理

通信地址　北京路156号一楼　盖章

（上海市档案馆馆藏档案，档案号Q5—3—1843）

（17）华生电器厂财产直接损失汇报表

（1946 年 5 月 19 日）

事件：（注 1）日军进攻上海迁汉，由汉迁渝途中及重庆日机轰炸

日期：（注 2）民国 26 年 10 月起 27 年 6 月—9 月 29 年重庆轰炸 8 月 20 日

地点：（注 3）由沪迁汉途中宜昌、万县、重庆

填报者：华生电器厂有限公司（叶友才印）

填报日期：35 年 5 月 19 日

分　类	损失时价值（国币元）	重要物品项目及其数量
共　计	损失时价值 cme346057.26 现时价值 cme2329770346.80	
厂房	/	/
现款	/	/
制成品	cme48328.41 cme204101000.00	电风扇 2267 只、变压器、马达、发电机
原料	cme166485.55 cme1863659571.80	铜皮、铜带、铜丝及铁皮 327013.75P、漆包线 15764P、地轴钢 7300P、扁钢 402P、铁皮、纱包线 36787P
机械及工具	cme19552.10 cme27058600.00	锉刀、锯条、螺丝攻、绞刀
运输工具		
其他	cme110691.20 cme234956175.00	风扇零件内吸铣、外吸铣 39900P、发电机阿木转等

注：（1）事件：即发生损失之事件如日机轰炸日军进攻等

（2）日期：即事件发生之日期如某年某月某日或某年月日至某年月日

（3）地点：即事件发生之地包括某市某县某乡某镇某村

（摘自：上海市档案馆编：《日本在华中经济掠夺史料》，上海书店出版社 2005 年版，第 82—83 页）

（18） 漕河泾黄家花园财产损失报告单（节录）

（1946 年 12 月 1 日）

建筑工程损失时价值

除壹万倍　　　　　计贰拾贰萬壹仟元正（即购置时价值）

（按照三十五年价值估计）

计国币贰拾贰億壹仟萬元正

（购置时价值贰拾贰萬壹仟元正）

全部生财家具损失时价值

除三十五年估价　　　计购置时价值拾肆萬柒仟贰佰拾捌元正

（按照三十五年价值估计）

计国币拾肆億柒仟陆佰零玖萬元正

（购置时价值拾肆萬柒仟贰佰拾捌元正）

两共损失时价值计国币叁拾陆億捌仟陆佰零玖萬元正

（两共购置时价值计国币叁拾陆萬捌仟贰佰拾捌元正）

368218.00

中华民国三十五年十二月一日填报（计四十七页）

（上海市档案馆馆藏档案，档案号 Q1—17—1148）

（19）强制收购交通银行上海分行铜镍币

交通银行上海分行函

（1946 年 12 月 24 日）

逕启者：准通字第一六九号大函，以转奉行政院赔偿委员会代电，转嘱迅予搜集日本占领期间有关迫购或献纳铜元镍币等之证件，送请汇转。等由。祗悉。查敝行卅一年六月间库存账内列存一分铜币十八万七千枚、五分镍币二十万枚、一角镍币八万枚、二角镍币五万枚，由日军部派驻敝行之所谓检查官福间忠二郎者擅行悉数提去，并交来三菱商事株式会社所掣收据三纸、公文一件及价款（铜币计一，二一四公斤每吨军票一，四〇〇，合计一，六九九．六〇军票。镍币计一，二三七公斤每吨军票一五，〇〇〇，合计一八，五五五军票）两项军票共二〇，二五四．六〇元。一共折合中储券一一二，五二五．五五元。用特将日军提取该项铜镍币时所出收据三纸，公文一件摄制照片五张一并随函附奉，至希察收汇报为荷。

此致

上海市银行商业同业公会

交通银行上海分行启

附件〈略〉

交字第一七〇一号二页

卅五年十二月廿四日

[摘自：上海市档案馆编：《日本帝国主义侵略上海罪行史料汇编》（下编），上海人民出版社 1997 年版，第 41 页]

（20）上海有声影片公司抗战期间
财产直接损失汇总表

（1946 年 12 月 30 日）

填报者：上海有声影片公司但杜宇（印）

填报日期：卅五年①十二月三十日

通讯处：上海四川路九江路口中央大厦二楼廿二号大中华电影企业公司

损失共计：国币 30 万元②

明细如下：

品　　名	购置年月	数量
一、机械		
帝勃利电影摄影机	廿四年③	1 架
蔡司十二寸照相机	廿五年	1 架
帝勃利电影印片机	廿五年	1 架
帝勃利有声电影印片机	廿四年	2 架
收音机（摄影场用）	廿四年	4 部
收音机摄外景用	廿四年	2 部
录音机摄影场用	廿四年	4 只
百代放映机	廿三年	1 架
四呎车床	廿四年	1 架
电钻	廿四年	1 只
二、摄影灯		
大号顶光灯	廿三年	1 只
小号顶光灯	廿三年	2 只
平光灯	廿三年	2 只
大号回光灯	廿三年	1 只

---

① 指民国卅五年，下同。

② 原注：系战前所估值。

③ 原注：此为购置年月。

品　　名	购置年月	数量
中号回光灯	廿三年	2 只
日光灯	廿三年	10 只
大号集光灯	廿三年	1 只
小号集光灯	廿三年	8 只
五十呎电缆	廿三年	1 条
三十呎电缆	廿三年	1 座
电器变压机	廿三年	1 座
接线板及全部电线	廿三年	4 座
三、电气器材		
1H. P. 马达	廿三年	1 只
1/2H. P. 马达	廿三年	2 只
1/4H. P. 马达	廿三年	2 只
同步 马达	廿四年	1 副
各种变压机	廿四年	各 1 只
各式容电器	廿四年	各 1 只
各种电阻器	廿四年	各 1 只
各式真空管	廿四年	各 1 只
各式无线电零件	廿四年	4 箱
电动绕线机	廿四年	1 只
电扇	廿三年	4 只
台扇	廿三年	4 只
电炉	廿三年	2 只
6V. 蓄电池	廿三年	1 只
10A. 充电机	廿三年	1 只
四、接片室		
接片机	廿二年	1 只
量片机	廿二年	1 只
摇片机	廿二年	1 只
上蜡机	廿二年	1 只

品　　名	购置年月	数量
五、冲片室		
显影药水箱	廿三年	2 只
定影药水箱	廿三年	2 只
清水箱	廿三年	2 只
冲洗片架	廿三年	1 只
晒片圆滚筒	廿三年	1 只
六、布景		
布景板	廿三年	4 块
图画布景板	廿三年	2 块
门窗梯等布景板	廿三年	4 块
摄影车	廿四年	1 架
卡通架	廿五年	1 只
大玻璃架	廿四年	1 架
大玻璃水箱	廿四年	1 只
七、道具		
古式雕花龙床	廿三年	1 只
古式雕花桌椅	廿三年	12 只
古式兵器	廿三年	16 件
古式木制铜镜铜钟	廿三年	10 件
古式器皿	廿三年	8 件
木制各种新式用具		件
木制各种新式铜器		件
八、服装		
古装铠甲		6 套
古装各式绣花缎女龙袍		20 件
古装各式绣花缎龙袍		4 件
古装各式文官绣袍		10 件
古装各式绣花女袍		8 件
品金各式古装舞衣		4 套

品　　名	购置年月	数量
各式古装绸官服		6 套
各式古装绸衫裙		8 套
各式古装布袍		12 件
各式古装布服		20 件
古装军服		12 套
大小古装中旗		10 件
古装绸幔		2 个
道袍		4 件
虎皮		2 张
豹皮		2 张
各式时装旗袍		20 件
各式时装衫裙		14 套
各式时装舞衣		10 套
各式时装西服		12 套
各式时装歌舞衣		12 套
各式时装歌舞短衫裙		20 套
时装豹皮跳舞衣		4 套
时装白纱长舞衣		4 件
各式时装旧袍褂		20 套
各式印度服装		5 套
大绸幕		1 个
大缎幕		1 个
大布幕		1 个
九、底片		
《弟弟》底片		1 部
《金钢钻》底片		1 部
《弃儿》底片		1 部
《画室奇案》底片		1 部
《妹妹我爱你》底片	廿三年翻底片	1 部

品　　名	购置年月	数量
《古井重波记》底片	廿二年翻底片	1 部
《传家宝》底片	廿三年翻底片	2 部
《小公子》底片	廿三年翻底片	1 部
《健美运动》底片	廿四年	1 部
《万丈魔》底片	廿一年翻底片	1 部
《小剑客》底片	廿年翻底片	2 部
《杨贵妃》底片上下集	廿三年翻底片	1 部
《西游记》底片	廿四年翻底片	2 部
《东方夜谭》底片	廿四年翻底片	1 部
《国色天香》底片	廿四年	1 部
《桃花梦》底片	廿四年	1 部
《新闻影片》底片	廿五年	6 本
《教育影片》底片	廿五年	4 本
十、未完底片		
《凯旋》底片	廿六年	若干呎
《最后一弹》底片	廿六年	若干呎
十一、拷贝		
《杨贵妃》拷贝	廿一年	1 部
《海誓》拷贝	廿年	1 部
《东方夜谭》拷贝	廿二年	·1 部
《西游记》拷贝	廿二年	1 部
《国色天香》拷贝	廿五年	1 部
《古屋怪人》拷贝	廿一年	1 部
十二、其他		
未用底片	廿六年	若干呎
未用正片	廿六年	若干呎

［摘自：上海市档案馆编：《日本帝国主义侵略上海罪行史料汇编》（上编），上海人民出版社 1997 年版，第 666—671 页］

（21）上海世界书局股份有限公司财产直接损失汇报表[①]

（1946 年 12 月 30 日）

事件　详载后附细表

日期　详载后附细表

地点　详载后附细表

填报者　上海世界书局股份有限公司　　填报日期　35 年 12 月 30 日

分　类	损失时价值（国币元）	重要物品项目及其数量
共　计	14494631	
店　房	46200	
器　具	295689	
原　料	203254	
存　货	8375147	
机械及工具	175637	
其　他	5398704	

上海市书商业同业公会（章）

注：（1）事件：即发生损失之事件如日机轰炸日军进攻等

　　（2）日期：即事件发生之日期如某年月日或某年月日至某年月日

　　（3）地点：即事件发生之地包括某市某县某乡某镇某村

世界书局股份有限公司财产损失细表（一）

地　点	日　期	项　目	金　额（元）	事　件
上　海	26 年 9 月 20 日	机器	86678	敌军占领时毁失
上　海	26 年 9 月 20 日	工具	31818	同上
上　海	26 年 9 月 20 日	铜模	57141	同上
		器械及工具	175637	
上　海	26 年 9 月 20 日	铅字	96660	敌军占领时毁失
上　海	26 年 9 月 20 日	铅料	19500	同上
上　海	26 年 9 月 20 日	油墨	3044	同上

---

① 标题为编者所加。

地　点	日　期	项　目	金　额（元）	事　件
上　海	26 年 9 月 20 日	纸张	55216	同上
上　海	26 年 9 月 20 日	杂料	28834	同上
		原料		203254
芜　湖	26 年 12 月	房屋	4630	敌军占领并遭轰炸
广　州	27 年 10 月	房屋	28451	同上
南　昌	33 年 1 月	房屋	7869	同上
长　沙	33 年 8 月	房屋	5250	同上
		房屋		46200

上海市书商业同业公会（章）

世界书局股份有限公司财产损失细表（二）

地　点	日　期	项　目	金　额（元）	事　件
上　海	26 年 9 月 20 日	器具	56851	敌军占领时毁失
南　京	26 年 12 月	同上	11220	同上
杭　州	26 年 11 月	同上	5823	同上
太　原	26 年 11 月	同上	4391	同上
厦　门	27 年 4 月	同上	8627	同上
保　定	26 年 12 月	同上	1023	同上
芜　湖	26 年 12 月	同上	4999	敌军占领并遭轰炸
徐　州	27 年 2 月	同上	3628	同上
广　州	27 年 10 月	同上	18298	同上
汉　口	27 年 10 月	同上	16981	同上
开　封	27 年 8 月	同上	5632	敌军占领时毁失
兰　溪	30 年 9 月	同上	2173	同上
温　州	30 年 9 月	同上	192	同上
丽　水	30 年 6 月	同上	611	同上
梧　州	30 年 12 月	同上	5233	敌军占领并遭轰炸
桂　林	33 年 9 月	同上	16022	同上
南　昌	33 年 1 月	同上	32004	同上
长　沙	33 年 8 月	同上	51314	同上
衡　阳	33 年 8 月	同上	44589	同上
福　州	31 年 12 月	同上	4246	敌军占领时毁失
香　港	32 年 8 月	同上	1832	同上
		器具总数		295689

上海市书商业同业公会（章）

世界书局股份有限公司财产损失明细表（三）

地　点	日　期	项　目	金　额（元）	事　件
上　海	26 年 9 月 20 日	存货	1691723	敌军占领时毁失
上　海	30 年 12 月 20 日	同上	57681	同上
南　京	26 年 12 月	同上	22246	同上
杭　州	26 年 11 月	同上	31068	同上
厦　门	27 年 4 月	同上	25310	同上
保　定	26 年 12 月	同上	19747	同上
芜　湖	26 年 12 月	同上	17490	敌军占领并遭轰炸
徐　州	27 年 2 月	同上	6419	同上
开　封	27 年 8 月	同上	12309	敌军占领时毁失
许　昌	29 年 4 月	同上	31	同上
兰　溪	30 年 9 月	同上	30517	同上
温　州	30 年 9 月	同上	50988	同上
金　华	31 年 12 月	同上	14055	同上
丽　水	30 年 6 月	同上	32564	同上
广州湾	31 年 12 月	同上	81290	同上
桂　林	33 年 9 月	同上	211301	敌军占领并遭轰炸
南　昌	33 年 1 月	同上	1853543	同上
长　沙	33 年 8 月	同上	556248	同上
衡　阳	33 年 8 月	同上	915921	同上
福　州	31 年 12 月	同上	119648	敌军占领时毁失
北　平	31 年 12 月	同上	2625048	同上
		存货总数		8375147

上海市书商业同业公会（章）

世界书局股份有限公司财产损失明细表（四）

地 点	日 期	项 目	金 额（元）	事 件
上海	26 年 9 月 20 日	原稿	116400	敌军占领时毁失
上海	26 年 9 月 20 日	图版	851449	同上
上海	26 年 9 月 20 日	未成品	121648	同上
上海	26 年 9 月 20 日	装修	37449	同上
上海	30 年 12 月 20 日	纸型	483130	同上
上海	30 年 12 月 20 日	锌版	161760	同上
南京	26 年 12 月	杂项	12399	同上
杭州	26 年 11 月	同上	9617	同上
太原	26 年 11 月	同上	865	同上
厦门	27 年 4 月	同上	7300	同上
保定	26 年 12 月	同上	3699	同上
芜湖	26 年 12 月	同上	1791	敌军占领并遭轰炸
徐州	27 年 2 月	同上	5101	同上
广州	27 年 10 月	同上	7093	同上
汉口	27 年 10 月	同上	66610	同上
开封	27 年 8 月	同上	9958	敌军占领时毁失
许昌	29 年 4 月	同上	4210	同上
兰溪	30 年 9 月	同上	32072	同上
温州	30 年 9 月	同上	4088	同上
金华	31 年 12 月	同上	161552	同上
丽水	30 年 6 月	同上	1211	同上
广州湾	31 年 12 月	同上	11000	同上
梧州	30 年 12 月	同上	11177	敌军占领并遭轰炸
桂林	33 年 9 月	同上	2021	同上
南昌	33 年 1 月	同上	10824	同上
长沙	33 年 8 月	同上	3138844	同上
衡阳	33 年 8 月	同上	101765	同上
福州	31 年 12 月	同上	23250	敌军占领时毁失
香港	32 年 8 月	同上	421	同上
		其他总数	5398704	

上海市书商业同业公会（章）

（上海市档案馆馆藏档案，档案号 Q6—15—6900）

（22）上海市工务局抗战时期财产损失报告单

（1946 年 12 月 31 日）

财产损失报告单

填送日期：三十五年十二月三十一日

损失年月日	事件	地点	损失项目	购置年月	单位	数量	价值（国币元）		证件
							购置时价值	损失时价值	
民国廿六年十月份	八一三沪战	市中心	市府大厦内全部装修及水电设备	民国廿年	座	壹	73400	73400	
民国廿六年八月份	同上	市中心区	市中心警察局	民国廿一年	座	壹	29984	29984	
民国廿六年八月份	同上	同上	痘苗制造所	同上	座	壹	17913	17913	
民国廿六年九月份	同上	同上	道路工程管理处	同上	座	壹	13592	13592	
民国廿六年八月份	同上	同上	各局房屋	民国廿二年	座	肆	330000	330000	
民国廿六年十月份	同上	同上	职员宿舍（一部分）	同上	座	柒	13000	13000	
同上	同上	同上	体育场（装修）	民国廿三年	座	壹	100000	100000	
同上	同上	同上	图书馆 博物馆（一部分）	同上	座	贰	34000	34000	
民国廿六年八月份	同上	同上	修理场	同上	座	壹	14017	14017	
同上	同上	同上	市府广播电台平房	民国廿四年	座	壹	16000	16000	

直辖机关学校团体或事业
总共国币 641906.00 元
名称：上 海 市 政 府

受损失者　上海市政府印信

填 报 者 上海市工务局（印）

上海市工务局财产损失报告单（印）

损失年月日	事件	地点	损失项目	数量	损失时价值
二十六年九月	八一三事件	国和路	拌柏油砂机	壹座	500000
同上	同上	同上	铁斗车	贰拾辆	10000
同上	同上	同上	80匹马达	壹座	12000
同上	同上	同上	卡车	拾辆	35000
同上	同上	同上	柏油试验仪器	全付	70000
同上	同上	同上	福特卡车	壹辆	3500
三四年九月	同上	厦门路	水浦	贰只	2000
三四年三月六日	同上	民德路	卡车	八辆	28000
同上	同上	同上	滚路机	五辆	250000
同上	同上	同上	垃圾车	二辆	7000
同上	同上	同上	大铁车	拾壹辆	7700
同上	同上	同上	小铁车	拾捌辆	9000
同上	同上	同上	山技	壹五七把	314
同上	同上	同上	煤铲	贰佰把	600
同上	同上	同上	锄头	玖拾把	135
				总计	935449

（摘自：上海市档案馆编：《日本在华中经济掠夺史料》，上海书店出版社2005年版，第94—95页）

（23）上海市政府抗战期间部分古物、
古迹损失情形调查表

（1946 年 12 月）

调查填报日期：三十五年十二月

名　　称	地点	损失日期	损失情形	备　　注
明相国徐文定公墓古银杏	徐家汇	沦陷时期	被日寇斫去	共三株，有二百余年历史，现可值六十万元
宋建炎勅书碑	江湾	沦陷时期	失灭	是否为敌拆去或毁灭，无从证明
宋烈士及宋夫人墓墓石栏	闸北	沦陷时期	拆毁	现由本市工务局管理
龙华寺及龙华塔	龙华	沦陷时期	损坏	已由市民黄金荣修复
邑庙	南市	沦陷时期	损坏	
文庙	南市	沦陷时期	损坏	

［摘自：上海市档案馆编：《日本帝国主义侵略上海罪行史料汇编》（上编），上海人民出版社 1997 年版，第 675 页］

（24）上海天原电化厂财产损失报告书

（1947 年 3 月 27 日）

工登

卅七、四、十二

上　　海

天原电化厂

财产损失报告书

（共计五页）

中华民国三十六年三月二十七日填送

损失年月日	事件	地点	损失项目	购置年月	单位	数量	价值（国币元）		证件
							购置时价值	损失时价值	
廿六年十月廿九日	八一三淞沪战事	上海市白利南路2247号	漂粉制造工场	19—26年，分期增建	英方	72.0	32743.51	30176.42	因战事完全散失，附受灾情形照片三大张计十八帧
同上	同上	同上	冷气机室	23年	同上	5.1	320.16	274.54	
同上	同上	同上	漂粉栈	22年	同上	30.6	9435.41	7642.68	
同上	同上	同上	氢氧压缩室	23年	同上	9.0	1000.00	857.50	
同上	同上	同上	盐栈	23年	同上	38.8	43411.38	35054.69	
同上	同上	同上	新汽炉室	25年	同上	7.0	2193.05	2088.88	
同上	同上	同上	木工房	24年	同上	6.0	22224	201.12	
同上	同上	同上	材料库	24年	同上	9.0	2780.00	2515.90	
同上	同上	同上	职员宿舍（楼房一幢）	20年	同上	13.7	3000.00	2145.00	
同上	同上	同上	工人宿舍	24年	同上	20.0	2872.33	2599.46	
同上	同上	同上	膳堂、厨房、浴室	20年	同上	20.0	2500.00	1787.50	
同上	同上	同上	自流井	25年	所	2	4505.80	4162.53	
同上	同上	同上	盐酸吸收塔	20年	座	1	5600.00	5172.22	
同上	同上	同上	化灰室	21年	英方	2.7	2369.00	1806.36	
同上	同上	同上	石灰栈	21年	英方	23.4	3620.28	2760.46	
同上	同上	同上	Hasenclerer 式漂粉机	19年	具	112	116574.16	43598.07	
同上	同上	同上	筛灰机	20年	具	2	1019.83	552.41	
同上	同上	同上	石灰转运机	21年	具	1	750.00	463.55	

损失年月日	事件	地点	损失项目	购置年月	单位	数量	价值（国币元）购置时价值	价值（国币元）损失时价值	证件
同上	同上	同上	空气氢氧混合机 4×4	19 年	具	1	500.00	232.64	因战事完全散失，附受灾情形照片三大张计十八帧
同上	同上	同上	化盐铁桶	20 年22 年	只	12	7894.83	4879.45	
同上	同上	同上	粉盐液池	20 年	只	4	4861.11	2633.10	
同上	同上	同上	盐液运送器	20 年	只	3	1500.00	812.50	
同上	同上	同上	熟盐液铁柜	22 年	只	1	600.00	416.67	
同上	同上	同上	碱液铁桶	20 年	只	2	1500.00	812.50	
同上	同上	同上	凉碱液铁桶	23 年	只	1	500.00	385.42	
同上	同上	同上	蒸气凝缩缸	20 年	只	1	725.00	392.71	
同上	同上	同上	盐酸陶器吸收甏	21 年	只	42	54402.69	33623.89	
同上	同上	同上	盐酸制造设备	23 年	套	2	47031.38	36253.35	
同上	同上	同上	铁壳陶器风扇	24 年	具	1	6000.00	5083.39	
同上	同上	同上	熬碱锅	24 年	只	1	4891.13	4143.87	
同上	同上	同上	自动加煤机	24 年	套	1	3250.00	2753.47	
同上	同上	同上	水管式汽炉	24 年	座	1	15261.41	13862.45	
同上	同上	同上	铁烟囱	25 年	节	2	2000.00	1847.22	
同上	同上	同上	碱桶（80gal）	24 年	只	30	300.00	254.18	
同上	同上	同上	化验仪器	21—26 年	套	1	3811.30	2560.69	
			本页共计				320576.76	254806.79	

| 损失年月日 | 事件 | 地点 | 损失项目 | 购置年月 | 单位 | 数量 | 价值（国币元） | | 证件 |
							购置时价值	损失时价值	
同上	同上	同上	盐酸坛		只	5000	4000.00	4000.00	
同上	同上	同上	玻璃瓶		只	3000	3000.00	3000.00	
卅一年月	敌人强占强用	上海劳神父路仓库	300KW 交流配电机	23—25年	具	4	88268.89	74783.37	
同上	同上	同上	电解槽	23—25年	具	168	74309.58	62956.74	
同上	同上	同上	炭粉板	25 年	箱	85	36412.10	36412.10	
同上	同上	同上	石棉纸	25 年	箱	11	3639.46	3639.46	
同上	同上	同上	阴极铁板	25 年	块	440	8800.00	8800.00	
同上	同上	同上	氢氧铁箱	24 年	只	360	9000.00	7625.00	
同上	同上	同上	紫铜板	24 年	箱	40	4165.57	4165.57	
同上	同上	同上	筛灰机	24 年	具	1	463.96	393.08	
同上	同上	同上	氢氧压缩机	24 年	具	1	1937.00	1641.00	
同上	同上	同上	压滤机	20 年	套	1	4000.00	2166.67	同前
同上	同上	同上	深井帮浦	25 年	套	1	8403.58	7761.64	
同上	同上	同上	黑铁管	25 年	根	160	2400.00	2400.00	
同上	同上	同上	黑铁管	23—25年	根	675	2700.00	2700.00	
同上	同上	同上	镍管	23—25年	根	200	5998.80	5998.80	
同上	同上	同上	轻便铁轨	26 年	套	1	4234.20	4234.20	
同上	同上	同上	青铅块	26 年	块	140	1120.00	1120.00	
同上	同上	同上	汽炉炉排	26 年	块	340	340.00	340.00	
同上	同上	同上	清铅管	26 年	呎	80	200.00	200.00	
同上	同上	同上	玻璃绝缘砖	26 年	块	220	330.00	330.00	
同上	同上	同上	石英管件	26 年	箱	27	11033.36	11033.36	
同上	同上	同上	陶器管	26 年	根	800	8000.00	8000.00	
同上	同上	同上	其他陶器管	26 年	根	750	5334.00	5334.00	
同上	同上	同上	陶器考克	26 年	只	45	450.00	450.00	
同上	同上	同上	陶器帮浦	26 年	套	1	1700.00	1700.00	
同上	同上	同上	陶器吸收氅	26 年	只	460	4600.0	4600.0	

损失年月日	事件	地点	损失项目	购置年月	单位	数量	价值（国币元）		证件
							购置时价值	损失时价值	
同上	同上	同上	陶器吸收塔	26 年	节	16	2560.86	2560.86	同前
同上	同上	同上	陶器盐水管	26 年	根	1630	3090.00	3090.00	
廿六年十月	八一三战事	白利南路	原料：盐	26 年			11396.56	11396.56	
同上	同上	同上	在制品：粗盐	26 年			4024.98	4024.98	
同上	同上	同上	在制品：熟盐	26 年			11733.29	11733.29	
同上	同上	同上	在制品：精盐	26 年			1945.47	1945.47	
同上	同上	同上	在制品：半制碱	26 年			3134.04	3134.04	
同上	同上	同上	制成品：液碱	26 年			668.64	668.64	
			本页总计				323394.34	294338.83	
同上	同上	同上	第一页总计				320576.76	254806.79	
同上	同上	同上	第二页总计				323394.34	294338.83	
廿六年十月	八一三战事	白利南路	制成品：漂粉				10.08	10.08	
廿六年十月	八一三战事	白利南路	制成品：盐酸				9049.35	9049.35	
			总计				653030.53	558205.05	

附注一：本厂由于事务停顿因而蒙受之间接损失按照廿六年度七个月盈余计算，全年约为 ＄459723.17 元，以八年计算损失数为 ＄3677785.36 元

附注二：由于搬运拆卸以及各项避险等费用计为 ＄30949.37 元

附注三：以上两项间接损失共计 ＄3708734.73 元，连同财产直接损失，以损失时价值计算 ＄558205.05 元。两共 ＄4266939.78 元

附注四：以上数字均系按照廿六年物价计算

名称：天原电化厂 印信：天原电化厂股份有限公司（印章）

填报者：吴蕴初（印章）通信地址：顺昌路三三〇号

编者注：此档案第 1 页为封面，第 2、3、4 页为统计报表，第 5、6 页为所附受灾情形照片计十八帧。

档案中的照片说明：（照片页附后）

1. 电解室内第一列电解槽残破情形

2. 新汽炉室残破情形

3. 老汽炉室残破情形

4. 电解室内第二列电解槽残破情形

5. 电解室内第五列电解槽残破情形

6. 电解室内第四列电解槽残破情形

7. 蒸发室及存碱室侧面

8. 熬碱室残破情形

9. 蒸发室正面残破情形

10. 汽炉室外之给水机柜残破情形

11. 办公室及材料库已成瓦砾场新蒸发室仅余残壁

12. 熬碱室内景

13. 老方棚间残破情形

14. 帮浦间之残余

15. 变流机室及帮浦间之残破情形防御工事残迹尚存

16. 蒸发室之残破情形

17. 变流机室东墙外

18. 变流机室及方棚间远视

說明：1/ 電解室內第一列電解槽殘破情形
2/ 新鍋爐室殘破情形
3/ 老鍋爐室
4/ 電解室內第二列電解槽殘破情形
5/ " " " 三 " " " "
6/ " " " 四 " " " "
7/ 蒸餾室及碱室側面
8/ 散碱室殘破情形
9/ 蒸餾室正面殘破情形
10/ 鍋爐室外之給水塔殘破情形
11/ 辦公室及材料準之成瓦礫場 新蒸餾室僅餘殘骸
12/ 散碱室內景
13/ 老方棚間殘破情形
14/ 幫浦間之殘餘
15/ 直流機室及幫浦間之殘破情形，防禦工事殘骸猶在
16/ 蒸餾室之殘破情形
17/ 直流機室東牆北
18/ 直流機室及方棚間遠說

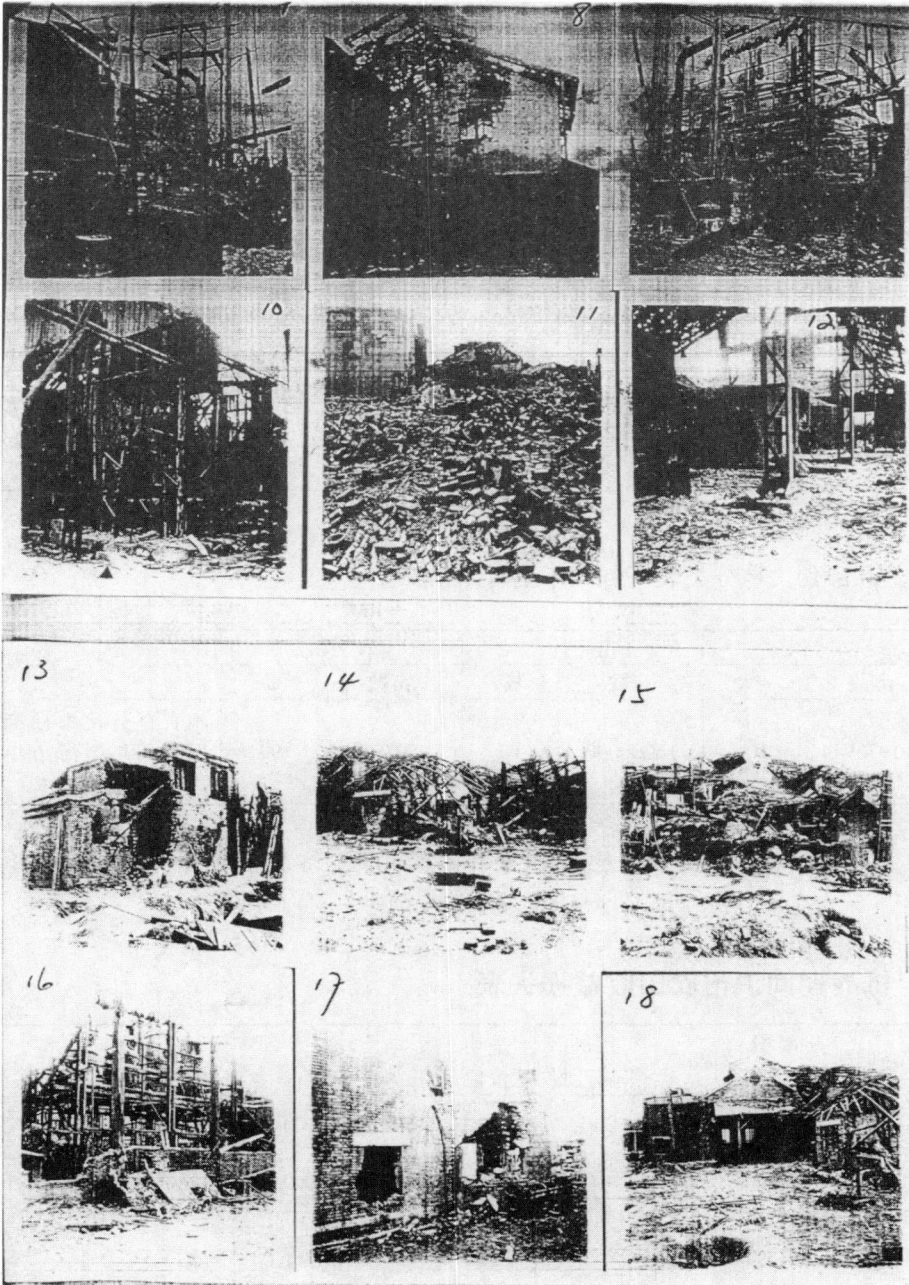

[台北“国史馆”馆藏档案，目录编号302，案卷编号146，《上海市民营事业财产损失》(013892)]

（25）上海市地政局抗战时期房地产损失调查表

（1947 年 12 月）

1）本市房地产损失

① 抗战期间沪市敌伪占地总计表

	日　军	恒产公司	合计面积（亩）	备　　注
1. 无补偿占用	60700954	84097407	144798361	恒产公司圈地总数本为 104320000
2. 给价不足之征用	9954990	7222593	17177583	亩，其中 13000000 亩亦为日军所用，故本表该公司部分占地总数
总　　计	70655944	91320000	161975944	项下即予扣实作 91320000 计算

以上共计强占土地 161975944 亩，无案可稽者不计。

② 敌伪占地分类表（廿六年至卅四年）

面　积		市　地		农　田		备　注
亩数	%	亩数	%	亩数	%	
161975944	100	16000000	10	145975944	90	本表百分比系标准比照廿四年上海市年鉴之估计编造

（摘自：上海市档案馆编：《日本在华中经济掠夺史料》，上海书店出版社 2005 年版，第 104 页）

2）抗战期间沪市农田收益损失表

类别	面积（亩）	品名	每年每亩平均产量	平均价值	每年损失	八年损失总值	备注
1. 稻田	57600000	米	3 石	100000	$ 57600000000.00	$ 46080000000	本表比照廿四年上海市年鉴之农作物损失标准估计
2. 棉田	86400000	棉	1 担	100000	$ 8640000000.00	$ 69120000000	
3. 果蔬及其他	1975944	其他		12000	$ 1751711.00	$ 14013690624	
总计	145975944				$ 145751711328.00	$ 1166013690624	
							估计

以上受损农田面积共计 145975944 亩：

计：（1）稻田 57600000 亩约当总数百分之四十弱；

（2）棉田 86400000 亩约当总数百分之六十；

（3）果蔬及其他农作物 1975944 亩约当总数百分之一强。

（摘自：上海市档案馆编：《日本在华中经济掠夺史料》，上海书店
出版社 2005 年版，第 105—106 页）

3）抗战期间全市房屋损失表（廿六至卅四年）

战前房屋总数				战后轰炸损毁				备　注
建筑	住家	合计	%	建筑	住家	合计	%	本表之编造系根据上海市工务设计专家尚登民之调查报告见 35.2.5 申报
300000	220000	520000	100	60000	40000	100000	20	

以上共计损失建筑物 60000 所，住家 40000 所，约占战前总数百分之廿

建筑物每所平均以十间计，共计六十万间；每间平均以时值廿万元计，共计损失
＄100000000000。

住家每所平均以四间计，共计十六万间；每间平均以时值十六万元计，共计损失
＄256000000000。

合计损失 ＄1456000000000。

总计损失 ＄4368000000000。

上列估价标准以上海市土地及定着物暂行估价表为根据再加三倍计算

抗战期间本市公私土地损失总计表（廿六年至卅四年）

名　称	每年损失	八年损失总值
市地孳息收益损失	192000000000	15360000000.00
农地孳息收益损失	145751711328.00	1116013690624.00
全市房屋孳息收益损失		436800000000.00
总　计		＄1568173690624.00

上列各项损失按照目前时值估计，共值国币 1568173690624.00 元

（摘自：上海市档案馆编：《日本在华中经济掠夺史料》，上海书店
出版社 2005 年版，第 106 页）

（二）文献资料

1. 综合资料

（1）沪变中难民人数统计表

沪变发生后一般难民均逃往租界，斯时在界内所设之收容所，共有六十三处，每处平均六百余人，共计四万三千三百余人，其中以农人，及无业妇孺占全体比例之最多数。当时如曹家渡北曹家宅、徐家汇天主堂街、愚园路底中央研究院、胶州路、北京路湖社、劳神父路等地所收容者，十之八九均为农人，吾人于此可以揣测，在此次战役中，损失牺牲最大者，仍以艰苦的农民为首，因除其随身之生命尚存而外，余都碎毁于弹片与灰烬中矣。又难民之疾病统计，亦以农人为最，计占全体难民之百分之三十六，至于难民之死亡率，则以妇孺最多，计女占全体难民百分之三十六，幼占全体难民百分之三十六。

难民职业统计及其占全体难民疾病之百分比

情况 ＼ 职别	农	工	商	其他	学	无业妇孺
人数	15704	5406	1979	4799	148	15314
疾病%	36	12	5	11	0.3	35

难民之男女幼统计及其占全体难民死亡率之百分比

情况 ＼ 类别	男	女	幼
人数	11993	15499	15858
死亡率%	28	36	36

——《淞沪抗日画史》，生活书店 1932 年版

（摘自：上海社会科学院历史研究所编：《"九·一八"——"一·二八"上海军民抗日运动史料》，上海社会科学院出版社 1986 年版，第 254 页）

（2）沪变中失业损失统计表

沪战发生后，失业工人计达二十四万零三百九十六人（原有工人二十八万五千一百七十八人），其工资损失，平均每人每日一元计算，自一月二十九日起至三月十日止，共计四十二天，其损失当为一千零九万六千六百三十二元。此尚仅以产业工人为限，至于职业工人数目尚不在内。其失业工人数目现分别统计如下：

1. 属于国人经营工厂之失业人数（以地域分类）

区　别	闸北区	浦东区	沪西区	南市区	沪东区	法租界	共　计
失业人数	54972	5066	38105	22395	45509	2957	169004

2. 属于日商经营工厂之失业人数（以产业分类）

业别	棉纺业	织造业	机器业	化学工业	玻璃业	制革业	橡胶业	酿造业	制糖业	烟草业	印刷业	日用品业	其他	共计
失业人数	54606	4185	1203	846	681	265	300	89	96	70	778	40	233	63392

3. 属于外商经营工厂之失业人数（以产业分类）

业别	纺织业	印刷业	机械业	蛋厂业	制药业	其他各业	共计
失业人数	4400	1200	400	800	160	1040	8000

—— 《淞沪抗日画史》，生活书店 1932 年版

（摘自：上海社会科学院历史研究所编：《"九·一八"——"一·二八"上海军民抗日运动史料》，上海社会科学院出版社 1986 年版，第 255 页）

（3） 沪变中工厂损失统计表

业　别	户数	合计损失	人事损失	财产损失	间接损失	备注
总计	896	53079195.86				
木材工业	11			955394.00	30615.00	
冶炼工业	14		166.00	51203.00	30694.00	
机器工业	130		3618.00	1826193.00	482007.00	
电器工业	39		140.00	392482.00	135358.00	
交通用具工业	7		650.00	1748612.64	75420.00	表内数字全部按原表
土石工业	49		1390.00	1669692.00	155219.00	
劳力工业	5		2000.00	1334560.00	980000.00	
化学工业	64		500.00	2477845.60	617380.86	
纺织工业	220		15320.00	7351405.37	2233315.49	
服饰工业	46		224.00	831962.00	93977.00	
橡革工业	30		350.00	1741245.00	36309.00	
饮食品工业	65		2295.00	2276023.00	430576.00	
造纸印刷工业	83		3836.00	18470589.00	235095.00	
饰物仪表工业	54		207.00	551053.00	58583.00	
其他工业	79		2345.50	5661115.30	112330.50	

＊ 本表根据上海市社会局调查而制，该局所登战事损失登记表所列损失项目如下：

（人事损失）职工死亡、伤害、失踪、被虏、失业等之人数，及其因此而损失之每月生产能力，以及丧葬费、医药费、寻访费等；（财产损失）房屋机器装修、器具存货存料等；（间接损失）呆账迁运费职工私产等（尚有每月营业平均损失一项，为便于计算起见，以三个月计算，并入间接损失项下）。综观各厂所填登记表，关于人数损失一项，填写最为疏略，财产损失较为固定，各厂填报亦较详细，惟大多数工厂，其厂屋租自他人，厂主填报损失时，未将房屋列入，间接损失中呆账一项，各厂填报时，战事尚未停止，估计难期准确，是故上述三项损失中，其准确性最高者，当推财产损失，而间接损失次之，人事损失又次之。战区外之工厂，受有间接损失而未报告者，为数颇多，一时亦无从复查，又损失较大之工厂，如商务印书馆、永安第二纱厂等，皆造具清册，专案报告，其报告内只列财产损失一项。

——《淞沪抗日画史》，生活书店1932年版

（摘自：上海社会科学院历史研究所编：《"九·一八"——"一·二八"上海军民抗日运动史料》，上海社会科学院出版社1986年版，第256页）

（4） 人事伤害统计表 *

人数 区别 \ 类别	死亡	伤害	失踪	其他	备注
总 计	1739	719 *	985	25099 *	查本表内受伤者反较死亡者为少，似不合理，盖因轻伤者多未具报，实因此次民众对社会局所制之登记报告，均以财产为主要目的，而于人事，伤害部分，除死亡外，不甚注意故也
闸 北	876	469	720	17963	
吴 淞	346	119	142	2847	
江 湾	331	59	43	226	
真 如	7	5	1	115	
沪 南	1	3	2	767	
引 翔	18	5	5	402	
彭 浦	1	3		28	
蒲 淞				30	
殷 行	8	7	3	72	
洋 泾		1	1		
特 一	37	23	50	2200	* 原稿伤害总计与各区合计少 2 元
特 二				175	
杨 行	7	2	5	89	
大 场	61	9	6	180	* 原稿其他总计与各区合计差 1 元
南 翔	34	7			
宝 山	9	2	5		
安 亭		1			
嘉 定	3	6	2	4	

* 本表系根据上海社会局两万六千两百五十一份报告表所制，其他一项内以失业为最多数。

——《淞沪抗日画史》，生活书店 1932 年版

（摘自：上海社会科学院历史研究所编：《"九·一八" —— "一·二八"上海军民抗日运动史料》，上海社会科学院出版社 1986 年版，第 253 页）

（5）沪战区全部损失统计表*

区别 \ 金额（元）类别	合计	住户	商号	工厂	房产	学校	公园	寺庵	政府机关
总计	194606362.81								
闸北	132488751.26	37778020.12	33477041.89	51990969.32	5760098.40	2068465.50	1268826.02	145300.00	
吴淞	16743096.41	5956460.87	4472304.69	4768100.45	577279.00	850735.00	108796.40	9420.00	
江湾	7702279.71	4394961.41	1366784.30	1191283.00	136780.20	59160.00	552381.00		
真如	377920.95	284417.00	53189.95	40314.00			6900.00		
沪南	1290844.14	29386.00	994973.14	222666.00		36619.00			
引翔	633886.29	359355.69	159232.60	109962.00	5336.00				
彭浦	52799.20	35577.00	1662.00	15446.00		114.00			
蒲淞	33079.82	588.00	32469.82	22.00					
殷行	389614.60	332399.60	45315.00	11900.00					
洋泾	74295.00		72295.00	2000.00					

金额（元）＼类别 区别	合计	住户	商号	工厂	房产	学校	公园	寺庵	政府机关
特一	9927446.95	617860.38	7851136.33	1445383.34	5520.00		7546.90		
特二	398049.68	4401.68	390974.00	2674.00					
杨行	84146.00	62765.00	21381.00						
大场	1076134.77	715085.77	328060.00	14000.00	1316.00	17673.00			
南翔	263497.03	239845.03	43652.00						
宝山	286299.18	110946.58	175352.60						
嘉定	129500.57	60922.57	6734.00			61844.00			
安亭	6003.40	6003.40							
政府机关	25628717.85*								25628717.85*

* 本表根据上海社会局调查而制该局到登记表两万六千两百五十一份，故仅及受难总数十万以上之估计的六分之一，但在第二步调查未完成之前，此记载的确数，亦足为吾人之所测考矣。

* 原稿总计与各区合计相差2980000元，经核对，政府机关损失合计原稿为25628717.85元，应改为22628717.85元；蒲淞损失原稿合计33079.82元，应改为53079.82元。（参见《淞沪御日血战大画史》，文华美术图书公司1933年版，"一·二八事变损失分区统计表"，"一·二八"淞沪抗日画史》，生活书店1932年版

—— 《"九·一八"——"一·二八"上海军民抗日运动史料》

（摘自：上海社会科学院历史研究所编：《"九·一八"——"一·二八"上海军民抗日运动史料》，上海社会科学院出版社1986年版，第251—252页）

（6） 各收容所难民人口统计

Census of Refugees in Camps

廿六年八月至廿七年二月

From August 1937 to February 1938

收容所 Camp—	第一 No. 1	第二 No. 2	第三 No. 3	第四 No. 4	第五 No. 5	第六 No. 6	共计 Total
八 月 Aug.	1450	2440	620	……	……	……	4510
九 月 Sept.	2441	4083	1042	……	……	……	7566
十 月 Oct.	2426	4132	1052	……	……	……	7610
十一月 Nov.	2330	4453	1173	2170	14569	……	24695
十二月 Dec.	2449	4472	1367	2366	13858	640	25152
一 月 Jan.	2161	4185	1388	2226	12642	710	23312
二 月 Feb.	2107	3980	1434	2219	11141	692	21573

		Men 男	Women 女	Children 孩	Total 总数
八 月	Aug.	1539	1550	1421	4510
九 月	Sept.	2469	2507	2590	7566
十 月	Oct.	2271	2603	2736	7610
十一月	Nov.	7440	8578	8677	24695
十二月	Dec.	7646	8830	8676	25152
一 月	Jan.	7224	8032	8056	23312
二 月	Feb.	6566	7483	7524	21573

（上海图书馆藏：《上海国际救济会六个月工作报告》，1937 年 8 月
13 日至 1938 年 2 月 15 日，收藏号 A541—212—0028—2032B）

2. 人口伤亡资料

（1）"大一沙龙"

东宝兴路 125 弄的"大一沙龙"是日本海军指定开设的特别慰安所之一。从 1931 年到 1945 年，它既是日军在亚洲设立的第一个慰安所，也是世界上存在时间最长的日军慰安所。

1931 年 11 月，"大一沙龙"成为日本海军陆战队司令部批准的第一批慰安所之一。根据我们的调查，它通常不挂牌子，也没有慰安所的名称，除了接待日本海军军人外，也同时接待日本侨民，最初无任何检查制度。有必要指出的是，这一时期的"慰安妇"，无论是日本人还是朝鲜人，基本上都是原来的娼妓，都是从日本贫困山区招来的年轻女子。

1931 年 11 月，"大一沙龙"被称为"海军指定慰安所"而获得了扩张。……东宝兴路 125 弄 1 号为 2 层西式砖木结构建筑。最初，此处的日本"慰安妇"只有 7 人左右，由于这里地处北四川路（现四川北路）旁，为日本海军陆战队集中之地，所以海军陆战队员相约而来，生意十分兴隆。于是，经营者夫妇便又从日本国内招来 20 名少女，并逐渐吞并了后面的两幢中国人的住房（今 125 弄 2 号、3 号），那两幢房屋也是西式砖木结构建筑。经营者还购置了用来接送客人的汽车，在路对面设立了停车库（东宝兴路 120、122、124 号，1997 年已经拆毁），形成一个规模颇大的慰安所。

1994 年，笔者找到时年 81 岁的陆明昌老人，据这位家住东宝兴路 108 号的老人介绍，他原籍江苏南通，"一·二八"事变前后，从家乡到上海谋生，经人介绍进"大一沙龙"做杂务工。这时的"大一沙龙"，客人除了日本海军以外，还有日侨。进大门后是个日本式庭院，上台阶里面是个大酒吧，平时接待客人，可以喝酒，也可跳舞。两厢房、二楼以及后面的 3 幢建筑均是日本"慰安妇"的房间。楼房的东侧有个花园，中间是个喷水池，四周的空地就是舞场，每天这里都是莺歌燕舞，尤其是晚上 7 点起最为热闹。"八·一三"事变爆发后，这里成为日本海军专用的慰安所。"慰安妇"们穿着和服，都是来自日本贫困山区的女子。后来还有朝鲜女子"加入"其中。日本医生每周都来检查，在一楼的 4

号房间为"慰安妇"检查身体。后来老板近藤一个人带着钱财跑回东京享受去了，"大一沙龙"便由老板娘一人支撑。约在1944年左右，老板娘也死了，此后则由其儿子经营，直到战争结束。这个老板娘就是近藤美津子。

陆明昌在"大一沙龙"除了烧饭外，还要收拾酒吧、搬运啤酒等。因为每天与日本人打交道，所以晚年仍能讲一些日本话。他在这个慰安所整整干了14年，可以说是在日军慰安所内工作最长的人了，每月工资却只有6块银元，还时常遭到日本人的打骂。回忆这痛苦的往事，陆明昌老人仍满腔怒火。1999年，陆明昌因瘫痪久病而去世。

根据陆明昌等知情人的回忆，在战争的中后期，"大一沙龙"里面也有不少中国女人遭受日军的奴役。

家住附近的林铃娣（1994年71岁，1924年生），家中原是做木桶的。她对"大一沙龙"还有清晰的记忆："我父亲是桶匠。'大一沙龙'我们叫它'大一记'，老板娘经常来我家订购小木盆，这种小木盆是给'慰安妇'与客人洗澡时放置毛巾和肥皂用的。一次定做总有10只，每只价钱是1日元。那时我只有10来岁，这些木盆每次都是我送过去的，但只能送到门口，不准进去。里面的女孩都穿着和服、木屐。里面具体的情况，我也不敢看。对面两幢房子（东宝兴路120、122、124号）原来是车库，是专供客人们停车用的。"

林铃娣家为东宝兴路113号，就在"大一沙龙"的东面。她的丈夫王金鑫（1994年73岁，1922年生，江苏启东人）回忆，除了小的木桶外，慰安所还需要大的木桶，他也时常做这种人能进入洗澡的大木桶。

"大一沙龙"后来的规模越来越大。现在的125弄2、3号也是2层西式建筑，东边还有两幢风格有所不同的2层建筑（现为123弄）。日本海军和管理者合作，对这些建筑内部进行了改造。家住东宝兴路101弄6号的陈阿金老人，今年82岁，年轻时为木匠。他曾与师傅一道入"大一沙龙"做工，主要是隔离房间，做日本式的移门拉窗，安装榻榻米。他记得5幢房屋的两层楼均用天桥连接起来，以方便营业。慰安所里有朝鲜、日本和中国的"慰安妇"。他与师傅做工，每天的工钱是25钱。他回忆："'大一沙龙'设备在当时算是非常好的，有煤气和抽水马桶，战争结束时被日本人拆毁了。账房先生是个日本人，比较胖。里面有高丽女人，我是怎样知道的，是因为战争结束后，高丽女人穿的鞋子与日本人不同。'大一沙龙'有门卫，晚上关门。……"

（摘自：苏智良、陈丽菲、姚霏著：《上海日军慰安所实录》，上海三联书店2005年版，第1—9页）

（2） 一家十口人被日军活活烧死

"一·二八"日本兵打到江湾时，我的公公、婆婆、大伯友生夫妇、二伯林生夫妇和他们的女儿木铃及五叔顺弟等，包括二婶腹中即将出世的孩子共十口人，都被日本兵活活烧死了，我是亲手参加收尸的。

那天是正月半元宵节（公历 2 月 20 日），他们本来已逃出去，因回去过节，出了事情。我当时逃难在嘉定，那天丈夫买了五六斤鲫鱼，本来也准备回家过节的。由于在半路上碰到我的母亲，不让他回方浜村，他才免于遭难。节后听说我们家的七间房子被日本兵统统烧掉了，但听不到家中十口人的消息。我们曾回去过三次，但都没有找到尸体的下落，后来碰到同村人杏根，才有了线索。那天日本兵来时，杏根躲在床底下旮旯里，日本兵用刺刀戳来戳去未戳着。等鬼子走后，杏根就爬到一棵高大的银杏树上，光看到鬼子将公婆等一家人用绳子串了，拉到芦泾庙（现俞泾庙）西边一个广东人的花园里，然后又看到火光，并听到喊救命的惨叫声。我们按杏根的指点，于正月廿二日（公历 2 月 27 日）到广东人的花园中去寻，结果在葡萄棚下看到有一堆尸体。两个人一对，面对面，用绳子缚牢的，背都烧得弓了起来，但面孔还能认得出。我的侄女和隔壁的一个小伙子也被面对面扎成一对。那天被烧死的，除我的公婆、叔伯、婶婶、侄女十口人外，还有我们家隔壁夫妇俩、延松家婶婶及金发（十几岁的男孩）等共十四人。日本兵真残酷啊！将我们家十口人活活烧死，当时的情况实在太惨了，我一想起来心里就难过。

（1989 年 7 月根据江湾镇辖水电路方浜村 64 号 82 岁老人须根英口述整理）

[摘自：上海市档案馆编：《日本帝国主义侵略上海罪行史料汇编》（上编），上海人民出版社 1997 年版，第 50 页]

（3）江湾镇惨遭劫难

江湾镇之浩劫

昨激战尽日，敌炮火发狂轰击，加之飞机之掷弹，故江湾镇及附近有五六处大火。记者曾往调查，途遇难民数人，据云：江湾镇上东岳庙被炸，毁民居十数家，新江湾方面，因日机掷硫磺弹，故该处全部被焚，约有数十家，至本人逃出时，火犹未熄。……街上市民之炸死及焚死者当在数百人以上，现该处尚有居民未及逃出者，恐不被枪杀亦将饿死矣，言下流泪不止。（《申报》1932年2月22日）

江湾镇大街已尽成焦土

江湾镇东自大街万安桥起点，一直朝西延烧至花园弄口；新市路底起，朝北烧到大街北弄止，计被焚商铺……百余家。（《申报》1932年2月25日）

江湾惨屠记

廿三日晨十时卅分，余随同二西报记者，赴江湾日军阵地视察，余任汽车司机职，另一华友则为余之车副手。车抵江湾时，见附近民房，业被日军焚毁一空，……道旁尸体，纵横排列，……有尸体被劈为半截者，有头部分裂、脑浆溢流者，惨状不忍卒睹。女子多服布裙，伏尸道旁，就余所见，已在二百具以上，想见日军之残忍。……余前日（廿二日）往江湾时，尚无如此景象，想日军下此毒手，屠杀民众，定系前晚（廿二日）惨败，恼羞成怒所致。（《申报》1932年2月25日）

[摘自：上海市档案馆编：《日本帝国主义侵略上海罪行史料汇编》（上编），上海人民出版社1997年版，第48页]

(4) 日军滥捕虐杀中国人民

(1932 年 3 月)

......

三元宫 日兵滥捕我无辜同胞禁锢于武昌路三元宫内施以毒刑。据由该处逃出之黄包车夫王阿发告人云：该处日兵二十人，押有我国男女同胞约三百余。对我男同胞备极虐待，勒令跪地，任意用铁棍毒击，被击者轻则血流遍面，重者骨碎目突。更用雪亮犀利形如割稻用之镰刀，由颈项拉割衣服，直至小腹以下（盖解纽扣迟慢，故用镰刀宰割也），因之有胸腹割破，肠流血涌，满地哀号而死者，为状奇惨。对我女同胞百般侮辱，迫令将全身衣裳脱去在地面旋滚，日兵则骑其背，挞其身，以为笑乐。有时兽欲大发，将妇女两手反缚凳上或柱上，轮流奸淫，稍一违抗，即被倒悬梁间，用小刀割去乳头，遍刺体肤，可怜我妇女求生不得，觅死无从，哀啼惨号，不忍卒睹。日人残暴若此，同胞应记在心里，终身不忘，还须传给子孙念念不忘。

......

广东戏院 公共租界海宁路中国摄影公司职员吴刚君曾被日兵拘禁于广东医院（原文如此）凡十一日。经救释出，述其亲身经历如下："渠于二月十日因赴公司内搬取行李，途中被日兵捕去，押入戏院监禁。斯时院中座位上已坐满先伊被捕之同胞六百余人，面现忧容，景况凄惨。伊到院时，经监狱吏详加查询，认作我军便衣队，连施五次苦刑，迫令招实，眼镜击碎，遍体鳞伤，手足都被捆缚，然后押坐座位上，以待判决。被捕者座位背面用数目为记，每个人皆以号数相称。日兵有逐日之轮流表报告，该表名为'黑表'，上书六百余同胞中十人至二十人之号数。每日下午，'演戏'一次，凡被叫者，即提在戏台上痛施鞭楚，直至被打者不省人事时为止，然后带往日军司令部处刑，其状之惨，直使目睹者心惊胆跳，恐怖异常，共计旬日之间，同胞被惨杀者约二百人。"伊以获救，得免于难。

俭德公寓 北四川路俭德公寓，前数日为日本浪人子女避难之所。我同胞在附近被执者，多送至公寓中，捆以绳，背壁立，然后授小贼等以利刀，令向我同胞抛去，以为游戏，谓为练习瞄准。并以刀尖在我同胞面部刺以"广东"二字。我同胞被捕者，多为刺死。如不死者，则将其头颅割下，置花盆中。现俭德公寓花盆架上，我同胞之头颅累累，似此惨无人道之兽行，实天理所不容也。上为逃难归者所口述。盖彼者昔日曾佣于日人家，略懂日语，故能免于难。

　　……

　　大美晚报之记载　大美晚报总编辑于礼拜一往江湾视察情形，一路所见，不能使人无动于衷。以前江湾赛马之盛况，今日只见一片惨毒而已，眼中所见之跑马厅，入门处皆死尸，皆目击其立刻猝毙者。日军所发官报，尝谓死者为暗地放枪之人，或是奸细，其是否我人不能辨别，然其中有妇女童孺在焉。妇人弹从背后穿入，所着棉衣为军刀刺透数重。儿童满身为子弹所射穿。乡农衣服之人，积尸满地，血染地面之上。此曹皆非穿军服者，妇孺更非穿军服之人，日军司令部与日使署皆以华军便衣兵目之，且力指其为便衣兵，孰能辨其是非。日本人又言，日本海陆军非对中国人民开战，非对中国政府开战，且非对中国政府之军队开战，仅对广东所来之十九路军开战。然则此辈横尸于路渠之中国老幼男女，皆十九路军之兵士？人已死矣，安能起而问之。屋宇被焚者比比，往观者且目击其焚。日军焚毁屋宇之术精极，连一根火柴亦不妄施。跑马场看台之下有焚余之尸体在焉。一尸满身涂油，焦黑而仆于地。其他累累者，看台之下皆是也。登台上远望，乡间房屋，火势方炽，红光熊熊然。幸而火里逃生者，亦为日军所俘获。日本军官对一所捕乡人一挥手，使之面对日光，此军官骤出雪亮之军刀刺乡人，深入其体，而其人倒地矣。一人之后，又复一人。复有一可爱之童子，为日兵解脱其缚，强按于两尸之上，面俯地下，当其倒仆之时，日兵六人之手枪齐发，自脊而下，弹痕累累。枪声停，枪弹所击地下之人，初尚转侧，旋即不动，而第二人又来轮值矣。目见如此，手足俱颤，于是遂行，诚不忍更睹云。

　　……

　　（原载上海同志合作社 1932 年 3 月编《日本侵略淞沪暴行之真相》）

　　[摘自：上海市档案馆编：《日本帝国主义侵略上海罪行史料汇编》（上编），上海人民出版社 1997 年版，第 20、21、23 页]

（5）日机轰炸攻击难民收容所

（1932 年 3 月）

上海第一灾民收容所，设在柳营路，专收被水灾民，有灾民万余人，儿童二千余人。至二月三日，暴日竟来飞机，向所内抛掷炸弹，击毙灾民一人，伤者颇多。四日，日机又向慈幼组后面掷一炸弹，并落一大炮弹，当时毙命者三人，伤者甚多。该所职教员等即行逃避于美人所办之明强中学校，甫经出门，该所前门之盖棚二座即被炸毁，各灾民哭声如雷，乃相率奔逃。日机见男女大小逃难者甚多，乃行惨无人道之残酷手段，飞机十一架在头上飞翔，难民逃至何方，日机即飞至何处，屡掷炸弹，并用机关枪向下扫射，难民死伤无数，尤以小孩为最多。该教员幸已出险，而收容所与慈幼组尽成灰烬矣。

二月五日，日机又炸另一收容所。中国水灾救济委员会总干事辛卜森爵士，因致电国联抗议。电文曰：余以人道名义，抗议日军飞机于二月五日轰击内有难民八千余人之水灾收容所，击死妇童各一人，伤四人，而医院病人受惊而死者数人。次日即二月六日，该收容所又遭炸弹轰击，时所中仅有数百灾民，大都为患病者，及老弱人民。此次轰击后，检查被击死者有四十八人之多。当即将所中灾民移于他处。但翌日日机又来轰击。日人此种行为，实属惨无人道。且从军事立场言，亦属无益云。

（原载上海同志合作社 1932 年 3 月编《日本侵略淞沪暴行之真相》）

［摘自：上海市档案馆编：《日本帝国主义侵略上海罪行史料汇编》（上编），上海人民出版社 1997 年版，第 25 页］

（6） 日军在嘉定的烧杀抢掠

（1932 年 6 月）

……

上海各报记者陆续来嘉调查灾况，本月二十日新闻报刊有嘉定创痕录云：

南 翔 镇 上

镇中受炸最重者，厥为八字桥，凡中弹三四枚，桥身全断。桥之西堍，路北被炸者，为应益深茶叶号等十五家；路南为恒昌南货号等西（四）家。桥之东堍，路北姚深甫鱼行、发茂作坊等十数家，此街盖已全毁；路南为晋泰纸号、葛新盛米店等三、四家，一望之余，但见碎椽断柱，凌乱斜矗于瓦砾堆中而已。该处被炸而死者，有朱式谷肉庄之伙金姓等，凡三四人，次之为东市梢杨家弄，被炸之户，弄东为陈尹良等十余家，弄西为张六房之房屋数十椽，损失较八字桥为多，迄今已发现之尸身，有十余具，而失踪之人，尚有不少，或者犹埋于瓦砾堆下也。马路口之中弹者，为中山小学宿舍之一部；西市梢之中弹者，为大富贵寿器店及江姓住宅之半；万寿桥之中弹者，为□姓住宅之前半。其他各处虽被炸而损失不甚重大者，不备载。至为日军放火焚烧之处，则有东市梢陈允亭之房屋两进，香花桥街南之黄日新酒店、仁昌烟纸店，及街南之钟表店等。人民死于日军枪刺下者，有阿虎及浦松令两人，浦被刺未即死，为日军所活埋，惨矣哉。

毁 灭 文 化

南翔公学，为先哲许苏民所创办，许氏藏书颇多，亦饶善本，均捐作公学图书馆，历年添购，亦颇不少。固不知日军于我文化，有何深仇宿恨，闸北商务书馆之东方图书馆，既毁于硫磺弹矣，陷我南翔后，复尽取公学图书馆之图书，堆积广场中，举火悉焚之，其意何居，真令人切齿痛愤者也。

由 翔 到 嘉

嘉翔间之道路桥梁，本甚整齐，日军到后，沿路桥梁，悉被破坏，完好者，仅有其一而已，余或以木易石，或破坏其半，他日修复旧观，颇非易事。嘉定南门外之沙场弄，全街皆以长石条砌成，其下为阴沟，乃多数石条，均为日军所中断，折陷沟中，几不克通车辆。此等破坏，似非出于自然，修复之费，当不在少数。

嘉 定 城 中

城中为炸弹所毁者：（一）圜通寺桥东堍之项远村家，宅颇宏大，当时建筑，已需四万金，今已毁其十分之九，除大厅之半及若干小屋外，悉数被焚，度所投者当为硫磺弹也。（二）南大街与张马弄转角处，凡中三弹，其一炸去秦姓花园之小屋数间及徐新甫住宅之右首厢房，其一炸毁胡师王家之大厅，其一炸毁世界书局分销处后面之朱赞侯家。（三）塔前杜聚兴铅皮店及百货商店，中两弹，店面全毁，其南邻元泰昌纸号之大厅与货栈，亦遭波及。（四）石灰桥畔之张恒盛石灰行。（五）沈家桥中弹全断，桥东汪望农家之门面而及下岸房屋，炸坏不少。（六）东坡桥下吴家馆之后进，波及浦菊舟家之门面。（七）栅口弄中顾元发酒店楼房七幢及侯登兴客栈，完全炸毁。（八）积谷仓之一部分。此外，尚有一枚落栅口弄中印隽丞家，未炸，约有二尺见方，刻陷泥中，未敢轻动，须请专家前往销灭之。其为日军放火焚烧者：（一）为慈善机关存仁堂。（二）为南门盐公堂，几全部被毁，本有厅室九栋，今衹（只）存其半矣，损失当在十万左右。（三）钟楼相近之农民四家，其遭日军惨杀者，先后约十六七人，又有活埋者三人。西门外则有逃难者五六人，为日军机关枪扫射而死。

东 门 之 外

东路街道，为日军行驶汽车，已中凹而边凸，非大修不可。出东门，一望皆瓦砾，被炸者，凡四十一家，如藤万昌酒店、陈万盛杂货店及吴君禄住宅等，昔日方面，尚属繁盛，今则椽柱焦黑，与砖瓦错杂，成凄惨景象，共计牺牲于炸弹下者，一百二十四间，其炸死之人民，有朱阿四、吴长贵二人，又有死尸下半截，炸飞人家屋上，不知其名。长途汽车站之周围，落弹甚多，然站则无恙。

报 施 不 爽

汽车站之东北，有斜泾乡者，夹一小河，在南曰南斜泾，在北者曰北斜泾，两村农户，不足四十家，乃为日军放火焚烧，毁三十余家，幸存者一二人而已。在放火之前，捕乡民二十七人，悉数枪毙之，其中四人系沪北避难来嘉者，终及于难，惨哉！被毙之乡民，多属贫苦，其乡有为道士之徐湘平者，虽非富有而颇乐善，乃向木行赊棺殓之，力任其费，乃徐氏之居，四邻皆焚，彼独保全，或谓报施不爽，然徐妻亦在二十七人之劫。春桥南之沈家宅等处，亦被焚二十余家，被毙十六人。有所谓小宅者，全宅皆毁，该处有县立农场，亦完全被焚。

北 门 之 外

自东门至北门，沿城脚一带（城内），为日军放马之处，农田数百亩，春熟悉遭践踏，损失甚巨。目下农人方在事爬松工作，然践踏经月余，土坚、工作至苦。嘉邑素有冷北门之称，盖北门多贫瘠之家，北门外市廛，亦不若东南西三门之盛，总计商店、居户三十余家，乃悉遭焚烧，幸而获免者，两个全家、两个半家而已，记者小憩于该处茶肆中，其前进已焚，仅有后进，悬匾曰介石堂，此堂之幸存，岂仰赖军事委员长大名之灵耶，可叹！

娄 塘 镇 上

三月二日之夜，我军分两路自嘉撤退，一路出西门，一路则出北门至娄塘，日军追踪向北，遂于娄塘发生战事。娄塘镇甚繁盛，因战事之故，飞机踵至，益以纵火，于是该镇之残破，乃更在南翔之上。被炸者为大北街等处，有印书民、陈绢文、瞿子全诸家。印氏为前商务书馆总经理印锡璋之子，家本富有，宅亦宏丽，当时造价六万元。其为日军火焚者，以东市市梢之小东街为最惨，全街十毁其九，街左右共有七十余家之多；次之为西市梢之野泥泾，然亦有十七家，几去其半。此外，尚有北市梢三家，河南二家，东南市三家。是日适大雨，记者仅巡行小东街、野泥泾两处，闻中日交战，自二日夜中三时起，我军只数十人，且战且退，翌日退至朱家桥，日军亦追至朱家桥。三日之傍晚，复在该处激战两小时而后已。日军死伤不少，因此之故，自娄塘里、朱家桥一带，乡居之被焚者，有二百余家之多（连娄塘镇共二百七十四家），人民之中流弹而死者，约百余人，有陶炳章等数家，全家皆亡，可谓惨矣。小东街之梢有朱升泰花米行者，房屋独得保存，顾其主人朱诵清，为日军枪伤死于沪上医院中，其弟镜澄，为日军拉扛子弹，责其不力，死于刺刀之下。

垃 圾 满 室

以上皆记房屋之被炸、被焚，及人民之被害，至于嘉邑各家，无论其曾否为日军所占居，总之，家家残破不堪，室室垃圾遍地，程度虽有深浅，损失莫能幸免，此则南翔、嘉定、娄塘、外冈乃至于一切乡间，莫不皆然。逃难者归来，初入其室，类皆目定口呆，束手无策，门窗之类罕有完整，且多缺少，一家多者百余，少亦十数，虽未被炸被焚，亦属有家难住。至于室中，总是满地垃圾，莫能插足，加以臭气熏天，不可响迩，则日军尿屎不择，积两月之久，造成此等现象也。器具什物，或已焚烧，或多破坏，贵重之红木紫檀，亦一例以柴薪论之。至碗盏锅炉，一经应用，即加弃掷，故碎磁破铁，随地皆是。衣服之类，初不为日人所需，则往往焚之毁之。书籍字画，佳者不翼而飞，次者皆在垃圾堆中，碎为纸片。其为日军占据者，墙壁恒为凿洞，或大或小，或多或少，毗连诸家，可以往来。嘉邑饮料，多赖井水，然井中已多数成为厕所，秽浊不堪，无法应用。目下归家者，约十之四五，均在整理之中，顾残破太甚，有力者且不易，境况平常者惟有叹息痛恨而已。各家衣物，除毁灭之外，类多易地，甲家之物，移于乙家，乙家之物，复在丙家，不肖者则据为己有，多多益善，恒避纠纷，闻有南门某氏者，家中棕榈，有百数之多，他物无论，诚恐为物主所认，连夜运寄他处，以图变卖，自非特别情形。

（嘉定区档案馆藏《新嘉定大事记》1932 年）

［摘自：上海市档案馆编：《日本帝国主义侵略上海罪行史料汇编》（上编），上海人民出版社 1997 年版，第 40—44 页］

（7）日人焚烧三友实业社

（1932 年 11 月）

上海三友实业社为中国国货工厂之一，日人对该厂蓄谋破坏已久，缘自九一八后，该厂工友组织义勇军，按日操练，颇为日人注意，而该厂出品精美，其附近日商东华纱厂之铁锚牌毛巾，销路竟为所夺，尤遭忌恨。廿一年一月十八日下午四时，江湾路日本僧侣所居之山妙发寺僧徒天崎启升、水上秀雄两人，带同日人藤村国吉，与后藤芳平、黑岩浅次郎等共五人，向江湾内地行走，沿途敲鼓打钟，至引翔港。该地为纯粹内地，五日人到马玉山路三友实业社总工厂畔，驻足窥探，其行径如间谍相仿。引翔港乡民，见突来日人五名，咸为震疑，而三友社之工厂操场上，正在训练厂中附设之义勇军。日人益驻足不行，就路旁拾取石子，向之投掷。我方初尚坚忍，讵愈掷愈猛，乃引起义勇军之反感，喝令阻止，日人不听，竟破口大骂，致起冲突，而发生互殴之事，双方互有受伤。在两方冲突时，杨树浦警署派警到来排解，并将日人送福民医院，我方之受伤者，亦送医院疗治。此一场小风潮，本为细微，不意日人蓄意捣乱，竟出于放火一途。此事发生以后，在沪日侨，认为有寻衅之机，遂由侨沪日人，于十九日下午四时，假虹口蓬路日本人俱乐部，召集日本人居留民大会，参加者六七千名，各路日本人联合会，亦召开紧急会议，当场决议：（一）向我方提出对于殴打日僧徒之犯人逮捕处罚；（二）损害赔偿；（三）向日方道歉。决议之后，由日人公推代表到领事署要求，日领村井遂向市府提出。俞秘书长当［即］表示，此案尚须调查，如果咎在我方，允为查明后，公平处置。讵日领辞出后，日人竟不待正式交涉，便集众六十余名，于二十日晨二时许，由驻沪之日本武装军警，在黑夜掩护中，自虹口出发，向引翔港，到达马玉山路三友实业社总厂时，由该厂之西北角，用刺刀将竹篱撬毁，然后陆续潜行入，至厂屋所在地，便用所带之硫磺弹，并油浸之发着弹，抛入三友厂屋之上，在屋顶与墙脚两处，投抛硫磺弹、引火油球最多，然后开放火枪。至二时五十三分，厂中各职工于睡梦中突闻砰砰枪声及火光，纷纷起床，在匆忙中急取厂中所备之消防器具，赶赴西北端施救，幸厂屋为铅皮所隔，不易着火，同时厂中报告救火会，驱水龙到来，内外同时扑救，方将火势救息，然西北角靠近杨家宅之工房六七幢，已先烧去屋顶，而织机之被烧毁者，已损坏三十余台。查三友厂共占平房一百六七十间，织布机有八百架，工人千余名，今被毁一角，尚不幸之中大幸。日人放火之际，预先派武装日人多批，至各岗亭将巡捕监视，以防其报告捕房。驻引翔港之七六五号华捕与一千一百十六号巡捕两人，见大批日人武装经过，十分疑惑，正欲会同三〇二九号中国三道头打电话到捕房报告，讵日人十余名，突出利斧，自后而至，向三道头猛砍，手指尽为砍落。日人当[即]将电线割断，并将一一一六号华捕当胸一刀戳伤，然后飞奔而逸。五六七号华捕见状，拟奔出岗亭报告捕房，日人竟随后追逐，及到临青桥，又为日人追获，将华捕戳死，又将岗亭话机拆下，抛入河中。受伤之华捕即送医院。出事以后，该处五区四公安局及警备司令部参谋钟桓等，赴出事地调查，搜获日人所投之硫磺弹、引火球并日本制之刺刀等项，带回存案。而三友厂由厂长劳惠民、经理沈九成到厂勘察一遍，并议善后办法，全厂工友，不敢再往工作，当由厂内电请捕房派大队探警到厂保护。廿日下午，日本又派武装巡捕四名，到三友社厂前，徘徊于厂之附近，约三小时而去。厂中特请救火会放水龙一条，到厂预防，该救火车又为日人捣毁。下午二时，全沪日人，在文监师路日人俱乐部，开居留民会，到千余人，六时散后，六百余日人，均持械向吴淞路、老靶子路、北四川路沿途大呼口号：杀尽中国人。遇店即毁，逢人便殴，商店闭市，秩序大乱。岗捕无法制止，商店被毁者五家，强阻电车停驶，英捕劝止被殴，头部重伤，并将沿途抗日标语撕去，迨捕房探捕赶到，暴徒已四散，余七十余人避往日兵营。

（原载《九一八后国难痛史资料》第 2 卷，东北问题研究会 1932 年 11 月出版）

[摘自：上海市档案馆编：《日本帝国主义侵略上海罪行史料汇编》（上编），上海人民出版社 1997 年版，第 9—10 页]

（8） 南京路外滩被炸

今日①上海战事，集中于空中，先是停泊于黄浦江中之日舰，由出云旗舰指挥，任意轰击闸北华军阵地。继而华方空军，出现浦江上空，向日舰投弹轰炸，日舰纷放高射炮，华机毫不畏缩，盘旋于高射炮之烟幕中，奋勇轰炸。"一·二八"时，华方并无空军，此次空军突然出现，一般人士，为之诧异，且如此英勇善战，更使人兴奋，故当轰炸时，市民赴外滩及各大厦屋顶观战者，颇为热烈众多。

当华机轰炸时，日舰高射炮乱放，致弹片有落于租界者。且日舰停于公共租界外滩，华机轰炸，致波及租界。下午三时许，弹落南京路外滩，华懋及汇中两饭店一部份被毁，死伤中外市民百余人，而外人之死难者，大都系该两饭店之旅客。四时许有一华机因受日高射炮弹微伤，飞离上海时，因不能控制，致大世界附近落下两弹，当即爆炸，死伤枕藉，惨不忍睹，计炸死八百余人，伤者六百余人。

（《中国全面抗战大事记》，华美出版公司 1938 年 7 月 15 日出版）

（摘自：上海社会科学院历史研究所编：《"八一三"抗战史料选编》，上海人民出版社 1986 年版，第 75 页）

---

① 一九三七年八月十四日。

(9) 大世界惨案

昨日下午四时三十五分，时正敌我空军施展激烈空战之际，不料爱多亚路大世界游戏场门前即马路中央交通灯附近，由飞机上堕下一百余磅之巨型炸弹两枚，立时爆炸，声震全沪。当时马路上正车辆衔接，万头攒动，大世界难民收容所因人已收满，尚有一部份难民在门口候车徙往他处收容，致罹浩劫，断股折肱，尸遍横地（原文如此）。东至杭州饭店，西至八七六号上海搬场公司，南抵敏体尼荫路之恒茂里，北止虞洽卿路口，几为鲜血肝脑所涂满。中西药房分号着弹起火，四周较远之各商号玻璃窗排门，完全被震倒碎无遗；指挥交通灯亭上之法捕房巡捕，同时罹难。法捕房闻警后，立派中西探捕驰往维持秩序，我国童子军二十余人亦赶到协助，暂断交通。同时，法租界救火会，及各医院、各慈善团体，均先后派员驱车赶到施救。

当时，死伤人数约四百余人。法租界救火会人员，直打扫至晚八时半，尚未完毕。而虞洽卿路西首转角，尚遗有残缺尸身五具。上海搬场公司门口，有被炸毁之一辆卡车，汽车夫及一助手，均死难于车厢内，厥伏至惨，实所未见。包车及黄包车被毁者四十余辆，汽车约二十辆左右，除大部已移去外，尚有租界第六九四号、一〇三一号、八三八五号、市八一九〇号、二二三五号、市九二九七号、一四五五号、市二六三四号、二五二二号、市二二五二号、三〇六四号、市一六八四号等数辆，均大部炸毁，留置路旁。此外有仅存车干钢骨之汽车三辆，亦未及移去。至夜十一时许，法捕房彻底调查结果共死四百四十五人，由同仁辅元分堂与普善山庄等，派车检收殓葬。内有华捕三人重伤，入院救治者二百余人，轻伤者不在内。现法当局正继续彻查中，受伤市民，分送红十字会，同仁医院等处救治，内有九十九人，收容于宝隆医院，其中七十五人重伤，二十四人伤重毙命，又有外人二名重伤。

（《申报》1937 年 8 月 15 日）

（摘自：上海社会科学院历史研究所编：《"八一三"抗战史料选编》，上海人民出版社 1986 年版，第 76 页）

（10）"八一三"战时上海几大惨案

日　期	投射物	地　　点	死　伤　人　数	
			死亡者	受伤者
八月十四日	飞机之炸弹	南京路与黄浦滩	七二九	八六五
八月十四日	同上	爱多亚路与虞洽卿路	一，〇一一	一，〇〇八
八月二十三日	同上	南京路与浙江路	二一五	五七〇
十月十四日	同上	麦根路与昌平路	一二	二〇
十月二十二日	燃烧弹	新闸路与梅白格路	五	四八

（上海市档案馆藏《1937年上海公共租界工部局年报》，第187页）

(11) 四千民房成瓦砾场

四千民房成瓦砾场　申时社云，虹口东百老汇路南洋烟草公司后面，沿华德路、兆丰路、塘山路、邓脱路、公平路、茂海路、昆明路一带，该处民房不下三四千间，为沪东热闹市区，于廿日上午九时，被敌溃退时纵火焚烧，烈焰腾空，蔓延甚烈，因适处在战区中心，消防队无法前往施救，以致任其延烧，共历一昼夜之久，遥至昨晨为止，该处民房三四千间，已完全付于一烬。

（《申报》1937 年 8 月 22 日）

[摘自：上海市档案馆编：《日本帝国主义侵略上海罪行史料汇编》（上编），上海人民出版社 1997 年版，第 227 页]

（12）先施公司惨案

上海公共租界今日①午后一时，又发生一大惨剧。先为在江西路附近，有一炸弹自天空落在美国海军堆栈屋上，直穿三层楼至底层，但未爆发。移时，又有一弹落在南京路，直坠先施公司三层阳台上，当即爆发，永安与先施两公司及邻近各商店大受损伤，管理红绿灯及指挥交通之巡捕，及两公司顾客，与来往之中外人士，被炸死伤者达七百以上。该两弹无法辨别其来源。据华军方面声称当时天空并未有任何中国飞机来往。日人承认斯时飞机天空活动，但否认该两弹系日机掷下。惟据当时在附近之华新闻记者称，目击有一飞机，自东飞来，而未见日舰施放高射炮，则可证明为日机云云。

（《中国全面抗战大事记》，华美出版公司 1938 年 7 月 15 日出版）

（摘自：上海社会科学院历史研究所编：《"八一三"抗战史料选编》，上海人民出版社 1986 年版，第 77 页）

---

① 一九三七年八月二十三日。

（13） 日机轰炸南站

昨日午后二时许，敌机十二架，在南站附近共投炸弹八枚，该站站屋〔台〕、天桥及水塔、车房当被炸毁，同时在站候车离沪难民均罹于难，死伤达六七百人。死者倒卧于地，伤者转侧呼号，残肢头颅，触目皆是，血流成渠，泥土尽赤，景象之惨，无以复加。敌机于轰炸之余，又投掷硫磺弹多枚，南站之外扬旗及郑家桥两处，当即着弹起火，延烧甚烈，直至傍晚始行救熄。查南市一带，绝无军事设备，敌机竟横加轰炸，惨杀平民，焚烧房屋，此种绝无理性有悖人道举动，实可谓向全人类挑战。

（《立报》1937 年 8 月 29 日）

（摘自：上海社会科学院历史研究所编：《"八一三"抗战史料选编》，上海人民出版社 1986 年版，第 80 页）

（14）日军轰炸枪杀红十字会救护人员^①

　　疯狂的日军竟尔（原文如此）枪杀红会人员，暴行违反国际公约，我将请红会联会严厉处置。

　　中国红十字会第二救护队驻于真如东南医学院，门首悬有红十字旗，队员皆佩臂章。讵于八月十八日晨六时，日机掷弹轰炸该院，除院内房屋炸毁外，并炸死担架队长张松龄，伤队长龚继长、医师队员许振德等四人。又于八月十九日上午十一时，南翔中国红十字会第三救护队，遭日机轰炸，伤副队长赵汝信一人，队员三人，死伤兵二人。又中国红十字会第一救护队驻宝山罗店，于八月二十三日下午四时全队人员共四十三人，皆佩有臂章，正在工作紧张之际，忽遇日兵多人，强将臂章攫去，令跪地上，开枪击毙副队长某。著名医师一人，队员三人，已救护之伤兵亦遭枪杀。逃免者仅边敏健、翁汝尧、王方赓等三人，而伤重之女护士陈秀芳虽经救出，送中德医院，不治而死。其他全体队员，皆不知下落。红十字会车辆在前方工作者，共三十辆，车务人员迭次报告，谓日机见悬有红十字会旗之车辆，即掷弹或用机关枪扫射，致已毁汽车七辆。

（《大公报》1937年8月27日）

　　［摘自：上海市档案馆编：《日本帝国主义侵略上海罪行史料汇编》（上编），上海人民出版社1997年版，第177—178页］

---

① 标题为编者所加。

（15）虹口一带浦面浮尸累累

……

虹口一带浦面浮尸累累

被日军杀害掷于虹口一带浦面之平民尸身，昨晚六时涨潮后，已流入苏州河以南上游浦面，每见三五一串，用绳反缚手足，连系一起。此项尸身，男女均有，身上创伤显然可见，尸体浸水数日，复经日光曝晒，多已腐烂，臭氧四布，厥状至惨。更有一女子尸体，周身赤裸无衣，浮于三根木排之间，下体有一长约尺许之木棒，插入阴户，凄惨万状。今日上午九时至十一时落潮时，各尸又随潮向下游浮去，约共四五十具。停泊浦面之各外舰水兵，亦凭栏观看，莫不惋惜不置。日兵此种屠杀无辜民众，惨无人道，举世无出其右。

（《申报》1937 年 8 月 30 日）

［摘自：上海市档案馆编：《日本帝国主义侵略上海罪行史料汇编》（上编），上海人民出版社 1997 年版，第 159 页］

（16） 杨家宅慰安所的调查

　　杨家宅慰安所是日本陆军在上海设立的军队管理的慰安所。1999 年 3 月，笔者来到杨浦区东沈家宅，采访了史富生（1932 年 2 月 21 日生）、沈美娣（1931 年 7 月 23 日生）两位当年知情者，了解有关当地杨家宅慰安所的情况。

　　杨家宅慰安所位于翔殷路与民星路之间的东沈家宅内。设立前期由日本军队管理，后期由日本私人老板承包。

　　据晚富生讲，杨家宅慰安所建于"八·一三"淞沪抗战之后，慰安所是木质结构的单层连体房屋，外围设有约 3 米高的木板围墙，底部腾空三四厘米。据沈美娣讲，屋内对称摆放六或四张榻榻米，中间留有过道；其中有一屋专门存放化妆用品，如有一缸专门存放发夹、头钗等用品，有一缸专门存放雪花膏等化妆品（其中有一口缸现存于沈氏家中）。慰安所接客室前供有神龛，大小约一立方米，形似小庙，翘角飞檐，木质结构，神龛内供奉一如烧饼般大小的银块。慰安所内设有浴室，室内建有一约三四立方米的水泥浴池，另设有酒吧等。据史富生说，慰安所建立的最初两年，"慰安妇"大多是朝鲜人（当时称高丽人）及少数日本人，年龄约二十三四岁，人数较为固定。1938 年底色，这些"慰安妇"随日军迁往内地，之后掳掠来的大多是东北满洲里姑娘及少数浦东姑娘，年龄约为 20 岁（交往中据其相貌、口音、衣着而知）。

　　据沈美娣说，"慰安妇"多于每周四贿赂看门的日本兵，溜出慰安所至周围村庄活动，与村民有所交往。朝鲜"慰安妇"用简单日语与村民会话，故村民误认其为日本姑娘。史富生说，经慰安所内一绍兴厨师透露，才知其为朝鲜姑娘。她们经常请村民洗衣、做馄饨吃，付给村民日币或储备券作回报。东北姑娘有时还偷带出发夹、雪花膏及食物等赠与当地贫苦百姓。沈美娣母亲曾问及她们为何要做这种事，她们无奈地说："我们也没办法，是被日本兵骗来的、抓来的，现在又逃不出去。再说，干这种事也没脸回老家，好歹总比饿死好。"沈氏母亲时常看到"慰安妇"脸庞青肿。一次，沈美娣从慰安所围墙木缝中偷看到两个日本军官用枪柄毒打一中国"慰安妇"。

　　据史富生说，"慰安妇"把剩菜分给劳工，故得知她们食用日本饭菜，如鱼、梭子蟹、罐头等（多从日本运来）。据沈美娣说，"慰安妇"均穿日本和服（后期中国姑娘可穿中国服装），观察其解手，知其不穿裆布，着木屐，梳妆打扮；娱乐生活单调，无报纸、广播，只能自娱自乐，自唱自跳，偶尔听听留声机。

通常来说，"慰安妇"一周洗两次澡，由绍兴厨师用手按式水泵打水，用木柴烧水，日本士兵与"慰安妇"多人共同入浴。每周一为检查身体日子，主要查有无身孕、梅毒、淋病等症状（据史富生说，日军用606药膏治梅毒）。由四五个穿白大褂的军医坐吉普车前来检查，后期由慰安所的管理者——带无框眼镜的日本小老板（人称"小乌龟"）及其母（人称"老鸨"，约50岁，后坐飞机回国，失事而亡）监督。据史富生亲眼目睹，"慰安妇"坐于高凳上，裸身叉开腿检查。

平日，军官身穿呢制服、佩军刀、穿军靴，步行、骑马、骑三轮摩托车或坐吉普车由前门小道而入，每天都频繁进出。士兵则多数于周六、周日坐卡车而来，每车三四十人一起进入，士兵通常扎绑腿布，携有带刺刀的三八式步枪。还有些文职人员，身穿便服，可能是四川北路日本领事馆等处人员。有些军官用手摇式电话预约。"慰安妇"接客不定时，不定人数，通常下午、晚上较多。据史富生称，听马金发夫人提道："一个人连接6人，哪能吃得消，痛也痛死了！"军官可挑选"慰安妇"，士兵则无权挑选。年长"慰安妇"接客较少，据沈美娣说，接客少或不服从者全被老板用枪柄毒打，年纪过大者有的被赶出慰安所，让其自生自灭。

……

（摘自：苏智良、陈丽菲、姚霏著：《上海日军慰安所实录》，上海三联书店2005年版，第231—233页）

（17）北新泾镇已成废墟

昨晨七时许敌机十六架，在距第一特区西约五里许的北新泾镇轰炸，投弹数十枚，记者午后前往视察，但见残垣颓壁，满目皆是，全镇闹市，已成废墟。该镇位于苏州河之南，在罗别根路之西。受损最烈处，为一茶肆，后连菜市，时正菜贩上市，死伤甚多。记者过一点心铺，见桌椅凌乱，杯盘狼藉，但炉火犹热，锅中残羹尚在沸腾，想见铺主仓皇奔避情景。十时许又有敌机两架至该处侦察，并投两弹。至离镇不远的陈家渡，亦投数弹，我在渡头候船的难民，十九炸毙，受伤者二十余人，同时北新泾河内适有一面粉船，亦为敌弹掷中，遂被炸沉。又周家桥附近的远东木厂及顺昌石粉厂等处，亦被炸毁，死伤多人。经各救护人员及普善山庄掩埋队出动，救护，总计死者百余名。伤者约三百余名，其中死伤最多处为一已废的石灰窑，缘难民见敌机飞至，奔入窑中躲避，不料竟为集中目标，大肆轰炸。

（《立报》1937年9月6日）

（摘自：上海社会科学院历史研究所编：《"八一三"抗战史料选编》，上海人民出版社1986年版，第82页）

（18）日机在松江轰炸难民火车　死伤达七百余人

日机昨飞松江轰炸难民火车　死伤达七百余人

〈本市消息〉日本飞机，昨日又施行惨无人道之暴行，在松江轰炸满载难民之火车，致车站上血肉横飞，尸骸堆积，令人惨不忍睹。缘昨日上午十时十分由上海西站开出客车一列，满载难民向杭州驶去，至十二时二十分到达松江，停于站内，时有日本机多架，飞翔上空，竟投弹轰炸，当有客车五辆全部炸毁，其中两辆系二等车，三辆系三等车，一时车内难民无法躲避，悉罹浩劫，炸毙者至少三百余人，伤者至少四百余人，车站之天桥及水塔亦全部炸毁，车站人员于敌机飞去后，救伤收尸，忙不暇给。查沪战发生以来，日本飞机屡次轰炸我国非战斗人员及文化机关，事后均强词饰辩，谓因有军事关系。但昨日被炸之火车，系由沪赴杭，全载难民，极为明显，而浩劫之惨，亦最足令人触目惊心，日军此种兽行，徒足引起世人之愤怒与唾弃矣。

（《大公报》1937 年 9 月 9 日）

[摘自：上海市档案馆编：《日本帝国主义侵略上海罪行史料汇编》（上编），上海人民出版社 1997 年版，第 219—220 页]

（19）日占区工人暗无天日　牛马生活苦不堪言

受敌军监视，战区工人暗无天日，非被杀戮即遭酷刑，牛马生活苦不堪言。

沪战发生后，沪东杨树浦，适陷火线，居民走避一空。该区工厂林立，除英商纱厂外，日商纱厂亦占极大势力，平时有男女工人，不下四五万人。战争爆发，各厂相继停闭，工人亦多仓皇逃出战区，但其中有未及逃出，或被敌军阻止，强令服役者，为数仍不少，约计有二三千之众，大都皆为日商纱厂之工人。顷据由战区逃出之日第三纺织厂工人泰州人某甲谈，未逃出之数千工人，因受敌军严密监视，行动均已失去自由，动辄得咎，非被杀戮，即遭酷刑，死于非命者，不胜枚举。各工人处于暗无天日之下，度其牛马生活，苦不堪言。每日工作，如搬运子弹，掘筑壕沟，装置敌尸，纵火焚烧等，日夜不休。

（《大公报》1937 年 9 月 10 日）

［摘自：上海市档案馆编：《日本帝国主义侵略上海罪行史料汇编》（上编），上海人民出版社 1997 年版，第 157—158 页］

（20）松江遭敌机轰炸死伤六百余人

松江遭敌机轰炸死伤六百余人

松江本县下午一时二十分，东北方来敌机二架，在市空盘旋一周后，即开始作无目标之轰炸，共投十一弹，始向原来方向飞去，是时又来敌重轰炸机三架，亦在本市西车站附近，投掷六弹而去。经调查所得，长桥街落三弹，小塔前落二弹，菜花泾仁泰木行前落一弹，中摆渡口落二弹，杜文荃房屋炸毁殆尽，受轻伤一人。包家桥西钱泾桥东落二弹，当场起火，盛竞生对门旧货店附近地下室内，死约四十人，系被压闷死。总计此次炸毁之房屋，以长桥街为最（自陈家墙门起，至汽车路上房屋均炸毁），包家桥次之。至伤亡人数，约共六百余人，已死者二百余人。当时适有新任警察局长陈旭初，于昨夜抵松，率领属员，寄寓于新松旅社，准备于今日下午赴局接事，讵局长颊部及右臂，亦被炸受伤，流血甚多，督察员钱云龙（由局长带来）当场被炸身死。后经红分会救护队奋勇将伤者救护至各医院医治，死者分别予以棺殓掩埋，至被炸毙之督察员，亦由红分会帮同棺殓。火势旋经消防队驱龙救灭。（二十四日专电）

松江二十四日下午一时三十分，敌机五架袭松，投弹十三枚，长桥南大戏院至陈家墙门，毁屋数十幢，死伤十余人，新任警局长受伤。新松江社小塔前各落弹，屋毁。景家堰落三弹，死人牛各一。蒋泾桥钱泾桥西至大仓桥落弹三枚，毁屋百余幢，死伤四十余。北门外菜花泾木行落弹一，死一人。（廿四日专电）

（《申报》1937 年 10 月 25 日）

［摘自：上海市档案馆编：《日本帝国主义侵略上海罪行史料汇编》（上编），上海人民出版社 1997 年版，第 220 页］

（21）闸北遭大火迄今晨未熄

闸北遭大火迄今晨未熄

本市消息：苏州河北大火彻夜未熄，烈焰腾空，一公里外，火舌亦隐约可见……舢板厂、新桥北、泥城桥桥堍诸屋宇，亦起大火，麦根路浜北大盛木行、福康面粉厂，俱成灰烬，戈登路桥北贫苦草棚亦付一炬，难民不死于枪炮，而葬身火窟者不知凡几。据一目击者告记者，恒丰路、长安路之火，为敌军于午刻进占后所起。敌沿河岸辄三五成队，搜索进行，每队敌军先将空屋打开，然后以竹筐两只运至屋内，实施纵火，迨敌出门，未到二三分钟，火即穿透屋顶，挨户实行。其引火物，决非普通之煤油、酒精，其必为一种化学燃料无疑，至枪声皆属步枪射击，发自远处。然敌军进占闸北后，沿苏州河追杀无辜，乃为本人亲眼目睹之事，曾有三起：（1）下午二时，有男女二人，形似夫妇，由居处逃至浜岸，为敌兵开枪击杀，男子受惊，跃入河中，以未习游泳，于载沉载浮之际，被敌毙于河中。（2）有老妪一名，率同一男一妇，遭遇敌兵盘诘，以语言不通，被敌拘去。（3）下午三时，两男子由沿河里弄间窜出，在远处正有敌队巡来，二人见河岸有小舟一，匆促跃入，解缆渡过南岸，迨敌巡至，而二难民已达南岸之美军防地，由美军解交警务当局。

（《大公报》1937年10月28日）

［摘自：上海市档案馆编：《日本帝国主义侵略上海罪行史料汇编》（上编），上海人民出版社1997年版，第229页］

（22）惨无人道敌扫射我难民

惨无人道敌扫射我难民

难民五万齐集沪西，饮食全无亟待救济，西区难民，由白利南路逃入租界者，已较前日稀少。租界方面，特派救护车停于该处，有被流弹击伤及妇孺等，即由车护送。其健于步行者，经驻军略施盘问，即予放行。又据外人目击者谈，前日午后，闸北难民约一二万人，拟自苏州河北岸沿沪杭铁路桥进入白利路时，敌军竟开放机关枪，向难民数次扫射，妇孺被击毙者甚多，铁路桥上，尸骸枕藉，惨不忍睹。公共租界当局，即开放铁栅数次，难民得以先后避入租界。

又讯，我军前因战略关系西移，撤去江湾闸北守军后，沿苏州河北岸人民，顿失所倚，纷纷向南逃避。自虞洽卿桥封锁，无形间断绝交通，该辈难民更不知所措，尤以彭浦区农人为甚。从二十七日晚至今午，聚集于沪西中山路，及徐家汇附近之难胞，竟达五万人以上，已二十小时无饮食，亟待救济。同时非常时期难民救济分会所设各收容所，亦都人满，盼各界大善士，赶速捐款救济，如拨款另设收容所者，该会极表欢迎，只须呈报地点，收容人数、预算即可。

字林报云，某外侨昨晨曾携影片摄影机赴极司非而公园四周视察。据告字林西报代表，谓一晨中所见之景状，所携软片，不敷尽收。当时天空至少有日飞机二十架，沿极司非而路两面中山路一带，时时突下，掷弹猛轰，某时飞距英兵防营甚近，四周居民，显因中山路桥炸毁而惊惶，自侵晨起，即成群结队，逃入租界，并有数百人沿白利南路向铁路附近英兵防所前进。余方抵该处，据一便利地点伫望，日飞机即开始轰炸该处车站附近之车辆，及各纱厂。日机皆为银色单翼大飞机，余曾摄影多幅。于是余为惊愕不置，盖有三机竟开机关枪向仓皇奔逃之难民射击也。余瞭见飞机，甚为清晰，一为水上飞机，如出云号所载者，余二架为小飞机，彼等连次突下，难民皆为惊散奔逃。余估计死伤者至少为二百人，大约余处尚多，中有若干，仍倒卧该处，余目击救伤车六辆，满载伤者而去。另有难民一大群，受伤程度，大小不一，拥入租界，或由他人助之至安全地点。当时情况，至为纷乱，不特有巨数难民图入租界，且有多人图出租界。其欲入租界者，皆许通过，欲出者则被止趋向华军阵线方面，此乃上午十时至正午间之事。昨日下午三时甫过，有英军官与外籍平民一小队，在极司非而路铁路桥附近，为河北发来之机关枪射击，于是众即逃避河北，有中国难民若干，亦为机关枪击中背部。昨日薄暮，犹有状若农民者，数十成群，由虹桥区逃入租界。昨晚据救世军声称，昨日下午虹桥区难民避入租界者共约五千人，若辈并未携有食物，所挟衣服亦甚少，皆经过英兵防线，由救世军中中外职员导入白利南路。据该会英员磨利斯氏语字林西报代表，该会在下午六时卅分前至少将供给热食一餐，另备巨量米饭，送往白利南路，供食在该处度夜之难民，预料今日当可将若辈移入难民收容所。

（《申报》1937 年 10 月 29 日）

［摘自：上海市档案馆编：《日本帝国主义侵略上海罪行史料汇编》（上编），上海人民出版社 1997 年版，第 161—162 页］

（23）日军金山卫登陆罪行选录①

1. 南门、朱海惨案

日军登陆后疯狂烧杀，卫城南门、朱海村首当其冲，仅 10—20 分钟时间，火光冲天，20 多户男女老少几乎同时从村里被敌兵逼到南门城脚下，或被枪杀，或被焚死。不少户被杀绝。这天南门、朱海村有 71 人遇难，94 间住房被焚。（该地现存《十月初三惨案碑》记载此案）

2. 一根绳上十条命案

十月初三清晨八时许，西路入侵的日军冲进西门镇抓住居民鲍迪卿等 12 人，绑拴在一根绳子上，强拉至镇北一空地。日军将其中 2 名青年松绑，逼他们就地挖坑，还没等坑挖成，一侵略军头目即举起腰刀，朝着尚捆在绳上的 10 个乡民砍去。顷刻间，随着惨叫声，断头残躯，血溅满地，尚未气绝者也被推进泥坑。2 名挖坑人随即被拉走，生死不明。事后，当被害者家属前往认尸时，尚有 5 具尸体的头颈牵连在一起，惨不忍睹。

3. 仓头村大屠杀案

查山乡仓头村（今联丰村）是日军北侵必经之地。登陆后第 4 天（农历十月初六日），侵略军一队骑兵在该地大肆掳掠奸淫，烧房杀人。有 32 具遭惨杀的尸体补充抛入一只鱼塘中，其中有原乡长奚斗如夫妻和年仅 3 岁的儿子，村民沈金祥和老母（60 余岁）、奚妻董金宝腹中有孕连同抱着的幼儿均被日兵刺死后投入鱼塘，塘内尸体几天后才有人前来打捞认领。最后还剩下 10 多具尸体长久无人认领。

（《金卫志》1985 年修订，未刊）

[摘自：上海市档案馆编：《日本帝国主义侵略上海罪行史料汇编》（上编），上海人民出版社1997年版，第 173 页]

---

① 1937 年 11 月 5 日日军登陆金山卫。

（24）日军在花家桥暴行受害者走访录

花家桥坐落于江桥镇丰庄村，现名花家桥生产队。在村农业主任郁荣生带领下，我们走进了上海园林管理局花木公司的传达室，遇见了78岁的郁同康。向他说明来意后，他老泪纵横，向我们诉说了全家7人被日军杀害的情景：那是1937年（民国26年）11月6日，一队日军突然包围了花家桥，将村中未及逃跑的老幼22人集中关押在一幢有围墙的房子里，后来只有一位姑娘和她的母亲乘隙逃跑。9日上午，日军将关押的20个村民一一拉到村边用刺刀捅死，踢入水沟，鲜血染红了大池头的小溪。只有20多岁的农妇沈凤南被刺而未死，所以人称死掉"19个半"。郁同康的父、母、弟、妹7人都被杀害。10日，日军将花家桥25间房子烧成一片焦土。正在上海当学徒的郁同康闻讯赶回家中，面对此情此景，悲痛欲绝。

在金沙江路边一幢楼房下的走廊里，我们走访了现年82岁的郁秋生。秋生老人屈指算来，1937年11月9日被日军杀光死19人，逃难在外时被日军枪炮打死3人（即郁春宏、郁金娣和郁爱珍的祖母），以及患麻疹而死的孩子，合计死了30人，占当时全宅总人口的30%。死者中最老的84岁，最小的只有2岁。那时只要逃过苏州河就安全了，但是不摆渡就跑不过去，来不及逃的几乎都被日军杀死。宅上23户，死得最多的是郁同康一家，死了7人。其次是郁根宝一家，被杀掉5人。那天被杀的"19个半"中的"半个人"沈凤南被日军在脸上和腹部各戳了一刀。她忍着疼痛，假装死去，躲在棺材旁边，后来才到了花家桥西边的女儿家里。解放后，她那遍体鳞伤的照片曾在嘉定博物馆展出。

（《嘉定文史资料》第11辑，1985年8月印刷）

［摘自：上海市档案馆编：《日本帝国主义侵略上海罪行史料汇编》（上编），上海人民出版社1997年版，第172页］

（25）饥饿线上的难民

老北门附近的民国路上，拥满了二万多难民，扶老携幼，站立在街头，几乎连坐的地方都没有，他们在这儿站立了已将近两天两夜的时间，吃喝的问题自然是不能解决。

人群中还夹满了搬运家具的卡车、小板车、人力车，一辆连接着一辆，有许多押车的人都疲倦地倒在上面。连卡车的底下也坐满了人。

前天，敌机成天地在南市的上空盘旋着，嗡嗡的声音不绝于耳，不时地有炸弹的声音，在他们的四周炸开来，那敌机掷弹的一刹那呵！那呜呜的尖锐的长啸声音，简直要叫胆小的人们吓昏了过去。

昨天上午，难民们实在饿得忍受不住了，站在老北门附近的难民们就开始向铁栅内租界上的人们呼吁，立刻老北门附近的住户们，就发起为难民们募捐，临时写了一面大旗子，沿街求募，不到几十分钟已募了数十元，于是他们又在老北门附近的大饼油条店内，购买了几大竹篮的大饼油条。

一直到十时，天下大雨，募捐的工作始停止，然而那几大竹篮的大饼油条，可能维持几个难民的饥饿。

（《救亡日报》1937 年 11 月 13 日）

（摘自：上海社会科学院历史研究所编：《"八一三"抗战史料选编》，上海人民出版 1986 年版，第 92 页）

（26）闸北民房遭日军轰炸和焚毁

自"八一三"沪战发生后，闸北内部民房除一部份被敌人飞机炸弹及大炮轰毁外，其余皆于上月二十七日晨，敌兵进据闸北后纵火焚毁，如今到处皆系断垣颓壁，满目凄凉，令人慨叹，而所未毁者，仅华租交界之光复路一带，有一部分行栈及市房等。兹将调查所悉，志之如下：新垃圾桥北堍、大陆银行仓库房顶与窗牖和毗连之四行仓库西面墙上炮洞，昨晚尚在冒烟。朝西江苏银行第一仓库，已完全焚毁，再迤西之福源、福康联合仓库，及交通银行仓库、美康印刷所、仁昶杂货店（永德里口）、沪太长途汽车公司、穗丰碾米厂房屋均完好。乌镇路桥西至新闸桥堍，仅该处之同康恒南货店未毁，缘该处系米业码头，所有米行等完全焚毁。新闸桥西至摆渡口（即华盛路口）各米行，如大昌、裕源，长安路口上南川官盐闸北分销处，庆盛、仁泰、德丰、源丰各米行，民益碾米厂，裕大、泰兴、永顺、同禾、鸿昌、同兴永、公大米行，义兴麻袋店、福新第面粉厂、恒康碾米厂、泰昌米店等均尚保存。华盛路西经海圆路口等沿途行栈仓库等，除有华南煤球厂未毁外，余均付之一炬。闸北全市几成一片焦土，又乌镇路小菜场附近，及恒丰路南首于下午二时至五时间，先后二次死灰复燃，盖现在之火，皆自起自灭者也。

（《申报》1937 年 11 月 6 日）

［摘自：上海市档案馆编：《日本帝国主义侵略上海罪行史料汇编》（上编），上海人民出版社 1997 年版，第 230—231 页］

（27）闸北宝山居民遭受荼毒一斑

闸北宝山居民遭受荼毒一斑　惨戮救火会员诱杀宝山难民

敌军占领闸北后，荼毒居民，而现在宝山县之汉奸，复诱人前往，遭受惨遇。兹据由两地潜行来沪者谈及，言者眦裂，闻者发指，据称十月二十六日，我军因战略关系，忍痛退出闸北，居于闸北的人民，尚有一万余人，至二十七日晨，此项居民，有随军出走者，亦有从泥城桥一带，越河逃入租界者，敌军在是日推进闸北之时，第一问题，即是放火焚烧房屋，纵火似用硫磺做的化学物，抛进屋内，立刻燃烧，居民有不及逃出屋内者，多烧死，即逃出屋宇，而在四十岁以下之人，敌军见之，立予扑杀。闸北有救火员三人，为职责关系，最后离开闸北，拟从舢板厂新桥，逃过苏州河至租界，岂知已被敌军瞥见，立予捕获，强令三人跪伏地上，三救火员坚持不屈，以示我大中华国民之气概，敌军愤怒之下，从附近民房上，取到大门两面，将三人衣服剥存［剩］衬衫裤，用大铁钉将手足活钉在大门之上，有一门正背面活钉两人，另一门只钉一人，未几另有一敌人，又捕来因不及逃出的警察一名，亦被剥去衣服，活钉在另一门之背面，敌军又用刺刀，在四人额部眼目胸膛等处乱刺。而在后边逃出的居民数人，目睹惨虐，有两人惊恐过度，晕倒在地，敌人瞥见，将倒地的两人（年均五十以上留有胡须）各在腿部，戳刺一刀，然后放其逃走，但两人亦几半死矣。又称有一妇女，四十余岁，在闸北逃走时，途逢敌军两名，正在四出放火，带有汉奸多人，见完好之屋，立即焚烧，不令一所存在，追睹该妇，即上前拦阻，该妇骇极，敌军乃令该妇自行脱去外衣，故意侮辱，然后将所带纵火之汽油，满浇该妇身上，将其掷入烈焰中，活活的烧死，此皆逃出之人，所亲眼目睹者。至宝山县在敌人占领后，全县的各乡各村，由敌方委派伪县知事（日人）和汉奸胡兰生（伪维持会长）到处搜索，全县境内，共得五十余人，非老迈即窃盗之流，该伪知事授意汉奸，设法诱骗宝山难民回去，授以一旗，上书回宝山去的，每天至少有一元的收入，各有工作委派等语。一般流亡，约有一千余人，随赴宝山，讵料伪县知事，便将诱来之人，闭居关帝庙中，一天只给一顿食粮，由敌军押令到田内收刈棉稻，用小火轮装至吴淞，转轮运日。迨田内农作物收齐后，又派各人，至已毁未毁的各房屋内，觅取废铜烂铁，不论大小件，并蓄载收，最后又择年轻者，押上火线工作，年老者，后方扛弹药，稍有迟慢，便刺刀乱戳。此一千余人，伤亡者已有十分之四，并闻敌军拟用同样方法引诱贫民前往闸北，亦云酷矣。

（《申报》1937 年 11 月 7 日）

［摘自：上海市档案馆编：《日本帝国主义侵略上海罪行史料汇编》（上编），上海人民出版社 1997 年版，第 231—232 页］

（28）烈火之下泅水逃生

......

烈火之下泅水逃生

昨晨天明五时余，沪西打浦路方面，突然发生火灾，自日晖港（即斜徐路桥）桥以西中国铅笔厂之南一带，火势颇旺，被焚者即大上海套鞋厂全部，及平民住屋草棚等，共毁百数十间，法捕房救火车闻警赶到，因河浜阻隔，停泊于浜北岸不能施展其救火工作，南岸居民泅水渡河者，拥挤异常，直至二时火势甚烈，致延烧新国民浆印公司门口之斜徐路桥。据该处逃出之难民云，起火者共有四五处之多，故打浦路东西各工厂，波累者颇为不少，延烧面积甚广，直至下午三时许，虽火势稍杀，犹未完全熄灭。

数万难民大哭小喊

昨日午后沪地四郊形势更为紧张，龙华、漕河泾、日晖港等沪西南一带难民，携老牵幼，纷纷徒步沿港而下者，竟有四五万人，拟入法租界。惟沿日晖港法租界方面均有铁丝网隔断，即有渡船亦不得过，以致在各处铁栅门外，拥得水泄不通，大哭小喊，惨痛异常。

（《申报》1937 年 11 月 10 日）

[摘自：上海市档案馆编：《日本帝国主义侵略上海罪行史料汇编》（上编），上海人民出版社 1997 年版，第 162—163 页]

（29）浦东沦陷记

中央社云，我军自浦东撤退后，敌于昨日始行登陆。先于黎明前二小时许，有二十名乘小汽艇一艘，在新三井码头上岸窥察，见无动静，乃于五时许，又续有一批登陆。至七时左右，已分散至陆家嘴、烂泥渡等地，除检查行人外，并纵火焚烧，沿浦厂栈均付一炬，迄晚尚未熄灭，并闻塘桥方面，亦有敌踪。淞沪抗战发动后，浦东以地势关系，沦入战区，我在沿浦边配备相当兵力，辅以强力炮队，与敌抗战三月，迭予重创，将敌人登陆迷梦，击成粉碎。敌无计可图，不得不改变策略，直至最近，始在金山嘴口偷渡登陆，进窥松江。浦东驻军奉令调赴浦南杀敌，遂于六日晚间将原守浦边阵地，作战略上之放弃，所遗防务，由某队五百名，协同当地警察与保卫团员严密驻守。因此翌日引起一度纷乱，即系此故。惟敌方正在全力注重沪西与浦南之际，对我浦东情势变动，绝未知悉，故在八、九、十三天，继续派机前往投弹轰炸，而浦江敌舰，亦仍频频发炮轰击，以防我军袭击，其心虚胆怯，一如往日无异。自沪西战局后移，我军警当局表示决心保守南市后，敌军鉴于我军往日伟大战绩，未敢轻易进攻，故于前日下令调动海陆空三军，全力来犯。前晚五时许，并调"二见"炮舰驶近各国舰队，直抵浦江封锁线相近，随来小汽艇数艘，企图进犯宁绍码头，当经我守军以机枪扫射，无法前进。并以浦东东昌码头未有动静，至七时许，遂有敌艇一艘，驶至该码头窥探，当有敌兵数名爬行登陆。我警队处以沉着，敌兵蛇行至赖义渡大街，始知系一空阵，乃返舰复命。昨晨天甫黎明，抽调大部身穿黄色制服之海军陆战队，分在其昌栈、泰同栈、坟山码头、春江码头、东昌码头，五路登岸，其时我警队据报后，已于事先安全撤退，故敌兵登陆后，未遭若何抵抗，即深入浦东大道，在各要口架起机枪，并于各十字街头，布置岗位，而便衣队与汉奸等，均四出活动。时有一留守未走之保卫团员，被一敌兵执住，强迫领路，该团员身藏手枪一支，敌兵竟未计及，当正欲拘捕第二人时，团员临急智生，即出枪将敌盘倒，拔足逃脱。于是远近敌兵大怒，遇有身穿铜匠装学生装者，一律枪杀，甚至下穿黄裤或脚着跑鞋者，亦无能幸免，小洋泾庙前，伏尸颇多。一时未及逃出之居民，引起极度纷乱，敌兵四面拦阻，进退不能，陆续被认为便衣队而拘捕者，约有二三百人之众，分别捆缚于各街电杆木上，三万昌地方扣留最多。当时因大队敌军纷纷向南开拔，敌未加害，直至中午，始由上海通之敌便衣队员作主，将所捕之人，一并带至东昌路市范里内收押，少数幸得释放，余均严刑逼令，说出当地各机关团体领袖之住宅，以便纵火焚烧。陆家渡路有数男子见敌兵后欲图奔逃，致被执住脱去衣服，破开肚腹，迫肠腑流出后，即悬于电杆木上示众。至敌军登陆后第二种破坏手段，即为放火，昨日自晨至暮，各地浓烟蔽天，被纵火者有二十余处之多。据记者所知，洋泾镇最受敌人仇恨，敌机轰炸数十次，尚嫌不足，余屋昨亦一并焚毁，其昌栈市房、东西两杨家宅、陆家宅，及三万昌以南，至花园石桥浦东大戏院为止，民房数千间，悉化焦土，东昌路南首亦焚毁数百间。……

（《申报》1937年11月12日）

[摘自：上海市档案馆编：《日本帝国主义侵略上海罪行史料汇编》（上编），上海人民出版社1997年版，第165—166页]

（30）浦南沿海一瞥　亭林全镇被毁

浦南沿海一瞥　亭林全镇被毁南桥秩序渐复。

浦南地处海滨，日军登陆，首当其冲，消息莫详，于兹匝月。当数日前，浦东通行之时，多数难民均转道闸港、杜家行、陈家行、天福庵、沈家行、三林塘、何家行、北蔡、洋泾等处渡浦逃沪。昨（二日）有数人于下午二时，经过东沟，交通已断，幸经德士古洋行小轮援救，始得退入租界。据称金山县属张堰市房，已毁八九，日军驻有二百余人，四乡劫案迭起，死伤亦日有所闻。金山卫金山嘴一带，于日军登陆之时，知沿海护塘，吾方筑有防御工程，日以大炮轰击，塘外村舍，已多破坏。自上月四日起，日有大队日军登陆前进，淞隐损失尚少，干吕巷市早复，洙泾方面，因事变过速，逃出不满百人，即各机关亦不及撤退，情形紊乱，损失亦多。松江县属亭林镇，当日军进占之时，东南两街，早经焚毁，近数日来，全镇房屋已尽付一炬，仅存日司令部所在之周瞻岐住宅，充作兵舍之县立小学校，及耶稣堂三处而已。廿五日后，该镇附近大小村落先后起火，烟焰所及，周围计有六里之多，即松奉交界之烟墩头镇河南，汤地保等家，已被殃及，男女惨死者，如张剑石眷属八口，死于炮火，戴某刀伤八处，蔡某、龚某尸骨成灰，农民朱和尚等则枪死龙桥，诸如此类，不胜枚举。小周家坟曾经激战，创痕尤多，叶榭尚少损失。惟距镇五六里之松奉交界千步泾地方，于上月九日，当我某旅退松时，中途遭遇日军，发生肉搏有两小时之久，卒以孤军被困，壮烈牺牲，遗尸遍野，多未埋瘗。漕泾被毁于炮火者约有十分之三。前数日驻有日军，近已撤退，漴缺、山阳等地，近为盐贩集合场所，市面渐复。奉贤县南桥镇，各街市房如旧，虽地方曾有一度骚扰，幸各商家如东亚、鼎丰、义盛等，多方镇压，并垫款募丁，出防维护。至县政府、警察局等机关，早在上月七日撤退前焚毁，及后有莠民数十人，乘秩序紊乱之际，竟将公共场所及农专改良场之小电台，放火焚烧。查公共场所，系前水警厅长沈梦莲等倡捐建筑，为该县各地方团体办公之所，今遭此劫，损失不赀，其中尤以教育局、县党部、图书馆，被害最巨。庄行镇因亭林各地迁避者多，市面较前热闹，青村港商业尚盛，惟地方复杂，应付困难。显乡如钱家桥、金汇桥、齐贤桥等处，市面如常。道院则于三日全镇遭洗劫，奉城炮毁最多，游览胜地，已成陈迹。

（《申报》1937 年 12 月 6 日）

［摘自：上海市档案馆编：《日本帝国主义侵略上海罪行史料汇编》（上编），上海人民出版社 1997 年版，第 167—168 页］

（31）沪江大学校长刘湛恩被刺

沪江大学校长刘湛恩被刺 拒绝附逆竟遭毒手 伤重逝世明日大殓

（香港七日电）沪讯：沪江大学校长刘湛恩，七日上午在静安寺路小沙渡路转角处公共汽车站时，突有人向其开枪，弹中刘氏头部，伤势颇重，当即送往医院救治，凶手鸣枪后逃逸，岗捕立即开枪追捕，亦有二人受伤，一轻一重。查在三周前，曾有人向刘送水果一筐，并附一函，署名者系刘之友人，但已死二年矣。刘氏收之，遂将水果送付化验，内果含有毒质。

（上海七日中央社路透电）沪江大学校长刘湛恩今晨被人开枪狙击，送医院后，即因伤逝世。

（上海七日中央社合众电）刘湛恩遇刺案，凶手共有三人，其一已为巡捕击毙，其一被捕，另一则逃逸无踪，当时受伤者，有行路者二人，英捕维德亦受轻伤。刘之尸体将于九日大殓，沪江大学自今日起，停课三日致哀。据目睹者谈，当刘偕其幼子在公共汽车站候车时，凶手持枪立于刘后，枪口距刘之脑部仅三寸左右，故第一枪即击中，刘倒地后，凶手伏视，又开一枪，其后即将枪放入袋中，从容走入一弄内，同时有另一凶手前行开道，巡捕追入弄内时，双方即开枪射击，结果一人被击毙，一人被捕。闻数日前伪组织聘刘为伪教育部长被拒绝，故下此毒手。

（《申报》（汉版）1938 年 4 月 18 日）

［摘自：上海市档案馆编：《日本帝国主义侵略上海罪行史料汇编》（上编），上海人民出版社 1997 年版，第 399—400 页］

（32）圆瑛法师被日方挟架

圆瑛法师被捕事前已有迹象　传日方拟组织日华佛教会　圆瑛拒任会长或因是被掳

中国佛教会理事长圆瑛法师，突于前日午后零时三十分钟，在大西路四四三号圆明讲经堂内，被日方挟架而去后，迄今日踪迹犹未明，上海佛教界咸甚震惊。兹将此事经过情形，分述如次：

原籍福建　圆瑛法师，系福建古田县人，今年六十二岁，十九岁在福建石鼓山涌泉寺剃度出家，嗣因在浙江宁波历任接傅寺、天童寺、七塔寺，各丛林首席，故外间误其为隶鄞县籍者，职是故也。

领袖地位　渠在佛教界中向有守旧派之称，与太虚法师之维新派适相对立，惟国佛教会成立八年，除第一届由太虚法师任理事长外，其余七届理事长一席，始终为圆瑛法师担任，有佛教界终身领袖之说，故见其在缁素丛中势力之雄厚，有谓渠系太虚法师之徒者，系完全不明佛教界之情形也。

曾赴南洋　中日战事起，此新旧两佛教领袖，太虚则辗转入川，圆瑛则出国赴新加坡宣教。查新加坡直落亚逸极乐寺原系福建鼓山涌泉寺下院，而渠现适任涌泉寺首席（即方丈）也，故彼卓锡至本年七月始回沪。原拟度过秋节后，重回新加坡，不料欧战突起，遂展缓行程，致有此次被架之发生。

事前迹象　大西路四四三号圆瑛法师建有圆明讲堂一所，为其平居卧息及讲经之所，该堂屋宇宽敞，圆瑛自七月回沪后，即在该堂登坛说法多次。最近因风闻某方对渠有所企图，始将该堂门外之牌额卸去，并停止继续讲经，事先防范，非不周至也。

突遭掳架　前日因适为该堂举行佛七之期，上午起，即集有崇尚释教男女三十余人，圆瑛旋亦率其徒明旸（三十岁亦福建人）莅堂，其时方预备施斋聚餐，讵突有穿西装持手枪者七八人，（其间似杂有华人一名至二名，余皆为日人）猝然闯入，将群众驱至楼上，旋即将圆瑛及其徒明旸二人，挟登汽车而去。

原因揣测　昨晨止，中国佛教会及圆明讲堂方面尚未明其下落。惟据佛教界人士推测，当日此事未发生前，日方即有"日华佛教会"组织，总会在东京，现在中杭州等沦陷区域已设有分会，当时即酝酿胁迫圆瑛出任会长，惟卒为渠所拒绝，故此次被绑，众信显然与此事有关。

西报传说　上海泰晤士报云，中国佛教总会会长圆瑛法师，昨日（十九日）午后二时三十分左右在大西路忆定盘路转角圆明讲堂内遭便衣日人一队逮捕，押往极司非尔路九十四号日宪兵总部，因渠被指在战事期间本埠筹款十万元交中政府用以从事抗日战事也。圆瑛法师虽承认曾筹得十万元及其他大注款项，惟坚称此款绝未充军费，而系援助伤兵者。中国佛教领袖虽力图营救圆瑛法师，惟至昨日深夜，渠仍被日方关禁中。

（《申报》1939 年 10 月 21 日）

［摘自：上海市档案馆编：《日本帝国主义侵略上海罪行史料汇编》（上编），上海人民出版社 1997 年版，第 437—438 页］

（33）高二分院刑庭长郁华遭暗杀

高二分院刑庭长郁华昨晨遭暗杀 自寓所外出突遇暴客 被击中三弹当场殒命

昨晨九时〇五分，法租界善钟路一五〇弄内发生暗杀血案一起，被暗杀者，为现任高二分院刑庭长郁华。兹将调查所得详情，分志如下。

拟登包车忽来暴客 昨晨九时〇五分，善钟路浦东银行办事处斜对面之一五〇弄内，有一五旬余之男子，身穿灰色丝棉袍，正在二〇二号门口跨上包车出外时，忽有预伏该处之男子三人，出枪向其轰击，共发五枪，当时该男子中三弹，受伤倒地，此受伤之男子，即为高二分院刑庭长郁华也。

身中三弹伤重毙命 三暴徒见郁倒地，即向马路上逃逸而去，时郁之车夫，已呆若木鸡，追附近岗捕到达见状，立即报告捕房派来大批探捕及警备车，实施搜索，一面将郁车送广慈医院。惟郁所中之弹，均系要害，故不及放救，即行殒命，共（其）所中之弹，盖一在腰部，一在胸部，另一在心窝，穿入后背也。

法界悼惜明日大殓 郁氏殒命后，即由捕房将尸移送台拉司脱路验尸所，下午三时，由特二法院派检察官前往检验一过，因委系生前枪击殒命，遂填具尸格，谕尸体交家属具殓，一时噩耗所至，法界中人无不同声悼惜，现尸体已移至马白路中央殡仪馆，定明日下午大殓。

乃弟达夫驰誉文坛 郁一字曼陀，为浙之富阳人，年五十六岁，在沪任现职将达十年，本住巨泼来斯路一号，方于上月底迁入善钟路二〇二号。郁氏深研刑法，人均誉之为刑法专家，郁氏现遗有一妻名碧琴，二子二女，长子已成年，毕业于清华大学，甫于今春赴美留学，次子尚未成年，犹在求学，长女现在内地工作，幼女亦在求学。郁氏昔肄业日本东京法大，历任大理院推事、外交部办事员、司法行政部第三科长等职。闻现任星嘉坡星洲日报总编辑之郁达夫，即郁氏之弟。并悉近日郁本请假在家，昨因假期已满，故拟至院出庭，讵竟被刺。

服官清廉一秉至公 郁君办事，素称公正，不畏强暴，不受利诱，故有青天之誉，即生前办案，一秉至公，决无私仇，亦未闻有接到任何恐吓信件。此次之被暗杀，是否有政治关系，尚难预卜，现捕房正尽力调查此案真相，务获凶犯到案讯究。

（《申报》1939 年 11 月 24 日）

[摘自：上海市档案馆编：《日本帝国主义侵略上海罪行史料汇编》（上编），上海人民出版社 1997 年版，第 404—406 页]

（34） 茅丽瑛被刺逝世

被刺重伤医治乏术茅丽瑛昨逝世　噩耗传出各界均极痛悼明日在万国殡仪馆大殓

南京路中国职业妇女俱乐部主席茅丽瑛女士，于本月十二日下午七时，当行走于南京路四川路附近时，突遭暴徒二名狙击，因避让不及，致腹部腿部均遭中弹，而二暴徒则于秩序纷乱中，向西北方逃逸而去。

伤重不治溘然长逝　茅女士于中弹后，当即受伤仆地，附近警捕即一面追捕凶犯，一面则将茅女士车送仁济医院救治，茅女士虽当时流血极多，然经医师竭力医治，伤势曾一度好转，各亲友方为庆幸，然终因受伤过重，而茅女士于施手术后，兼之胃病并发，故身体益不堪支持，延至昨日下午二时十二分救治乏术，遂而溘然长逝。茅女士为杭州人，年二十八岁，未婚，曾任职江海关七年，于上年毅然辞职，赴内地服务。去冬因奔母丧返沪后，即在启秀女校任英文教授，于教课余暇，从事社会工作，担任中国职业妇女俱乐部主席，对提倡妇女职业，备具劳蹟。茅女士性格豁达豪爽，又勇于负责，对一切社会工作，如救济难胞等，莫不热心苦干，待人则态度和蔼，对己则严谨自律，故社会人士莫不受其感动，而佩其人格。

救济难民举办义卖　茅女士于主持中国职业妇女俱乐部后，于今年七月，为筹募难民夏令卫生经费，曾负责举办物品慈善义卖会，深得各方同情赞助，当时虽曾遭奸徒之阴谋扰乱，意图阻止，并有人劝告谓奸徒将对不利，速即离沪；然茅女士以此次义卖，纯属救济难民，毫无政治意味，故未加意，并亲撰"为义卖而生，为义卖而死"对联，努力进行，成绩极为圆满，不意相隔未几，竟遭毒手，而茅女士生前所言，竟成谶语也。

噩耗传出各方痛悼　茅女士于被刺逝世前，曾对其友朋谓予自问将死，然予系因救难致死，望各位勿必悲伤，对救济工作，仍继续努力云云。茅女士之友朋，均感其人格高尚，当茅女士被刺后，各地友好均有来电慰问。今日噩耗传出，各方均极悲痛，其本埠亲友已组治丧委员会，料理善后，将于本月十七日下午二时，假胶州路万国殡仪馆举行大殓，闻本埠茅女士之亲友均将参加，以示哀悼，并定于今日下午四时起，公开瞻仰遗容。

租界当局侦缉凶犯　当茅女士被刺后，两暴徒即疾驰由四川路至宁波路，乘预停该处之黑色汽车，相偕向西逃逸，十分钟后，该车驰至爱文义路赫德路附近，适遇中西日巡捕一队，沿途巡逻，暴徒等情急，竟由车中向巡捕开枪，当有日捕被击中一弹，险遭非命，该车则继续向西逃逸，驰入沪西极司非尔路某号屋内。此暗杀案所用手枪，经捕房验枪家检查后，已悉为发给沪西某华人者。此案凶犯，既获线索，公共租界警务处随即通知极司非尔路九十四号日宪兵西区司令，请予协助调查，日宪兵司令曾表示愿与合作侦查，然迄今尚无下落。

（《申报》1939 年 12 月 16 日）

［摘自：上海市档案馆编：《日本帝国主义侵略上海罪行史料汇编》（上编），上海人民出版社 1997 年版，第 402—404 页］

（35）赵巷日军受重创　老弱妇孺八百余惨遭荼毒[①]

　　沪西流动战，连日甚为活跃，日方现正调动重兵，约二三千之众，并附以伪军一千人，布防于沿苏州河及青沪公路一带。此项日军，自遭华流动部队袭击之后，连日大量屠杀无辜村民，八一三沪战华军撤退之时，日军所进行之惨剧，现又重演于离上海租界不足二十公里之虹桥飞机场以西地区，兹据昨午由该地来沪之乡民所谈各情，分志于后。

　　接战三次。据悉沿青沪公路附近之华方游击队，于最近与日军发生三次接触，第一次为本月十二日，在虹桥机场西北沿蒲汇塘之小连桥，激战超五小时。第二次为本月十五日，在青沪交界地区之徐泾、赵巷附近，激战七小时之久。第三次为沪西七宝镇以西杜家行附近，激战亦达三小时。于此三次战事中，尤以本月十五日赵巷一役，日军受创最重，实为上海近郊任何流动战所罕有。

　　顾部突围。日军于本月十二日，首遭华军袭击之后，在虹桥机场以西，青浦以东，沪杭铁路以北，苏州河以南之区域内，抽调日伪军约三四千名，坦克车二十余辆，并同时出动飞机，从事所谓"扫荡"，以冀一网打尽华军。所有沪西各据点如虹桥、七宝、蟠龙、诸翟、莘庄、泗泾、钱泾、黄渡、南翔、观音堂等各镇，均增驻重兵，形成包围形势，迄至昨天，尚未撤退，但华军第三支队顾复生部，闻业于前日冲出重围，移至安全地带休养。

　　乡民劫运。惟日军于受创之后，怀恨村民容留华军，乃先后在诸翟、观音堂、杜家行各地，大事焚烧农民村落，房屋之被毁者，至少在一千余幢以上，而村民之遇见日军，无分老幼，即遭枪杀，或刺刀戳毙。以观音堂一地而论，妇孺老幼之惨遭荼毒者，共达五百人左右，诸翟附近约二百余人，七宝以西之杜家行，亦达一百人左右，因之该地村民之略有资财者，相率避沪，即困苦无依者，亦已逃亡他乡，附近各镇，已十室九空。又讯，青沪路战事，顾部于前晚安然引退，日伪军即分两路进驻，一路由徐泾向北重固、观音堂，一路由徐泾向南杜家巷小连桥一带，挨户搜查，枪杀农民不计其数，老幼妇女，多遭侮辱。

　　……

（摘自：《申报》1940 年 4 月 21 日）

[①]　标题为编者所加。

（36）青松县境乡民惨遭大屠杀①

据悉，昨日（二十七日）青浦诸翟、蟠龙、纪王庙、观音堂各镇，又开来一千余日军，分驻各该镇，日间会集青沪路一带，复肆烧杀，农民不及逃避者，均已殉难，血流河中，水为之赤。年轻妇女多被捕受辱，又是日晚间，观音堂日军，即将该镇放火燃烧，所有被捕居民，多被焚毙。传曾有人劝止不理，一日间，被杀良民数达四五百，为状之惨，空前未见。按观音堂及打铁桥一带，为沪西产米地，时值初夏，正是下田种作之期，经此滋扰，不但不能即时耕种，并且大都农民已遭杀害，种作势将乏人，影响近方民食者至巨。今日（二十八日）诸翟、纪王庙、蟠龙各镇，又有日军继续开来，由伪军与之周旋，尚无事故。

日军搜索。日军大举搜索，向路南各乡村如陈太泾、朱楼泾、楼下、杜家行、四库老宅、姚寸浜、西新港、六图、廿八图、打铁桥、王家石桥、曹家湾等四十余村骚扰，被掳农民捆解天马山、佘山、凤凰山、泗泾等处，数在五六百名，已被宰戮者三四百名，在押民众不给食物，日以酷刑逼供华军踪迹，稍一不遂，即遭毒手，各村居民日处恐怖之中，皆朝不保暮。

恐怖区域。是故青沪路以南，青松路以东，泗泾以北，七十余农村，迁避皆空，虽无重大战事发生，但双方前哨遭遇，时有接触，恐怖情形，有加无已，人畜遗尸，臭气蒸人，实属惨绝人寰……

灾民乞赈。慨自国军西撤，地方沦陷，难民等食垢忍辱，惨痛备尝，方期茹苦自甘，聊纾残喘，逆料战祸又临，市罹浩劫，现被灾村落数逾七十，死伤及失踪人口盈千，房屋被毁八百余栋，难民等遭此荼毒，已属无家可归散避邻区，或转辗来沪，且当此春耕，决不能下种，庐舍荡然无存，死者已矣，生者何堪爰为将伯之呼，告哀各界热心人士同乡父老之前，泣求救济，呜呼，解衣推食，人具同情，作善降祥，天鉴不远，是为启。缴款处新华银行代收。

……

（摘自：《申报》1940 年 4 月 29 日）

---

① 标题为编者所加。

（37） 崇明竖河镇大烧杀被害人陈述笔录①

1）被害人孙冠军、孙应谷陈述笔录（1958 年 6 月 7 日）

……

陈述笔录 1958 年 6 月 7 日上午于老海桥

陈述人 孙冠军，男，年 74 岁，现住海桥乡 11 社，成份贫农，出身药业，现在新海桥口药业小组。孙应谷，男，52 岁，现住海桥乡 11 社，成份贫农，出身药店，现在新海桥联合诊所医生。当时不在丰河镇后去的。

我叫孙冠军，当时我在竖河镇帮广福堂药店。在前十八年（即一九四〇年）农历六月廿六日晨上午散市时，先有阿张，穿的衣服比东洋人深一点，到竖河镇通知各商家和乡下上镇的人到庙内，听大队长演说，各店家去一个人，共计到庙内开会的有两百人（镇上人除已跑脱外，其余都被叫去的）。后来在 10 点钟样子，东洋人来了一个队长，骑一匹马，挂一把腰刀，把马牵在庙旗杆上。大队长进庙内后，坐在一张桌子上问我俚：今天在这里的商界多数，还是乡下老百姓多。我们回答：商界七八十人，乡下老百姓四五十人。后来东洋人又问：在这里的是否有游击队。并说：游击队来过吗？游击队在哪里？话出来。我们大家又回答：我们都是商界，没有游击队，游击队来过，一到就跑的，在什么地方不清楚。接下来，东洋人又话：有良民证的放出去，无良民证的不准出去。后来有良民证的放出去的有四五十人。后来里面有人找良民证，有一个医生陆宗仁抢人家良民证，因此里面的确大家乱抢，结果有良民证的也不准出去了。先把乡下老百姓四五十人拉到庙场上，用机枪扫射，全被杀死，后来又放火烧侧厢房。这时东洋人又进朝南屋内，问我俚商民，如再勿话出来，也要死的。结果用刺刀刺得像东老蛸蛸②。我当时躲在死人堆内，被东洋人复过来又刺过去，我被刺到四刀，大腿上二刀，背心里二刀，以后就放火烧的。在烧的时候，东洋人三面包围。但镇上也在烧，浓烟四起，这个时候，有几个未死的从封墙上爬出去，一共爬出去不过 30 个人。我看到后也从封墙上爬

---

① 标题为编者所加。
② 崇明方言，为螳螂的卵块，形容被刺得伤痕累累的惨状。

出去，以后朝北跑一里路样子到李家宅时跑不动了，后用香灰涂起来，以后看好的。同我一起出来的，有李国祥父子，（原做□车，现李国祥已死，其子可能未死，仍在丰河镇。）还有一个施惠如，原开南货店，后开茶馆店，现仍在竖河镇。

△ 那天除在庙场上被东洋人枪杀四五十人外，在庙内的商界有多少，后死了多少？[①]

△ 商界当时去时有七八十个，后查良民证明时放了一部份，剩四五十人，结果死了廿多人。一共死了七八十个人，一百个人勿满。伤的有三十人样子，从封墙上跳出去的，一共死伤一百余人。

△ 当时东洋人大队长来时，他说话，你们怎么懂的呢？

△ 有翻译翻的，有两个翻译。一个勿长勿短，卅多岁。

△ 那天镇上是否烧脱房子？

△ 头一天（即烧庙那天）镇上也烧脱的，烧脱一半样子。第二天东洋人从西面来的，又烧镇，除开东市梢剩三个宅，和西市梢、季成功宅未烧脱外。（季宅挂一个牌子，故东洋人勿烧脱的，牌子上什么字不详细。）全镇全部烧光共计房屋[②]。竖河镇的筑围与庙镇的筑围差不多，房子无其数。第二天镇上的人全部跑光的。除竖河镇外，落乡也烧脱好几个宅。

△ 你对镇上被杀死的叫得出哪几个人？

△ 从东市梢起，施考郎、谭益清，布庄上沈老头子、宋惠民、施维成，毛运郎、毛早郎、毛谷郎（称达子开水店），张振龙的父亲等。

△ 被烧脱房子的人家你叫得出哪几家？

△ 东市梢起，施江考大宅，梅其郎大宅，沈炳元、龚谷郎、龚石甫酒店（均是大宅子），黄达先、张振龙酒店、吴炳华茶馆，吴龙兴、吴永昌酒店，赵三郎等都是大宅子。

河西，施进郎、施利祥、毛幸郎、毛明郎、万寿堂药店、龚万石（东市梢）、吴文清，吴旺兴，张小和尚茶馆、毛其郎等大宅子和全部店面房子。

△ 头一天烧庙，东洋人从什么地方来的，后来朝什么方向去的？

△ 是从堡镇来的，烧后朝西到周家店住夜。

△ 第二天的（原文如此）东洋人从什么地方来的？

△ 从新开河西北八大界插过来，一路烧到竖河镇的，后来大概直接回堡镇

---

① 原件从此处开始为调查者与口述者的对话。

② 此处原件数字脱漏，供参考。

的（从周家店烧起的）。

以上笔录经谈给我们听无讹。

陈述人：孙冠军、孙应谷（印）

调查访问人：施圣德（印）陶慕云亲笔

2）施圣德调查报告（1958 年 7 月 30 日）

……

日寇行动路线：

从 1940 年古历六月二十六日清晨，日寇从城内首先出发，两卡车到达二条竖河，下车休息烧早饭吃，后续有步行的日寇也到达该地后，在汽车桥东塊李□郎攀鱼舍休息。此时忽在东北方向倪家大坟上有不明何部的游击队先开枪后，日寇就开始疯狂烧杀，首先把李姓攀鱼舍烧毁后，再烧陈姓两宅及天妃宫庙后，日寇仍乘两卡车向东行到天仙河泥井（即原长兴区粮站东侧），下车后就过桥向东沿公路河南北向东烧杀，后直到新河镇西市为止，在傍晚到达新河镇竞成小学后，并烧毁天妃宫庙后，还留一小部份。日寇从天妃宫向东北烧去经五大界、王家桥、沿桃皮港向东经徐家桥、尤家桥。

另有日寇一卡车从北二条竖河沿公路向北（即□口街沿）到高桥下车，过桥向东沿河沿烧至竹行桥，经过三□桥到徐家桥与尤家桥会合，陆续向东经过袁明港丰河北头过龚家桥沿桃皮港向东，至樊家店北樊文惠宅休息。

再有日寇两卡车从北二条丰河沿公路向北，（即□大河沿）到青龙镇东部过汽车桥后，空车回去，日寇步行沿惠明河烧，东去经过黄青木桥，一批向东南从小浪界河向东烧，一小批从严家河桥向东北，经过北岸向东烧至一二里路，沿洛港向南到达小横河会合后直烧到日兴镇南市，过民生丰河向东烧到大算张（即张银才宅）后向南到达龚文惠宅会师后分头住宿于龚文惠宅与六港头上之刘振千宅。在第二天上午又开始先烧严爱林大宅子后向东烧到丰河镇的。

总计被烧毁的有大小宅子 120 个，计瓦房 753 间，草房 362 间，两计 1115 间（其中包括庙一间，瓦房 6 间）。

被刀杀枪杀的男女基本群众计 37 名（其中包括路过的妇女 1 名，挑鱼的 3 名，贩运的 4 名）。

尚有烧死老妇人 1 名，小孩 1 名，打伤重病死亡的 1 名，被杀的男女地主 5 名，伪保长 1 名，又被烧死耕牛一只。

调查人：施圣德（印）

3) 施友才陈述笔录（1957 年 10 月 24 日）①

陈述笔录：

　　一九四〇年（民国廿九年）古历六月廿六日上午八点钟左右，先由邮差来通知说，今天有东洋人来，今天来者不妙，不是杀定是烧。东洋人指定竖河镇有游击队，当时商人认为不要紧，就此未跑。后来日寇来时，由市梢包围戒严，东洋人刺刀装在枪上，强迫商民到庙场上开会（神皇庙），于是商民统统被揽到庙里，就有日本队长叫新俊说，今天叫商民要交出游击队，并说商民通游击队，统统是坏人，要刺拉刺拉。商民回答说，游击队是有的，不过是流动的。东洋人不相信，今日通通要刺拉。当时 30 多人有良民证的放出来，其余统统关在里面，后来即使有良民证亦关在里面，东洋人即用刺刀刺，人关在里面就烧房子，并且用机枪扫射，当时哭声震天，从上午九时烧到下午二时为止，共被日寇杀死一百人左右。（当时开会人关在庙里两侧厢房及正厅，不是在庙场）同时将丰河镇镇上房子全部烧去，第二天又来复烧，因此将丰河镇全部烧光。这天东洋人是从堡镇出发，和平军和警察也有的，当天下午四时被东洋人带到新开河（主要是镇路），在新开河又碰到一批朝东来的东洋人、和平军、警察。第二天到丰河镇复烧，我当晚被带到周家店住在汉奸周文才宅上。第二天日本人从周家店烧起到小□界及三观堂为止，我被日寇带到堡镇伪自治会关了二天，又被日本人带到民本中学作杂工，做了二十三天，后来东洋人开发，由□校长开始保下来的，就此我就回家。特此是实反映。

堡镇供销社施友才（印）

一九五七年十月二十四日

　　［摘自：上海市档案馆编：《日本帝国主义侵略上海罪行史料汇编》（上编），上海人民出版社 1997 年版，第 290—294 页］

---

① 原件藏崇明县人民法院档案室，系 1958 年该法院审判参与这一惨案的汉奸罪犯的调查材料。由崇明县档案馆供稿。

（38）日军大屠杀　崇明遭劫难

日军大屠杀，崇明遭劫难，——日军百余被歼灭，平民丧身者盈千

［伪军百余中日军计覆灭］崇明专讯：崇明沦陷后，即有游击队之组织，声东击西，成绩素著。上月杪，更作大规模之袭击，日军用车二辆，悉中埋伏，更遭游击队之围攻。日军伤亡惨重，于羞怒之余，请救兵连日下乡，烧杀横加，无辜良民惨死者盈千，并悉竖河、大椿、喇叭、响同、马桥、谢家、日新等乡镇，以及就近住家数千户，尽为焦土。前昨尚在继续烧杀中，该县居民，风声鹤唳，寝食不安，难民颠沛流离，无所依归者，情极凄凉。本市崇明同乡，正拟组织救济会，拨款救济，办理善后。日军中伏，被歼百余。……而崇明日军以两次败北，再向上面乞援，驻沪日军当局，当即派遣镇海口败退之军队约三四百人，分乘汽艇运输舰前往，迨至目的地后，华军早已达到任务而引退，日军即将各该地之伪"自卫团"集中，伪令上操，先令其将枪械解除，再言天时炎热，可作其他游戏，身上军装子弹，亦可解下，伪军不知是计，全部照办。日军即不问皂白，以机枪将伪军一百余人，悉数扫射尽绝，无一生还。

［屠城焚屋惨绝人寰］日军即将伪"自卫团"灭绝后，复将强明乡、日新镇、大椿镇、新开河、浦正港等地壮年男女人施屠杀，除七八十岁及五六岁之老弱外，无一幸免。总计被杀平民共达七百余人，所有街市村庄房屋，浇以火油，实施焚化，被焚者达一千余户。火光冲天，哭声震地，其惨酷情形，实为近世所罕见。较之浙省乌镇袁庄之大屠大烧，有过之无不及。崇明经此大屠杀后，其未经罹难之居民，恐惧已极，为谋安全计，纷纷离境他迁，然日军心仍未甘，对离境居民，横加阻挠，必须临时觅保请求，并规定年幼及年长者，方准出境。否则格杀不论，虽当地日商人为维持本身营业，要求宽容，亦遭拒绝。其他一区二区居民、闻惊均各扶老携幼，转道搭轮来沪，每日抵埠者，恒在千人以上，而崇明旅沪人士，每日前往轮埠探询故乡情形，惨苦啼嚎者，更难胜计。残酷情形，可见一斑，此种屠城惨剧，实为人类史上所罕有。

（《申报》1940 年 8 月 6 日）

［摘自：上海市档案馆编：《日本帝国主义侵略上海罪行史料汇编》（上编），上海人民出版社 1997 年版，第 288—289 页］

（39）日封锁汪家弄又拆韬朋路房屋

日封锁汪家弄又拆韬朋路房屋，无家可归者复增一千人

日军自将大西路汪家弄内汪家村房屋拆毁，限令三百余户居民迁移，致有千余人流离失所后，昨日复将绕有铁丝网之木栅，全日将该弄封锁，由备警三名守卫，居民既不得入内，即在木栅外与弄内未及迁出之居民叙话，亦遭干涉。至诸安浜居民，大都已迁出。在昨日上午七时至下午五时间，进出者甚少。又韬朋路上日军医野村被刺后，其附近民房，日方亦仿照在沪西施行之苛酷办法，将民房拆毁，开辟新路。兹志各情如次。

韬朋路上又拆民房 英文大美晚报云：本星期一日午后，曾有日军医野村，在公共租界北区韬朋路被刺。今日（十九日）该地附近有日海军陆战队督率华工百余人，拆毁民屋约五十椽，致华籍居民三百余人，顿告流离失所。盖日方又在该地建造新马路关。预料日方将在该地继续强拆民屋，届时被迫迁出、无家可归居民，将达一千人之多。

（《申报》1940 年 12 月 20 日）

［摘自：上海市档案馆编：《日本帝国主义侵略上海罪行史料汇编》（上编），上海人民出版社 1997 年版，第 452 页］

（40）虹口拉伕风炽

虹口拉伕风炽，居民深居简出，三日内被拉去一千余人，分批驱往各战场充苦役

虹口一带日军，突于十五日（星期日）晚间起，开始强拉民伕，至昨日为止，被拉居民已逾十人，故近日虹口区域华人，均深居简出，而租界居民，亦均不愿莅此冤窟。昨据被拉后而逃脱之某君语大光社记者，被拉者多劳苦阶级。

余（被拉者自称）于十五日晚九时出外访友，行至杨树浦路底，突被日宪兵三名挟住，拉至北四川路底日军司令部六楼，该处已有民伕五百余名，均属劳工阶级。是日气候奇寒，并有数人尚未晚餐，故在饥寒交迫下，状极可惨，然要求翻译（日人雇用者）出外买食，均遭拒绝。并据该翻译告余曰："你们不可在日人面前表示饥寒之状，否则定遭痛殴。"后余询问拉往何处，答曰，派赴前线充当夫役。大致均派之各战场充当夫役，或第一道防线。余听后，极为惊恐。迨至十时左右，见有日军一队十余人，手持刺刀，进内拉去一百余人。余之出发时间，在深夜十二时。十二时甫过，即见日军一队进内，迫余等下楼，乘卡车出发。迨至蕴藻浜附近，余决谋待机逃脱，因思即使前去，亦无生还，不如从死中逃生，故俟卡车稍停时，即从车中跃出，跳入河浜，甫游至对岸，即闻枪声一响，但余已避入破穴中，随后即闻车声远行而寂然无声。次晨三时，始告返家，但家人已受惊匪浅矣。

（《申报》1941 年 2 月 18 日）

［摘自：上海市档案馆编：《日本帝国主义侵略上海罪行史料汇编》（上编），上海人民出版社 1997 年版，第 551 页］

（41）日宪兵封锁药水弄^①

　　民国三十一年 3 月 5 日下午 5 时许，3 个日本人路过普陀路草鞋浜小路边（今陕西北路华生电扇总厂附近），被人伏击杀死。日军宪兵队长竺田得普陀路巡捕房的报告，即率领大批宪兵查勘现场，并会同普陀路巡捕房捕探附近地区实行紧急封锁。南至槟榔路（今安远路），东北沿吴淞江，西迄樱华里和华界交界的铁门处，为第一道封锁线，禁止一切车辆行人通过。吴淞江沿岸的所有轮渡一律禁止通航，造币厂桥（今江宁路桥）上架设铁丝网等障碍物，水陆交通要道口，都有日军宪兵和捕房捕探站岗放哨、日军巡逻队日夜巡逻。

　　药水弄地处租界边缘，是劳动人民聚居的地方，日本人在附近被杀，日军认为这里是"恐怖分子"藏匿所在，于是对药水弄进行第二道内圈封锁。沿小沙渡路（今西康路）西边，向南直到劳勃生路（今长寿路），往西至樱华北里，所有通往药水弄的大小弄堂全被封锁，车辆行人一律不准出入。

　　药水弄是一个有名的棚户区，住在这里的劳动人民平日做一天活，糊一天口，升斗小民家无隔宿之粮，一旦封锁，生活来源断绝，生命垂危。居民顾义民已饿得奄奄一息，他儿子顾宝财不忍父亲饿死，冒险泅渡吴淞江，被巡逻日军发现，用船篙铁尖刺中腋下，鲜血直流，偷渡未成，结果他的父亲和小女儿都活活饿死。以拉黄包车为生的吴积山，妻子身患重病，命在旦夕，为了赚钱治妻病，仍拼命奔波在大街小巷中，当他惊悉药水弄被日军封锁时，拉着空车飞奔回家，却被铁门阻隔在外。他向日军苦苦哀求，反被痛打一顿，险些丧命，只得流浪街头，等到解除封锁后，急奔回家，妻子已僵死多日，悲痛欲绝。封锁后，居民一连几天断炊，人们饿得难熬，听到石灰窑附近面粉厂里有地脚麸皮，饥民们竞相取食，因麸皮已发霉变质，许多人吃了中毒发高热，有的因此死亡。吴淞江畔和草棚边空旷地方，生长一种有毒的"牛舌头"草，饥民们挖来充饥，吃后头重脚轻，四肢无力，脸色发黄，全身浮肿，以致死亡。有的青壮男子饿得难受，遂铤而走险，从封锁点攀墙外逃以求活命，被日军发现后，捆绑起来，将手掌钉在电线木杆上，脚背钉在地上，鲜血淋漓；有的被绑在电线木杆上，遭皮鞭抽打，皮开肉绽，遍体鳞伤。

---

① 标题为编者所加。

药水弄被封锁后,垃圾粪便,狼藉满地,秽气蔓延,疾病流行,老弱病幼无医无药,不少人相继死亡。据 76 岁的汤招娣回忆,在封锁期间,普善山庄收尸车经常到封锁区里装运尸体,每次有二三十具。另据 61 岁的丁小妹回忆,她当年在小沙渡路 1501 弄口华阳纱厂门口,看见堆放许多尸体,大都为老人小孩。据当时任药水弄地区总联保长朱启祯解放后向公安机关交代,药水弄在 15 天的封锁期内,饿死、病死、打死的约 200 人。

药水弄封锁 4 天以后,日军宪兵队扶持药水弄流氓朱启祯组织"自警团",挑选居民和店员充当自警团员,日夜轮流到日军指定的封锁点站岗值班。接着,又根据公共租界工部局公布的编组保甲暂行条例规定,实施保甲制度,逐家逐户编造户口名册,然后由日军宪兵会同联保长按册逐一详细审查。至 3 月 20 日下午 6 时,才宣布解除封锁,恢复交通。

（摘自：上海市普陀区志编纂委员会编：《普陀区志》,上海社会科学出版社 1994 年版,第 985—986 页）

3. 财产损失资料

（1）上海商务印书馆被毁记：损失情形及数目

损失情形 本馆总厂，编译所，东方图书馆，尚公小学等即于一月廿九日及二月一日先后被毁，当时因地当火线，无法查勘。直至三月上旬方有经手装置本馆机器之西商前往视察，据其报告所云：本馆总厂中第一第二两印刷所为两层楼长屋两大排，中有机械数百架，为本馆主要印刷部分，均与房屋同归于尽。第三印刷所为三层大厦，系墨色石印部分，英文排版部亦在其中，均焚毁无余。第四印刷所为四层大厦，二三两层置彩印精印机器数十架。上层为全公司总务处所在地，下层为营业部所在地，均付一炬。其它如标本模型制造部，制油墨部，以及三层大厦置有装切机器数十架之装切部等亦无不全毁。

又书籍及纸张等栈房之大厦及所存书籍纸张均焚毁一空，纸灰深可没膝。仪器文具等栈房亦如之。藏版部系三层巨厦，被焚后所藏铜锌铅等版均溶成流质，溢出墙外，凝成片块。他如储电房，自来水塔，木工部，出版科，寄售股等房屋无不烧成瓦砾之场。其残留者仅机器修理部，浇版部及疗病房数处而已。

至于总厂以外之东方图书馆，编译所及其附设之各杂志社函授学社，尚公小学，以及厂外书栈房等，均仅余断壁颓垣与纸灰瓦砾云云。（时事新报三月九日）

损失数目 嗣经本馆当局详加查勘之后，当即于三月中旬依据实在情形，将全部损失数目造具清册呈报政府，兹将本馆所报数目列左：（原档案数字为汉字小写）

（一）总厂

　（甲）房屋

　　（子）总务处　　　　　170280 元

　　（丑）印刷所

（1）印刷部　　　　　378031 元

（2）栈房　　　　　139234 元

（3）木匠房等 　　　　　　　　5796 元

（4）储电室 　　　　　　　　　21953 元

（5）自来水塔 　　　　　　　　11429 元

（寅）家庆里住宅 　　　　　　　7200 元

（乙）机器工具（包有滚筒机，米利机，胶版机，铝版机，大号自动装订机，自动切书机，世界大号照相机等）　2873710 元

（丙）图版 　　　　　　　　　　1015242 元

（丁）存货

（子）书籍

（1）本版书 　　　　　　　　　4982965 元

（2）原版西书 　　　　　　　　818197 元

（丑）仪器文具 　　　　　　　　771579 元

（寅）铅件 　　　　　　　　　　19807 元

（卯）机件 　　　　　　　　　　6207 元

（戊）纸张原料

（子）纸张 　　　　　　　　　　776100 元

（丑）原料 　　　　　　　　　　311200 元

（己）未了品 　　　　　　　　　275000 元

（庚）生财装修

（子）总务处 　　　　　　　　　12523 元

（丑）印刷所 　　　　　　　　　82105 元

（寅）研究所 　　　　　　　　　535 元

（卯）寄售书籍 　　　　　　　　500000 元

（辰）寄存书籍字画 　　　　　　100000 元

（二）编译所

（甲）房屋在东方图书馆下层，以列入东方图书馆损失数内，不另计价

（乙）图书

（子）中文　3500 部 　　　　　3500 元

（丑）外国文　5250 册 　　　　52500 元

（寅）图表 　　　　　　　　　　17500 元

（卯）目录卡片 　　　　　　　　4000 元

（丙）稿件

（子）书稿 415742 元

（丑）字典单页 1000000 张 200000 元

（寅）图稿 10000 元

（丁）生财装修 24850 元

（三）东方图书馆

（甲）房屋 96000 元

（乙）书籍

（子）普通书

（1）中文 268000 册 154000 元

（2）外国文 80000 册 640000 元

（3）图表照片 5000 套 50000 元

（丑）善本书

（1）经部 274 种 2364 册

（2）史部 996 种 10201 册

（3）子部 876 种 8438 册

（4）集部 1057 种 8710 册

（5）购进何氏善本 约 40000 册

以上五种计 1000000 元

（6）方志 2641 部 25682 册 100000 元

（7）中外杂志报章 40000 册 200000 元

（寅）目录卡片 400000 张 8000 元

（丙）生财装修 28210 元

（四）尚公小学

（甲）校舍

（子）小学部 19109 元

（丑）幼稚园部 10000 元

（乙）图书仪器及教具 12000 元

（丙）生财装修 6000 元

以上共计 16330504 元（申报三月十三日）

[摘自：商务印书馆善后办事处编撰：《上海商务印书馆被毁记》，
商务印书馆民国二十一年（1932 年）7 月初版]

（2）机器工业受到的破坏

"八一三"沪战爆发的时候，像其他行业一样，五金（机器）工业也遭到损伤。位于闸北的五金工厂，可以说全部毁灭；在南市方面，也几乎打个对折。

＊　　　　＊　　　　＊

机器工厂：机器业厂屋之被毁者，为数甚多。仅就"公共租界"以内而言，已有410家，此外尚有设于闸北、南市之数百家悉遭殃及。兆丰路（高阳路）麦伦中学北面之闸北一带，曾一度为机器与五金业之工厂所挤塞，但现已悉成灰砾矣。

战前沪市……该业（机器）厂址向多设于虹口以及南市、闸北等地。战事起后，各厂多被摧毁。据吾人之调查，损毁较重者，计达三百六十余厂。共损失一千四百余万元。

＊　　　　＊　　　　＊

所举二十余家，其厂址大半均在沪东、虹口一带；次为闸北、南市，故此次战事损失极为严重。况铜铁等原料均为日方所注意，事后被运出口者亦迭见报载。兹就调查所得，列述如后：新中厂于战事发生后，机器存货迁出者约占七成，其余机器存货及生铁一百吨，损失达十二万元。新和厂全部被毁，损失约九万元。中新厂亦已被毁，损失约数万元。新民厂除三分之二迁汉外，其余损失亦达六万元。明锠厂八月间即被焚，机器铜铁原料等损失约值十余万元。其余全数被毁者，尚有中国冶铸厂及广兴机器厂，损失各约七万余元。万（义）兴盛厂已被搬运一空，损失约十二万元。培昌厂亦被炸毁，损失约十一万元。公勤厂损失约二十八万余元，且被中山钢业厂（按：系亚细亚钢业厂）所占。中央机器厂事前曾搬出一部分，其余均已被毁。明精厂亦搬出三分之二，损失约三万元。华通机器厂则已全毁，损失约在十万元以上。同顺兴厂机器原料损失约五万元。华泰厂机器原料损失约一万余元。……综合以上所举各厂之损失，已在一百四五十万元以上。

各（造船）厂厂址多在南市、浦东、沪东一带。……公茂造船厂以厂址适在战区，厂房全被炮毁，损失达三十余万元……恒昌祥则于战事初起时即迁入租界，其未经迁出而遭损失者约四万元。大中华造船厂亦在战区，除厂屋机器外，尚有钢铁五百吨，损失约在五十万元左右。此外如三北、鸿昌、合兴等厂机件亦被搬去，大公、鸿翔（兴）、王顺昌等则损失不详……

我们万昌厂的所有企业，都在虹口，地处战事火线，无法搬运。炮火之中，所有各厂除了如皋路翻砂厂尚存一角之外，其余如永定路的总厂，通州路的分厂，东余杭路的铁管厂（原系炼钢厂），以及电镀厂、炼焦厂、办公室、堆货栈房，包括各厂内所有各项设备，很多机床等完全被毁。损失之惨重，虽因账册不健全，并没有详细记载，但以当时币值估计，约有六十万元之巨。万昌整个企业，全部牺牲殆尽。

当日军占领了虹口以后，即有"清扫班"出来抢劫。这个"清扫班"，是由日本海军武官府组织的一支专门在沦陷区内掳掠物资的强盗队伍。所有沦陷区内工厂，除了被炮火打毁或被烧毁的以外，凡是侥幸尚存的工厂，不管你是机器设备、原材料、存货等，都被洗劫一空，"清扫"干净。福庆机器厂所遭遇的，仅是一个例子。

在"八一三"战争爆发时，我们厂内全部机器生财（原文如此）、原材料等物资，都没有搬出，除机器厂和翻砂厂的厂房及设备，全部被烧成一片平地外，只有仓库一所，没有被毁，但仓库内所有的钢板、熟铁、洋元、引擎等各种材料二百多吨，全部被"清扫班"用了五六十个小工搬运，并用好几辆卡车"清扫"一空。

虹口沦陷后，大新铁厂的翻砂车间所有厂屋设备，全部被烧毁，机器厂房虽然没有损毁，但内部的机器生财，以及各项设备，很多的原材料，完全被日本人的"清扫班"扫光。其中有车床、钻床等各种机件，并有精密落地钻床一台，钢铁材料一百余吨，估计损失达十余万元。

*　　　*　　　*

自从"八一三"战事爆发，日军占领了虹口，进行了肆无忌惮明目张胆的破坏和抢劫，明锠机器厂遭受的损失是极为惨重的。

我们的厂是在虹口塘山路（唐山路），占地四亩半，自建翻砂车间、金工车间、装配车间、办公楼、饭厅、职工宿舍等建筑物达三亩半。四周都用水泥围墙，相当坚固。设备方面有4（1/2）—22呎的大小车床四十五台。另有牛头刨床四台、龙门刨床二台、铡床一台、横臂钻床二台、铣床一台、立钻床十台、六角车床一台，尚有一百吨以上的钢板、元铁、钢条、生铁等原材料，以及无数的大小工具。当时以为有"一·二八"战争的前车可鉴，虹口不致受到损失，因此，丝毫未作迁移准备。及至战争突然发生，虹口首当其冲，地处战争火线；这时交通阻塞，车辆中断，搬已不及，只得离厂逃难，避居租界。不久日军进入虹口，"清扫班"和浪人进行焚烧掳掠，我厂首先遭到抢劫和破坏。他们先行放火破坏房屋，然后将所有机器设备，工具生财以及原材料等，全部抢劫一空。因为房屋坚固，第一次没有烧毁，这些狠心的强盗进行第二次放火，也没有全毁，又作第三次放火，最后，终于把全部厂屋烧成灰烬。总计损失，当在三十万元以上。

*　　　*　　　*

上海沦陷后，大隆即为日军占领。因大隆曾为内外棉修配机件，即由日军交与内外棉接管，改名内外铁厂。后又改名大陆铁厂，专为日军生产军火。

*　　　*　　　*

上海四郊所有铁工厂（即造船所，外商除外），除江南造船所一家为中国国营外，余均商办。战后全部为日方所占，损失奇重，不谓日方近复将各厂机件搬至陆家嘴泰同栈邻地，交与日商日清公司，开办日清造船所，华商产权人无法顾问。……据调查所知，其规模较大，专营修造轮船事业者，战前共有十家，分布于浦江东、西两岸，其名称与地址如下：（一）老公茂在浦东白莲泾，（二）三北在南市日晖港（即前三北轮船公司所办），（三）大中华在杨树浦底定海桥，（四）鸿昌在南市薛家浜南首，（五）合兴在南市鸿昌厂隔壁，（六）财利在浦东陆家嘴春江码头，（七）龙昌在浦东陆家嘴，（八）恒昌祥同前，（九）鸿祥

· 334 ·

（翔）兴同前，（十）招商局内河厂同前。以上各厂均有相当规模。……自日军占领上海四郊后，上述各厂……每厂派有数兵驻守，不准各厂产权人入内……

（《上海民族机器工业》第 607—614 页，中华书局 1979 年 8 月出版）

（摘自：上海社会科学院历史研究所编：《"八一三"抗战史料选编》，上海人民出版社 1986 年版，第 95—99 页）

(3) 面粉业损失严重

自沪战爆发，处于危险地带之各厂，即纷纷停工。目前除西区之福新二厂、福新八厂、福新七厂、阜丰……等八厂尚继续开工外，其余在战区及不安全区之沪南申大、新闸、福新一厂、福新三厂、闸北潭子湾泰隆等四厂，业已停工。且开工各厂，并非日夜连续生产，只为维持工人生计与其他关系，每日或间日或三、四厂轮流开车，故目前上海面粉每日生产量尚不及［以］前之四分之一。

    *   *   *

自"八一三"沪战之后，本埠各厂曾一度停工，但不久即行复业；更以面粉关系民食，需要倍增，兼开夜工。嗣因避免日机轰炸起见，停止夜工，仅开日工。迨十月二十六日，华军因战略关系撤退至第二防线后，该厂①第一、四、六、七四厂［第一、三、六等三厂］被日军强占为办事处及军用材料堆栈，幸厂中当局事前得信尚早，大部分存货原料均已迁至安全地带；惟机器、生财……等不及搬出。现闻重要机件已被拆卸偷运甚多，损失重大，确数不详。

（《荣家企业史料》下册第 9、10 页，上海人民出版社 1980 年 10 月出版）

（摘自：上海社会科学院历史研究所编：《"八一三"抗战史料选编》，上海人民出版社 1986 年版，第 103 页）

---

① 指申新纺织公司。

（4）同济大学被毁

敌军蓄意破坏文化机关，同济大学被毁，敌军此种有计划之阴谋，实对整个世界文化宣战。

国立同济大学，校址设在吴淞，沪战发生以后，敌空军迭加侦察，冀图破坏，但以集中应付闸北战事，初尚仅以军舰炮火间加轰击。迨此次敌方援军开到，企图在吴淞等地登陆，乃于战事失利之际，集中炮火轰击该校，二十八九两日，竟日以飞机掷弹轰炸。该校所有建筑现几悉遭破坏，尤以大礼堂、实习工厂、学生宿舍、理学院等项工程巨大之建筑，破坏殆尽，他如尚未完工之测量馆等，亦遭炸毁。查该校位置远在吴淞镇北，在军事上实非重要，即我军方面亦无利用该校作战之实事，乃敌军如此破坏，谓非有计划之阴谋，其谁能信。闻该校于战事爆发之初，即以破坏文化教育机关素为敌军整个计划，经将校内各项机械、仪器、图书、案卷、择要移置安全地区。此外，此具有数十年历史并在国内外颇著声望之实科大学，实已与平津南开等大学同其命运，而敌军此种蓄意破坏文化建设之行为，实不啻对整个世界文化宣战，狞狰面目，暴露益显云。

（《申报》1937年9月3日）

[摘自：上海市档案馆编：《日本帝国主义侵略上海罪行史料汇编》（上编），上海人民出版社1997年版，第621—622页]

（5）市中心区劫后写真

本月①十二日，我军撤离市中心，退守第一道防线，市府各大厦被敌人侵占了。

十五〔日〕晨凄风苦雨中，记者与外报记者曾往市中心参观。下面的报告，让忍痛担负建设公债的市民瞧瞧，狂暴的敌人是怎样地破坏我们的建设。

记者们从外白渡桥出发，经百老汇路直趋平凉路往沪东，一路上颓垣残壁，没有一座房屋幸存，出市街，走过一座断毁小桥，就到飞机型的航空协会大厦近旁，大厦的外形还算完整，但玻窗洞穿，外墙也全是机枪的巢孔，大厦北方，熊熊的火正在吞噬一所砖屋，局部毁坏的市立医院，也遥遥在望。

这次炮火中，市中心第一座受创的房屋，大概是比肩而立的博物馆和图书馆，双双都毁坏不堪，此外体育游泳池以及各处小洋房也毁不少。

再说最宏伟堂皇的市府大厦，不仅碧瓦破碎，檐梁摧断，就是内部结构也被一把火烧光了。

大厦的东边驻守着一批敌军机械化的部队，西边营帐里留着若干人和畜生……

附近并没恐怖现象与尸体发现，因我军的战线以前在五权路口，这儿只有几处散布着的壕沟和沙包，没有强固工事，看来这里并没发生过激战，前晨日军坦克与步兵会攻复旦大学，校舍受炮击，起火焚烧，复旦"一·二八"时幸存，现在也牺牲了。

据市府当局发表，全部建筑轰毁，损失达二千万元。

（《沪战写真》第131—132页，新新印刷社1938年1月1日出版）

（摘自：上海社会科学院历史研究所编：《"八一三"抗战史料选编》，上海人民出版社1986年版，第84页）

---

① 一九三七年九月。

（6）上海文化教育机关损失统计

此次暴日进犯，对我教育文化机关蓄意破坏，本市自"八一三"开战以来教育文化机关迭遭敌军摧残，即在非战区域的学校，亦同遭殃及，兹据上海市社会局十月十五日止调查结果，统计大学校损失六百六十二万三千一百五十九元；中学校损失二百十九万九千九百五十四元；小学校损失二十五万九千一百二十九元；社教机关如博物馆、图书馆、体育场等损失一百八十六万元；总计一千零九十四万二千二百四十二元，遭受损失的学校及社教机关数目及名称如次：大学十四校——同济大学、暨南大学、大同大学、沪江大学、国立音专、上海商学院、上海法学院、正风文学院、同德医学院、持志学院、复旦大学、商船学校、东南医学院、市立体专。中学二十七校——新陆师范、立达中学、吴淞中学、复旦中学、爱国女中、持志附中、新民中学、育青中学、东南女体师及附中、澄衷中学、麦伦中学、沪北中学、惠群女中、建国中学、安徽中学、新亚中学、两江体师、浦东中学、市北中学、启秀女中、大公职中、崇德女中、广东初中、岭南初中、同德助产、三育初中、粤东中学。小学四十四校——闸北区八校、引翔区七校、江湾区九校、吴淞区九校、市中心区三校、殷行区八校。社教机关八处——市博物馆、市图书馆、市体育场、商务印书馆、航空协会、新中国建协会、工程师学会、德比粤同学会。

（《立报》1937 年 10 月 17 日）

（摘自：上海社会科学院历史研究所编：《"八一三"抗战史料选编》，上海人民出版社 1986 年版，第 116 页）

（7）战时上海市部分教育文化机关被毁情况调查表①

上海市社会局 1937 年 10 月 17 日公布

大学之部			爱国女中	全部被炸	50830
校 名	被毁详细情形	损失估计	持志附中	同上	
同济大学	全部被轰炸	1864018	新民中学	详情不悉	40000
暨南大学	局部被轰炸		育青中学	同上	40000
大同大学	同上	10000	东南女体师及附中	全部被炸	150600
沪江大学	校舍被敌军占领	1679749	澄衷中学	局部被炸	60000
音乐专科	校舍被敌军占领	171632	麦伦中学	全部被毁	82800
上海商学院	同上	201000	沪北中学	详情不悉	50000
上海法学院	全部被毁	210000	惠群女中	全部被炸	100000
正风文学院	局部被毁		建国中学	详情不悉	100000
同德医学院	大部被毁	150000	安徽中学	校具被毁	3000
持志学院	同上	500000	新亚中学	同上	6000
复旦大学	同上	1200000	两江体师	全部被毁	110000
商船学校	全部被毁	406760	浦东中学	局部被炸	2000
东南医学院	同上	230000	市北中学	全部被炸	120070
市立体育专科	校舍被日军占领		启秀女中	同上	221000
总计：十四校　损失 6623159			大公职中	局部被炸校舍损害	30000
中学之部			崇德女中	详况不明	290000
校 名	被毁详细情形	损害估计	广东初中	全部被毁	140000
新陆师范	大部被炸	109000	岭南初中	局部被炸	30000
立达小学	鸡场农场全部被毁		同德助产	同上	3000
	校舍校具局部被轰	25500	三育初中	详况不明	
吴淞中学	全部被炸	50830	粤东中学	全部被炸	200000
复旦中学	同上	119404	总计　二十七校 损失　2199954②		

---

① 《大公报》沪版 1937 年 10 月 17 日第三版。下列表格系原数字制成，无货币单位，经编者考订应为法币元。

② 中学之部各校损失估计与总数相差 10800 元。

小 学 之 部				商务印书馆	详况不悉
区别	损害校数	被毁情形	损害估计	航空协会	同上
闸北	八	在火线内详情无从得悉	47935	新中国建设协会	同上
南翔	七	同上	50185	工程师学会	同上
江湾	九	同上	61890	德北奥同学会	同上
吴淞	九	同上	19224	总计 八处 损失 1860000	
中心区	三	同上	54356	教育文化机关损害统计	
庙行	八	同上	25539	机关	损害估计
总计 四四 损害 259129				大学之部	6623159
社教机关之部				中学之部	2199954
名称	被毁详细情形		损害估计	小学之部	259129
市博物馆	全部被毁		390000	社教之部	1860000
市图书馆	同上		470000	总计损失：10942242	
市体育场	局部焚毁 现被敌军占领		1000000		

［摘自：上海市档案馆编：《日本帝国主义侵略上海罪行史料汇编》（下编），上海人民出版社 1997 年版，第 449—450 页］

（8）纺织业申新厂损失惨重

一九三七年十月二十七日上午八时三刻，申新一、八厂惨遭轰炸，申八几全毁；一厂北工场、布厂的半部、办公室、工人宿舍、饭厅、货栈、物料间等亦几被炸毁。

申新一、八厂的损失究竟有多少？……民国二十七年（一九三八年）十月，申新总公司曾请斯班脱公司（Graham Spainter，Ltd.）作恢复旧观的调查设计。根据报告，共需法币三，八三六，七八六元，英镑一，〇〇九镑及美金一，九六一元。这一总的数字，也就是申一、八固定资产损失的总数。此外，各项物资的损失，如原棉、纱布、在制品、机物料等，照当时估价达一一，三四四，八七五元。两项合计约五百余万元。

（中略）

一九三八年六月三十日，申新五厂对申新总公司的报告："八一三"事变，申新五厂因地处沪东，首当其冲。是日午后即闻枪声，傍晚据报，工房内有数人受伤，厂方即宣布停止夜工。……先五厂曾为华军所占，后又为日军所据，双方在厂附近交战颇烈。全体厂丁，均手无寸铁，迫不得已，于二十二日离厂，绕道浦东而去。自此以后，厂中情形完全隔绝，仅在报章中偶见火警等新闻耳。……今年（一九三八年）正月初，厂长与工程师进厂视察，则见各车间大都受损，其他所有栈房及公事房、宿舍、工房等均已全部焚毁，损失巨大。

申新五厂损失统计表 　　　　　　　　　单位：法币元

机器损失	359750.00
房屋损失	333990.00
物件损失	110701.77
原棉损失	785984.51
棉纱损失	222991.98
在制品损失	100530.00
下脚损失	16544.10

生财损失	16164.00
同人财物损失	17170.00
其他损失	14362.25
损失总计	1978188.61

注：1. 自停厂后，所发职员、茶役、巡丁遣散费、特别损失费并一切赴厂视察及搬运货物等费用，约有50000元，未曾列入损失表内。

2. 以上损失额系计算至1938年6月30日止。此外，自1937年8月至1938年6月底止的营业损失，据该厂估计约有1075000元。

（中略）

申新六厂在"八一三"战事中的损失：本厂（申新六厂）所有损失计分三大类如下：

一、房屋类：三层楼砖木建筑公事房一座，面积六，二五六方尺，全毁于火。

二、机器类：拆残细纱机一一，七二八锭；拆残布机三一九台；拆去修机间内车床三部，铣床、钻床、刨床各一部；拆去冷泵一部；拆去六十匹马达一只，十四匹马达四只。

三、货物类：栈存原棉计二四，一七四·一六担，值洋一，三五二，八九一·〇六元；栈存棉纱一，一一四件，值二九六，二八二元；栈存棉布六，五〇五匹，值一一九，五六一元；仓存棉纱二二五，〇一六件，值六二，九〇一·八七元；仓存棉布三〇三·三三匹，值四，〇七六·八一元；在制品共值一一六，五二九·九〇元；栈存全部物料一〇八，三四九元，货物类共计二，〇五五，六八一·六四元（？）。

（中略）

申新七厂在战事中的损失：本厂（申新七厂）于"八一三"沪战发生不久即行停工。二十六年（一九三七年）十二月十日，货栈曾发生火灾，栈存原棉、纱、布等大部被焚。各厂损失除申新八厂以外，以七厂为最惨重。其有形损失，举其大者如下：

（一）机器类：

	缺少	损坏
纱锭	3640 锭	6188 锭
线锭	420 锭	420 锭
布机	48 台	47 台
废布机	1944 锭	648 锭

（二）货物类：

原棉	24024.26 担
棉纱	422.50 件
棉布	2608.00 匹
棉毯	27000.00 条
在制品	3470.30 担
下脚	2462.95 担

（三）1937 年 12 月 10 日火灾损失：

原棉	3406.90 担
棉纱	88.50 件
棉布	11838.00
布毯	80700.00

注：1. 第一、二两项损失系"八一三"沪战发生后被日本侵略者劫去或毁坏的数字。

2. 第二项货物类损失，据申总按照 1940 年 8 月市价估计，共值 6619000 元；第三项火灾损失，计共值 521000 元。

（《荣家企业史料》下册，上海人民出版社 1980 年 10 月出版，第 4—8 页）

（摘自：上海社会科学院历史研究所编：《"八一三"抗战史料选编》，上海人民出版社 1986 年版，第 100—103 页）

（9）攫夺上海航运、浚浦船只

巡舰被劫，海关当局谋应付，强占巡舰均被视作战利品，小轮数十艘拖往三菱码头。

中央社云，停泊法租界外滩之我海关巡舰福星，交星，流星，华星，联星等十二艘，于前晨（十五日）十时半，皆被敌强行占据，除将舰上中外职员全部驱逐外，并由敌军一律扯悬日旗。昨晨（十六日）起，敌且用小轮多艘，将该队巡舰中之一艘拖往陆家嘴一号浮筒停泊，三艘拖往四号浮筒停泊，其中最大一艘名福星号，亦于昨晨九时许，由敌用小火轮三艘拖往陆家嘴以外之浦面停泊。闻停泊法租界外滩尚未拖去之巡舰，亦将由敌陆续拖走云。

申时社云，江海关巡缉舰文星，福星。胶济，海光等十二艘，于沪战后，因避免危险，均未驶出吴淞口，停泊于法租界外滩一带浦面。迨近日敌军攻占南市，突于十五日将十二巡舰完全劫持而去，该各舰所属华籍税警等，共有四百余人，西籍关员亦有五十余人，昨晨均在海关中集议善后办法，并听取消息。闻敌方已将该各巡舰，视作战利品，业已驶往吴淞口，各舰上并有机关枪暨各种缉私用之军火甚多，亦均被夺去。现海关当局，正在筹商对付办法，目下暂不愿有所表示。

中央社云，十六铺宁绍码头封锁线以南，原泊有我小火轮数十艘，自封锁线被敌破坏后，前昨两日来，敌即用轮将停泊南黄浦之我小火轮拖往三菱码头一带停泊，每一轮上皆悬日旗，至前原泊南黄浦被敌拖去之我中和号商轮，现又被敌拖至二十四号浮筒停泊云。

（《申报》1937 年 11 月 17 日）

[摘自：上海市档案馆编：《日本帝国主义侵略上海罪行史料汇编》（下编），上海人民出版社 1997 年版，第 254 页]

（10） 苏州河各内河小轮昨被日方悉数拖走

苏州河各内河小轮昨被日方悉数拖走，被拖走计有立安等十二艘，各轮造价平均每艘一万元。

新声社云，自我军自沪西撤退后，本市与各地之内河航行，即告中断，最近葡萄［牙］商乃出而组织德奇内河航运公司，收买苏州河北各轮船局留沪之轮只，并拟先开上海浦东线，再逐渐推至内地，藉以疏通客货航行，而停泊各轮亦以谈判就绪，均已改悬葡国旗帜，讵昨日下午三时许，日方突派汽艇多艘，将各轮船局小火轮，悉数拖走，经记者调查所悉，被拖走者计有立兴轮船局之立安、立宁，环江轮船局之慎兴、利亨、源通轮船局之元丰，利兴公司之新瀛州，又工部局垃圾轮泰隆，及小柴油船三艘，及另一名华通者，亦均被拖走，总共达十二艘之多，各轮造价均在一万元左右，按各内河轮船局，原有轮只不下百余艘，自战事发生后，大多阻留内地，兹则已完全拖空。又悉当昨日日方派艇进入苏州河时，曾装有白米两小艇，沿途即散给停靠苏州河两旁之贫苦船户，然后将各轮船局之小轮，悉数拖走。

（《申报》1937 年 11 月 18 日）

［摘自：上海市档案馆编：《日本帝国主义侵略上海罪行史料汇编》（下编），上海人民出版社 1997 年版，第 255 页］

（11）沪市工厂损失情况

上海市商会，昨电实业部，陈报工厂被毁损失。电云：南京实业部均鉴，奉钧部青电，饬查十一月一日以前被毁资本在二十万元以上之工厂，厂名及被毁日期，损失估计，即予查明电复等由，下会经分别通告公告去后，兹据三一印刷公司等十五家工厂，具报前来，合列成简表，先行电呈钧部备案，余俟续到再电，上海市商会叩筱篠。计损失工厂如下：（一）三一印刷公司，八月二十六日，五八〇，二一二元，（二）公记电池厂，九月中旬，二二〇，〇〇〇元，（三）华成帆布厂，八月二十五日，四九八，八九七元，（四）上海造纸厂，十月二十日，五〇〇，〇〇〇元，（五）大东烟草公司，八月下旬，四二〇，二二九元，（六）经纶丝厂，十一月下旬，二〇〇，〇〇〇元，（七）民生纺织公司，十月二十五、七、八三日，八二四，〇〇〇元，（八）美亚织绸厂，一，二五一，〇〇〇元，（九）义丰织绸厂，六四〇，〇〇〇元，（十）益泰信记搪磁厂，十月二十五日，四〇〇，〇〇〇元，（十一）华安颜料化学厂，十月二十六日，一〇三，七八一元，（十二）协丰机器染织厂，八月二十一、二两日，三〇〇，〇〇〇元，（十三）申丰棉织漂染厂，八月十五日，二五八，五一四元，（十四）恒丰丝厂，十月二十七日，一四七，五八〇元，（十五）天一味母厂，约十月二十七日，一七四，七〇一元。

（《新闻报》1937 年 11 月 19 日）

上海市社会局奉实业部电，详查沪市工厂被毁损失估计后，当公告各被毁厂商限期报告，嗣复将被毁工厂损失估计电复实业部。内开：被毁工厂为九，九九八家，损失五六四，五三五，二九七元。全市工厂总数依照战前统计为五，二五五家，损失估计南市区为 30%，闸北区为 100%，特一区为 70%，四乡为 50%，特二区无，当呈复之时，南市我军尚未撤退，区内工厂大部完整，今南市已沦为战区，工厂林立之日晖港、高昌庙等处，均已成焦土，照目前估计，应以 100% 计算，况该处有工厂二，二七二家，占总额 2/3 以上，所以沪市工厂损失估计当在国币八万万元以上。

（《立报》1937 年 11 月 22 日）

为表示各种工业所受损失起见，兹将知为完全被毁之 905 家工厂及工场①，分析列表如下。

工业类别	知为完全被毁之厂数	前曾雇用工人之数
木工业	23	792
家具制造业	2	44
五金业	72	1241
机器及五金制造业	410	6219
车辆业	8	33
砖瓦玻璃业	8	405
化学品业	49	564
纺织业	136	4687
衣服业	44	3476
皮革橡皮业	19	556
食物饮料及烟草业	40	10278
印刷及纸料等业	75	1649
科学及音乐用具业	3	140
其他工业	21	784
总计	905	30868

（《1937 年上海公共租界工部局年报》，第 41、42 页）

（摘自：上海社会科学历史研究所编：《"八一三"抗战史料选编》，

上海人民出版社 1986 年版，第 110—112 页）

---

① 此指公共租界范围内的被毁工厂。

（12） 浦江差轮卅余艘昨全部被劫持

浦江差轮卅余艘昨全部被劫持，江海关水巡捕房及浚浦局所属缉私轮、救火船均被夺。

中央社云，江海关浚浦局及水巡捕房所属之大小差轮三十余艘，集泊于汉口路外滩江海关码头之南，又于昨日全部为敌军劫持以去，税务司劳福德闻讯，即向日方提出交涉，据记者探悉，敌水兵七八十人，于午二时半，分乘汽艇数艘，前往该处停靠后，即持械跃登各轮，监视全部船员，不准擅离，当时各船员因事出意外，故除少数乘隙逃者外，大部被羁留船中，敌兵旋即在各轮扯悬太阳旗，勒令升火开驶，至晚，已大部驶去，除有数艘停于敌"出云"舰之旁外，其余大部分停泊汇山码头，而留原处未及驶去者，则仅海光、流星两艘。记者于出事后，曾前往调查，时见敌军持械站立轮上，一时形势颇为紧张，致路上行人绝迹，惟见脱险之船员，匆匆来去耳。此次被夺差轮小艇，均为浦江缉私之船，其中并有普济及另一轮，为浦中仅有之救火船，亦为夺去，嗣后浦中发生火警，将无法施救，故其关系国际安全，尤为重大，江海关等，经此两次掠夺，全部轮只，均为夺去，其工作殊难进行，而黄浦江中缉船绝迹，将一任劫盗之横行，而无法警备矣。

（《申报》1937 年 11 月 22 日）

[摘自：上海市档案馆编：《日本帝国主义侵略上海罪行史料汇编》（下编），上海人民出版社 1997 年版，第 256 页]

（13）上海市部分公私财产抗战损失统计表①

(甲) 市 有 财 产 损 失				
类 别	直 接		间 接	
	户数	损 失 数	户数	损 失 数
市机关	11	446693650. —	—	—
市立学校	88	31677998. —	7	8960. —
市营公用事业	12	19709153. —	5	8228212300. —
合计	111	＄ 498026801. —	12	＄ 8228221260. —

总计　123 户　＄ 8726248061. —

(乙) 民 有 财 产 损 失				
类 别	直 接		间 接	
	户数	损 失 数	户数	损 失 数
私立学校	198	169253183. —	33	2814294—
民营公用事业	16	39746541126. —	8	778423452602—
民营工业	557	49588388293. — 美金 34985. —	—	—
民营商业	483	8033180418. — 美金 7408949 港币 47616. —	—	—
民营金融事业	4	915372. —	—	—
民营农业	38	330174674. —	—	—
团体个人	7975	10459440174. —	—	—

---

① 以下附表均系国民党上海市政府于 1947 年统计编制，由于时间匆促，所申报的单位、个人资料严重
不全，如著名的申新系统企业仅报了一厂；天厨、天原等都未统计在内；上海银钱业仅报了四家钱
庄，因此仅供参考。部分明细项目表因另有文件反映或限于篇幅，由编者略去。

		(乙) 民 有 财 产 损 失			
类 别	直 接		间 接		
	户数	损 失 数	户数	损 失 数	
农工商业 暨团体个人			73	656884683. — 美金 4384525.65	
合计	9271	＄108327892240. — 美金 109074.49 港币 47616. —	114	＄779082521579. — 美金 4384525.65	

本市公私财产直接间接总损失计：9508 户 ＄896136662880. —
美金　449360014
港币　47616. —

［摘自：上海市档案馆编：《日本帝国主义侵略上海罪行史料汇编》
（下编），上海人民出版社 1997 年版，第 451—452 页］

（14）上海市部分市营事业财产直接损失汇报总表
（公用事业部分）损失统计

填报者	住址或通讯处	损失时价值总数（元）	事件	日期	地点	证件
上海市公用局市轮渡		$ 743400. —	战事损失	26 年	本市	
上海市公用局浦东自来水厂		$ 650151. —	战事损失	26 年	本市	
上海市公用局徐汇沪南给水处		$ 8115. —	战事损失	26 年	本市	
上海市公用局码头仓库管理处		$ 1390000. —	战事损失	26 年	本市	
上海市公用局吴淞车、船务处		$ 6660. —	战事损失	26 年	本市	
上海市公用局路灯		$ 835270. —	战事损失	26 年	本市	
上海市公用局公共汽车管理处		$ 94616. —	战事损失	26 年	本市	
上海市公用局广告		$ 2103. —	战事损失	26 年	本市	
上海市公用局标准钟及广播台		$ 96224. —	战事损失	26 年	本市	
上海市公用局总务部分		$ 12614. —	战事损失	26 年	本市	
上海市工务局柏油轧石工场		$ 10960000. —	日军载去	34/3—5	本市	
上海市工务局安东路柏油厂		$ 5000000. —	日军载去	32/12/29	本市	
页数：1　户数：12　损失数：$ 19709153. —						

［摘自：上海市档案馆编：《日本帝国主义侵略上海罪行史料汇编》（下编），上海人民出版社 1997 年版，第 455 页］

（15）上海市部分民营事业财产直接损失汇
报总表（公用事业部分）损失统计

填报者	住址或通讯处	损失时价值总数（元）	事件	日期	地点	证件
华商电气公司		$ 16599255712. —	敌伪侵占	26/11/12—34/9/18	南市营业区内	
上海内地自来水公司	半淞园路592号	$ 3428780245. —	敌伪侵占	26/11/12—34/9/18	南市营业区内	
闸北水电公司	北四川路阿瑞里	$ 1347550000. —	被毁	21/1/28—21/3/2	闸北营业区内	
闸北水电公司	北四川路阿瑞里	$ 15865799540. —	破坏轰炸	226/8/13—34/9/17	闸北营业区内	
浦东电气公司	浦东东昌路	$ 1989313592. —	轰炸	26/11/10—34/8/10	浦东	
上南交通公司		$ 210616. —	日军进攻	26/10/19—34/9/19	董家渡至南汇	
上川交通公司	浦东宁庆寺	$ 528873. —	日军进攻	26/8—34/9	宁广寺至南汇	
沪闵汽车交通公司		$ 89615. —	日军进攻	26/11	南市至闵行	
沪太汽车公司		$ 510646783. —	日军进攻	26/8/13	闸北浏河等	
锡沪汽车公司		$ 754300. —	日军进攻	26/8/13	闸北无锡等	
上松汽车公司		$ 1600000. —	日军进攻	26/11/8	松江泗泾等	
民营运货汽车业		$ 134126. —	国军征用	26/11/7	随国西撤	

填报者	住址或通讯处	损失时价值总数（元）	事件	日期	地点	证件
民营济渡船只		＄81380.—	轰炸、失踪	26—27	各渡口码头	
华商公共汽车公司	北京路156号二楼	＄88955.—	征用、炸毁	21/1/28	闸北	
华商公共汽车公司	北京路156号二楼	＄182397.—	征用、炸毁	26/8/13	闸北	
中华码头公司	四川路33号517室	＄1524992.—	日军进攻	26/10	浦东	

页数：1　户数：16　损失数：＄39746541126.—

［摘自：上海市档案馆编：《日本帝国主义侵略上海罪行史料汇编》（下编），上海人民出版社1997年版，第455页］

(16) 南市火灾调查 建筑物大半被焚毁

南市火灾调查 建筑物大半被焚毁,完整者仅二千余幢

南市自我军撤退后,大火旬日,既不关战事,而犹数数焚烧,致房屋多数被毁,摧毁商民财产,实不明用意所在。兹调查大概情形,计枫林桥东、南斜徐路、斜土路、局门路、西栅栏、高昌庙,至南车站路,折趋沪军营、陆家浜、大兴街、黄家阙路、小西门、小南门、董家渡天主堂以东、王家码头以东、大码头进城,至肇嘉路三牌楼四牌楼为界,可谓尽付一炬。其余除华商电车公司、自来水厂、求新厂等无丝毫损害外,董家渡天主堂亦保全。文化机关则民立中学与清心女中,亦无恙。地方法院之寄宿舍,及看守所中之大饭锅,现变为炊事总处。南市救火会则东南西救火会及董家渡天主堂火政会或被炸或被焚,已无完整者。文庙公园亦毁,但庙宇独能保持。是以地方法院以北,至陆家浜一段中间,仅丽园路被焚,此外尚无损失。陆家浜之利涉菜场,则被炸毁。中华职业学校及大同大学,为南市最高最善之学府,亦已全毁。中华铁工厂亦毁。近外滩区则赖义码头董家渡一带一段未毁,但两旁南会馆与万裕街王家码头已毁,大码头方面,在极边之外滩尚完好,其内则直至东门外咸瓜街一片焦土。又城内自三牌楼四牌楼而至肇嘉路太平街一带焚烧殆尽,西至穿心河桥石皮弄,东至县基桥以东彩衣街为止,亦均被焚,小桥头、虹桥、蓬莱路、凝河路,亦十九成灾。城内方面所完全者,东街、鱼行桥等处,及方板桥老西门和平路一带而已。唐家湾一带,并无一处遭灾,现在所居住房屋大约仅二千余幢,文化机关学校,除清心民立外,其余不论公私何止百处,均已全部毁灭。在斜桥丽园路一带,本为会馆丙舍之区,现亦多数被火势殃及。总计南市火灾详细情形,有待切查,但全城损失浩大,则不可数计也。

又南市区内,昨日午后一时起,又有六处房屋,被焚起火,一时黑烟冲天,状至猛烈,至起火地点,计有小东门、咸瓜街、大南门、林荫路、乔家路等地,其中尤以小东门方面为最剧烈,迄至傍晚止,仍未稍戢。

(《申报》1937 年 11 月 25 日)

[摘自:上海市档案馆编:《日本帝国主义侵略上海罪行史料汇编》(上编),上海人民出版社 1997 年版,第 244—245 页]

（17）南市建筑物焚毁详情续志

南市建筑物焚毁详情续志　西门至大南门多被毁，肇嘉路火线达二三里

南市方面大火，一片焦土，已纪前报。兹续志其他各处被焚毁情形如下：

老西门中华路被焚者，计黄家阙路口板木行转弯，西区救火会、文庙路文庙之两旁房屋，旧道前街市立动物院一部分被炸毁，文庙路警察所亦毁坏，民立女中亦毁，春晖里泰安里泰安街被焚，泰亨里亦有一部分被毁。西门内之老大房茶食店、丹凤楼菜馆一带，进而至关帝庙大全福菜馆一带，及翁家弄金家坊，则烧毁达一百余家，关帝庙完好，而穿心河桥左近两边之房屋，被焚者亦有数十间，红栏杆桥地段已全毁。

肇嘉路登云桥进内，则梭子弄一直至西仓桥街，房屋仅存十分之二三，肇嘉路之红桥头，北至三牌楼底，南至唐家开望云路，接连到蓬莱路与凝河路也是园方面，成一直线，半毁于火，半毁于炸弹，已无一完整房屋。其东由三牌楼虹桥口经福兴园菜馆、药行公会对面之一层楼茶馆，一直烧过县基桥至锦裕押当为止，向西则三牌楼虹桥两边，如第一楼茶馆、永和祥洋布店等，直至登云桥薜弄底口，计肇嘉路一带之火线，能直贯二三里路，横贯马路五六条。至四牌楼曲尺湾起，北至近难民区，并折东入大小东门之一条东街，折西入学院路，达光启路止，向东则彩衣街大富贵菜馆、福泰衣庄、曼笠桥鱼行桥一带，亦可衔接至东街方面，而旧市公安局原址之巡道街，从中华路入内大夫坊，侵至水仙宫附近，亦半成焦土。东唐家弄而达乔家浜永兴桥一带房屋，亦十去其六，沿东中华路者则在巡道街口起首，七零八落，达到小南门一带，其中仅有数段独存。乔家浜口之保卫团部亦毁去，附近聋哑学校等，则一部分破坏。至小南门口则城内方面尚未动，但对过大街上，则自贾合隆米店起首，两边房屋，越糖坊弄佛阁街一直经过马家万之南方书场、马德记嫁妆店、潮阳楼、严荣记嫁妆店、俞长顺嫁妆店、沈南昌嫁妆店、王源兴嫁妆店、黄源隆嫁妆店，直至姜衍泽药店为止焚毁不少。大南门方面，则民立中学焚去一半，后面一条江阴街烧完，直至高昌司庙止，交通部电报局被炸，后面糖坊弄全部房屋被焚，可与复善堂街、佛阁街衔接而达小南门。在城厢以外者，由小东门东门路福安公司起，在西一边计全部东门路福安公司、阜昌参号、永安袜厂、申成昌茶食店并各个洋货店，而至源康水果行转弯，里马路两廊之水果行区域，大达里之房屋全毁，并侵及宁绍栈（系炸毁），里马

路之衣庄区域全毁。东西恒兴里一带房屋，会馆巷两边之街房（系药材拆兑店区），咸瓜街北起，由东门路经铁锚巷三官堂巷，而达泉漳会馆之里外咸瓜街，两条马路之药参行区，一直烧过太平巷，东起外滩太平里东成里一带，西至中华路一带，朝南直到大码头街，已无一片净土，毁屋在千间以上，纵有钢骨水泥之屋，外表尚好，但又存外壳，内中已成焦炭。在老白渡一带，并郎家桥坝基一带房屋尚存，所毁者不过沿浦等处，被炸毁者尚可居住，过老白渡街后，房屋已少完整者。再至王家码头、万豫码头、万裕街，而达董家渡一带，惨状最烈，房屋全部倒坍，如行在该处，已难明道途之名称，及方向之东西，断壁残瓦，如荒丘一般，计王家码头竹行码头之里马路，与朝里之花衣街新街、王家码头街、万裕街、大吉里、永贞里、祥和里、硝皮巷一带，万豫酱园之两旁（万豫酱园未毁），至董家渡天主堂为止（该堂未毁，惟天主堂救火会被炸去一半），向外则竹行码头、王家码头至董家渡之里马路，暨外滩各街道，均毁。董家渡口一枝春茶馆亦毁，一石横台南货店，其石被焚如灰。过董家渡街后，在内面者未毁，外面者半毁于火，半毁于炸。直到米码头之米厂米栈为止，房屋三四千间之多，中间木行亦有数家被焚，而沿黄浦轮船码头栈房如太平码头等，无一完整。

（《申报》1937 年 12 月 6 日）

［摘自：上海市档案馆编：《日本帝国主义侵略上海罪行史料汇编》（上编），上海人民出版社 1997 年版，第 245—246 页］

（18）日方在苏州河凿船 三日内被毁二百五十艘

日方在苏州河凿船 西报调查详尽 三日内被毁二百五十艘 流离失所者一千五百人

自十一日本埠各报披露英文大美晚报记载，谓沿苏州河麦根路至昌平路一带，十日晨凄风苦雨中有舢板百余艘，被日军凿沉或被没收，致浮家泛宅者数百人，竟告游离失所，中外各方，对此辈遭遇之惨，莫不寄予深切之同情，讵日方海军发言人及同盟社次日突郑重否认其事，但昨日出版之英文大美晚报，除将十日晨实地调查时所摄得之照片八幅，制版刊布外，并揭发九日及十一日两日尚有同样事件发生，前后被凿沉之舢板，约有二百五十艘，而因此流离失所者，约有一千五百人。

凿船之事又有发生

英文大美晚报云，于日本海军发言人否认日军曾凿沉舢板之四十八小时后，昨日又闻有小型舢板八十艘被凿沉之事发生，据目击者称，有携带利斧与巨锤之日海军特别陆战队士兵，于昨日又至前此沉船地点，迫令舟子，将舢板凿沉，如舟子有不愿者，则日军拟将该项舢板拖至他处，今晨据一年已六十余岁之老妪含泪告记者，伊全赖一年仅十六岁之子操小贩为生，故无力租屋，现伊等惟一栖息之所，已被破坏，其将来生活，实不堪设想。

调查结果完全证实

据今晨（十二日）继续调查之结果，业已完全证实上星期六（十日）所发生凿船之举，确有其事，字林西报及泰晤士报记载，谓日军否认其事，并称本报披露是项消息为"颠倒是非"，可证上述两报，于该一事件发生后，并未派访员赴该处实地调查也，据目击者谈，除上星期六所凿沉之舢板百余艘外，上星期五，（九日）亦有舢板被凿沉，共计前后被毁约为二百五十艘，又闻尚有若干舢板，已被日方拖曳以去，另有若干艘则为船主拆作木料出售矣。

一部船户尚留河畔

麦根路一带苏州河畔，今晨见搭有芦棚数个，据戈登路捕房高级警官今晨语记者，一部流离失所之舟子，大抵即栖身该处芦棚内，现人数已日见减少，盖捕房方面，不能允彼等久居是处，该警官又称，如彼等不迅即自动迁移，捕房方面，将被迫采取静观其发展云，闻日海军特别陆战队之凿船行动，为搜寻若干恐怖分子，讵知已使华人约有一千五百名，于此大雨滂沱中，无家可归也。

西报对此有所评述

英文大美晚报，昨就日军发言人否认日军有凿沉舢板一事，发表评论云，日本发言人或将有一日，能向吾人解释，在苏州河凿沉舢板，致数百人惨遭流离失所之苦，对建设"新秩序"之过程中，将有何裨益，今吾人对"新秩序"之认识，委实过少，但深信日方之解释，亦断难令吾人满意也，在过去四年中，日本所有作为，殊不合理，今愈演愈烈，诚令吾人百思不得其解，如为仇视华人，则此举殆已达于顶点矣，然吾人所不能否认者，在道德立场上言，日人中之有识者，必认日方此举，系政治上之自杀政策，但所深惜者，此等头脑清晰之日人，仅属少数，而由于此辈之沉默寡言，遂使日本今日陷于困境，故日本能在国际间能重行抬头之日，必为此辈由少数成为多数，由沉默变为敢言之时也。

（《申报》1941 年 5 月 13 日）

（摘自：上海市档案馆编：《日本在华中经济掠夺史料》，上海书店出版社 2005 年版，第 296—297 页）

（三）口述资料

1. 赵八娣、陆企芳、赵士明、吴义成口述

采访时间：1987 年 10 月 15 日

采访地点：嘉定区城东村先农生产队、西村生产队

口述人：赵八娣　陆企芳　赵士明　吴义成

记录人：杨柳明　陈兴龙

一二八事变中，日军从浏河等沿海登陆，向嘉定城进犯，沿途烧杀抢掠，无恶不作。

1932 年 3 月 3 日黄昏，日军抵达嘉定城东门的先农村（戬浜乡城东村先农生产队），用硫磺弹烧毁民房 28 间和邻近的县政府农场棉籽仓库 8 间。村民汤贵全被枪杀，外村过路农民朱南庆被全身捆绑打了 7 枪丢入河中丧命。

3 月 4 日清晨，日军出动大队人马扑向先农南面的西村（城东村西村生产队）。从东、西、北三面将该村包围（村南为河道）。首先放火烧房，逼使村民逃到屋外，然后用小钢炮轰击，机枪扫射，进行屠杀。村民张阿敦的母亲、祖母，立刻倒在血泊中。赵士明的瞎子婶娘，倚在大门口，被日军一枪打死。张荣生父母双亲同时被枪杀，出生 28 天的张荣生趴在母亲身上大哭大叫。吴义成祖母吴阿芳被"达姆弹"击中大腿，伤口炸成碗口大的窟窿，惨叫 10 天死去。部分村民冒险跳入村南河中，逃到对岸，才幸免于难。全村除一间半小屋外，其余 50 间房屋全部被毁，12 人死于日军枪口之下（包括 3 名逃难的外村农民）。

之后，日军又窜到东面的沈家宅。村民闻讯逃散，房屋 15 间全部夷为灰烬。

二天内，日军在先农、西村、沈家三宅，共烧毁房屋 101 间，杀害无辜群众 14 人。

（原件存中共嘉定区委党史研究室）

2. 陈妹舍口述

采访时间：1999 年 10 月 9 日

采访地点：宝山区蕴川路五五〇三号

口述人：陈妹舍　女

记录人：樊　莺

承办人：樊　莺　马凤英

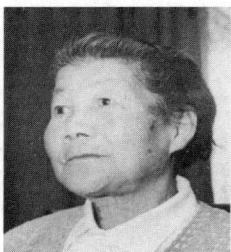

问：我们今天特地上门了解日军在宝山地区犯下暴行的具体情况。

答：日军在宝山暴行，我是亲身经历，当时虽然我只是个十几岁的孩子，但印象深刻，现在回想仍然很悲痛。

问：日军在宝山的暴行殃及你的全家，请详细陈述好吗？

答：1937 年，当时我 13 岁，全家有父、母、大哥、二哥，共 5 口人，另有一个姐姐，当时已出嫁。听说日军打过来了，我和父母、哥哥一起逃难，我记得当时田里的稻子长得很高，我妈妈让我多穿些衣服，在逃难过程中，家里人逃散，妈妈带着我和小哥哥阿勇逃到月狮周家角附近的稻田里，被日本军发现，我被他们用刺刀戳，我害怕前冲摔下去，刺刀戳进我背后，打开衣服很大口子，因我穿衣厚，刺刀将背后皮戳破。我吓得合扑地下一动也不动，听到我妈妈、我哥哥一个劲地拼命向日本军求饶，再以后就一点声音都没有了，过了一会，日本军围上来，有两个兵各抓我左右手，将我拖起来，我低着头，闭着眼，他们用皮鞋猛踢我，把我踢进田沟里，又过来拖起来拉了约几百米路到一条河边推甩入河，我一直闭着眼，心里又害怕又慌，没有吭声，日本军以为我已经死了，就走了。过了很长时间，我醒醒又晕睡，最后自己爬出河，爬进田地，是躲在田里避难的本村人周长子带我爬出稻里，跟上逃难的人群，这是逃难约有二（两）个月，我全家只剩我一人，我身上被日本军戳的伤口过了好几个月才慢慢恢复长好。

问：在逃难中你是否亲眼看见日军其他暴行？

答：我们的村庄叫曹家宅，我们一个村的村民周文英（阿文）比我大七八岁，当时二十岁左右，我们结伙逃难时，她被日本军捉住，用刺刀在喉吼口、右胸肋骨下各扎一刀，很深，流了许多血，像个"血人"一样。二（两）个月后我逃难回来找到了姐姐，姐姐和姐夫也刚逃难回来，我带他们去月狮周家角附近的稻田，我妈妈、我哥哥被戳死在不到二米的地方，一个在前，一个在后，尸骨开始腐烂，但他们穿的衣服还没有烂，辨认出来后，我姐姐、姐夫将尸骨收拾回家葬在（离）家中不远的地里。

问：你以后如何生活？

答：开始和姐姐、姐夫生活，他们也是穷人，日子过得很苦，过一年，我约14岁，去了东王庙严家宅村，我的丈夫严守吉（当时他16岁）家，我们从小订亲，我全家死剩我一人，他们接我去住了下来，我一直以种田为生，对日本军，我非常痛恨，他们的暴行使我全家遭殃，我在13岁失去了父母、哥哥，很小就吃了许多苦，这些苦难，我永远不会忘记。

（原件存中共宝山区委党史研究室）

3. 戴鹤鸣、戴思勤口述

采访时间：1999 年 9 月 22 日
采访地点：宝山区顾村镇电台南路 11 号
口述人：戴鹤鸣 男 戴思勤 男
记录人：樊 莺
承办人：樊 莺 马凤英

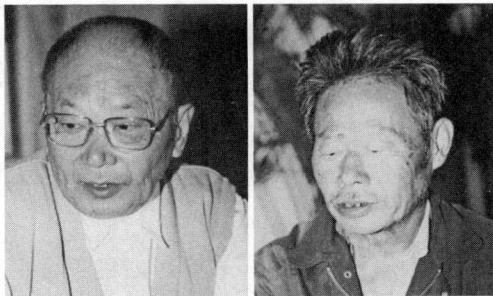

戴鹤鸣　　　　　　戴思勤

问：我们今天特上门向你们二位了解侵华日本军队曾经在宝山地区犯下的暴行情况。

答：我们愿意陈述我们所知道的情况。

问：请问你们的家庭原居何处？

答：我们俩是堂兄弟，祖上就生活在本乡本土，我们俩出生在刘乡区戴家庄。

问：当时你们多大？在做什么？

答：日本军侵入宝山的时候，我们年龄都在 11 至 14 岁，戴鹤鸣当时在学生意做泥水匠，戴思勤读小学。日本军（我们都称"东洋人"）打进来，烧杀我们中国老百姓，有的是我们亲身经历，有的是我们听见，我们虽然年纪不大，但是印象深刻。

问：你们都经历了何事，请具体陈述。

答：我们戴家庄，1937 年时有 16 户人家，全姓戴，没有一户外姓，相邻相互都是本家。"八一三"抗战爆发，我们村庄的西面潘泾，南面狄泾，中国军队与日本军队交战激烈。记得 1937 年农历秋天的那几天，中国军队进村挨家挨户通知大家赶快走，日本军来了，要打仗了，快走快走，我们跟随父母、兄弟姐妹各自逃命，戴鹤鸣随父母朝青浦方面逃，戴思勤随母亲、妹妹投奔上海静安的父亲，往梵皇渡路逃命。当时村庄里有些老长辈没有逃跑，有的是孤老，有的身体多病，有的因要看护家产房屋。我们外逃的人家都是一家一户或分成几拨逃出去，我们的亲妈（奶奶吴勤囡）跟着女儿（也就是我们的姨妈）逃难，我们的公公（爷爷戴岳定）身体不好，留在家中没有逃。在外逃难约有半年，到第二年我们随父母回到戴家庄，看到有的人家房子烧得仅剩框架，村庄里及村庄周围躺了许多烂掉的尸体，不是我们村里的老百姓，从衣服上看是中国军队。我们的奶奶（亲妈）这时已逃难回来，她见不到公公（爷爷）就满村到处找。其他陆续回家的村里人也到处找留守在家的老人。我们的父亲戴友成在寻找过程中，发现村庄中地上开了一条路，踏上去软软的，我父亲拨拉开先看到一节大拇指，我父亲看看有些像我公公，因为我公公是抽旱烟的，他的手上拇指留长指甲，被烟熏得黄黄的，我父亲赶紧去叫我奶奶，等奶奶赶到，不顾一切将新开的路掘开，发现腐烂的尸体，已经不成形状，但衣服辨认看及牙齿辨认，确定这具尸体是我爷爷戴岳定，当时家里就哭得一团，看看掘出的地下还有尸体堆在一起，有的已烂，有的还成形，村里的人将这些尸体全部挖出后，有3具比较完整，其余都腐烂，最后靠衣服辨认出4具女性，2具男性，全部是我们戴家村留守的老人，他们身上无刀伤枪杀的痕迹，也没有四肢被缚的痕迹，是被日本鬼子活埋于同一个坑里的。挖掘这些尸体我们亲眼所见，这些尸体没有办法下葬，有的收在甏里，有的卷在席子里，被各自的亲人领回去埋了。我公公戴岳定被活埋时年龄60岁。

问：你是否还经历过或看见其他的暴行？

答：我们戴家庄有个本家，戴昕，1937年他25岁，十一月中旬他拿了行李铺盖回家，途经刘行镇东北塘家浜时，遭遇到日本鬼子，当时手持长军刀的日本军挥动长刀，对他的全身上下又削又刺，共13刀，削掉戴昕一只左耳，削裂一只右耳，削去三只手指，削掉下巴一大块肉及手背上一大块肉，刺中戴昕的肩膀、肚皮、后腰部、脚背，戴昕浑身上下都是伤，全身如"血人"一般，但还是有口气，是他的姐夫（住塘家浜南老安科）将他接回家中，请医生治疗，伤势好转后，戴昕成了个"十样镜"人。他是我伲戴家庄人，是我们的长一辈，我们亲眼看见他因被日本鬼子残害后留下的丑陋面容和残疾的身体。他从未成家，一个人孤单地生活了许多年，约70岁生病而死，我伲村庄的人称呼他为"昕公公"。

（原件存中共宝山区委党史研究室）

4. 顾永福、张家英口述

采访时间：1999 年 10 月 10 日
采访地点：宝山区罗泾镇陈行街 125 号
口述人：顾永福　男　张家英　男
记录人：樊　莺
承办人：樊　莺　马凤英

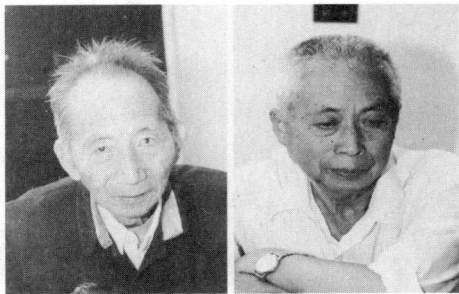

顾永福　　　　　张家英

问：我们今天特地上门了解侵华日军在宝山地区犯暴行的具体情况。

答：我们愿意陈述。

问：请问你们是否经历此事？原处何处？

答：我，顾永福，祖籍世居在此，原称罗泾镇（乡）汪家桥。我，张家英，世居在罗泾镇乡大徐家宅，我俩为侵华日军在我们罗泾汪家桥前面的石家宅杀害我们村民 30 多名的罪行作证。

问：请具体陈述当时的过程好吗？

答：我，张家英，1937 年时虚龄 13 岁，读徐村小学五年级，日本军打进来，学校已不能正常读书，在家，父母都是农民。记得有天凌晨二三点钟，突然听到大炮响，我拉起我大妹阿宝跟着村里人外出逃难，往嘉定曹王方向跑，以后陆续和我的父母、弟妹、祖父会合，当时听我祖父张洪岐、叔公张洪林说，我们大徐家宅被日本军搜查绑走 30 多人往汪家桥石家宅东面大坟边去了，这些人都被杀害了，大部分是我们村的村民，小部分是外村来的人。

问：如何知道大徐家宅村民遇难地点被害情况？

答：我，顾永福，一九三七年农历八月，知道日本军打进来，我担着担子，一边坐着 6 岁女儿，一边装着米，领着老婆朝嘉定曹王方向逃难，约摸二（两）个月左右，情况稍有好转，我领家人又回到我汪家桥，我是村里最早回来的，听说我村前面的石家宅东面大坟边日本军害死了许多中国本地人，开始我害怕不敢去看，后来约了村里的人一块过去看，我看见石家宅东面大坟边挖有一个很大的坑，坑里倒了几十具已经被烧焦不成形的尸体，有的只剩焦黑的头颅，有的只剩一段手臂，有的只剩几根骨头，仔细辨认可以看出有的尸体烧剩的手上有绑着的绳索，一打听，才知道是日本军将我们村北面约一里路的大徐家宅绑来了30多人，烧死在这里，这些烧死的村民有两名是我们村的，我记得他们都只有20多岁。后来我们村的村民将这些烧焦的尸体收捡到油篓里，葬在了罗泾乡老庙小顾家宅门前的"汉人滩"。

（原件存中共宝山区委党史研究室）

5. 徐广森口述

采访时间：2005 年 11 月 28 日

采访地点：松江区人乐一村 3 幢 9 号 306 室

口述人：徐广森　男

记录人：梁兴祖

我叫徐广森，现住人乐小区一村 3 幢 306 室。

1937 年我 7 岁，全家住在松江城。九十月份的一天，当时的县政府下令所有人不许出门，说是要试炮。在日军飞机、大炮的狂轰滥炸下，政府军抵抗了 3 天后，松江城失守。当时我们全家往城西逃到杨家村，一路上到处尸横遍野。在一座庙里，我亲眼看见逃难而来的 10 多个老百姓惨遭日军杀害。其中有杨家村邻居赵家嫂嫂（当是约 25 岁）被枪弹打中腹部，致使肠子外露，最后惨痛而死。受惊吓后我们几天吃不下饭。当时为谋生必须出门，所以常常遭受日本兵及汉奸们拳脚相加的暴行。老百姓出行要向日军出示"良民证"，如果有人拿不出即遭迫害，轻则被打，重则被五花大绑喂狼狗。那时秀春塘铁路桥下有一水路关卡，从松江走水路去塔汇是必经之地，一个船老大因听不懂日军在诬指他是"支那"兵的话，被绑在树上，当场被日军狼狗咬死，那场面惨不忍睹，见者无不落泪。当年我看到的这些惨景，至今还历历在目。

（原件存中共宝山区委党史研究室）

6. 陈福娣口述

采访时间：1999 年 10 月 9 日
采访地点：宝山区蕰川路五五○三号
口述人：陈福娣　女
记录人：马凤英
承办人：樊　莺　马凤英

问：我们今天上门来核实了解侵华日军在宝山盛桥犯下暴行的情况。

答：好的。

问：你反映"八一三"日军暴行在何时何处？

答：我反映"八一三"侵华日军在宝山盛桥暴行主要是在 1937 年农历七月十八日到八月二十二日，侵华日军在宝山盛桥月狮金家宅的暴行，杀害我外祖父、外祖母，刺伤我的肉体，使我手残废，脚留下四公分的伤疤。

问：你当时几岁？你当时的家庭情况。

答：1937 年"八一三"期间，我 10 周岁，与父、母、妹妹、弟弟共五人住宝山区盛桥镇沈家桥村陈家宅，父、母种田为主，我帮助父母做家务领弟、妹。于 1937 年农历七月十五日，我一人到月狮金家宅外祖父家白相，本来讲好七月十七日晚父、母来外祖父家，所以我没有回家。不料，1937 年农历七月十八日，日军来了，父母和弟妹在七月十七日都逃难去了，我也回不成家了，就住在外祖父家里。

问：请你详细叙述一下日军在金家宅的暴行情况。

答：1937 年农历七月十八日，日军从黄窑湾上岸，我此时在月狮金家宅外祖父家白相，于是由外祖父母带领我东躲西藏。七月底，外祖父母被日军枪杀了。大约八月十五日的下午一点，日军闯进金家宅，我正躲在金家宅东 200 米左右的棉花田里，因不懂事，站起来张望，正巧被日军发现，当时只有我一个人，日军就冲了过来，向我一刀横砍过来，我用左肩一挡，向上削去半只肩胛，骨头和筋都被削断，只留下一层皮连着，痛得我晕倒在地。等我醒来已是晚上，我浑身是血，半只肩胛被皮连着，我用右手捂住左肩，摸黑回家，烧了点饭吃就躺在床上睡觉了。在八月二十二日，日军又来了，到处烧房子，中午一时左右，我与二（两）个不认识的女孩，坐在一起聊天，被日军发现，日军就把我和二（两）个女孩一起往一间正在火烧的房子里边赶边打进去，想把我们烧死，因为我人小，身上还有刀伤，走的（得）慢，日军等不及了，还没等我进屋，就在我左脚小腿肚子上刺挑了一刀，刀口约4公分长，我痛得晕了过去，等我醒来，房子被烧光了，日军走了，二（两）个女孩被烧死了。以后，我就一个人东躲西藏地躲过了这场灾难。

问："八一三"事变后，你的生活情况如何？

答："八一三"事变后，我的父母、弟弟、妹妹四人逃难回家乡。于是，我父母从金家宅把我领回陈家宅自己家里，当时，左肩胛溃烂的红肿红肿，到十一月中旬伤口才结疤，半只肩胛被日军夺去，留下终身残废，一碰到天冷下雨和阴天就酸痛的（得）厉害。

回到陈家宅，看到的是房屋全被烧光，全宅烧成一片焦土，父母用烧剩的木头等搭了一个简易房暂住度日。从稻田里拾稻穗头充饥过日子，到19岁嫁到拾图角，与金文明结为夫妻，以种田为生，直到现在农民退休。

（原件存中共宝山区委党史研究室）

7. 潘厚忠口述

采访时间：1999 年 9 月 21 日
采访地点：宝山区月罗路 200 号
口述人：潘厚忠　男
记录人：樊　莺
承办人：樊　莺　马凤英

问：我们今天特向你核实日军在宝山地区暴行的情况。

答：好的。

问：1937 年"八一三"前后的情况，你是否知道？

答：我是本地人，父母及祖上都生活在月浦，我家是农民。三七年，我九岁，在谭家庙小学读一年级。日本军打过来我是知道的。

问：具体叙述一下当时你所知道的事情及经过好吗？

答：我家当时住在陆家浜东面一点叫潘家宅，是个不大的自然村宅，当时我家中有公公（祖父）、父母、姐、妹、弟等九人。我记得一九三七年农历七月（那时天还较热）一个晚上，我正在睡觉被父母叫醒，说"日本人要来了，赶快逃"。我家里除公公（潘圣功）年纪大不方便留在家中外，都一同外出逃难，当时人小，但身上背了一条席子，记得随父母逃到杨行周寺观音堂，后到嘉定纪王庙，前后二（两）个月，再回老家潘家宅。这期间，我父母将我的一个妹妹送给别人，逃难无法养活她。我亲眼看见日本飞机炸死我 14 岁的姐姐和 2 岁的妹妹，当时姐姐抱着妹妹，站在彭家角（现在是嘉定境内）一农民家中，我妈妈弄些米想烧些饭给家人吃，因烟囱冒烟，成为日本飞机丢炸弹的目标，一个炸弹丢下，打中我姐姐的肚子，肚肠炸出来，妹妹的一只脚炸掉，我姐姐当时浑身是血，开始还叫"爸、妈妈救救"，一会儿，不过二（两）个小时，就死去了，妹妹过二年后也死去了。我妈妈逃难回家一个月先染上瘆露痧（霍乱）死去。

问：逃难回来如何？

答：我记得那年逃回来，天气开始转冷，地上的稻熟了，回家一看，房子给日本军烧掉了，公公潘圣功给日本军杀了，只剩一副骨头，日本军将我们的村庄都圈了进去要建机场，我父母只好领着我们去了蒋家宅暂时住了一段时间。

问：日本军建造的是什么机场？请具体陈述。

答：我们村庄是日本军建造的王浜机场的一部分，原是陆家浜的东面，这个机场停的是日本的战斗机，飞机跑道很宽很长，从陆家浜朝东至长江边，朝北至杨家桥，以后飞机跑道又延长，机场里有飞机库，库顶的颜色是草绿色的，还有泥土垒的藏飞机的掩体。我记得自己约在十三四岁时，人长得高些了，为了生活，在王浜机场做苦力，或者挖壕沟，掘烂泥，做一天换三斤面粉，陆续做了一年。以后我听父亲潘春文说起过，日本军建王浜机场，前后二次构圈了4000多亩土地，20多个宅村。

问：你以后如何生活？

答：我家被圈建王浜机场后，我16岁外出浦东撑船、捉鱼五年，解放后回到月浦，直到土改分到土地，分到房子一直种田置（至）九三年被宝钢征地安置为退休养老，现居住在月浦。

问：请问王浜机场现在还是否存在？

答：日军建造王浜机场使用约四至五年，后国民党政府用作军用物资仓库，解放后（1949年）曾作过仓库、滑翔学校训练基地、"雷锋学校"，再后来并入宝钢厂区。

（原件存中共宝山区委党史研究室）

8. 王大江口述

采访时间：2006 年 3 月 17 日
采访地点：闵行区江桥华江一队郭家宅
口述人：王大江　男
记录人：曹伟华　吴　颖

　　1937 年 9 月，我们一家七口逃难至青浦凤溪，后听说日本人走了，就准备回家，途经华漕陈思桥"三丫叉"塘时被日军发现，我和父亲王铜库、爷爷被日军捉住并用麻绳捆住双手，一起被抓的还有其他数人。我和爷爷因年龄关系（一老一小）被放回，但其他人未放回。三四天后，我见家人不回，便返回"三丫叉"塘，只见池塘水一片血红，尸体满塘，经过辨认，在尸体中找到了被害的父亲王铜库及当日被抓的其他数人。

（原件存中共闵行区委党史研究室）

9. 徐彩妹口述

采访时间：1999 年 9 月 21 日
采访地点：宝山区月罗路 200 号
口述人：徐彩妹　女
记录人：马凤英
承办人：樊　莺　马凤英

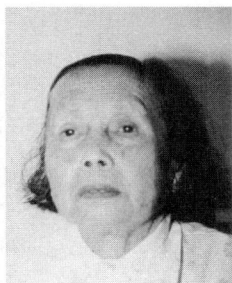

问：我们今天来向你了解一下日寇在月浦暴行的具体情况。
答：好的。

问：1937 年"八一三"事变时你在何处？
答：当时我 15 岁，家住月浦大徐宅，家庭中有父、母、一个姐姐、二（两）个妹妹共 6 口人，还有祖父母、伯伯、伯父、二（两）个表弟、一个表妹、一个叔叔及叔叔的儿子、女儿等共 18 口人组成一个大家庭。

问：你反映日寇暴行在哪一段时期？哪一个地方？
答：反映日寇暴行是在 1937 年农历八月十五日至九月初六，全家 18 口人被枪杀 16 口人，枪杀地点在月浦大徐宅大沟头。全宅的房屋都被日军烧光。

问：请你叙述一下日寇在大徐宅的暴行。
答：从 1937 年农历八月初十开始，我娘告知我：日本人打来了，囡大了，要躲躲开，所以每天吃好早饭我就与姐姐、隔壁二位 15 岁的姑娘一起躲在家中柴间里。在 1937 年农历八月十五日，吃好早饭，我们四人仍然躲在家里柴间里，约十点多，听见父亲、祖父、三个叔叔被日本鬼子从家里拖出去的喊叫声，声音一直朝东北方向大沟头处去，离住房 30 公尺距离。到夜里，宅里人集中起来，女的都在，逃走的三个男的也回来了，大家聚在一起后才知道，这天日本兵闯进大徐宅，抓了男人都推倒在宅沟里，用机枪扫射集体枪杀，未逃走的男人都被杀害，我的父亲、祖父、三个叔叔五口人被杀害，还有宅里邻居徐连庆、徐云生父子俩、徐庆其母子俩、徐毛弟等都被枪杀。（名单另附）八月十六日，三个男的带领宅里女的逃到顾村二步桥，于九月初四回到大徐宅。九月初六早上，我与姐姐、隔壁二位 15 岁的姑娘仍然躲在家中柴间里，到中午看看无动静，吃好中饭又躲进柴间里。到夜里，我与姐姐和二位姑娘出来，各自寻找家人，在大沟头发现母亲、二（两）个婶娘、二（两）个妹妹、二（两）个叔伯姐妹、一个叔伯兄弟等 11 人都被枪杀在大沟头。后由阿方堂叔叫了宅上人，把全家 16 口人的尸骨放在瓦罐里，埋葬在小吴家宅东南角坟柏芦里。（枪杀亲人名单另附）

问："八一三"事变后你的生活情况？

答：我和姐姐由徐阿方堂叔领养。帮堂叔种田、织布，我姐姐 29 岁嫁出去，我到 39 岁嫁给周福云。住在月浦先锋一村，于 1979 年，宝钢征田，动迁到月浦镇马泾桥居委四村。

（原件存中共宝山区委党史研究室）

10. 叶林根口述

采访时间：1999 年 9 月 15 日

采访地点：宝山区杨行镇东街村老年活动中心

口述人：叶林根　男

记录人：樊　莺

承办人：樊　莺　马凤英

问：我们今天特上门了解侵华日军在上海宝山杨行犯下暴行的情况。

答：是我亲身经历，过去了几十年，都不会忘记。

问：请你将日军入侵及有关暴行叙述一下。

答：可以。

问：你的经历发生于哪一年？

答：一九三七年农历（阴历）八月廿四日上午，约 9 点 30 分后，我、父亲、二（两）个弟弟、一个哥哥及逃难的人正在杨行石家堰（现在的杨行北宗村）磨小麦粉时，日军突然闯进村子，先将村庄里的猪、羊赶出来，统统打死，再挨家挨户撬搁楼板，将躲在里面的人统统赶到场地上，划出二（两）个圈子，将女人赶进一个圈子，男人赶进另一个圈子分列成二排，男人一排，女人一排，面对面站立，叫所有的女人脱光衣服，谁有不从，日军将长枪刺刀将谁的衣服划开，将男人中身强力壮的十几个人向（像）甩背包似的摔打到地上，这时大家都吓坏了，一声不响，日军将男人往 100 公尺外的堰上赶去，日本军分列二边，手中长枪上刺刀，当人走过的时候对准人心胸口猛戳，戳进去，拔出来，再戳进，拔出，这些男人看到这情形，纷纷往两边的水沟里跳，这时日本军也散开，转身朝水池沟里逃难的人开枪，我、哥哥、父亲三人也随人群朝水中跳去，希望能逃命。我跳入水中碰巧摸抓到一个木棍，这时，日本军开枪的声音听不到，只听到子弹射入水中"嘶嘶"的声音，我靠木棍游了一段，感觉一只脚踩到水底，一个手摸到水杨树树枝，这时我用另一只脚勾住水杨树，一动不动，头、脸全部埋在水里，鼻子稍稍露出水面，正巧鼻子上面有菱苔（菱叶）遮盖，可以呼吸，水池沟四周都有日本军，开始围绕水池沟边来回检查，看是否还有活着的人，发现村民姚海林女婿受伤后没有死在水中挣扎，上去又开一枪，将他打死，又发现村民江士中（还是个孩子）躲藏在不远的堰边上，也将他打死，我哥哥叶宝根（当时 18 岁）、我父亲叶凤祥（当时 40 岁）都在这次日军暴行中被枪杀在石家堰的水池塘中。这次被日军集体戳杀、枪杀死的老百姓有 100 人左右。

问：这个过程有多长时间？

答：日本军将男人枪杀、戳杀后，回到村子里将鸡、鸭抓住缚牢挑在刺刀上。我乘日本军离开水池塘的功夫爬出水面，我的衣服全部被血水染红。躲进柴垛堆里，通过缝隙看得到日本军的一举一动，看见他们离开村庄后，我从柴堆中走出，回到村子里告诉那些女人，男人都被日本人打死了，大家一同赶到堰边，这时被打死的人全部沉入水中，到第二天死尸才冒了出来。死在水池中的人密密麻麻，人都脸朝下，我曾想把父亲和哥哥的尸首打捞起来，但水中人挤人没有办法打捞，只好算了。

问：日本军在石家堰的暴行是否就此结束？

答：没有，当天晚上约八点，村子里又来了二（两）个日本军，将 12 岁的女孩叶阿南拖走，小女孩被拖走时，大叫"妈妈呀，妈妈呀"，大家都听见她的叫声，谁都不敢走出房间，叶阿南被拖走再也没有回家。

问：以后你是如何离开此地？你是否还看到其他暴行？

答：第二天，我带着二（两）个弟弟逃离石家堰，至金家宅住了一夜，想想父亲留下一些衣物，我在早上八点左右返还石家堰，一进村子，看见村子场地上、房间灶房、客堂里，到处是躺着的女人，都已经死了，她们身上都是血，有的血迹还没有干，我取了衣物、盐就赶紧离开，不知这么多女人的尸体以后是谁来安葬的。现在想来，我可能是石家堰屠杀唯一活着的。

问：以后的情况如何？

答：我父亲、哥哥死在日本军的枪下，我当时无法收尸，后来我为尽孝心，只好扎了草人代替死人，买了二口棺材葬在自家地里（现在杨行中学地址）。

问：再请问你是如何知道是日本军闯进石家堰杀人的？

答：日本军戴着有帽檐的军帽，身上的衣服前胸印有日本字，后背印有鹤的图案，中腰系宽皮带，下面穿黄军裤，黄皮鞋，满口哇哇日本话。

问：当时的老百姓都是石家堰的当地人吗？

答：当时我家住杨行镇，1937 年日军入侵我全家开始逃难，至杨行镇西北石家堰，打算通过潘泾河上的积福桥逃往沪太路西就安全了。国民党军队重兵把守准备抗击日军，封锁了桥上通道，老百姓往东有日本军队打过来，往西国民党军队严密把握不准过一个人，往南、往北的区域都已经被日本军占领。逃难的老百姓夹在中日军队中段，所以当时石家堰汇集了四面八方的逃难老百姓，我知道，除了杨行当地人外，还有罗□人，盛桥人，估计有二三百人（男女老少）。

问：八一三以后你是如何生活？

答：我逃出来后带了两个弟弟在金家宅生活了一个月，又回到了老家杨行镇，老家被日本人烧光了。我兄弟三人，我 16 岁，做短工维持生计，大兄弟叶庆明 13 岁，作打铁匠，小兄弟叶阿四 10 岁也外出学生艺，解放后我以农为主，杀羊副业，后来农民办理退休，现住杨行镇东街村罗宅，是土生土长的本地人。

（原件存中共宝山区委党史研究室）

11. 计爱宝口述

采访时间：2005 年 11 月 4 日

采访地点：松江区永丰街道薛家居委会

口述人：计爱宝　女

询问人：蒋丽琳

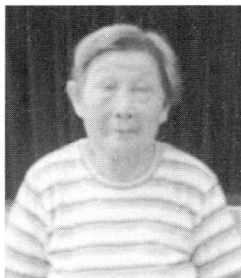

我叫计爱宝，1937 年我 14 岁，父母在泗泾张泾桥头以开茶馆为生。我家 3 人与本家亲属 7 人合住一幢楼房。

那年阴历 10 月 13 日，有 20 多名日本兵从松江城到泗泾，下榻在泗泾西渡桥木行内的维持会长家，维持会长为保泗泾平安设宴招待日本兵，饭后日军在回松途中遭遇中国军队，双方交火打了起来，其中有一个日本兵被打死。泗泾民众闻讯后怕日本兵来报复纷纷逃走，三天之后情况还算稳定，维持会长贴出安民告示，希望民众回家照常开市。此时日军已在西渡桥出口处设岗伏兵。上午 8 点我在吃饭，发现西南角上空飞来日机，狂轰滥炸泗泾镇，街市上许多准备早市的居民和农民，都被日机投下的炸弹炸死，顷刻镇区内血流成河。我与父母分散逃命，不料脚被日军子弹打中，只得慢慢向三欢庙朝东河滩边草棚爬去。等我爬到那边，发现草棚里已有 10 多个人躲在里面，我只得躲在西面的门旁，脚还在不停地流血。一会一群日本兵过来，老百姓向他们求饶，但是越是求饶，日本兵越疯狂，草棚里的 10 多人全被刺死了。等没声音了，我刚想出来，见又来了一批日本兵，发觉他们要烧草棚时，我害怕地哭了起来，一个日本兵把我拉出来要刺杀我，另一个日本兵看我人小让我走，我带着伤腿，侥幸逃过一劫。刚爬到河滩，身后的房子就被烧起来了。此时对面走来 3 个年轻人，日本兵招手让他们过去，他们害怕不敢过去，日本兵举枪就把他们打死了。这些都是我亲眼目睹的。回家后，我发现家中房屋及茶馆已全部被炸毁，同屋住的 7 人中 1 死 2 伤，同族一小孩中弹身亡，我带着枪伤和奶奶逃到乡下生活。

（原件存中共松江区委党史研究室）

12. 季根法口述

采访时间：2007 年 11 月 7 日
采访地点：金山区石化滨海二村居民委员会
口述人：季根法　男
记录人：黄　晓　徐碧玉

问：老伯，今天是 2007 年 11 月 7 日，我们是金山区第二公证处的公证人员。今天我们到滨海二村居委会，请你来，主要是对日本人侵华在金山区的暴行，作为幸存者，将你当时亲身经历或亲眼所见的情形，作一证人证言公证，是一项抢救性工作。

请问你的姓名？今年几岁？

答：我叫季根法，男，今年 83 岁虚岁。

问：请问你的祖籍，老宅在哪里？

答：在朱家宅基，靠西南村（南门朱陆村）。

问：日本人侵华那年，你有几岁？

答：我那年 13 岁。

问：那时家庭成员有几个？

答：祖父、母亲、本人只有 13 岁。

1937 年十月初三，日本人上岸，我与婶妈一起逃难在太平桥北面、沈家埭，睡在西门一户草棚中，过一晚后，初四下午回到家，看到我母亲被日本兵打死，身上中了好几颗子弹。仅有三间草棚被烧光。我祖父死在北宅基河边。是怎样死的都不知道。就我一个人，连收尸都没有办法。我母亲去世时只有 35 岁。我祖父是 63 岁。家中二人被打死，房屋被烧光，只剩下我一人。

问：那时你父亲在哪里？

答：我父亲在金卫桥那里替人做工。

问：你母亲和祖父姓名？

答：我母亲叫谢仁宝；祖父叫季乐山。

问：那你后来的日子如何度过？

答：我就住在隔壁邻居家，那家原来有的人，都被日本人打死在外乡，只剩下空屋。

问：上述情形是你亲身经历或亲眼所见？

答：是我自己经历和亲眼所见。

问：其他有何补充？

答：没有。

（原件存中共金山区委党史研究室）

13. 吴瑞生口述

采访时间：2007 年 11 月 6 日
采访地点：金山区漕泾镇增丰村民委员会
口述人：吴瑞生　男
记录人：黄　晓　徐碧玉

问：老伯，今天是 2007 年 11 月 6 日，我们是金山区第二公证处的公证人员。今天我们特意上门来，就侵华日军在金山区暴行幸存者作证人证言的抢救性工作。

请问你名字？今年几岁？

答：我叫吴瑞生，今年 88 岁。（虚岁）

问：请问你祖籍老宅在哪里？

答：我的祖籍老宅在杨家桥，也属增丰。

问：那年日本军入侵时，你当时有几岁？

答：我当时十八岁虚年龄。

问：那时你家里有几个人？

答：父、母、三个阿姐、一个兄弟、二（两）个妹子、本人。

问：是否有房屋？

答：三间五架樑草屋，三间小屋（草棚）。

问：请你将当时经历或看到的情况陈述一下。

答：我的宅基上，那年（天）（1937 年农历十月初三）早上，我的大妈被杀死，爷叔被打了一枪，未死，连公公和二（两）个小孩被当场打死。我还看到邻居杨宝根被子弹打中手臂，由于没有钱看，房子又被烧掉，没有办法最后自己吊死了。其老婆被日本军调戏后，无路可走，最后投河自杀了。

问：这些是你亲眼看到？

答：是的。

问：那你家里的房屋、财产是否受到损害？

答：全部被烧光。

问：家里人员是否有损伤？

答：我们家里人员都没有损伤。

问：其他有何补充？

答：没有。

（原件存中共金山区委党史研究室）

14. 叶才均口述

采访时间：2007 年 11 月 13 日
采访地点：金山区朱行镇胥浦村林桥 12 组
口述人：叶才均　男
记录人：黄　晓　徐碧玉

问：老伯，今天是 2007 年 11 月 13 日，我们是金山区第二公证处的公证人员。今天我们上门来，主要就当年日本军队入侵中国，在我们金山地区实施的暴行，作为幸存者，对你所经历的或亲眼所见的这段历史进行叙述，我们对此作证人证言的证据保全公证。

请问你的姓名？今年几岁？

答：我叫叶才均，男，今年 85 虚岁。

问：你的老宅在哪里？

答：老宅在东面靠河边，属林家桥。

问：日本军队入侵时，当时你几岁？

答：我当时 15 虚岁。

问：那时你家里有几人？

答：父、母、二（两）个兄弟、本人、一个阿姐。

问：那时房屋有几间？

答：前埭二间瓦屋，一间草屋。后埭三间瓦屋属二家人家，一间本属阿叔家的。

问：请你将当时经历的历史再叙述一下。

答：那时 1937 年农历十月初三，我正好十五岁。我看见日本人来了，就逃难至二队里。当时我与叶保仁、虞二观一起逃难。后来我们三人一并排走在路上，突然感到脚上有东西飞过，停下一看，自己左脚小腿上被子弹穿过，血正在往外流。同行的虞二观的左脚也被打中，流血不止，脸色发白。我自己被父亲背回东宅基，虞二观由其阿哥背回家中，没过几天就去世了。

问：当时虞二观有几岁？

答：虞二观有 19 岁。

问：你腿上是否留有伤痕？

答：现在已经不清楚了。

问：除你自己的腿受伤外，你家里其他人是否受损伤？

答：其他人由于逃难在外，没有受损伤。

问：房屋是否受损？

答：自己家中后埭房屋被烧。

问：你是否还看到其他邻居家受损情况？

答：我还看到日本人打进来第一天，在林家桥张阿二、张阿培弟兄俩房屋三间大屋、三间小屋被日本人放火烧尽，成一堆灰。

问：其他有何补充？

答：我家中的农具被日本兵拿走，牛、羊被日本兵吃了。

问：上述情况是否你亲眼所见？

答：是的。

（原件存中共金山区委党史研究室）

15. 俞福龙口述

采访时间：2005 年 11 月 19 日
采访地点：松江区佘山镇辰山村 325 号
口述人：俞福龙　男
记录人：吴甫兴

 我叫俞福龙，现住佘山镇辰山村，退休在家。

日军入侵松江那年，我曾亲眼目睹强盗们在佘山一带枪杀无辜老百姓的悲惨情景。

1937 年农历十月七日上午，从广富林传来"东洋人来了、东洋人来了"的呼喊声，于是我跟父母钻进在自己竹园里先前挖好的地洞内躲藏，从地洞的缝隙中只看见人群纷纷向北逃离，一群日本兵架起机枪疯狂扫射，在我家宅基地上就打死了 7 个人，本村张国泉一家 6 个人全部被日本兵机枪打死，我嫂子也死于日本兵枪口下，我和父母幸存，这是我亲眼目睹的悲惨情景。

（原件存中共松江区委党史研究室）

16. 张小美口述

采访时间：2007 年 11 月 6 日

采访地点：金山区漕泾镇金光村 2015 号

口述人：张小美　女

记录人：黄　晓　徐碧玉

问：阿婆，今天是 2007 年 11 月 6 日，我们是金山区第二公证处的公证人员。今天我们上门来，主要就当年侵华日军在金山区漕泾地区实施暴行，你作为幸存者，对你的经历或亲眼所见作一证人证言公证，是一项抢救性工作。请问你叫什么名字？今年几岁？

答：我叫张小美，今年 86 岁（虚岁）。

问：你的原籍、老宅在哪里？

答：我的老宅在这里，只是在西面一点，是金光的。

问：那年日军入侵时，你有几岁？

答：那年日军入侵时，我有 16 岁（虚岁）。

问：那时你的家庭人员情况？

答：父、母、二（两）个哥哥、一个兄弟和本人。

问：家里的房屋有几间？

答：五间屋（草屋）和老伯伯合用中堂，我们只有二间半屋。二间牛棚也合用，各一间。

问：请你把当年的经历或亲眼所见陈述一下。

答：1937 年农历十月初三日本军人入侵时，第一天由于邻居告诉，我们就去逃难。三天后，由于我母亲身体不好，没有逃难。回到家中，我们看见家中被日本军队掠夺过，我的母亲被日本军队打得全身是伤，卧在床上。由于我的哥哥参加了游击队随队出去了。我与我父亲后被日本人抓住，我亲眼所见我父亲被日本人活活打死，后用棉絮包着放在屋外墙角边。后来日本人要我去看我父亲是否醒来。我看见我父亲双眼睁着，脸色已变绿。我与我父亲是被日本人抓去水牢中，五天五夜没有进水，没有进食。我父亲被日本兵打死。我自己被日本兵用刺刀柄，打在头上，后脑盖上有凹陷。同时还受尽酷刑，用水壶水满头浇，用"水漫金山"的刑法对我进行拷打。我受尽摧残。后来由于没有找到枪支，通过托人花去一笔钱后，才把我放出来了。

问：那你母亲如何？

答：我母亲由于受到日本人的打伤，一直卧床不起，一年后也去世了。

问：那你后来如何？

答：我被放出来后，将我的父亲尸体收回。共花去壹仟元新法币。

问：其他家庭成员是否受到伤害？

答：没有。

问：那家里的房子是否损坏？

答：屋子没有损坏，屋内东西全部被损。

问：其他有何补充？

答：没有。

问：上述是你亲眼所见？

答：是的。

（原件存中共金山区委党史研究室）

17. 朱祥根口述

采访时间：2007 年 11 月 13 日

采访地点：金山区朱行镇保卫村团结 4 组

口述人：朱祥根　男

记录人：黄　晓　徐碧玉

问：老伯，今天是 2007 年 11 月 13 日，我们是金山区第二公证处的公证人员。今天我们上门来，主要就当年日本兵入侵中国，在我们金山地区实施的暴行，你作为幸存者，将你当年所经历、亲眼所见的历史作一陈述，作证人证言的证据保全公证。

请问你的姓名？今年几岁？

答：我叫朱祥根，男，今年 86 虚岁。

问：日本人入侵时，你有几岁？

答：我正好 16 岁，日本人来已经有 70 年了。

问：你的老宅在哪里？

答：我的老宅在现宅南面一点。

问：当时你的家中有几人？

答：我们夫妻俩还有父亲、祖父。

问：家中有几间房屋？

答：二间瓦屋，五间草屋。

问：请你将你经历的历史再叙述一下。

答：日本人在农历十月初三上岸。我岳母因我身体不好，来探望我，这天想回家中，到张堰遇到日本人，不能行走，故又回到我的宅基上，但没有回到我家中，因为其女儿刚过门，感到不好意思，所以没有在我家过夜，至初五准备回家，在七八点钟，我岳母手提竹篮准备回家，就在我家宅基门前小木桥西横头，被东面大路经过的日本兵看到，用枪瞄准一枪打在头部，一枪头过门。当场死亡。我当亲眼看见我岳母被打死。

问：你岳母叫什么？那年有几岁？

答：我岳母叫陈美泉，那年 42 岁。

问：除你岳母被日本兵打死外，其他家人是否受损伤？

答：没有。

问：家中房屋是否受损？

答：家中五间草屋全部被烧。

问：那时，你还看到什么情形？

答：没有。

问：其他有何补充？

答：没有。

（原件存中共金山区委党史研究室）

18. 何金宝口述

采访时间：2007 年 9 月 27 日

采访地点：金山卫镇临江南村 303 号

口述人：何金宝　女

询问人：黄　晓　徐碧玉

问：阿婆，今天我们上门来，主要为侵华日军在金山卫暴行的情况进行现场核实。你今年几岁？叫什么名字？

答：我叫何金宝，今年 86 岁（1923 年 1 月 15 日出生）。

问：日军侵入时，你当时几岁？

答：我当时 16 岁。

问：你的祖籍哪里？

答：我祖籍在金山卫南门西面。

问：请你详细说明经过。

答：在 1937 年 11 月 5 日，农历十月初三，清晨，有大雾，当时飞机轰炸声、枪炮声连成一片，我在娘家，全家已逃不出去了，只好躲在家中荷花塘边。我母亲和阿嫂躲在车棚柴草里，我阿嫂被日本军队开枪打在肚子上，肚肠都流出来，就去世了。我的大哥、小哥被日军要（抓去）送菜到营地，一直在日军那里当劳工，最后没有音信。不知是死，是活。中间一个阿哥被日军抓去专门捕鱼给日本军人。

我自己在家中被日本军人一颗子弹穿过衣裳，表面擦伤，有鲜血流出。那时我们白天躲起来，到晚上日本军队收营后，才偷偷出来，搞点东西吃，有一顿无一顿，所以现在留下胃病。

问：那当时，你们家里是否有财产损失？

答：没有。家里房子没有损失。

问：除二位哥哥下落不明外，是否还有其他人员伤亡？

答：除二位哥哥下落不明外，一个阿嫂被日本人打死，我的母亲的手被打伤。

问：你阿嫂被打伤时，你是否亲眼所见？

答：不是，我当时只知道逃、躲，没有亲眼看见，只是后来看到其满身是血，肠子流在外面。

问：上述所讲是你亲身经历?

答：是的。

问：其他有何补充?

答：没有。

（原件存中共金山区委党史研究室）

19. 沈小妹口述

采访时间：2005 年 11 月
采访地点：松江区小昆山镇陆家堺村 600 号
口述人：沈小妹　女
记录人：黄海华

我叫沈小妹，今年 81 岁，家住小昆山镇陆家堺村。1937 年的农历十一月六日，一队日本兵冲进我村烧杀抢掠，当时我和哥哥等人正藏在姨妈家。没过多久，屋外传来了阵阵枪声，一阵骚乱后，有几个日本兵持枪闯进了屋里，我姨妈最先被刺刀刺中，倒在血泊之中死去。当时我和哥、嫂都躲在床底下，见姨妈被杀都吓得直哆嗦。日本兵进屋后，用刺刀到处乱刺，我的哥、嫂在床底下也被当即刺死，我满身是血趴在床底下，日本兵以为我也死了。待日本兵离开后，我哭喊着从床底下爬出，侥幸活了下来。

（原件存中共松江区委党史研究室）

20. 李庆祥口述

005 年 12 月 30 日

淞江区石湖荡镇张庄村袁家组 1667 号

庆祥　男

邻若贤

1937 年 11 月 8 日，隆隆枪炮声从我村的南面越传越近，附近各村的村民惊慌失措，逃的逃、藏的藏，真是鸡犬不宁，十村有九空。当时我只有 13 岁，和父亲藏在自己家后面的小屋柴堆里，傍晚时分，只听到日本兵的吆喝和枪栓扳动声好像就在我家屋后的小河北面，我们吓得大气也不敢出。我爸偷偷地从窗缝里向北张望，只见有一队日本兵从铁路上拦下许多逃难来的老百姓到阿其（李其生）家场地上，先搜身，然后用刺刀刺，村民们有的跪地求饶，有的吓得瘫倒在地。日本兵人性泯灭，一个也不放过，其中有一个想逃跑结果被刺死在粪缸旁。天将黑时，日本兵才离开。全村躲藏的人一个也不敢出来，直到天明才有几个胆子大一点的人过去窥看，一看都被吓得冷汗直流，只见每个死者当胸都被刺刀戳穿，有的遭到数刀，死者的两只手都抠入泥中，鲜血从场地上一直流到小河浜里，整个河浜变成一片血红色。等到村里逃难出去的人回来才七手八脚把尸体抬到姚泾桥铁路旁炸弹坑中草草埋掉。一共 24 个人的尸体填满整整一坑。后来，为清除场地上留下的血迹，阿其家请人揭去一大层表土再覆盖上一层新土才看不出血迹。回想起这血淋淋的往事，我至今还心有余悸。

（原件存中共松江区委党史研究室）

21. 高洪根口述

采访时间：1999 年 10 月 18 日

采访地点：宝山区淞南十村一八七号三〇二室

口述人：高洪根　男

记录人：樊　莺

承办人：樊　莺　马凤英

问：我们今天特地上门向你了解侵华日军曾在宝山地下暴行的具体经过。

答：好的。

问：你出生何处？

答：我出生于此地，小沈家宅，是祖居于此的本地人。

问：你反映日军的暴行发生于何年？

答：我反映的事发生在 1932 年，当时我在麦村小学读三年级。

问：请具体叙述。

答：我的记忆中，1932 年"一二八"，日军侵犯过来，我随父高福生、母高侯氏、两个姐姐、一个弟弟共六口人逃难，当时父母挑着担子，领着我们朝大场北面跑，一直逃到王家牌楼。村里大部分人都各自逃命，留下不多的年纪大的守家看房没有跑。我的公公（祖父）高杏生是聋哑人也没有跑，守在家中。我们外出逃难约有二（两）个月，等形势略好转我们回到家中小沈家宅，我的祖父高杏生，还有村里的邻居如沈龙龙、沈进发的祖母、沈云生的父亲、高江华、沈银坤、沈小二的母亲都被日本军杀死，我祖父高杏生被日军枪杀在自家的小菜地里，其他的邻居被日军淹死在沈云生家门前的一个有半间房屋大小的牛粪池中。

问：这段时间中，你还经历了何事？

答：在逃难中，我与父母分离，随舅舅逃往上海市区曹家渡，我回到小沈家宅时，我读书的麦村小学已被日军烧毁，我有很长段时间没有读书。

问：你以后是否还有类似经历？

答：我记忆中，1937 年"八一三"，日军又侵犯上海，我当时已经十七、八岁了，仍住在小沈家宅，第二次随父母家人外出逃难，我的小弟弟有二、三岁，在逃难途中突然生病，无钱治疗最后死去，"八一三"逃难时间更长，前后有五……个多月，到第……也就是 1938 年回小沈家宅，看到村里的房屋全部被日军烧光，当时我们……宅有 12 户人家，约有大小房屋 50 间，有的房屋是全部木梁瓦片建造的……烧光了。我们没有地方住，随父母到离开我村不远的侯家木桥住了……来。我印象住了二年回小沈家宅，陆续将房子慢慢建起来。我在……期间随父母二次逃难，亲身经历日军暴行，这个过程，这段日子，日……记。虽已时隔 60 多年，但记忆深刻，对日军的暴行我非常痛恨。

（原件存中共宝山区委党史研究室）

……行。

25. 刘文德、刘士兴口述

采访时间：1999 年 9 月 22 日

采访地点：宝山区顾村镇电台南路 11 号

口述人：刘文德　男，刘士兴　男

记录人：马凤英

承办人：樊　莺　马凤英

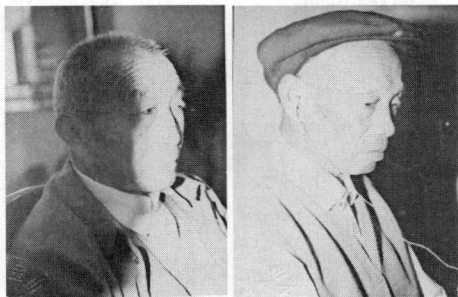

刘文德　　　　　刘士兴

问：我们今天来向你们了解"三百亩头"日军慰安所的罪行情况。

答：好的。

问：1937 年"八一三"淞沪抗日战争期间你们在何处？

答：我，刘文德，当时 14 岁，"八一三"淞沪抗日战争前，我与父母等住在老宅，我在读书，"八一三"事变开始，我在 1937 年农历八月初八逃难出去，到农历十二月初回到老宅。

我，刘士兴，当时 13 岁，"八一三"抗日战争前，我与父母等住在老宅，我在读书，"八一三"事变开始，我在 1937 年农历八月初八逃难出去，到农历十月初回到老宅。

问：你们反映"三百亩头"日军慰安所具体时间是何时？

答：是 1938 年农历二月初到一九三八年农历四月下旬。

问：请叙述一下日军慰安所的具体地点？场所情况？

答：日军慰安所位于杨行镇与顾村镇境的交界处，东面是保安寺，西边在"三百亩头"内，南面靠宝安路，北面有一条小沟；即日军"慰安所"在"三百亩头"的东南角，现为宝山殡仪馆（火化场），原来靠宝安路的门楼上镌有"保安公墓"四个大字，因墓地占用土地三百亩，附近老百姓习惯称为"三百亩头"。（"慰安所"地点另附图）

日军慰安所有一幢五间平房，中间用木板一隔二为十小间，约七八平方米的小房间，日本式的拉门，只放进一床铺和一张桌子，供日军侮辱妇女，发泄其兽性娱乐活动的场所；对面有办公室、诊疗室、吃饭处、烧水处和仓库等六七间用木板钉的简易平房。"慰安所"总占地面积为 300 平方米。

问：请你们讲一下日军建立"慰安所"的情况？

答：1938年农历二月初，我俩当时被拉夫在寺后头日军青海川部队烧洗澡水，亲眼看到日军青海川部队建立"慰安所"，因是简易房，一二天就建造好，"慰安所"建造好后，我俩就进"慰安所"为日军烧洗澡水，做饭等杂活。

问：请你们详细叙述一下"三百亩头"日军"慰安所"的情况？

答：1937年"八一三"淞沪抗日战争期间，被日军长期占领，东临杨行西街村的塘湾宅，寺后宅都驻有日军，"三百亩头"这个地方被日军用作训练、娱乐活动的场所。日军无恶不作，经常四出寻找"花姑娘"发泄其兽性，搞得周边村庄不安。有一次一个叫铃木荣的日本兵，看到北面来了三个摘红梗叶（马兰头）的小姑娘，就伙同另外两个鬼子兵，大白天将姑娘们拖到旁边的马棚里强奸了。日复一日，日本鬼子的这类丑闻越来越多。年轻妇女和姑娘们为了避免遭受不幸，外出时故意在自己脸上抹锅灰，剃光头，身穿男装。

在1938年农历二月初到四月下旬，日军在"三百亩头"办了一个"慰安所"，专供鬼子们发泄兽性，挂牌为"长谷川青海川慰安所"。牌子一挂，日本鬼子成群而来。我们两人被日本兵强迫拉来为他们烧洗澡水，做饭等杂活，"慰安所"在"三百亩头"东南角，内有东、西两排房，东面"慰安所"用木板分隔成七八平方米的小房间，日本式的拉门，门上挂有"慰安妇"的姓名的木牌，房内陈设简单，一床一椅，墙上贴了一些美女和日本图片，共有十间小房间。西面一排房子是售票间（办公室）、医务室、管理人员的住所等，售票间的墙上挂着每个"慰安妇"的大幅照片，写着姓名、年龄，供兽军随意挑选买票。管理人员共三名，一男二女，开头还有一个年仅16岁的日本姑娘，只管烧饭不接客。南大门往北近百米处有一个大厅，屋顶上设有高哨瞭望台，大厅内专门放电影、唱歌、跳舞用的活动场所。"慰安妇"共10人，都在20岁左右，接客时粉黛浓妆，卸妆后面色憔悴苍白，因天天遭受凌辱，有的身体已患病，还得赔笑服务，稍有怨言，即遭管理人员训斥，忍耐从命。

1938年农历四月下旬，这批日本兵调往浙江宁波，"慰安妇"们随行，"三百亩头"的"慰安所"就此结束。

问："慰安所"结束后，你们俩到哪里去了？

答："慰安所"结束，我们回老宅种田，直至今日。

（原件存中共宝山区委党史研究室）

26. 杨戴妹口述

采访时间：2005 年 11 月 18 日
采访地点：青浦区香花桥街道民惠佳苑一区
口述人：杨戴妹　女
记录人：庄志仁

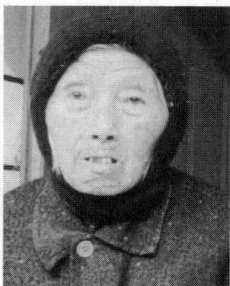

我 1937 年嫁给丈夫杨阿金，到重固镇郏店以西的泖河泾种田，当时我年 25 岁，杨阿金年 27 岁。1938 年 4 月 28 日春暖花开时节，日军"扫荡"路过泖河泾，见我年轻有姿色，就欲施暴，我就急忙逃往家中，丈夫杨阿金正在吃中饭，见此情景连忙将不满二岁的儿子塞给我抱，并阻止日军施暴，但日军野蛮残忍，用刺刀捅进丈夫杨阿金的腹部，杨阿金刚吃进的韭菜炒蛋随鲜血奔流在田头场地，倒在血泊中，当我哭得死去活来时，日军并不因此而放过施暴……

不久，（我）那不满二岁的儿子饿死，丈夫杨阿金的父亲悲痛万分地去世，日军暴行使我家破人亡。

（原件存中共青浦区委党史研究室）

27. 陶锡璋口述

采访时间：2005 年 12 月 18 日

采访地点：青浦区金泽镇北圣浜 35 弄 3 号

口述人：陶锡璋　男

记录人：池友生

1938 年 5 月 13 日，日军在潘家湾村围歼国民党陈耀忠部队，在村上疯狂烧杀后，兵分三路追杀到镇上，见人就杀。我当时 22 岁，是药材店职工，被日军发现后，背部颈项处被连刺二刀，顿时血流如注，倒在血泊中昏迷过去。鬼子误认为已死，便去追杀他人，后苏醒过来得以逃脱，幸免于难。

（原件存中共青浦区委党史研究室）

28. 夏桂堂口述

采访时间：2005 年 11 月 15 日
采访地点：松江区泖港镇腰泾村 229 号
口述人：夏桂堂　男
记录人：潘象云

我叫夏桂堂，今年 80 岁，家住松江区泖港镇腰泾村 229 号。

1938 年 10 月的一天，驻金山的两名日本兵，从金山沿着小泖港渡口摆渡过来，在腰泾桥小镇吃饭，还让长工吴佰云在一边伺候。饭后，其中一名日本兵找了一个小泖港人带路去找妇女，另一个喝得醉醺醺的，叫 20 多名村民排好队，玩起了杀人游戏，可怜伺候他吃饭的吴佰云第一个被拖出去枪杀，接着又枪杀了茶馆店老板金阿火和一个到现在都不知道姓名的外来卖烟人，这天遭杀害的有 7 个人。后来看见找妇女的那个日本兵回来后就和醉酒的日本兵若无其事地一起扬长而去。我那时虽然年纪还小，但亲眼目睹此情此景，如今回想起来仍不寒而栗。

（原件存中共松江区委党史研究室）

29. 陈才清口述

采访时间：1975 年 3 月 30 日

采访地点：崇明县新海农场五连

口述人：陈才清

记录人：顾士松

我叫陈才清，家住新海农场五连。

1938 年阴历十月十九，日本鬼子放火烧了我家五间房子。这一天，永安镇北叉蛏港西，被烧 120 多间民房，十几个无辜老百姓被枪杀。

这天早晨，我们弟兄三个去大同沙（现在的红星农场场部）种生田。走到半路不到，突然看见 6 个日本鬼子从大河边走出来，我的心怦怦直跳，腿也软了，不敢再朝东跑，忙退到我丈人家屋里，刚进宅，只听得"砰"的一声枪响，又见杨道士宅上浓烟冲天，接着陈旺福、潘三郎、施金江、张来狗、王怀林、顾明郎家……先后被烧，浓烟滚滚，火光冲天。

顾明郎一家三代人被活活烧死，连 12 岁的孙子也未能幸免。施金江躲在床底下，被日本鬼子发现后，拖出来叫他面朝西，接着对准他后背心就是一枪。王怀林一家也遭浩劫：70 岁的王怀林被日本鬼子一刀刺进胸膛，当场死亡；王梅仙先是被一枪打在臂膀上，接着背部又挨了第二枪，他跳在沟里，汆了很长时间死去；王梅迁屁股上刺了一刀；王梅两肚子被刺了一刀，三天后死亡。

这天，由于有五六级风力，烧起来来得快，平时火烧四邻八舍都来救火，现在日本人放火，没人敢来救，只好听烧。我在丈人家屋里只是急，不敢回去。日本人走后，我才回家，但一看五间房子成了一堆灰，妻子全身墨黑，哭得死去活来。她向我哭诉说："听到枪声，我忙把前门关上，准备从后门走出，谁知一开门，两把刺刀对准我的胸口。这时，前门被日本鬼子一脚踢开，父亲倒在门口，我上前横求竖求，求他们不要烧，但是这批强盗哪里肯饶，拿着火把只顾烧……"当天夜里我们夫妻四个蹲在火场边，弄几场芦菲盖盖，哭了一夜天。第二天只得住在阿哥屋里，以后为了生活，忍痛把 7 岁的孩子送给人家，不久亲生孩子被折磨死，妻子出门当奶娘，一家人弄得妻离子散，家破人亡。日本鬼子欠下的这笔血债，我牢牢记地板骨上，死也不忘记。

（摘自：崇明县档《县志拾零》第十六期）

30. 李友狗口述

采访时间：2007 年 9 月 27 日

采访地点：崇明县三星镇永安村 1703 号

口述人：李友狗　男

询问人：赵桂章

我叫李友狗，今年 78 岁。我在八九岁时，日军侵略崇明，我亲眼看见了日军杀害了我的亲属和许多其他村民。

1938 年农历十月十九日，日本兵侵略崇明，来到了永安镇，我的父亲李灿林被日本兵开枪击伤手掌后，还要强迫他去河里摸枪；我的哥哥李宝全快要结婚了，被日本兵枪杀在竹园；我的叔伯阿哥李齐林也被枪杀，肠子都流了出来。那天屠杀一直到上午 10 时左右，被打死的人很多，有游击队员，有村民，有些被打死了无人收尸被野狗吃了，总共有十七八人被杀死在十三湾，房屋烧毁无数间。

（原件存中共崇明县委党史研究室）

31. 陆昌明口述

采访时间：2005 年 11 月 10 日上午
采访地点：青浦区华新镇新联夏家宅
口述人：陆昌明　男
记录人：潘根祥　陆伟峰

1938 年 11 月 2 日，夏家宅，刚吃早饭的时候，听到石子角方向有枪声，当时石子角驻有顾复生部队，部队遇日军来袭。游击队二三十人从我们夏家宅向北撤退，约八九点钟，我们一家及邻居都逃到北面古思浜（小船摆渡），我祖母因双目失明不走，以为日本兵不会骚扰，因此一人在家。约 9 点半，我们隔江看到房子被日本兵烧，就从理家桥去观音堂，11 点时看到日本兵走了，就摆渡过来，房子已经全部烧光，祖母就躺在场角水桥头身上被戳了三刀，都在胸部，已亡。村里被烧房子有 4 户，事后全家只好住在车棚里，住了 3 个月多，后顾复生部队知道后，补助经费，买了毛竹搭了 3 间茅草房子安身。和我祖母同一天烧死的有康继兄，就是康根泉的父亲。

（原件存中共青浦区委党史研究室）

32. 金宝英口述

采访时间：2006 年 3 月 28 日
采访地点：闵行区杨家巷村金更浪生产队
口述人：金宝英　女
记录人：刘菊林　丁建峰

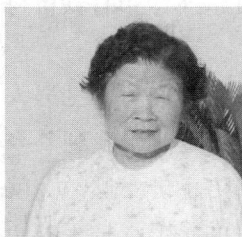

1938 年寒冬，我正好在自己村上王七（杨杏林妻子的前夫）家串门，在回家的路上，碰上日本兵，正巧有一队贩米的人群从身边经过，日本人朝人群打了几枪，我走在最后，被打到两枪，一枪打在胸口，另一枪打在手臂上，日本兵以为

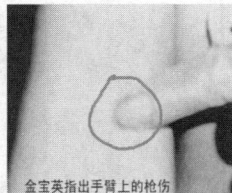

金宝英指出手臂上的枪伤

我已经死，扔下不管，本村的杨雪祥妻子路过看我还没有死，把我送到杨伯根家，第二天，金阿进、杨阿督为我处理了伤口，由我的母亲叫了一辆黄包车送到市区同仁医院治疗，住了一段时间医院，由于付不出钱，后出院回家，喝红枣汤补血，至今身上留有子弹的伤疤。

（原件存中共闵行区委党史研究室）

33. 徐白妹口述

采访时间：2005 年 11 月 17 日
采访地点：松江区车墩镇打铁桥村 529 号
口述人：徐白妹　女
记录人：林银龙

我叫徐白妹，今年 83 岁，家住松江区车墩镇打铁桥村 529 号。

1938 年农历 3 月，日军从松江城来到我们村，见男人就杀，就（见）女人就抓，无奈之下，我母亲带我到外乡逃难，先是逃到长新高介湾，母亲为了防止母女逃散，就托人介绍，把我送到厍里埭朱良庆家当童养媳。是年农历 12 月初九上午 10 时左右，我正在做饭，一点没有注意，突然见 3 个日本兵冲进我家，他们先把我拖到隔壁朱梅根的后厢房内恣意侮辱，我在恐惧中又是求饶、又是反抗，3 个日本兵见我坚不顺从，其中 1 个日本兵用身体将我压倒在地，并用枪口指着我的脑袋百般威吓，经过一阵激烈拉扯后我已无力反抗，最终先后被 3 个日本兵强行轮奸。

这些强盗的兽行，我终身难忘。

（原件存中共松江区委党史研究室）

34. 乔顺兴口述

采访时间：2007 年 10 月 15 日

采访地点：南汇区六灶镇其成村村委会

口述人：乔顺兴　男

记录人：张小霞

询问人：沈岚华

问：我们今天特来向你了解一下侵华日军在六灶镇闵家大石桥的罪行具体经过。

答：好的。

问：日本人的暴行发生于何时何地？

答：发生于 1939 年 4 月下旬，在六灶镇闵家大石桥的厅场上，现在的其成村 17 组。

问：你当时几岁？住于何处？

答：我当时 18 岁，和父母一起住在连民乡 5 保 4 甲，现在六灶镇其成村 17 组。

问：请你详细叙述一下整个事情的经过。

答：1939 年 4 月下旬的一天上午，一队日本兵从六灶镇西市梢经环桥，一路清乡抓人，到连民乡 5 保 4 甲，闵家大石桥北堍，东首，一处厅场上。当时日本兵架起机关枪，把所抓的老百姓圈在一起，分成男、女两排。男的一排站在东面，女子一排站在北面。日本兵把女子的裤腰带逐个割断，裤子完全掉地上，再将她们的上衣剥光，喝令对面的男子，必须睁大眼睛，看着对面的女子，没达到要求的用枪托打，用脚踢，用手抽耳光。当时我也被抓去了。我认识的人有闵三才、储小妹等约百人。日本人将女子逐个拖进屋去强奸，其中有两个女孩，分别 14 岁、16 岁，还是孩子。一个 16 岁的女孩，因遭严重摧残，没过几天就死亡。还有储小妹更遭惨无人道的折磨，第一次被轮奸后，全裸着被日本兵拖她去河边洗身，然后再拖入屋去轮奸，以致得病，不久郁郁而亡。储小妹的丈夫闵三才，日本兵说他是游击队长，所以把他的衣服也剥光，用麻绳绑了双手，从闵家大石桥上推下河中；几个日本兵轮番把他吊上去，甩下来，直到麻绳断掉。后来一个日本兵用长竹杆鱼叉，叉在闵三才大腿上，狠狠地把闵三才戳到河中心，河水一片通红。闵三才后来被拉上来，不久便死亡。一排男子，被日本兵挨个"甩猪猡"，就是日本兵抓住人的一只手，和日本兵成为背靠背时，日本兵用力把屁股一翘，把人的身体从日本兵的背后翻到前面，使人四脚朝天，结实地甩一跤，直到甩得人不能动弹。同日，日本人把闵家大桥老百姓家养的鸡、下的蛋全部杀光、吃光。直到傍晚，由当时的连民乡乡长康老久、保长康荣奎、保长陆新谦出场调理。我听见说什么要给日本兵白肉 3 担、鸡 500 只，日本兵这才罢休收场。我们当时又冷又饿，回家时，有几个老百姓，路都走不动了。

（原件存中共南汇区委党史研究室）

35. 杨小毛口述

采访时间：1999 年 10 月 18 日

采访地点：宝山区殷高西路 111 号（高境镇老龄委）

口述人：杨小毛　男

记录人：马凤英

承办人：樊　莺　马凤英

问：我们今天特上门核实了解日本军在侵略中国期间，曾在宝山地区江湾乡犯下暴行。

答：好的。

问：侵华日军在宝山地区暴行是何时何地？

答：1939 年 5 月一天，侵华日军在江湾杨家堰西南角广肇山庄将 5 个中国人让狼狗活活咬死的暴行。

问：你 1939 年时几岁？住何处？

答：我 1939 年时 16 岁，与哥哥住在江湾杨家堰，此时的江湾杨家堰已被日本人实施了"三光"政策，即房子烧光、地圈光、人赶光和杀光，所有村庄内大人都被赶走，我们小孩有的留下没走，此地方被日军围起来作日军营房（农场）。那时家中很穷，我以出外打工或讨饭为生。

问：请你详细叙述一下日军的暴行。

答：1939 年 5 月的一天，我正在杨家堰家，日军农场（场中路广肇山庄旁边，即现在的彭浦新邨东南部）突然来了二（两）个日本兵，硬说我偷了他们农场的东西，拉我到农场总部大场审问，审问下来我确实没拿，他们就放我走了。我回家路过农场内冬青园小村庄，只听到一间十多平方米的单独的小平房内传出狼狗叫声和人的喊叫声，我好奇地向小平房走去，扒上窗口往里一望，吓得我汗毛凛凛，只见墙脚边周围绑着五个老百姓，有的躺着，有的坐着，还有的在满地打滚，大约有五六只狼狗张牙舞爪扑老百姓身上撕咬着皮肉，衣服破烂，鲜血淋淋，我看得浑身颤抖，怕给日本鬼子发现，赶快拼命逃跑。

问：你以后的生活如何？

答：我一人住杨家堰（哥哥已患病死亡），仍以打工或讨饭为生，后日本鬼子投降，我在家乡以种田为生，一直到 1983 年征田养老，1984 年 8 月 28 日从杨家堰迁移到上海闸北区临汾路 971 弄 27 号。

（原件存中共宝山区委党史研究室）

36. 姚月英口述

采访时间：2007 年 10 月 11 日

采访地点：南汇区大团镇团西村鸭场 417 号

口述人：姚月英　女

记录人：张小霞

询问人：朱伟东

问：我们今天向你了解一下侵华日军在南汇暴行的具体情况。

答：好的。

问：侵华日军打伤你的罪行是在何时何地？

答：日本人打伤我的时间是在 1939 年农历六月十二日，地点就在大团鸭场村富家桥附近。（解放前鸭场村叫团西乡）

问：你当时几岁？住何处？

答：当时我 20 岁（虚岁）。当时我住大团镇团西村 1 组，团西村后来和鸭场合并。

问：请你详细叙述一下侵华日军打伤你的情形。

答：1939 年农历六月十二日上午八点多，日本人在连续三天大雾天之后，进村扫荡。当时我在棉花田内锄草，听到有人讲日本人来了，我很害怕，马上回家，躲在蕃圈内，后又感到不安全，就往西柏枝坟山方向跑。当我跑到杨家淀附近时，突然感到身体一颤，我意识到可能中枪了，但为了保命，我继续往前跑。再往前跑一段，碰到我嫂子，也在棉田里锄草。我对她说，日本人来了，快点跑。她对我说，你身上都是血。我自己低头一看，血已流到膝盖上，子弹是从后肩进，前胸出的。我们几个继续往西跑。由于西边没人家了，日本人往北追，与我们错开了，我们躲过了这一劫，幸存下来。后来我经过北大街张一帆医生的救治，一个月后伤好了，总共花了十多元钱。

问：受伤后对身体有何影响？

答：三年后能做一些轻微的农活。到五十年代末才消除影响。

（原件存中共南汇区委党史研究室）

37. 金海光口述

采访时间：2005 年 11 月 16 日
采访地点：松江区佘山镇新宅村宋家浜 338 号
口述人：金海光　男
记录人：戴烨雍

我叫金海光，家住佘山镇新宅村。记得 1939 年农历七月五日，一伙日本兵从南横泾向南塘村扫荡而来，一路烧杀抢掠，无恶不作。当时，母亲领着我与南塘村的 20 余名村民一起乘在一条木船上，准备向栲栳圈方向逃难。船刚出发不久，日本兵就追了上来，一见船上的老百姓就用机枪扫射，4 人当即被打死，2 人受伤。我和我母亲俩人双双被日军枪弹击中，幸未被击中要害而幸免于难。那年我才 14 岁，在我的膝盖上至今仍留着当年的枪伤疤。村民周其珍在日本兵冲进村时，匆忙背起侄子向外奔逃，至陆树金（一地名）时，听到后面传来"叭、叭"的枪声，一颗子弹正巧从伏在她背上的侄子身体穿过，又从她的颈部穿出，幸运的是没有打中要害部位，而伏在她背上的侄子却当场被打死。老人颈部的伤疤至今仍在。这一次日军对南塘村的扫荡，就造成村民死伤 14 人，烧毁房屋 44 间的惨案，经济损失难以估计。

（原件存中共松江区委党史研究室）

38. 吴志骞胞弟吴益之口述

采访时间: 2006 年 3 月 29 日

采访地点: 16333 Colegio　Dr. Hacienda　Hts. CA9745 U. S. A.

口述人: 吴益之　男

记录人: 吴大伟

 抗日战争其（期）间，上海女子中、小学被日军战火二次全部毁坏及吴志骞校长被日本汪伪 76 号特务暗杀暴行的证词。

我是吴益之，1950 年前任上海女子中学校长，今年 97 岁，现定居美国洛杉矶。为吴志骞烈士教育基金会（美国）发起人之一，宣扬爱国主义思想，现我以极度悲伤的心情来回忆，抗日战争其（期）间，我们家属所遭受日本军国主义伤害的悲惨事实，并郑重作证。

1967 年之前，胞兄吴志骞与我在上海先后创办了上海女子大学，女子中学，女子小学以及沪南小学，振华小学，大光小学，大陆小学，天华小学，致力于教育救国，特别注重女子教育，吴志骞任校长，我掌管学校总务。当时，中国正处于日本帝国主义侵略的国难时期。9 月 18 日日军侵占东三省，吴校长带领全校师生宣传抗日救国，捐款捐棉衣送往抗日前线，并积极参加抗日救国会，在报纸上发表抗日文章。这一切造成了社会上很大影响，从而也激怒了汪伪 76 号特务，吴志骞被他们列入了暗杀黑名单，对这一严峻形势，当时虽有所闻，但吴志骞却没有退却，仍继续投入抗日救亡运动。1939 年 9 月 4 日，汪伪 76 号特务机关派出 2 名特务潜入上海女子大学，在光天化日之下行刺，吴志骞身中 5 枪，倒在血泊中。我在第一时间赶到现场，亲眼目睹了日本侵略者犯下的血腥暴行，吴志骞在临危之际仍不忘叮嘱，学校照常上课，后在上海医院抢救无效，为抗日献出了宝贵生命，英年 36 岁。国民政府追认为抗日烈士，明令褒扬，各大报纸均有报道。

上海女子大学、女子中学、女子小学的创办过程，也是充满了千辛万苦，抗日战争时期，曾两次遭受日本侵略军轰炸及战火毁坏，造成我们的巨大损失。我是当事人，也是在世上可证明上海女子大、中、小学发展兴衰全部事实的人。

现把吴志骞烈士和我办学的辛酸经历按年次陈述如下:

1930 年在上海接办沪南第一小学，校址南市区王（黄）家阙路。

1931 年元旦，创办上海女子中学，校址南市文庙路学西街 19 号，后不敷应用，又增设了南市老西门梦化街佳庐为校舍及宿舍约 140 平方米，我本人住在校内，还有周鼎新，王启明等老师都住在宿舍内。其时，有教室 10 间，教师办公室 2 间，礼堂 1 间，会客室 1 间，校长室 1 间，会议室，宿舍 4 间，门房 1 间，大礼堂约 150 平方米，其余教室等大约每间 30—40 平方米，另有活动场地约 100 平方米，总面积 990 平方米，占地 1.5 亩多，以及课桌椅，办公桌椅，办公家具，风琴，书籍，教育用品等。

1932 年日本侵略军在上海发动一·二八事变，上海女子中、小学在文庙路学西街校舍，校产全部毁于日军炮火中，学校一度陷入困境，然而我们并没有屈服，而是在逆流中继续奋勇前进，很快在斜桥制造局路，河南会馆对面，找到新的校舍，重新复校。当时，学校有教室 18 间，教师办公室 3 间，校长室 1 间，会客室 1 间，教师宿舍 3 间，学生宿舍 3 间，会议室 1 间，图书室 1 间及大礼堂 1 间，门房 1 间，大礼堂约 150 平方米。其他教室，办公室都在 30—40 平方米左右，另有一篮球场，总计共有 5 上 5 下前后 2 井楼房 30 来间，总面积在 1350 平方米左右，占地约 2.5 亩。为尽快复课，赶制了课桌椅，办公桌椅，办公家具，以及购置钢琴，仪器，图书等教育用品。我们尽快的（地）完成了复校的一切工作并在新校舍内举行了上海女子中、小学成立三周年校庆活动。

1933 年为了做好学校扩建的需要，特别在漕河泾吴家巷向地主杜进生买了 10 亩地，介绍人是一位何姓朋友，后来请朱益三，朱启成，朱启桢父子代管。在此同时，又兼办了四所小学。

1933 年 8 月办了振华小学，校址在杨浦区齐齐哈尔路，聘张绍陵先生为主任。

1934 年 8 月办了大光小学，由上海女中附属小学改称，校址在制造局路光华实业中学原址。计有 8 间教室，2 间办公室，小礼堂及宿舍，总计约 600 平方米，聘邱志渊先生为主任。

1934 年 8 月办了大陆小学，校址在虹口区施高塔路（今山阴路），聘赵方奂先生为主任。

1934 年 12 月倡办天华小学，校址在亚尔培路（今陕西南路）钱家塘，聘蒋鸣岐先生为主任。

1937 年日军在上海发动八一三事变，同年 9 月，南市制造局路遭日军轰炸，上海女子中学被日军炸毁，第二次毁于日军的侵华战火中，制造局路整条街也燃起了大火，同街的大光小学也被战火全部焚毁。满街尸体和断墙残壁，我当时因护校，最后一个离开学校，后又回到现场，亲眼目睹了这一凄惨景象和日寇的血腥暴行。我们兄弟俩的办学心血和全部校产也被日军的侵略炮火毁于一旦。然而，我们兄弟教学救国的意志并没有被摧毁，上海女子中学暂借法租界拉都路（今襄阳南路）乐远中学开学，随附学生仅 17 人。10 月迁至环（华）龙路（今雁荡路）中华职业教育社复课。3.18（原文如此）日寇大举进攻上海，在闸北、南市等地区大肆烧掠无恶不作，胞兄吴志骞与我对日寇的暴行万分痛恨，对灾民之遭遇无比同情，一方面委托救济机构捐款救难，另一方面带领学生，携带衣服千余件至惇信路第一收容所慰问难胞。

1938 年 2 月，至公共租界，找到新大沽路 451 号，为上海女子中、小学的新校舍。校舍规模较大，占地面积为 25 亩，（详见上海女中校产清单）并于同年复校。同时，创办了上海女子大学。吴志骞任校长，曹一苇先生（现住纽约）任秘书长，李学中先生任校务长，我担任总务长。学校设立文、理、商科及教育和师范专修科。当时，大、中、小学共有学生一千几百人。

1939 年日本侵略军全面占领上海。（原文如此）

中国人民的抗日战争在国共合作的联合国民政府（原文如此）领导下，全面抗战。吴志骞在敌占区，不畏险恶的形势，继续投入抗日运动，并在各大报纸公开发表抗日文章，汪伪政府和日本侵略军即布置汪伪 76 号暴徒于 1939 年 9 月 4 日，潜入上海女子大学，刺杀吴志骞于上海女子大学教师休息室。

当时吴志骞身中 5 枪倒在血泊之中，我第一时间赶到现场，亲眼目睹了发生在我面前的惨景，可是吴志骞在临危之际，仍不忘叮嘱学校照常上课后在上海医院抢救无效，英勇殉国。当时，各大报纸均有头条新闻刊出此一噩耗。

随后蒋介石发来唁电，国民政府颁发烈士证书。

发放抚恤金 5000 块。并成立治丧委员会，在上海胶州路万国殡仪馆开万人追悼会，社会各界都前往吊唁，这在当时报纸上都有报道。

1940 年上海女子大学停办，上海女子中、小学继续开学，我担任上海女子中、小学校长。为纪念吴志骞烈士，我在上海女中校舍三楼晒台上搭建志骞纪念馆，建立志骞图书馆，在外操场的北端建造志骞楼。

每年开学，对吴故校长英勇事迹，全校举行纪念大会，这些都是为了发扬吴志骞烈士的爱国主义精神，教育年轻一代。

1949 年上海解放。

1950 年上海女子中、小学改为市立学校。

1998 年上海女中校舍被拆除成为延中绿地。

吴志骞与我，办学的一生，正是日本帝国主义疯狂侵略中国的年代，也是中国人民艰苦抗战的年代，我们家属在抗战其（期）间所受到生命财产的损失，正是中国人民遭受灾难的缩影。我们办学的经费，来自于家乡菲薄地产的抵押，借贷，打工结攒由小慢慢发展，所有私人财产全部投入教育救国，兴办学校的事业中。

一切来之不易，吴志骞的牺牲给我们家属，子女带来的悲伤是无法磨减的。

我是目睹日本侵略中国暴行的少数存世老人之一，也是亲身受害人。

我在此作证，以上事实绝无虚假，不仅如此，我还可以上国会作证，来控诉二次大战日本侵略中国的罪行。现在，我侨居在美国，可是我的根是在中国，海外华人的心无时无刻不在惦记着祖国，希望她繁荣富强，早日完成统一大业。

……

附：

上海女子大学、中学、小学主要校产一览表：

上海女子中、小学在文庙路学西街 19 号校产（全部被日军战火烧毁）：

教室 10 间 400 平方米，教师办公室 2 间 80 平方米，会客室 1 间 40 平方米，校长室 1 间 40 平方米，礼堂 150 平方米，宿舍 4 间 120 平方米，门房 1 间 20 平方米等。及老西门梦化街佳庐的扩展校舍 80 平方米和宿舍 60 平方米，储藏室 20 平方米，总计 990 平方米。另有活动场约 100 平方米，占地 1.5 亩，以及课桌椅，办公桌椅，办公家具，书柜，风琴，教育用品等。

上海女子中、小学在斜桥制造局路校产（全部被日军战火烧毁）：

学校有教室 18 间每间 40 平方米，合计 720 平方米，教师办公室 3 间每间 40 平方米，合计 120 平方米，校长室 1 间 40 平方米，教师宿舍 3 间每间 30 平方米合计 90 平方米，会议室 1 间 40 平方米，图书室 1 间 40 平方米及大礼堂 1 间 150 平方米，学生宿舍 3 间每间 30 平方米合计 90 平方米。另有一篮球场 200 平方米，总计共有 5 上 5 下前后 2 井楼房约 30 来间，总面积在 1350 平方米左右。占地约 2.5 亩。另有课桌椅，办公桌椅，办公家具，书柜，钢琴 1 架，仪器，图书等教育用品，自用 14 件老红木家具一套。

大光小学校产（全部被日军战火烧毁）：

计有 8 间教室 300 平方米，2 间办公室 60 平方米，门房 15 平方米，储藏室 20 平方米，小礼堂 80 平方米及宿舍 80 平方米，总计约 555 平方米。及课桌椅，办公桌椅，书柜，教育用品等。

上海女子中学在新大沽路 451 号校产（现改为延中绿化公园）：

一、教育楼及地产

校舍总占地面积为 25 亩	
全校教室 35 间，每间 50 平方米	合计 1750 平方米
办公室 8 间，每间 30 平方米	合计 240 平方米
大礼堂 1 间	合计 250 平方米
仪器室，实验室，准备室 2 间	合计 160 平方米
音乐室 2 间，每间 50 平方米	合计 100 平方米
图书室 3 间，每间 40 平方米	合计 120 平方米
教师宿舍 3 间，每间 30 平方米	合计 90 平方米
学生宿舍 3 间，每间 30 平方米	合计 90 平方米
厨房准备间	合计 40 平方米
厨房	合计 50 平方米
储藏室 2 间，每间 40 平方米	合计 80 平方米
物理实验室 1 间 80 平方米	
准备室 2 间 40 平方米	合计 120 平方米
化学实验室 1 间 60 平方米	
准备室 2 间 40 平方米	合计 100 平方米
体育用品室 50 平方米	合计 50 平方米
职工宿舍 2 间每间 20 平方米	合计 40 平方米
另有自建自用宿舍 2 间每间 15 平方米	合计 30 平方米
总计：3310 平方米	（外操场及内操场包括在 25 亩内）

二、教育用品

教育用品及仪器、图书 10000 多册（有古籍，24 史及文献等），物理实验仪器设备，化学实验仪器设备，体育用品，教室设备（黑板，课桌椅，讲台），办公室设备（办公桌椅，书柜等），教师学生宿舍用品，家具等，厨房设备，钢琴2 台，风琴 2 台，乐队乐器等。

（原件存中共静安区委党史研究室）

39. 殷松林、王四兴、朱引娣口述

采访时间：2006 年 4 月 11 日

采访地点：闵行区梅陇镇双溪村

口述人：殷松林　王四兴　朱引娣

记录人：孙林芳　山华军

1939 年 12 月，当时村里年仅 24 岁的朱引娣正在筹办婚礼。恰值婚礼当天碰上日军进村扫荡，参加婚礼的很多人闻讯后都东躲西藏，生怕被日本人抓到砍头。然而，必（毕）竟日军人多势众，看见新娘朱引娣后色心大起，对其紧追不放。最后，朱引娣不幸被 2 个日军抓到，未能及时逃脱，惨遭轮奸。幸好事后身上未落下其他病根，免于更大的不幸。

  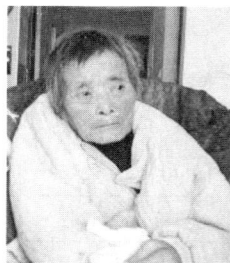

殷松林　　　　　　王四兴　　　　　　朱引娣

（原件存中共闵行区委党史研究室）

44. 姜雪华口述

采访时间：2005 年 11 月 16 日
采访地点：青浦区华新镇新木桥村
口述人：姜雪华　男
记录人：潘根祥　杨逸人　姜金国

1940 年 4 月 14 日，顾复生部队（淞沪游击纵队第三支队）被日军追杀经过这里。我叔姜纪周、兄姜渭清、堂兄姜渭滨 3 人被东洋人（日军）从停泊在河浜的苏北船上捉去，捉到嵩子庙（日本兵驻扎点）。4 月 15 日东洋人逼着他们 3 人到杨家圩村上找枪没有找到，把姜纪周、姜渭清、姜益周、姜品珍（姜雪华祖父）等 5 人拖到嵩子庙，用火烫等刑罚再次逼 5 人到杨家圩找枪，仍未找到。日军把姜纪周拖到家后面地上用刀刺死。4 月 20 日日军又把 4 人用船装到嵩子庙，途中姜益周跳河逃，日军用竹篙戳打，后打死在河中。4 月 21 日晚上姜渭清、姜渭滨、姜品珍 3 人被日军在嵩子庙刺死，收尸时我也在场。

4 月 27 日，日军打"还风顺"，又来到嵩子庙李家沟，将我舅父顾明生拖到观音堂，杀害于文宫浜。

（原件存中共青浦区委党史研究室）

45. 林顺余口述

采访时间：2005 年 10 月 11 日
采访地点：青浦区徐泾镇蟠龙居委
口述人：林顺余　男
记录人：潘自敏　李舟洁

1940 年 4 月 16 日早上，我正准备和爷爷到地里干活，突然，冒出一个日本鬼子，避之不及被带走了。走了约 10 分钟，又出现一队趾高气扬的日本兵，我看到隔邻三家村的高全生也被日本人绑押着。当走过一染坊时，染坊小老板被那群日本兵发现，也被五花大绑捆了出来。一行人被关到金联沙家村的一间厢房里，房内到处是刑具，3 人被带到上刑的那间屋，几个日本兵正虎视眈眈地瞪着我们。日本兵先是把高全生痛打一顿，要他说出游击队在哪里，谁是游击队员，把他打昏后，拖在一边，以示"杀鸡儆猴"。随后，把我拖出来问话，后也把我打昏后丢在一边，那个小老板同样遭毒打。就这样，日本兵轮番地将 3 人用刑。接着一个日本兵一脚把高全生踢倒在地，用锃亮锋利的刺刀一连向高全生刺了 7 刀，可怜高全生活活一个人就这样被日军残酷地刺死了。正当我看得怵目惊心时，那个日本翻译已从身上解下宽厚的皮带，狠命地向我的脸上抽去，毒打一顿后，又一个日军解开我的衣服，全身上下搜摸，搜不到什么，又重新绑上，然后用枪托砸倒在地，随即用那冒着寒光的刺刀狠狠地向我的身上刺去，一刀、二刀……一连刺了十多刀，我已奄奄一息。

第二天天亮时我被 13 个老人救起。九死一生的我经过医生两个星期的治疗，终于脱离危险，奇迹般地康复了。事后，才知自己在 4 月 18 日那天晚上被日军刺了 12 刀，而其他人皆遇难了。

（原件存中共青浦区委党史研究室）

46. 李永德口述

采访时间：2005 年 11 月 17 日上午
采访地点：青浦区华新镇凤溪
口述人：李永德　男
记录人：潘根祥　杨逸人

1940 年 4 月 27 日早晨，日本兵到我家中，问我有否火柴？我怕他们放火，说没有，日本兵用手执的竹柄敲我头部，把我父亲李善余捆绑，拖到庙场。当时庙场上都是被捆绑的镇上居民，被迫跪下，逼问："后备队枪在哪里？"很多居民被打得躺在地上。

日兵在庙场北面刷布路田间，挖了两个打水车棚大小的坑，各有一人多深，把被捆绑群众拖过去，敲得半死不活后推到坑中。当时庙场上朱明诚家正在盖草房，旧茅草被拉到堆满受伤或已死居民的坑中，同时浇上火油焚烧，叫声凄惨，两个坑中被烧死几十个，收尸时惨不忍睹。我 1929 年出生，当时虚岁 12 岁，既是受难者也是见证者。

（原件存中共青浦区委党史研究室）

47. 邱伯通口述

采访时间：2005 年 8 月 9 日
采访地点：青浦区华新坚强村刷布路
口述人：邱伯通　男
记录人：徐纪英　潘根祥

　　1940 年 4 月 27 日早晨，我父邱昌仕准备借条小船去买豆秆。但出门就听说东洋人"要来了"，就不出去了。想外出逃难，但绍兴人的船挤不下，八、九点钟，2 个东洋人上来，已抓了五、六个人押着。到我家场上，叫我父亲和叔叔一起跪着。当时杨家庄村费家桥的董阿伍躲在我家灶间未被发现，我家灶间西面一窗可看见外面场上情况。为求得东洋人的饶恕，我家煮了许多鸡蛋，拿出来给东洋人吃，但东洋人吃了蛋，仍把人押到江家宅基，看到有人挫绳，就拿绳连同江家 2 个人，绑着把人押到庙场，一共十一二个人。庙场原有一批人被牵出来，牵到西南陆纪龙家前面，把这些人一个个敲死。我和母亲远远跟着躲在陆纪龙家，从窗里看见东洋人用枪托和竹杠打人，把人打死，并把人推入已经挖好的坑内。当时姚生余父亲姚锦清大叫"救命"。东洋人在邻近人家抱来茅草浇上火油烧，坑里几十人全部遇难，尸体难认。

　　当时我父尚在庙场，听说有"良民证"可放人，我父亲找不到良民证。午后，东洋人把庙场上的 20 多人（绑着）牵至八角车梅园桥蒋德其家附近，命挖坑后，一个个把人戳死在坑中。我叔为最后一个，头颈几乎被割断。我父亲被戳了 13 刀，其中有一刀见了 4 个洞（因手反绑，手 2 个，胸背各 1 个），东洋人只知道他已死。全家人远远跟踪，东洋人走后，当地人有人听到"救命"的声音。家属一个个把死难人员翻过来，我们发现父亲还未死抬回去，给他处理了伤口。听烧豆腐的管阿毛说：重固有治伤的医生，就找人介绍，躲在南塘桥一户人家，为父亲治了约半个月，一直到解放后去世。

（原件存中共青浦区委党史研究室）

48. 宋惠贤口述

采访时间：2006 年 5 月 22 日

采访地点：崇明县竖新镇明强村 10 小队

口述人：宋惠贤　男

记录人：徐　兵　季洪涛

1940 年当时我 19 岁，（这年）农历 6 月 26 日，日本强盗来竖河镇大烧杀。当时我被日本人拦到庙里，当时拦进去共 200 多人，其中有良民证被放出，大概几十个，被关在庙里有 100 多人，在庙里当时被烧杀 90 多人。日本人来了几十人，指挥官新井，还有一部分汪伪，时间在早上八、九点钟左右，其中一个学生意的学徒抱了 4 岁小女孩叫玉兰也被杀害。那天先用刺刀刺，后用机枪扫射，再后硫磺枪烧。我在最西边一间捆在龚邦郎身下，龚邦郎被日本人用刺刀刺穿背胸。我背上刺着一刀轻伤。我师兄黄惠英被刺着 7 刀，侥幸未被刺死，现在已死了 10 多年。这天抓的都是男的，女的未被拦进。其中一个叫季桂芬和施柳芳也亲历这天大烧杀。第二天日本人又来放火烧掉河东茅家宅。

（原件存中共崇明县委党史研究室）

49. 顾瑞芳口述

采访时间：2005 年 12 月 2 日
采访地点：松江区人乐三村 49 幢 26 号 406 室
口述人：顾瑞芳　女
记录人：叶念风

　　我叫顾瑞芳，今年 75 岁，现住松江区人乐三村 49 幢 26 号 406 室。

　　我出生在张泽东首四家江村。1940 年盛夏的一天，一队日军突然闯进村子，烧杀抢掠，强奸妇女，无恶不作，一瞬间整个村子成了地狱。村中火光四起，没有来得及逃走的男子被日军见一个杀一个，有的被枪弹打死，有的被刺刀捅死；妇女遭遇更惨，不管年龄大小被抓住后就遭到强奸，有的被强奸后还被日本兵用刺刀活活捅死。我的堂嫂也没能逃脱这场灾难，被日军拖去强奸。我们一家没来得及逃走，父母把我的弟弟藏在柴堆里，把我藏在橱顶上，他们藏身在梳妆台下用稻草遮着，总算逃过了一劫。待日军走后，我们才胆战心惊地出来，眼前的一切真是惨不忍睹。不少人家的房屋被烧毁，全村血流遍地，尸体横陈，村口两个大坑里堆满了死尸。今天回忆起来，记忆中的惨景还是那样清晰，日军的残暴肆虐、兽性行径仿佛就发生在昨天。

（原件存中共松江区委党史研究室）

50. 唐玄德口述

采访时间：2005 年 11 月
采访地点：小昆山镇陆家埭村 846 号
口述人：唐玄德　男
记录人：黄海华

　　我叫唐玄德，今年 90 岁，家住小昆山镇陆家埭村芦荡泾。

　　1940 年初夏，我当时正在芦荡泾教堂里做礼拜，出来时，看见几个日本兵来到教堂边，这帮禽兽不如的家伙看见一位漂亮女信徒后，还没等她反应过来，就强行把她拖到教堂旁的一棵桃树下，妄图对她强暴。见此情景，当时我不顾生命危险冲了过去，想解救那位女子，可一个人怎么斗得过拿枪的多个日本兵，我被一顿拳打脚踢，脑子昏沉沉，耳边只听到一声声剧烈的惨叫。过了几十分钟后，日本兵走了，等我努力睁开眼时，见那位女子已气绝身亡，也再没有了声音，还见满地的鲜血正流淌着。

（原件存中共松江区委党史研究室）

51. 陆伯松口述

采访时间：2005 年 10 月 28 日
采访地点：青浦区金泽镇田山庄村
口述人：陆伯松　男
记录人：张劳富　朱永新

　　1941 年 2 月底，因外祖父病故帮助料理丧事，送葬船行驶到仪役圩北厅时，遭到日军机枪扫射，当时我们都在船上，邹金海、邹小阿宝（我母亲）、邹阿宝（我姨妈）和许爱英 4 人当场被打死，我和沈宝林被打伤。我的右手腕被子弹打中，后来到练塘治疗了 20 次左右才痊愈。至今手腕上还留下几寸长的伤疤，成为日军枪杀无辜群众的亲历者、幸存者和见证人。

（原件存中共青浦区委党史研究室）

52. 刘新观口述

采访时间：2005 年 11 月 16 日
采访地点：青浦区香花桥街道新桥村四组
口述人：刘新观　男
记录人：庄志仁

　　1941 年 3 月 18 日，日军"清乡"到新桥村鹤泾湾，村民怕日军的暴行纷纷四处躲藏，我和刘新根二人一起躲藏在一只上了岸的农船梢内，不幸被日军发现，汉奸吴学明对二人搜身检查，在刘新根身上搜到现金，硬说他是"支那兵"把他押走，当时我尚未成年，由刘小弟母亲跪地求饶，汉奸当即把我放了。日军把刘新根押到石浦城隍庙场一棵银杏树下拷打审问，硬要他讲出游击队的下落和钱的来历，刘新根一边喊着救命一边讲，他不是游击队，钱是他刚卖掉一头耕牛的钱，是准备再买一头牛要用的，最后日军把绑在银杏树下的刘新根捅了 9 刀，18 个洞，惨死异乡。

（原件存中共青浦区委党史研究室）

53. 周阿宝口述

采访时间：2005 年 11 月 20 日
采访地点：青浦区香花桥街道东方村南汗泾
口述人：周阿宝　女
记录人：庄志仁

　　1941 年 3 月 18 日，日军"清乡""扫荡"。从鹤泾湾到南沈家泾（香花桥街道东方村辖区），我丈夫周文义从南沈家泾摆渡到河西，一起过河的还有戴仁歧。在准备往回家走时，被日军看见举枪就打，子弹穿过丈夫头部前额，当场没有死。还能踉踉跄跄走几步，后就跌倒，把他抬到家中人就不行了，眼睁睁地看着丈夫死去。戴仁歧未被日军子弹击中而侥幸活下来。

（原件存中共青浦区委党史研究室）

54. 王克勤口述

采访时间：2005 年 12 月 7 日
采访地点：青浦区金泽镇南新村 19 组
口述人：王克勤　男
记录人：吴学根

　　1941 年 6 月 12 日，日军到金泽官士圩进村"扫荡"。我被日军抓住，要我说出"支那兵"的去向。我说不知道，就被吊在梁上毒打；我仍说不知道，就被日军用稻柴点火后，烧我的下身，烧得皮焦肉烂，昏死过去。日军撤走后，村民救了我，才缓过一口气，经多年治疗，保住了一条命。

（原件存中共青浦区委党史研究室）

55. 顾顺福口述

采访时间：2005 年 11 月 15 日
采访地点：青浦区华新镇凤溪嵩山村
口述人：顾顺福　男
记录人：徐纪英　潘根祥

　　我 1931 年生，"东洋人"来杀人时已九、十岁。当天，我父亲在何家角王仁清家帮忙做衣服，我们小孩也跟去，当时嵩子庙已住有东洋人，王湘涛（看庙兼做教师）被逼带路拖人，东洋人有本花名册中有王明高。我看到日本人把人反绑、跪着、用二只长凳夹住腿，并用勾绳不断拉紧凳板折磨人。

　　我父亲在做衣服时被叫去，日本兵逼他到家里拿枪，拆了稻堆未找到，被绑去嵩子庙场上，我跟过去，看到父亲向南坐着流泪。东洋人打枪吓跑我们，后来又来几个东洋人，把父亲拖进嵩子庙。当时庙里关了十多个人，有个做酒的老师傅叫阿来宝，是松江枫泾人，东洋人让他烧饭，父亲帮忙。其时王湘涛又被吊着抽打，阿来宝跳河逃走（利用淘米的机会）我父亲也想走，但阿来宝会游泳，我父亲不会，又身上束着"作裙"，被东洋人捉回来，像王湘涛一样被打，戳死。隔了几日，去收尸（东洋人去了以后）发现被戳了 8 刀，衣服上 8 个洞，已虫蛆无数，爬满身体，父被杀后，东洋人重又来家中找小孩。幸于我随友人去黄渡还租米，不在家，但船到东江桥，水小船行不动，被日本人发现，因为是姓顾，被认为是顾复生的亲戚，最后由我们还租米的地主作保，证明我们和顾复生没关系，总算放出来。

　　日本兵非常残忍，王湘涛一家五口被杀，收尸时看到其儿子嘴被劈开，连同头颅。还用粗绳绑牢人身体，用活结再拉紧绳索，折磨人。

（原件存中共青浦区委党史研究室）

56. 倪小妹口述

采访时间：2005 年 12 月 10 日
采访地点：松江区方松街道广富林村百鸟村民组 442 号
口述人：倪小妹　女
记录人：陆　锋

　　我叫倪小妹，今年 79 岁。60 多年前日军给我村造成的那场灾难，在我幼小的心灵上留下了深深的伤痕，刻骨铭心，终生难忘。

　　1941 年秋天，正值秋收季节，乡亲们都在田里收割晚稻。我跟着父亲、母亲在田间割稻。忽然，听见远处传来叫喊声："东洋人来了！"早就听说日本兵凶残至极，听到喊声，所有人都很慌乱，拼命四处逃命。我家有条木船，停靠在岸边，乡亲们纷纷跳上船，想搭船逃到河对岸，躲过日本兵的杀戮。木船渐渐离岸了，乡亲们似乎看到了逃生的希望。殊不料"救命船"刚靠上对岸，惨无人道的日本兵在岸边架起机关枪，对准人群疯狂扫射，乡亲们一个个都倒在了血泊中。逃到河岸边的 22 个村民，18 人当场被枪弹打死，这其中包括我的父亲、母亲、哥哥、嫂嫂和我的侄女。我当时吓得急忙躲进未收割的稻田里，但最终还是被日军发现了，一枪打来，两节手指被打断，至今仍残缺。更为可怜的是我从此成了一名孤儿，是靠亲属和左邻右舍乡亲的帮助下才长大成人的。

（原件存中共松江区委党史研究室）

57. 王士训口述

采访时间：2006 年 1 月 16 日

采访地点：徐汇区罗城路 799 弄 39 号 201 室

口述人：王士训　男

记录人：胡光祥　张谦广

王士训于 1939 年参加国民党军队，1941 年被俘虏，去安徽怀宁做劳工。1942 年调到南京浦口做劳工，人数约 700 多人。主要搬运煤炭、搬大米等。1942 年底，日军解押到上海兆丰路东三家里、西三家里俘虏营里做劳工，负责烧饭。1943 年逃往浦东。在上海的俘虏营里不到一年的时间。1945 年日本人投降，又回到原来当劳工的地方。

当时从南京押到上海当劳工的有 600 多人，到 1945 年日本人投降时只剩下二三百人，其余 300 多人都死亡。

被访者亲眼看到有 3 人因为扛不动东西就被活埋，还看到有的 10 多个劳工因为想逃跑而被日本人开枪打死。

劳工们平时吃不饱饭，只吃蚕豆、洋山芋，一小把米。工作主要是扛煤炭、大米。记得有一个叫宫东的日本人经常随便打人，被调查者也曾好几次被打过耳光。在死去的人中有王友清、朱雪、吕仑发、苗翠文、许玉春、全章华、许康、吴阿荣、罗云等等。

（原件存中共徐汇区委党史研究室）

58. 顾月娥口述

采访时间：2007 年 10 月 24 日
采访地点：南汇区泥城镇海关村 629 号
口述人：顾月娥　女
记录人：张小霞

询问人：朱伟东

问：我们今天特来向你了解日本人在南汇罪行的相关情况。

答：好的。

问：日本人的罪行发生于何时何地？

答：发生（在）1942 年 3 月下旬，地点在书院外三灶。

问：请你详细叙述一下日本人的暴行情况。

答：1942 年 3 月下旬，是车粳稻的季节，我丈夫李林舟那天早晨在黄沙港港口地里耕田。当时日本人要捉土匪头子李云保。日本人在我家西南海关帝庙向北路过，有人报告李云保经常在徐家宅，日本人要来捉拿李云保，就在徐家宅每家抄家，有的日本人在挖泥坑，准备捉到人以后要活埋在这里。前后有两三个小时的样子，我们宅头老老小小，男男女女到处跑或藏。当时我也在水田里劳动，和丈夫在一起。那天看看苗头不对，要我丈夫从水车上过去，跑到李来章家中。突然间一帮人冲进来，把我丈夫捉牢，日本翻译问他姓啥，叫啥，当时回答他们"我姓李"。日本人看到我丈夫身上有泥，光着脚，肩上有泥，肩上红，讲他过去扛过枪，有印子。中午时分，日本人把他拖去，一直拉到书院外三灶。当天下午，我和姑妹阿姐二人一路赶过去。我们到了外三灶打听，寻没寻着，打听也打听不到什么情况。临走时，拜托一家铁店店主，有什么消息告诉我们。同时捉去的还有我们宅头上好几个人，当天就回来了。回来的人告诉我们，在黄昏时听到枪声了。隔了六七天，铁店有消息说，那里有一个人，身上穿得（的）衣服、裤子跟丈夫失踪前穿的是一样的，已死掉了。我请人去收尸，真的是我丈夫，被日本人用枪打，子弹打在头部，枪洞对穿对过。当时尸体在外三灶白龙港里几天后浮起，被人发现的。

问：后来你如何生活？

答：那时我女儿才 6 个月，我一个人靠种田把女儿拖大。我一直未再嫁。日本人是坏人，活活把我丈夫打死，当时他才 23 岁。

（原件存中共南汇区委党史研究室）

59. 张全姐口述

采访时间：2005 年 12 月 8 日

采访地点：青浦区金泽镇建国村

口述人：张全姐　女

记录人：池友生

　　1942 年 3 月 5 日，日军进村"扫荡"，我和家人一起摇船逃难，被日军开枪打中右侧大腿，腿骨被子弹打碎，虽侥幸未死，但伤口发炎至极，在家中养伤 6 年不出家门，至今大腿处可见碗口大的伤疤和向外突兀的腿骨，落得终身残疾。

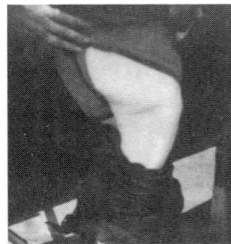

（原件存中共青浦区委党史研究室）

60. 潘顺卿口述

采访时间：2007 年 9 月 6 日
采访地点：南汇区盐仓镇老年护理院
口述人：潘顺卿
记录人：张小霞
询问人：瞿晓云

问：我们今天特来向你了解一下日寇在南汇惠南镇暴行的具体情况。

答：好的。

问：日寇的暴行是哪段时间？什么地点？

答：是 1942 年 4 月的事情，日本人以追查百姓借粮食给新四军游击队的名义，抓捕惠南镇东门外大街三义庙一带商店的店主和职员 30 多人，关在城内日本宪兵司令部（现在南汇人武部）施暴。

问：你 1942 年在何处？

答：1942 年 4 月，我在惠南镇东门外三义庙开肉店及米庄。日本人抓人那天，我在店中，他们叽哩咕噜一通，就将我关到宪兵队，受尽折磨。当时我 28 岁。

问：请你讲一下日寇在城内宪兵司令部的暴行情况。

答：我被抓到宪兵队后，日本人用竹棍毒打我，往我口中灌水，还用火烧我的脚，把我的脚烫伤。由于被强行灌水、压水，造成我终身心肺疾病。

另外，我亲眼看到一位叫刘文桃（保长）的，他被日军毒打，用火烫脚、灌水，被折磨得死去活来，吐血不止，放出来没几天就死了。

另一位叫朱鉴兴的同样被日军绑在竹扶梯上仰面朝天，日本人用木棍毒打他，并往其肚里灌水，灌进去再压出来，把他折磨三天才放回去，脚被烧残废，前几年已病故。

问：上次顾文峰、朱叶春找你调查时讲的情况有出入吧？

答：由于年代久远，有些事情我记错了。现在想起来，上次二位同志找我时，讲的时间和人数有些出入。时间应是 1942 年 4 月，被抓的人应该是 30 几个人。其他句句是实。

问：这次被关押事情后，你在何处？

答：我被关押了 20 多天后，被放了出来，继续开店。

（原件存中共浦东新区委党史研究室）

61. 周秀英口述

采访时间：2005 年 12 月 7 日
采访地点：青浦区华新镇淮海村瞿家台生产队
口述人：周秀英　女
记录人：瞿仁君

　　1942 年 9 月某日凌晨 3 时左右，日本人敲门将我父亲周阿毛叫起，把我母亲与姐姐推回房中把门关上，将我父亲抓到房南一荒场上，用石头猛砸我父亲的头，后又用玉米萁焚烧。当日本兵将玉米萁点燃后往西走后，我躲在旁边将玉米萁推开，当母亲和姐姐到时，父亲已经断气，头上还有一个很大的窟窿。

（原件存中共清浦区委党史研究室）

62. 计寿良口述

采访时间：2006 年 3 月 22 日
采访地点：闵行区吴泾镇新建村 12 队
口述人：计寿良　男
记录人：扈芝月　蒋凤余

　　1944 年冬的一天，日本兵到 12 队北翁宅乱搜查，刁难百姓。当时，我还小，只不过十二三岁，几个小孩在计家里自己的场地上玩耍，并没有看到日本人，而他们却被日本兵看到了，这些强盗不由分说，连小孩都不放过，对准他们就打。我被日本兵一枪打在了左手臂上，子弹经手臂、腋下从软肋中穿过，顿时鲜血直流，止也止不住。其他小孩听到枪声连忙躲了起来，免遭一劫。幸亏当时穿着厚棉袄，没有伤到骨头，但是受伤的地方长时期的溃烂发炎，影响到整个手臂直至手指头，疼痛难忍。后到处求医，总算保住了一条命，现在身上留下了一个 2 寸左右长的伤疤。

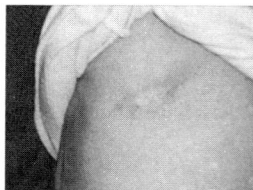

（原件存中共闵行区委党史研究室）

63. 汪锦文口述

采访时间：2007 年 10 月 11 日
采访地点：南汇区大团镇果园村银杏 740 号
口述人：汪锦文
记录人：张小霞
询问人：朱伟东

问：我们今天特来向你了解一下侵华日军在上海吴淞口暴行的具体经过。

答：好的。

问：侵华日军的罪行（发生）在何时何地？

答：日本人的罪行是在 1945 年 4 月 27 日，在离吴淞口外一公里多路的长江里。

问：你当时几岁？住在何处？

答：我当时 22 岁，住在大团银杏村。我从 16 岁起就到上海港务局撑驳船。1945 年 4 月 27 日，我们船队从青龙港（崇明县）装棉花回上海。

问：请你详细叙述一下侵华日军对你所犯的罪行？

答：那天早上七点半左右，船队在离吴淞口一公里左右时，我已经起来坐在棉花包上，突然前面的拖轮突然急转弯，一看原来是避让日军布在水里的水雷，结果还是有 4 只驳船被炸毁，炸得粉碎。我工作的那只船也在其中。当时我被炸到长江里，沉入水底。醒来时我用脚一蹬，浮出水面，只见江面上全是棉花、船板的碎片。我使劲用手抓住一包棉花，这时才发现我的右手臂已经被炸断了。只好用左手去抓。抓了一会儿，觉得没力气了，就用牙齿咬住棉花包，左手穿在棉花包的打包带内。大约一刻钟后，我被前面船放下的小舢板船救起到轮船上。下午轮船到十六铺码头，这时我才得知，被炸的 4 只驳船上 22 个人中有 17 人遇难，其中有我父亲汪庆林，他当时 53 岁，还有彭镇的一个阿梅生，这些人连尸体也找不到。

问：后来你如何治疗伤口的？如何生活？

答：后来到静安区伤科医生秦涛庆那里治伤，一个礼拜后回到家里休养，两个月后才康复。后来我在大团一灶轧米场工作，做临时工，再后来就一直在家以种地为生，但右手一直用不上力。天气不好时，受伤的地方会很痛。

（原件存中共浦东新区委党史研究室）

64. 茹品仙口述

采访时间：2006 年 3 月 22 日
采访地点：闵行区颛桥镇集体 4 队
口述人：茹品仙　女
记录人：施秀琴　施文德

　　1945 年农历七月初九，在颛桥镇集体 4 队老婆鸡浜河南，茹根良和他的父亲茹兆林在自家田里施肥料。当时日军飞机正好在空中飞过，扔下炸弹，当场把茹兆林炸（得）粉身碎骨，场面惨不忍睹。炸弹的弹片正好弹在茹根良的腰间部，使其重伤，隔日死亡。

（原件存中共闵行区委党史研究室）

四、大事记^①

1932 年

1月18日　下午，5个身穿西装外罩日本僧衣之可疑之人在马玉山路三友实业社毛巾厂（今双阳路62号）门前寻衅，与该厂工人冲突，制造"日僧一死二伤"事件，并嫁祸三友毛巾厂工人。

1月20日　凌晨，日本青年同志会成员70余人，在日本海军陆战队的配合下，动用4辆铁甲车，前往三友实业社毛巾厂，投掷硫黄炸弹纵火。他们打伤了灭火的工人30人。还冲到附近的引翔港警亭，开枪击毙华人巡捕周（田）润生，劈去华捕朱伍兰的3只手指并打伤其头部，用枪击伤华捕陈胜徵腹部，并将警亭捣毁。造成"引翔港惨案"。据统计该厂损失达一万元左右。

1月28日　晚11时许，日本侵略军数十人自虬江路沿宝山路及横浜路、青云路进入天通庵车站。11时30分，日军以此为据点，向国民党军十九路军78师156旅第6团一个连队开枪射击，十九路军奋起还击，一二八淞沪抗战爆发。

△　日军连射燃烧弹，淞沪铁路两侧民居被炮火摧毁。武进路以北罗浮路、虬江路一带亦燃起大火，上海大戏院被烈火燃塌。

△　闸北民生路上海永和实业股份有限公司被毁，损失1328786元；交通路上海华商公共汽车股份有限公司被毁，损失88955.97元。

1月29日　早晨7时，日军轰炸中兴路、会文路处的湖州会馆。随之，连续三次轰炸北站。候车室倒坍，货栈中弹，机车被毁，大楼被炸，旅客死伤无数，至晚上10时火焰仍未熄灭。损失万元以上。

△　日军闯入北四川路五洲大药房第二支店，掳去虞耕丰等店员11名，总经理项松茂闻讯前去营救，一同被押解至江湾日本军营。31日，均遭日军

---

① 本大事记中，涉及财产损失的货币数据，1935年11月前为银元；之后，如无特别说明，均为折换成1937年价值的法币。

杀害。

△ 上午，日军飞机接连投掷炸弹，将商务印书馆印刷制造总厂及尚公小学全部炸毁。2 月 1 日，商务印书馆编译所及东方图书馆又被纵火焚毁，损失共计 16330504 元。

30 日 日军冲进江湾镇东西下家塘、金家塘、杨家塘（今高境镇胜利村）烧杀，烧死、打死村民 22 人，整个村子尸横遍地，火光冲天。

2 月 1 日 下午，在劳勃生路（今长寿路）日华纱厂门口，20 余行人被驻厂的日兵掳入厂里，用刑毒打后杀害，并将尸体抛入吴淞江。

2 月 2 日 10 余架日机在彭浦北首（今甘泉新村北块）等村庄投弹扫射，炸伤乡民 10 余人。

△ 在日本小学内，被日军关押的 100 余人，手足捆绑，解至汇山码头日本船上，被害 30 人，其余 70 多人下落不明。

△ 下午 4 时，日军用汽油引火，烧毁江湾路上海法学院教室、礼堂、宿舍，延至次日下午 5 时，院产全部焚毁，约损失 435000 余元。

△ 在黄浦码头铁驳船上被日军关押 135 人，后枪杀 70 人，工部局派员救出 65 人，其中受伤致死 1 人，其余 64 人均受伤。

△ 日军士兵抓捕槟榔路（今安远路）十间头居民 10 多人严刑拷打，后在吴淞江里发现郭正有、沈长安等 13 具尸体，满身刀伤。

2 月 3 日至 4 日 日机先后两次向设在柳营路的第一灾民收容所投掷炸弹，并用机枪扫射逃避的难民，死伤多人。

△ 日军及汉奸烧毁欧嘉路（今海伦路）房屋 30 余间、北四川路（今四川北路）青云里房屋 4 间及广兴里部分房屋、狄思威路（今溧阳路）子祥里施源茂花衣厂等处房屋 42 间。

2 月 4 日 日军分三路向闸北发动总攻，日机在市民居住稠密的天通庵路、香山路（今临山路）、公兴路、青云路一带，投掷炸弹与烧夷弹约 300 枚以上，该地区成为一片浓烟火海。

2 月 5 日 晚 8 时起，日军炮击吴淞镇，大火烧至次日凌晨 3 时，烧毁中市店面楼房 100 余幢，损失数十万元。

△ 上午 10 时，北四川路狄思威路（今四川北路溧阳路）中弹起火，下午 3 时，火势扩大，延烧地域极广；日军在虹口残杀平民 150 余人后，用麻袋装车运走。

△ 上午，日军飞机轰炸真如火车站，炸毁车厢 2 节，平民被炸死 1 人、炸

伤 10 余人。

2 月 5 日至 6 日 日机两次轰炸了内有 8000 余人的水灾收容所，炸死 50 人，炸伤多人，收容所病人受惊而死数人。

2 月 6 日 日军飞机轰炸江湾庄家阁；在真如镇炸死居民 10 人，炸伤居民 8 人。

2 月 7 日 日陆海空军万余人从水陆两路进犯吴淞。吴淞面粉厂损失厂房计银 3 万两，制粉机器计银 20 万两，存麦 1 万余包计银 1 万两，厂内生财及各职员行李等约值银数千两；吴淞永安公司第二纱厂财产损失大洋 3304773 元；吴淞宝明电器股份有限公司财产和现金损失 258858 元，间接损失 31002 元；同济大学损失 798000 元；中央大学医学院损失 556500 元，中国公学损失 2114580 元；吴淞初级中学损失 43900 元；江苏省立水产学校损失 91520 元；吴淞商船学校损失 965600 元，劳动大学（含劳大农学院）损失 697455 元。

2 月 9 日 日军飞机 3 架在杨家桥投弹，炸死 3 人，炸伤 10 余人。闸北水电公司所属的闸北水厂和闸北电厂遭日军炮击。直接财产损失 70 万余元，间接损失约 1960 多万元。

2 月 10 日 下午 5 时，日军冲入位于水电路上的持志学院，先用机关枪向门警扫射，继而纵火焚烧，合计损失 100 万元。

△ 横浜桥东洋影戏馆押有 500 余人，妇女或遭奸污、或割乳刳眼，刺其下身，受尽污辱和痛苦；在广东戏院内押有 600 余人，手足捆缚。先后约 200 人遭惨杀，其余下落不明。

2 月 12 日 日军从早到晚不停轰炸，炮击设在太阳庙路的十九路军前线指挥部，使沪上十大名刹之一的太阳庙毁之一炬。附近大批民房遭殃。

△ 上午，日机 5 架往闸北麦根路（今秣陵路）一带抛掷炸弹，其中 2 枚落在永安第三纱厂摇纱间内，电气马达 1 部、摇纱机器 52 部损坏，损失约值白银万余两，死伤 30 余人。

2 月 16 日 吴淞外马路常熟轧花厂毁于日军炮火，损失约 5 万两。

2 月 20 日 上午 7 时半，日军第一外遣舰队司令植田谦吉下达总攻击令，当晚通宵以炮火猛烈炮击江湾镇，被毁民房千余家。须根英一家十口包括公婆、叔伯、二婶及即将出生的孩子被烧死。

△ 日军在淞南一带，杀死村民 64 人；在庙行一带，杀死村民 17 人，烧毁房屋 200 多间；在江湾贺王村屠杀村民 40 余人。

△ 下午，日军闯入东体育会路的毛全泰木器厂，用硫黄等引火焚烧，开办

40 年的工厂化为灰烬，损失 70 万—80 万元。

2 月 21 日　日军飞机两次轰炸南翔十九路军指挥部，南翔火车站被毁，站长徐斌等 20 余人殉职。江湾镇火车站也被日军炸毁。

2 月 22 日　位于北四川路底的中华学艺社，价值 30 万元的专门图书和数十种待印的著作稿件，及 1000 余册私人珍藏的专门书籍被日本兵纵火烧毁。位于江湾西体育会路的国立中央大学商学院，刚建成一年的新校舍全部被日军焚毁，包括宋元明版在内的 4 万册中西文藏书及大量仪器设备全部损失殆尽。

△　日机轰炸大场镇，房屋连片燃烧，仅大场西街一处，数十名居民死亡。日军还侵入彭浦塔水桥（今彭浦镇幸福村），烧毁民房 60 多间，杀死村民 13 人。江湾附近民房，被日军焚毁一空，民众惨遭屠杀，道旁尸体 200 具以上。

2 月 23 日　日军在江湾马桥宅（今高境镇马桥村）制造"浜西惨案"，枪杀村民 18 人。

2 月 24 日　日军在江湾镇东景德观前杀害乡民 20 余人。镇西南张家巷一带乡民被日军驱入草屋内纵火焚烧，70 余人葬身火海。

2 月 25 日　日军对江湾镇轮番轰炸炮击，江湾地区民居顿成瓦砾，许多民众被害。

2 月 28 日　日机在真如投弹，死伤 25 人，炸毁镇东观音堂。

2 月 29 日　日机多架飞往闸北、真如、大场一带掷弹 10 余起，在潭子湾河中，炸毁难民船 4 艘，失踪 18 人。

2 月　日军在吴淞侯家木桥轮奸妇女 18 人；在江湾，凡未逃出村的妇女，均遭受强奸，且事后被杀戮，致触目皆是裸体女尸。

同月　复旦大学江湾校舍被日军占领，房屋和校具等损失共计 234278 元。

3 月 1 日　日军炮兵向闸北一带发射硫黄弹，虹江路九如里房屋全部烧毁。

3 月 2 日　上午 6 时许，中国军队完全退出闸北，闸北遍地大火。永兴路育婴堂路口，延烧房屋 200 余间。

△　日军占领真如镇，枪杀数十名青壮年。居民家中因被搜出十九路军遗弃的军服而被枪杀的达 40 余人。日军占领真如地区后，以暨南大学为据点，搜捕烧杀。附近四乡有 40 余处房屋被烧。

△　日军攻占宝山大场镇，枪杀、刺杀村平民张金舍、张勤生等 18 人。

△　下午，12 架日机穿梭轰炸嘉定城区，死伤 70 余人。

3 月 3 日　日军向嘉定发起猛攻。凌晨 1 时许，日军前锋千余人直扑娄塘、朱家桥，一路烧杀，娄塘镇 16 人被枪杀。朱家桥镇等十多人死于日军枪口，房子、商品等财产损失 59000 多银元。日军从浏河沿新泾河东岸进入徐行乡，枪杀徐汤云、吉锡全等 8 人。之后，冲进斜泾村（今永胜村一组），将未及逃避的男女老幼 27 人，集中枪杀在河滩边的"牛爬漕"，又将全村付之一炬。

△ 下午 5 时许，日军进据闸北，沿途见屋就烧，区内火光一片，未及逃避难民葬身火窟，侥幸脱险的亦中途被日便衣队枪杀。

3 月 4 日 日军包围嘉定西村（今马陆镇城东村西村组），放火烧房，12 人死于日军枪口之下。

3 月底 在公共租界老闸区（今黄浦区）各旅社、亲友家避难的难民达 3.3 万人。

3 月 沪西曹家渡丰田纱厂工人因年底向厂方要求发给工资，遭驻厂日军陆战队殴打，又逮捕工人 13 名，均被刺死。

同月 日军在宝山侯家木桥（今淞南镇新二村北部）轮奸妇女 18 人。原住大场、吴淞、宝山的 1490 名难民被上海战区难民临时救济会救护。日军在吴淞、庙行拘捕难民 44 人。

1937 年

8 月 9 日 日海军陆战队大山勇夫和斋藤要藏不顾上海保安团队员劝阻，驾车企图冲入虹桥军用机场挑衅，开枪打死机场守卫后被击毙，是为虹桥机场事件。

8 月 13 日 上午，日本海军陆战队铁甲车 3 辆，掩护士兵五六十人，向驻守在宝山路的上海保安团开枪射击，保安团队员自卫还击。下午，日本军舰两次用钢炮向八字桥与江湾路发射烧夷弹，同时向宝山路、天通庵路发动进攻，袭击中国保安总团防地。八一三淞沪抗战爆发。

许昌路的恒丰纺织股份有限公司损失 7659018 元；华德路中华煤气车制造公司损失 1485000 元；复旦大学在炮击中损坏。翔殷路西段、河滩路、马夫路、万安路东西天乐寺及附近的张谈宅、沈家宅、陈陆家宅等村庄 269 户遭炮击和焚毁，毁房 1170 间；打死、烧死者 50 多人。

同日 日军飞机轰炸，福州路的大东书局股份有限公司被毁店房、器具、存货等，并被日军用卡车掠夺书籍 15 车，损失 331.8 万元。

8 月 14 日 拂晓，中国军队与日军在陈家巷、张家宅一带（今大连路至鞍山路、双辽路段的控江路两侧）遭遇战斗，陈家宅全被烧毁，张家宅大部被毁，陆家宅以东 10 个自然村毁于日军炮火。

△ 下午 3 时许，两颗炸弹落在南京路、黄浦滩（今外滩），其中一颗落在华懋饭店（今和平饭店北楼）与汇中饭店（今和平饭店南楼）中间的南京路上，华懋饭店楼下铺面的橱窗全被炸毁，汇中饭店被炸去一角；有轨电车电线被炸断，1 辆汽车被炸毁。死 729 人，伤 865 人。约 4 时半，又有飞机堕弹于爱多亚路与虞洽卿路（今延安东路与西藏路）大世界游戏场门前，炸死 1011 人，1008 人受伤。

△ 日军占领引翔港地区后疯狂烧杀，年老体弱及来不及逃走的居民均被日军赶进屋内，连人带房一起焚毁烧死。3 天后，日军又在该镇大举纵火、全镇 500 户居民房屋、130 多家店铺以及厚仁善堂、引溪小学、涤蒙小学变成一片废墟。

8 月 15 日 日军先后强占杨树浦路附近的天章造纸厂、申新第七纺织厂、恒丰纱厂、永安第一纺织厂、大华（永安）印染厂等。申新七厂辟为兵营。日舰炮击沪江大学（今上海理工大学）及附近地区，大学损失约 150 万元。以后，日本海军又侵占沪江大学及以北黄浦江边的土地，用作海军司令部和陆战队军营。

△ 夜间，中国军队八十七师攻击汇山码头，日军放火阻止进攻，杨树浦大火延烧几天几夜；广信码头（今广德路码头）处，难民蜂拥地抢乘舢板小船从黄浦江逃难，日军飞机用机枪扫射，死伤难以估计。

8 月 17 日 日军放火焚烧范家宅、石家浜、敦化路一带，共毁坏房屋 200 间；在周家宅，200 余间被毁；杨树浦路裕康里，80 间房屋被毁；平凉路以北的施家宅、翁家宅、尤家宅、顾家宅全毁；长寿庵堂 40 多间尽化灰尘，女住持被炸死；沿杨树浦路的留春里、六春里、靖德里、依仁里近百幢被炸毁；在小木桥一带，毁损约 200 间；在东海村、尤家浜、申新村，被日军烧毁约 4000 多间；在华德路（今长阳路）昆明路、唐山路一带，焚毁民房三四千间；日军还在明园跑狗场和华盛路（今许昌路）加油站路口等处架设机枪，杀害从住宅中逃出的居民 100 多人。正泰信记橡胶厂厂房、设备毁于炮火，损失 103 万元。

△ 中午，7 架日机飞抵浦东投弹。东昌路以北烂泥渡、陆家嘴及鸿生码头等处损失甚重。下午 2 时，大批日机相继由吴淞口外飞至闸北上空，先后投弹百枚以上，150 间房屋焚烧殆尽，死伤居民 70 余人。

△ 日机轰炸嘉定县城，南翔、真如、马陆、方泰、外冈等地。至 10 月 7 日，全县死 4000 余人、伤 1.7 万人，大批房屋被毁，财产损失惨重。

8月18日　清晨6时，日军飞机3架轰炸真如东南医学院，炸毁校舍4幢，炸死中国红十字会第二救护队担架队长张松龄，炸伤4人。

△　下午2时，日军重轰炸机5架，每架配有4架护卫机共25架，由吴淞口外飞至闸北上空，先后投弹33枚。新民路、大统路、北火车站及京沪铁路闸北沿线一带焚毁房屋不计其数，死伤市民100多人。日军在昆明路、唐山路以北地区放火焚烧，荄白园（今荄白园路）村宅及棚户草屋全烧光；在蒋家浜和严家木桥一带，烧毁120户村民草房380间等。

8月19日　日机轰炸高桥一带，建筑物毁坏颇多，浦东八九万难民陆续乘船逃往浦西。

8月20日　日军在沪东商业较集中的八埭头地区焚毁沿街房屋150余幢。炸毁韬朋路（今通北路）新康里沿街50—88号房屋。

△　日军强行占据北四川路天潼路口的新亚饭店。

△　日机炸毁松江光启中学礼堂和江苏省立女子中学。

中旬　日军在军工路（虬江以南段、今虬江新镇附近）焚烧100多户居民房屋360间；远东公共体育场（即远东跑马厅）被日军占为军营。日军焚毁走马塘以南、兰州河以东、以西地区的东西贾浜、金家门、王家门、赵家门、唐家塔、前横浜、南北赵家巷、黄家宅、顾家宅等村宅房屋4850间。

8月21日　日军飞机狂轰乱炸、机枪轮番扫射，投下燃烧弹，击中高昌庙久大弄鸿昌机器造船厂的厂区，燃起大火，从上午11时延烧至下午5时，工厂化为废墟，焚毁楼房26间、机房54间、机件废铜铁2000余吨；焚毁全厂职工、技工的行李什物，以及工厂历年册据簿籍，损失127万元。该厂的"三江轮""福兴轮"被日军沉没，"鸿兴轮""新鸿兴轮"被日军征用后炸沉，"达兴轮"被日军强行购买。

△　日军溃退时不断以大炮向沪东区轰击，庄源大元芳路（今商丘路）一带300户民房被毁。日军还在东百老汇路（今东大名路）南洋烟草公司后面，沿西华德路（今长治路）、兆丰路（今高阳路）、唐山路、邓脱路（今丹徒路）、茂海路（今海门路）、昆明路一带纵火，4000间民房燃烧一昼夜。

△　日军增援部队在川沙登陆，对大小川沙西岸实施火烧政策；日军占领高郎桥东侧的申新第五、六纺织厂，直接损失分别为765万元和395万元；平凉路西侧的纬通合记纱厂（即以后的永安第五纱厂），直接损失764万元。上海印染厂、中国毛绒纺织厂被日军侵占被迫停产。

8月23日　晨6时至下午3时许，日机40余架飞至闸北及真如镇一带轰炸。

炸毁房屋 200 余间，死伤 20 余人；真如镇百余间房屋焚毁殆尽、死伤民众数十人。

△ 下午 1 时许，一颗重磅炸弹落在南京路、浙江路口，大新公司（今市百一店）至三友实业社一带的玻璃橱窗及霓虹灯均被震毁；先施公司（今上海时装公司）等 52 座建筑物及货物等被炸毁，炸死 215 人、炸伤 570 人。

△ 华顺码头左长弄内羁押青年 150 余人，有 20 余人被枪杀。

8 月 23 日至 24 日 日军在宝山罗泾小川沙口、薛敬堂和黄窑湾等地登陆，当天就在川沙村杀害村民 33 人。24 日，日军攻陷罗店镇，大肆烧杀。枪杀炮台湾村南杨家宅 10 多人；罗店义品村、和平村、民众村共 68 人被枪杀、刀杀、强奸、火烧而死。在盛桥友谊村、月狮村，64 人被杀害；此后 3 个月内，罗泾地区被日军杀害的平民达 2244 人。罗泾周围乡村就有 10948 间房屋被烧毁，其中在小川沙渡春地区焚毁民房 3363 间，在陈行、海星、牌楼、花江、新路地区焚房 2817 间。在罗店，中国红十字会第一救护队副队长苏克己被日军碎尸 6 段，3 名队员遭枪杀。

8 月 24 日 晨 7 时许，300 名难民由杨树浦方向逃进百老汇路（今大名路）时，遭 20 余名日军阻拦，壮年被机枪打死，想逃者被剖腹挖心，仅剩 40 余人幸免于难。

8 月 25 日 日军增援部队 3 个师团向罗店进犯，天平村、束里桥村村民 105 人遭日军枪杀或活埋，或烧死、炸死，年龄最大 86 岁、最小仅 3 岁。

△ 日军飞机连日轰炸浦东洋泾地区，死伤 20 余人。

△ 杨树浦平凉路同安里居民约 240 人欲往租界逃避，行经元昌路（今礼陵路）遇日军拦阻，日军劫去难民所有钱财后，将百余名年轻者留下，用机关枪扫射杀害。

△ 日机在高昌庙江边码头一带轰炸，毁屋 3000 余间。

8 月 26 日 日军在兆丰路、百老汇路一带挨户搜索，强令居民一律迁出。当二三百名居民在户外集结时，日军上前包围并用机枪扫射。

8 月 28 日 日军数十架飞机在罗店镇及附近乡村投弹 200 多枚，并不时以机枪扫射。全镇繁华之处付诸一炬。罗店镇区原有房屋 12573 间，被日军炸毁 12009 间；镇区外的练顾乡原有房屋 1962 间，被毁 1350 间；赵巷乡原有房屋 1873 间，被毁 1423 间；罗汉乡原有房屋 1562 间，被毁 1283 间。

△ 下午 2 时许，日军飞机 8 架向上海南火车站大肆轰炸，站台、天桥、水塔与车房被炸毁，死伤难民六七百人。

8月29日 午后2时，在威妥玛路（今怀德路）码头边，日军将三五成群捆绑一起的千余名民众，先后投入黄浦江内溺死。

△ 日军飞机轰炸吴淞的同济大学，损失约186.4万元。

8月31日 日军在虹口抓获大批平民，老幼在前、少壮在后集中一处，用机枪扫射，伤亡1000余人。

△ 上午10时，日军飞机20架在宝山县城、月浦镇及附近乡村上空投弹轰炸，历时一小时，投弹百枚以上，有200余处房屋被毁，80余人死伤。5架日军飞机在宝山杨行镇及附近乡村投弹10枚，杨行镇长途汽车站及附近民房几乎全毁，聚集在车站内外的难民及国民政府军伤兵200余人全部遇难。

8月 世界红十字会所属南市收尸所掩埋尸体2465具。

同月 日军掠夺上海公用局码头仓库管理处在南市地区的浮码头29座、浮桥48座、巡轮1艘、房屋4间、仓库1座、铁门30座等设施，以及赢利减少等，损失423.4万元。

8月至9月 闸北电厂、水厂及厂房、设备等直接损失830万元。

9月1日 日军进攻龙华，华商上海水泥公司（今上海水泥厂）损失116.4万元。

△ 从清晨6时30分至下午5时30分左右，日军飞机12架在宝山县城及附近乡村上空投掷炸弹200余枚，上千间房屋被毁，无辜民众与驻守华军死伤众多。

9月2日 9架日机飞至真如镇及附近乡村，设在东南医学院内的伤兵医院房屋全毁，未及疏散的伤兵全部死亡。

△ 从清晨4时30分至下午5时30分左右，日军飞机10架在吴淞镇、炮台湾、狮子林及附近乡村上空投掷炸弹七八十枚。同时，日机还飞至五角场附近同济大学上空，投掷炸弹约百枚，同济大学大礼堂、实习工厂、学生宿舍、理学院等建筑全被炸毁殆尽，附近五六十间房屋被毁。

9月3日 日本军舰炮轰浦东沿浦各街市民房，陆家宅附近泰同煤栈被击中，引起栈内煤炭燃烧，大火烧至次日。

9月5日 日军飞机20架（次）对宝山县城进行疯狂轰炸，投弹百余枚，城内上千间房屋几乎全被炸毁，无辜贫民死伤无数。

从5日开始，日军连续3天轰炸北新泾镇。日机对沪西北新泾、周家桥、中山西路及附近进行轰炸，毁房屋200余间，死百余伤300余人；在北新泾野鸡墩（今努力村）炸死炸伤正在候船、集市交易的平民百人以上。周家桥附近的远东木厂和顺昌石粉厂亦被炸毁。北新泾居民共死 100 余人、伤 300 余人。

9 月 6 日 日军从虬江码头登陆后，在码头附近陈家宅、张家宅、瞿家宅、王家宅等进行烧杀。虬江码头建筑物大多被破坏和烧毁，仅存泊位和 3 座仓库，损失约 200 万元。

9 月 7 日 日军攻陷宝山城。守城的第 98 师 583 团 3 营包括营长姚子青 600 余官兵壮烈殉国。在日军飞机轰炸、炮击、纵火焚烧下，宝山城厢地区被毁房屋 5192 间。从 8 月 23 日起至 9 月 7 日，日军飞机先后轰炸吴淞镇 36 次，投掷炸弹 630 余枚。仅淞兴路与商会路及同江路之间就有永安纱厂、大中华纸厂及百余家商店被毁；吴淞蕰藻浜以北地区毁房 4685 间。

△ 日军在宝山杨东村、泗塘村制造惨案，杀害平民 300 多人。

9 月 8 日 日机轰炸松江火车站，炸毁 1 列满载难民的客车，死 300 余人、伤 400 余人。

△ 日军在宝山泗塘村东万宅肆虐，将 48 名村民和难民用绳子串捆着手，押到东万宅东面的竹园处，用刀一一杀死。

9 月 9 日 上午 9 时许，日机 6 架向南市地区轰炸，龙华路造纸厂中 4 弹，炸死 40 人、伤 60 余人。

9 月 10 日 晨，日军坦克车与步兵围攻复旦大学，校舍受炮击起火焚烧，至 10 月被占领，共损失约 120 万元。

9 月 11 日 上午，5 架日机在龙华一带投弹 20 余枚，龙华寺及左厢 500 罗汉佛像部分被毁，附近警察局、派出所、民居遭殃，死伤平民五六十人，警局 13 人受重伤。

9 月 12 日 日军向杨行及月浦方向进攻，在杨行镇的杨东、西浜、钱湾、大黄、湄浦、杨北、城西二村等地，用枪杀、烧杀、炸死、刀杀、刺杀等手段杀死平民等 331 人。此后 1 个月内，日军共枪杀村民 102 人，全宅 40 户、200 多间房屋全被烧毁。

9 月 13 日 日机 6 架先后两次在白莲泾一带投弹，中国酒精厂被炸毁，附近民房、义泰兴煤栈、大来栈房遭损坏，炸死工人、平民十余人，伤 30 余人。

△ 下午 4 时许，上海救济委员会派出公信轮拖带船队 9 艘和协茂轮拖带船队 12 艘，往嘉兴、苏州输送难民 2189 人。行至北新泾西首七八里虞姬墩（今华漕镇）处苏州河面时，日军飞机 2 架对船队投下 4 枚重磅炸弹，炸沉 3

艘船，并用机枪对出逃难民扫射，致难民死亡 300 余人、伤 40 余人，河道为尸身壅塞。

9 月 17 日 日军在宝山月浦小村宅、梅园宅、陆家宅、北陈宅、中宅和潭巷宅用枪杀、刀杀、刺杀、烧死、饿死、淹死等手段杀害村民杨沈氏、杨小囡等 43 人。

△ 日军在外白渡桥桥塊日本领事署处架设数尊巨炮，向陆家嘴方面中国军队阵地开炮，死伤平民 20 余人。

9 月 18 日 下午，日机 4 架飞至北新泾、虞姬墩等处投弹，其中 2 枚落在苏州河上，炸沉 1 艘难民船，死伤 100 余人。

9 月 19 日 上午，日机 5 架在龙华镇上空投弹 20 余枚，炸死 13 人，伤 20 余人，民房多处起火，龙华寺又中 6 弹。

△ 驻扎在宝山月浦大吴家宅的日军到大徐家宅掳掠，村民被杀 41 人。

9 月 20 日 日军强占山东中路世界书局股份有限公司的店房、器具、原料、存货等，损失 1449.5 万元。

9 月 21 日 日机轰炸嘉定封浜乡新华泾南村，炸死村民 27 人。

△ 日军闯进宝山月浦梅园陈家浜宅搜查，将平民 35 人用绳子捆绑，押到马路河流通陈家浜的沟湾里，集体枪杀。

9 月 29 日 日机轰炸浦东，塘桥、杨家渡三号桥附近、陆家嘴、其昌栈、浦东大道等地死伤平民 50 余人。

△ 下午，日军在杨行镇北马渡堰宅浜沟边，威逼平民 56 人脱光衣服，另一些日军隔沟开枪将其全部杀死。另有日军在刘行老安塘家浜杀死村民 34 人。

9 月下旬 占领日军闯进杨行北宗石家堰将搜索到的近 200 名难民全部杀死，其中妇女还被脱光衣服遭受凌辱。

9 月 日军侵占宝山城后，任意屠杀难民、侮辱妇女。城隍庙内设有难民所，药师殿附近一块农田焚毁难民尸体 200 多具。

同月 自 12 日中国军队从杨树浦后撤，日军一路向南，经陈家宅、东沈家宅、洪东宅、马家宅、周家宅、张江巷、祝家宅、汤家浜、赵徐家宅、范家巷逼近淞沪路、闸殷路（均在今五角场地区中东部），大肆烧杀，烧毁房屋 1900 多间，损失超过 100 万元；杀死、烧死近 100 人。

同月 杨浦区沈家行镇（今翔殷路明朗桥北面）被日军全毁，原 40 多家商店、20 多家作坊及 300 多间民房，除少数楼房幸存外（后也被占领），均被夷为废墟。沈家行以南浣沙浜地区的浦家角、奚家角、赵家湾、卢家桥、谈家宅、鲍家行，连日遭日军烧杀，烧毁房屋 531 间，杀死、烧死 31 人，另有 4 名妇女遭日军强奸。殷行地区东部（今杨浦区殷行街道）居民集中的瞿家浜、夏家宅、史家桥、丁家宅、陆丁巷、孙家巷、顾家宅、费家巷、胡江巷、朱家宅、毛家宅等村庄被日军烧毁房屋 3931 间，损失 250 万元以上。殷行地区西部（今杨浦区新江湾城街道）的几十个村庄先后烧毁房屋 4000 多间，损失 300 万元。长达一华里的殷行镇 40 多家商铺和附近的殷行、周湾、东陆等小学及 1000 多家民房被焚毁（未全毁的也在日军以后筑机场时拆毁），各项经济损失近 80 万元。

同月　日军飞机炸毁斜桥制造局路上海女子中学的校舍 38 间、校具 1990 件、图书 2860 册等，损失 100 万元。

9 月至 10 月　上海市政府大厦及公用、工务、卫生等局的建筑物先后被日军侵占，各项损失约 140 万元。市图书馆、博物馆损失房屋、设备等 194 万元，另有图书 50 万册。上海市体育馆（今江湾体育场）被日军占作军火库，各项建筑、设备损失 80 万元，上海市立第一公园因驻扎日军被废。上海市医院（今长海医院）和市卫生试验所被日军改为陆军医院，设备、用具等损失 160 万元。日军还将市立医院的 100 多名中国病人活埋在医院附近的周家村西面（今长海医院北面）。

10 月 2 日　日军集中兵力向宝山罗店、刘行发动进攻并使用毒瓦斯。刘行归王胡家宅 50 余平民被日军枪杀在胡家宅竹园内；周家姓宅村民 22 人被日军枪杀于宅内；刘行大陆严家宅村民 32 人惨遭日军杀害；刘行大陆村村民 56 人被日军杀害。

10 月 2 日至 3 日　宝山顾村镇羌家村村民 49 人被日军炸死、枪杀或刀杀。

10 月 3 日　宝山刘行正义村王老宅、顾家桥宅、楼南宅、小顾家宅等 64 人，被日军枪杀在小顾家宅河里。

△　日军飞机轰炸闵行纪王（今华漕镇），炸毁房屋 250 余间。

10 月 5 日　下午，4 架日机在七宝镇上空投弹，死伤 28 人；日军焚毁斜土路东方美菜馆，损失 107.2 万元。

10 月 6 日　奉贤奉城遭日机轰炸，死村民 22 人，炸毁民房及镇上文庙。

△　上午 8 时，日军飞机轰炸北新泾镇，炸死、炸伤平民 20 余人，四五十间房屋被毁。

10 月上旬　日军侵占宝山淞南地区，村民被活埋 18 人，被枪杀 11 人。

10月11日 10多架日机轰炸江湾路、八字桥、翔殷路一带,近200间房屋炸成废墟;日机飞至真如镇东北真大公路两侧乡村投弹,受伤民众达40余人。

10月12日 上午9时许至下午1时许,20架日机分为数队,飞至闸北上空轮番轰炸长达4小时,先后投弹200枚以上。轰炸主要目标在共和路一带和宝山路一带,500余间房屋变成一片瓦砾,百余名难民罹难。

△ 日伪当局侵占半淞园路内地自来水股份有限公司和中华路2个营业所的财产,其中房屋4幢,书柜、银箱、打字机等器具354只,钢橱、油印机等9件,白铁水管等19.88万公尺,以及车辆6部等,共计损失179.8万元。

10月17日 下午6架日军飞机4次轰炸浦东塘桥镇并投掷燃烧弹,炸死平民40余人、伤100余人。

△ 日机大肆轰炸真如镇,烧毁民房420余间,炸死40余人、伤50余人。真如电气公司和捷轮商号同时被炸毁。12架日机轰炸杨家桥,死伤30余人。

10月18日至19日 6架日军飞机轰炸浦东龙王庙镇,全镇半数房屋被炸,潘家宅难民50余人被炸死。

10月19日 日机轰炸七宝镇、华漕镇和北新泾镇,死伤60余人。

10月22日 日机在新闸路与梅白格路(今新昌路)投下燃烧弹,死伤50余人。

10月23日 上午8时许至下午1时许,20余架日机3次飞至闸北地区投弹,中兴路、中山路、宝山路、宝源路、北火车站一带炸毁房屋200间以上。

△ 日机两次轰炸莘庄镇,炸毁民房百余间。

10月24日 上午,20余架日军飞机飞至北新泾镇附近及苏州河北乡村投弹,并用机枪扫射,死伤40余人,炸毁房屋40余间。

△ 中午,日机向松江居民区投弹,死伤600余人,民房千百间房屋被毁。

△ 下午,30余架日军飞机在中山西路和大夏大学上空投弹,大夏大学教育大楼、体育馆、教工宿舍及中学部教室炸毁。三号桥亦被炸断,死伤乡民多人。

10月25日 日军出动177架飞机在宝山大场地区狂轰滥炸,投弹160多吨。大场东起守仁桥,西至马路桥的3里多长街及周围20000米范围内的建筑物几乎全毁于战火,被毁房屋3340间。顾村的宝兴纱厂损失达273万元。日军还杀害庙行康家村村民30人。

10月26日 日本海陆军轰炸机数十架,以重磅炸弹数百枚轰击中国军队。

真如镇东北真大公路两侧乡村，毁坏房屋不计其数。

△ 日机飞至北新泾镇，炸毁吴淞江桥，并用机枪扫射江面上的难民船，死伤无数难民。

10月27日 日军攻占闸北，大举纵火焚烧，恒丰路、共和路周围仅剩一幢钢筋水泥骨架的3层楼民房。

△ 日军飞机4次轰炸沪西各处。炸毁北新泾镇镇西大街房屋约350间，平民200余人遇难；镇东北薛家库，死亡30余人；申新八厂全毁，申新一厂北工场、布厂一半、办公室等几处被炸毁，两厂总计损失约500余万元；申新五厂损失197.8万元。天原电化厂直接、间接损失约426.6万元；继而日军飞机又用机枪扫射，死伤工人400余人；另有数弹落入附近三角小菜场，死伤菜贩等百余人；在凯旋路以西周家桥及附近，炸死炸伤难民500余人。

△ 晨，约150架日机在真如车站、国际无线电台南缘之许家桥及吴家库等乡村投弹，真如镇房屋与车站成为一片废墟，死伤者不计其数；日军又在潭子湾、潘家湾、交西路一带纵火焚烧，大部分民房被毁。

△ 午后，闸北难民一二万人沿沪杭铁路桥越苏州河南下进入白利南路（今长宁路），日军用机枪多次向难民扫射，妇孺被击毙甚多，铁路桥上尸骸枕藉；位于沪西中山路的大夏大学遭日军飞机3次轰炸，全部被毁，高中部、实验小学及大夏新村房屋亦大部炸毁。

10月28日 晨，约20架日军飞机沿极司非而路（今万航渡路）两侧中山路一带投弹，数百难民沿白利南路向铁路附近英兵防所行进，日军飞机轰炸该处车站附近的车辆及纱厂，死伤难民至少200余人。

△ 日军占领闸北，在北站地区包括虬江路、宝山路、永兴路、鸿兴路等再次投下大批燃烧弹，大火烧了整整3天。留守闸北之谢晋元团坚守苏州河北岸四行仓库，抵抗日军进攻，至10月31日退入租界。

△ 日机150架大肆轰炸真如，真如镇与车站被夷为平地，真如沦陷。桃浦地区春光村全村被杀500多人，房屋所存无几。

10月28日至29日 日军飞机大肆轰炸松江县城，投弹200余枚，城内府城隍庙、孔庙、云间第一楼等均被炸毁。

同月 日军侵占宝山后大肆烧杀，刘行地区烧毁房屋13235间，顾村地区烧（炸）毁民房1498间，大场地区毁房约20000间，庙行地区毁房1305间，祁连地区毁房2033间，淞南地区毁房3008间，高境地区毁房1761间。在杨行星火村的张宅、中宅、天井宅和周李家浜宅杀死村民41人，在杨行东街村东街杀死村民 75 人。

同月　日机轰炸南翔地区，炸死平民 167 人。在嘉定江桥乡的 6 个自然村里杀害 26 人，烧毁房屋 133 间。

11 月 2 日　数十架日军飞机，先后两次沿苏州河南岸轰炸 2 小时，并不时以机枪向下扫射，房屋被毁不计其数，民众 150 余人死亡，伤数百人。

11 月 3 日至 5 日　日军飞机、日舰轰炸奉贤奉城，死伤居民 40 人，炸毁民房百余间。孔庙、肇文学堂、民教馆、言子祠、育婴公所、积谷仓等都被炸毁。

11 月 5 日　凌晨，11 万日军在海军第四舰队的掩护下，分乘运输船，从杭州湾金山西面的白沙湾、南面金山卫到东面的塔港一带 15 公里长的海滩上偷袭登陆，并迅速占领金山卫镇。此后几天内，日军杀死平民 1015 人，烧毁房屋 3059 间、商铺 2 家、学校 2 所，使城镇顷刻成为瓦砾废墟。大批日军冲进金山亭林镇，镇上民房、商铺百余间全部被焚毁，朱坤元等几十人被杀。从漕泾塔港登陆的日军对漕泾镇及周围乡村的平民进行屠杀、抢掠，20 多人被杀，海涯村 20 多人被日军枪杀或刺刀杀死。朱行镇的新街村、高楼村、胥浦村、团结村烧房 260 间，屠杀村民 80 多人，被强奸的妇女 20 多人；日军包围山阳镇及四乡村落，枪杀村民 280 多人，焚毁商家店铺 105 间，棉花 28700 多斤，学校 3 所，强奸妇女 100 多人。日军占领金山吕港镇，杀害平民 50 多人，强行抢米 2 万多石，烧毁房屋 200 多间，杀耕牛 77 头、强奸妇女百余人。在干巷镇焚毁店铺和民房 400 多间，被杀村民知姓名的就有 60 多人；日军占领张堰镇，烧毁民房、店铺 570 多间，屠杀百姓 200 多人；屠杀耕牛 73 头及许多畜禽，全镇顷刻废墟一片。另有 19 名筑路工人路过该镇，也被日军枪杀。枫泾镇也被炸死平民 10 多人、伤多人，许多房屋被毁。

△　日军从金山卫登陆后，侵占松江，一路杀人放火。在李塔汇小镇将一批躲藏在延寿庵大殿内避难的附近难民全部杀死。

△　日军在漕泾烧毁 211 户、1462.5 间房屋，杀害 149 人，奸淫妇女 120 余名，宰杀耕牛、猪、羊、鸡鸭等禽畜 1051 头（只），烧毁稻谷 138400 斤、棉花 56 亩、车牛棚 58 个。

△　金山张堰镇 20 多名妇女逃进百家村天主堂避难，被日军发现后，惨遭强奸，事后都被杀害。

△　日军飞机轰炸浦东龚路镇，一渡船被炸毁，36 名乘客全被炸死。日军飞机轰炸南市，达利长、同丰针织厂被毁，损失 11.9 万元。

11 月 6 日　日军攻占金山松隐镇，屠杀平民 175 人，焚毁房屋 1520 间，该镇成一片废墟。烧毁廊下镇及周围四乡房屋300多间，万春村、景阳村约40人被杀；日军占领金山朱泾镇后大肆烧杀抢劫，在东林镇、西林镇、公续镇3镇，大火连续烧了三昼夜，烧毁房屋2466间，枪杀及烧死平民78人。

△　上午10时至晚6时，浦东难民纷纷逃往市区，春江码头以南各码头逃难者达2万人以上。

11月8日　日军在金山卫镇的仓头村（今农建村）杀害金山卫乡乡长奚斗如夫妇及32名村民；在北仓镇，杀害30多人。

△　日军侵占金山枫泾镇。杀害平民110人、烧毁房屋2693间。繁华的商业街坊沦为一片火海，南镇大部及北镇街面被夷为平地。

△　日军攻陷松江，在松江石荡湖镇袁家埭杀死村民24人。

11月8日至9日　沿黄浦江边北起浦东洋泾、南至杨思桥各乡村民四五万人，渡船到浦西避难。

11月9日　多架日机在外日晖桥斜土路一带投掷烧夷弹，该处以草棚为多，所有小工厂及草房被毁；斜徐路的广源丝厂、德庆永泰记锯木厂、端大煤行等损失85.2万元。

△　浦东乡民六七千人陆续逃离浦东；日军水上飞机在浦东洋泾镇用机枪扫射平民，枪杀妇女、儿童二三十人。

△　中午12时起，国际红十字会在北至民国路（今人民路）、南至方浜路的半月形区域，设立南市难民区，至16日，涌入的难民约20万人。不少难民露宿街头，难以安置。

△　日军占领松江，烧杀抢掠，大火昼夜不灭，店面房屋尽毁，尸体随处可见。松江电气股份公司被日军占领。

傍晚，日军占领虹桥机场和龙华镇，入侵新泾镇（原西郊乡），马家角400余间民房全化为灰烬。一个月内马家角、杜家宅、大金更、王家楼、赵刘家宅、木杆桥、陆家楼等21个自然村，1281间民房被毁。

△　日军包围嘉定花家桥（今江桥乡丰庄村花家桥组），将未及逃走的村民20人拉到村沟边，除一人受伤，其余全部用刀杀死。

11月9日至11日　日军飞机轰炸嘉定安亭镇，炸毁房屋200多间，千年古刹菩提寺中殿也遭浩劫。

11月10日　清晨，日军在坦克掩护下分3路，沿龙华路、斜土路、斜徐路强渡日晖港向南市发起总攻。上午10时许至下午，几十架日机轰炸外马路沿浦江、日晖港一带，并不时用机枪向下扫射，十六铺警察分局被炸，死伤警士 10 余人；大上海橡胶制品股份有限公司损失 131213 元；永丰久记绸厂损失 44260 元。下午 2 时，10 余架日军飞机轰炸南会馆、大码头、王家码头、董家渡等处。

△ 日军入侵新泾镇等地，枪杀村民高良舟、朱友堂等 16 人。

△ 日军在洋泾镇大街、其昌栈市房、陆家宅、东西杨家宅、隆茂栈以及三万昌以南至花园石桥浦东大戏院，烧毁民房数千间，焚毁东昌路南首房屋数百间。日军在赖义渡、陆家嘴等处肆意枪杀被认为可疑的民众（尤其是青壮年）。

11 月 11 日　晨 6 时许，30 余架日机向南市地区投掷炸弹、烧夷弹百余枚，房屋几乎全毁，剩下的房屋也多处起火。7 时 30 分以后，日军在北自东昌路、南至周家渡沿江 12 里的各个渡口，布置了 50 门大炮，加之黄浦江上的日军舰，一起向南市地区排炮轰击，北自十六铺南至董家渡一带，落弹千余枚，致使这一区域内的栈房与民房多数被毁，变成废墟。

深夜，中国军队撤离南市。上海市区沦陷。租界地区成为日军包围中的"孤岛"。

11 月 12 日　日军在浦东大肆放火，赖义渡大街（北自浦东大戏院起南至典当弄以北精华地区）全部被毁；浦东医院以西警局路至医院南首、吴家弄等房屋被毁数百间。

△ 日军在闵行颛桥光明村强奸 10 名妇女，其中一位有身孕 9 月被轮奸致死；在华漕陈思桥"三丫叉"塘旁日军枪杀周边乡村 30 多人，并抛尸塘中。

△ 下午 1 时，方浜路益安里未及逃走的 40 余名难民，被日军强行趋至弄堂口，用机枪击毙。

11 月 12 日至 13 日　日军焚毁光华大学校舍，连同附属中学共损失 137.76 万元。上海参燕业同业公会损失 235.2 万元。

11 月 13 日　日军毁坏上海徽宁会馆的楼房 20 所，市楼房 52 幢，木器、铜铁锡磁玉玻璃和古董 4000 余件，书籍和书画 6 大箱，账本文卷 30 余宗，以及衣物 200 余件等，损失 1250 万元。

11 月 14 日　驻嘉定八字桥（今唐行乡连俊五队）日军因发现柴堆里有一套中国军队军服，先后抓捕王建章、金玉成等及 2 名在此避难的军人共 33 人集体枪杀。

△ 晚 6 时许，流弹落在虞洽卿路（今西藏中路）、白克路（今长沙路）、新闸路、河南路、北京路、四川路等处爆炸，炸死 14 人、伤 48 人。

11 月 15 日 晨 6 时许，日军焚毁大南门交通部上海电话总局。电话总局西首的江阴路、东首的小南门及佛阁后面的糖坊弄等处均被焚毁。

△ 停泊在法租界外滩的 12 艘海关巡舰被日军强占，十六铺的数十艘小火轮也被日军拖往三菱码头。

11 月 15 日至 16 日 日军放火焚烧浦东赖义渡，张天一国药号、东升南货店、祥泰烟纸店等 150 余家大小商铺被毁，共烧毁市房 200 余幢、民房 300 余间。昔日繁华的沿浦重镇化为焦土。

21 日 停泊于汉口路外滩的江海关浚浦局与水巡捕房所属差轮 30 余艘遭日军劫持。

11 月 23 日 高昌庙至南车站路、沪军营路、陆家浜路、大兴街、黄家阙路、小西门、小南门、董家渡天主堂、王家码头以东，大码头进城至肇嘉路（今复兴东路）、三牌楼、四牌楼为界，被日军纵火，尽付一炬；城厢南半区，以及小西门朝东之中华路一带几乎化为焦土。

11 月 25 日 上午 9 时 40 分，流弹落在北京路、山西路、福建路间爆炸，炸伤 32 人。

11 月 江苏省立上海中学被日军占领，损失 1991 万元。

同月 日军在嘉定陈思桥将逃难回家的乡民和难民 108 人集体枪杀。城内和南翔 4 所医院直接损失 1.97 亿元。

同月， 金山山阳镇倪家村、卫东村、杨家村、海光村妇女 120 余人遭到日军强奸。

12 月 16 日 日军袭击奉贤钱桥西张、海边、桃元等村，烧毁民房 211 间，抢走粮食 1.78 万公斤。

12 月 17 日 日军飞机轰炸松江泗泾镇，进而又派军队进镇大屠杀，仅松鹤楼茶馆就有 274 名茶客遭杀害。全镇毁房千余间，死亡 500 余人。

12 月 19 日 日机炸毁嘉定黄渡电灯公司，直接财产损失 145 万元。

同月 日军占领漕河泾镇，位于镇上的黄家花园（今桂林公园）损毁宫殿式大住宅 1 座、大小房间 33 间及会客厅 1 处，建筑工程与全部生财家具价值为 368218 元；日军入侵新泾镇，程桥、曙光、虹古、美满、努力村地区 336 户人家被毁房屋 2 幢、871 间。

1938 年

1 月 1 日 日军枪杀青浦徐泾村（今青浦区徐泾镇辖区）叶引山、谢大妹等

22 人。

1 月 4 日 日军工兵部抓捕奉贤县政府（南桥沈家花园）全部人员，晚上在姚家行屠杀 83 人。

1 月 13 日 日本华中方面军的东兵站司令部在翔殷路北侧的东沈家宅挂出了"杨家宅娱乐所"的木牌。这是第二次世界大战中，日军设立的第一个由军队管理的正式的"慰安所"。"慰安妇"来自日本、朝鲜，还有从各地掳掠来的中国妇女。早在 1931 年 11 月，日本海军就在虹口选择一批日本侨民经营的妓院作为其海军的特别"慰安所"，东宝兴路 125 弄的"大一沙龙"就是其中的一个，它既是日军在亚洲设立的第一个"慰安所"，也是世界上存在时间最长的日军"慰安所"，直到抗战胜利前夕才关闭。

1 月 18 日至 19 日 日军在奉贤金汇镇焚毁镇东、南、西街民房 700 余间，金汇大长廊、金汇四家堂等民房 93 间、猪舍几十间，在金汇镇、泰日镇杀害村民 15 人。

1 月 20 日 日军从金山嘴沿钦公塘两侧向北进军，一路烧杀掳掠到大团镇、老港镇、四团镇杀害村民 26 人。

1 月 21 日 日军沿王公塘、钦公塘一路烧杀，在祝桥镇，杀害约 50 人。

1 月 28 日 闵行（今江川路街道）妇女 500 余人在难民所被日军强奸。

2 月 1 日至 10 日 上海维持会拨款遣送难民，10 天有 10 万余人通过铁路离沪避难；通过沪甬航线离沪的约有 1 万余人。

2 月 2 日 300 余名日军包围青浦金泽镇，枪杀 23 人，并将 92 户人家的 295 间房屋等放火烧光。

2 月 4 日 日军在青浦金泽颐浩寺、观音殿搜出步枪、子弹及县政府文件卷宗，放火焚毁了这座宋代遗存的文物建筑。

2 月 14 日 日军在松江奇江村（今方松街道）放火烧毁 214 间民房，150 多亩稻堆被毁。

3 月 3 日 日军在金山枫泾钱家草枪杀、活埋青壮年 60 多人，使该村成为寡妇村。日军在松江新浜镇赵王村杀死男性村民 43 人，焚毁房屋数十间，后又将 21 名男性村民带到枫泾镇杀害。

3 月 18 日 日军在青浦朱家角先锋村青来自然村、沈巷村徐家浜、塘湾村（今朱家角张巷村）、张巷后村、童家港、南库等地烧毁 86 户村民房屋 332.5 间及船舫、粮食等物。

3 月 25 日 松江九亭镇朱家浜 36 名男性村民被日军用铁锸砸死。

4月7日 沪江大学校长刘湛恩因拒绝任职于日伪政府，在静安寺路小沙渡路（今南京西路西康路）口遭日伪收买的暴徒枪击身亡。

4月9日 日军在南汇陈桥镇枪杀村民18人。

4月13日 驻崇明新河镇的日军因侮辱龚家农妇，被村民痛打致死1人，日军下乡报复，在济民乡（今新河镇塔南村）烧毁民宅41个、民房200多间，并杀害村民10多人。

4月 日军"扫荡"金山干巷镇及四乡，烧毁房屋200多间，烧死、杀死村民20多人。不久霍乱流行，仅丁家埭村一夜之间就病倒27人，死亡10多人。

5月13日 日军在青浦金泽地区"扫荡"，杀害村民166人，焚毁房屋990余间，大米154050斤。池鼎兴桐油店、张广生药店等73家商店的门面房166间及全部商品被烧毁。

5月18日 日军"扫荡"南汇黄路镇，沿路枪杀18人，伤4人。

7月15日 日军在闵行"清乡"，枪杀26人。

8月12日 凌晨，200多名日伪军偷袭闵行华漕镇诸翟抗日武装驻地，打死10多人，溺死20多人。在抓捕的28人中，10名抗日志士于15日被斩杀于何家角日军沪西司令部。

8月14日 日军100多人包抄南汇祝桥镇，与国民党军部队激战一天，既而大肆烧杀，焚毁商铺民宅307间，杀害20人。

8月16日 日军侵入南汇盐仓镇，将震泰轧花厂等94家商号的349间房屋和18户居民的139间房屋付之一炬，全镇成为一片废墟。

8月28日 2架日机在金山张堰镇投炸弹6枚，炸死50多人。

△ 日军在松江张泽镇一茶室将21名茶客活活砍死。

8月 日军以南汇周浦为据点分路下乡"扫荡"，在周浦镇地区杀害20余人，强奸致死3人、伤2人。

9月13日 日军强占杨浦市立第一公墓400亩土地辟为军用机场。此后日军陆续拆毁、烧毁民房5000余间，小学、庙宇、祠堂等6处，进行圈地侵占，扩充至7000亩，至1941年筑成日海军机场（即后来的江湾机场）。

9月 日军在青浦施家浜（今白鹤镇金巷村）、朱家村、北江村（今白鹤镇朱浦村）杀害村民约20人，强奸4人；在朱浦、北江、蒋浦、钱家埭、新桥、陆家村、潘家库、五福等自然村烧毁130户村民房屋515间，稻谷16200斤。

10月9日 日军在浦东邓镇抢劫财物，杀死老年妇女19人。

10月11日 日军在北蔡镇虹桥北街烧杀，残杀男女老幼共48人，烧毁民房 59 间。

10 月 12 日 午夜，日军约 500 人进攻浦东北蔡游击队，并纵火焚烧，乡民死于枪弹、刺刀和大火近百人。

10 月 16 日 日军在金山廊下镇中堂桥以东烧毁房屋 150 多间。

10 月 23 日至 11 月 2 日 宝山杨行孙蔡宅村民 26 人被日军杀害。

11 月 11 日 日军在青浦"扫荡"烧杀，东田村、高许村、龚家庄、钱盛村村民 40 人被杀害，烧毁 22 户民房 304 间、粮食 7150 公斤。

11 月 日军纵火烧毁闵行俞塘小学、民众教育馆之强恕园艺学校、农世馆、俞塘合作社、民众医院、俞塘信用社、俞善庙、永孚纱厂、油车坊等房屋 258 间。

12 月 16 日 日军向南汇泥城地区"扫荡"，在角头港（今芦潮港）附近与保卫团第二中队激战，周大根等 28 名指战员牺牲。

12 月 日军在浦东一六庵地区纵火，残杀张桥村村民 30 余人，烧毁民房 40 余间。

下半年 日军为修筑南汇航头到御家桥段公路（全长约 11 公里），沿途强拉民工，拆毁公共建筑和大批民房。周浦火车站至南八灶汤木桥段 1 公里铁轨全被拆毁。

本年 松江叶榭镇 43 名少女、村妇先后遭日军强奸或轮奸，其中 2 人遭强奸后，又被日军用刺刀和削尖的竹子捅死。

本年 日军兴建宝山西北丁家桥飞机场（又称王浜飞机场），前后共圈占民地 4505 亩（一说 4569 亩），平毁村宅 29 个、民房 1069 间，致使 400 余户、2400 余人无家可归。兴建宝山大场飞机场，第一次圈占民地 4136 亩，1940 年 3 月和 1942 年 12 月，又两次扩展，共圈占土地 10273 亩，平毁村宅 27 个。

1939 年

1 月 12 日 晚，日伪军在浦东张家浜枪杀抗日人士 10 余人。翌日，又枪杀民众，伤亡 22 人。

1 月 21 日 日海军在浦东驻地杀伤 16 人。翌日，又在大陆家宅杀伤 24 人。

1 月 27 日 日军在浦东施家浜等处枪杀民众，伤亡 22 人。

3 月 22 日 日海军陆战队 60 余人从闵行闸港口登陆前往鲁汇镇（今浦江镇）"扫荡"，将闸港镇 200 余间重建的房屋全部烧毁。

6月1日 日军在青浦西渔村、马家浜、陆家都、西浜等自然村追查游击队，杀害村民26人。

6月12日 日军在青浦高泾小石桥孟家塘烧毁39户村民房屋339间。

8月12日 驻青浦白鹤镇日军30多人包围草鞋浜新四军江南抗日义勇军部队新兵连，新四军指战员33人牺牲。

8月20日 日军在南汇万祥镇放火，烧毁55家工商企业瓦房259间、草房55间及设备、原料等，又在镇郊烧毁30户瓦房146间、草房41间及家具、农具粮食等大量财物。

8月30日 《大美晚报》副刊编辑朱惺公坚持宣传抗日救国，在北河南路天潼路口遭汪伪特务暗杀。

9月4日 上海女子大学、女子中学校长吴志骞被汪伪特务杀害于公共租界新大沽路（今延中绿地）上海女子中学校园内。

11月13日 日汽艇在浦东洋泾镇西首凌家木桥渡口猛撞渡船，致60多人落水淹死。

11月23日 江苏高等法院第二分院刑庭庭长郁华在善钟路（今常熟路）150弄内被汪伪特务枪杀。

12月12日 中国职业妇女俱乐部主席、共产党员茅丽瑛为劝募寒衣支援新四军组织物品慈善义卖会，在南京路福利公司会所门外，遭汪伪特务枪杀，3天后在仁济医院牺牲。

12月29日 法商水电公司工人领袖、共产党员徐阿梅被汪伪特工绑架到市郊中山路遭暗杀。

冬 日军放火焚烧沪西棚户区，诸安浜、法华镇、曹家堰、汪家弄棚户区数百间草屋，并阻拦租界消防队救火，致使2000余平民无家可归，冻死、饿死者无数。

本年 日军在宝山大场新华村姚家宅、金家石桥等13个村宅圈地2400亩，围上电网，建造军火库70多座及一批地下碉堡。

1940 年

3月25日 2000余日伪军"扫荡"南汇地区，中共浦东工委委员朱君务等20人在反"扫荡"斗争中牺牲。

△ 南汇祝桥镇潘泓村一带渔民26人分乘3艘渔船出海捕鱼，行至老港镇

东洋面时遭日军拦截，并以违禁出海令将其杀害后连同渔船一起焚毁。

3 月 日军进驻南汇惠南镇后，将其驻地四周的机关、学校、医院、民房等 1546 间房屋全部拆毁。

4 月 14 日至 27 日 日伪军警 4000 多人，对青东（今青浦的徐泾、凤溪、赵巷与松江、闵行、嘉定的部分地区）抗日根据地实施"围剿"，共焚烧民房 2084 间、楼房 1 幢等，杀害村民、游击队员等 803 人。

4 月 20 日 日军在松江泗泾镇徐家宅"扫荡"烧杀，杀害 60 多名村民。

5 月 崇明桥镇小学校长陈乾初被日军抓去砍死。日军还先后杀害陈和川、小五狗女儿等 19 名村民。

7 月 30 日 日伪军将崇明竖河镇 100 余村民赶往镇北首城隍庙（又名新庙）内，逼令交出抗日游击队，先用机枪扫射，再用硫黄弹烧，最后用刺刀刺，杀死 60 多人，伤 20 多人，烧毁集镇市房、民房计 2000 多间，制造了"竖河镇大烧杀"惨案。在七八两月的"大扫荡"中，日伪军在崇明 18 个集镇共计烧毁民房 3400 多间，屠杀民众 260 多人，伤 100 多人。

7 月 《大美晚报》总编张似旭在南京路一家德国餐馆被特务射杀，经理李俊英被暗杀；大光通讯社社长邵虚白被暗杀；上海民治新闻专科学校校长、《新闻报》采访部副主任顾执中遭枪击受伤；《大美晚报》记者、国际版编辑程振章被刺身亡。

8 月 3 日 日军为逼迫崇明堡镇东效村百姓交出崇明游击队情报主任樊法祥，将全宅男女老幼关在一间房内放火烧，被害民众 34 人。

8 月 15 日 日军焚烧崇明油桥镇西半街房屋 200 多间。

8 月 30 日 日军以"清监牢"为名，将 48 名囚犯活埋在崇明城东门外寒山寺两侧。

秋 中共上海近郊工委委员刘石青，在吴淞火车站遭日军杀害。

10 月 18 日 一名日本宪兵在愚园路附近遭狙击身亡，日军两次大范围、长时间封锁该处，先后拘捕了近 300 人，拆毁附近居民房屋，造成 4000 多人无家可归。

12 月 1 日 日宪兵佐佐木（斋藤）在大西路 52 弄附近被刺身亡。日军借故在此开筑新马路，汪家弄道路两旁房屋被拆毁，至 18 日，受害者约达 2000 人。

12 月 25 日 上海铁业同业公会在北苏州路、浙江路一带商号，被日军"征用"各类钢材 4800 余吨，而支付的货款仅为当时的 20%—30%。

1941 年

2 月 7 日 日军对青浦芦墟、莘塔、北厍、周庄、金泽进行"清乡",放火烧毁 82 户村民房屋 340 间半,烧毁粮食 10.71 万斤。

2 月 14 日 日军"扫荡"青浦金泽镇,杀害村民 50 人。

3 月 21 日至 24 日 日伪特务对租界内的中国、中央、交通、农民等银行制造恐怖袭击,屠杀绑架银行职员,实施爆炸案,4 天内 17 人被害,伤 56 人,128 人被捕,3 人被绑架。

4 月 18 日 日军"大扫荡",从平湖出发窜入金山卫乡,将抓获的 28 名青壮年农民(除 1 人逃脱外)屠杀活埋。

5 月 9 日至 11 日 日军在沿苏州河麦根路至昌平路一带凿沉或没收舢板约 250 艘,使 1500 人流离失所。

11 月 日军在松江黄毛村焚烧民宅 179 间,村民伤亡 19 人。

12 月 8 日 中国农民银行上海分行,被毁器具及现金、金银等损失共计 134 万元。

同月 日军强占忆定盘路中西女子中学校(今江苏路上海市第三女子中学)辟作日军第二伤兵医院;日军拆毁中山公园,损失 540.9 万元。

1942 年

年初 日本军部成立了华中接受公司,对占领区具有战略价值的物资和工厂强行接管和低价收购。租界内曾发起沪上著名"国货"运动的胜德赛珍厂,被日军以 15 万元低价强行收买,改名为大东树脂厂。

1 月 大中华橡胶厂地下党支部书记邱新培、支部委员薛福生被日本宪兵队逮捕。下半年,在徐家汇附近的一个秘密特务机关里,俩人被投进硝镪池,壮烈牺牲。

3 月 1 日 日军 20 多人到青浦西旺村(今金泽镇淀湖村)放火焚烧民房,烧毁 102 户民房 383 间,烧毁大米 16.2 万斤。

3 月 5 日 日军宪兵队对药水弄地区实行封锁长达 15 天,禁止一切车辆行人通过,不准居民进出,使约 200 人饿死、病死。

5 月 20 日 日军掠夺安远路中国化学工业社股份有限公司的财物,其中剪刀牌肥皂 1.07 万箱、三星牌香皂 2.1 万打等，损失 111.2 万元。

11 月　日军占领上海拖轮股份有限公司，至 1943 年 5 月，共损失 202 万元。

同年　日军在浦东川南边境地区强拉民工，砍树伐竹，设置一道东起海滨、西至黄浦江畔的竹篱笆封锁线，沿线设"检问所"，对视作禁运的物资严加搜查，并敲诈勒索、侮辱妇女、残害百姓。因穿越封锁线而惨遭砍头的约 45 人。

同年至 1945 年　日军在青浦赵屯桥地区强奸妇女 40 名，枪杀钻封锁线竹篱笆农民 10 人。

1943 年

2 月 7 日　北京东路的隆泰铜锡号，被日军强占物品 4493 公斤，损失 112 万元。

春　日军劫掠松江县元代孔庙全部祭器近百件和民间所藏的一批名人书画、古玩等珍贵文物。

5 月 10 日　日军为建陆军操场及扩充龙华飞机场，强行圈用龙华李家宅、汤家宅等土地 84.507 亩、房屋 25 间、坟地 70 余坵。

5 月　日海军为扩充龙华飞机场，被征用之村庄达 20 余个，土地 2000 余亩，房屋 2000 余间，涉及居民 800 余户 4000 余人受损。

6 月 24 日　潘孔云等 276 人被日军强迫征劳工到新加坡，从此未见返籍。

8 月 10 日　日伪政府强制收购棉布。杨浦区 19 家布店被强行购去棉布 1 万多匹，部分布店因而被迫转业或歇业。

8 月 18 日　日军出兵包围南汇坦东乡第 4 保，将全保男女老幼及外来人 273 人全部关进附近天主堂内，进行刑讯、盘问，关押时间长达 35 天。期间，打死村民约 30 人。

8 月　日伪在上海实行的"花纱布统制"，从上海棉纺织企业以低价强制收购的手段掠走棉花、纱布 27.5 万件，占当时上海棉花、纱布存量的 56% 以上。

秋　宝山大场第 4 乡第 1 保姚家宅、许家库宅百余户村民种植的 200 余亩黄豆、棉花秋收在即，被大场飞机场的日侨席卷而去。

1944 年

2 月中旬　日军第一次扩建虹桥飞行场滑道。扩建所在地赵家浪、王家寺、姚更浪、八字桥、周家宅、胡家桥、陈更浪等 7 个村 66 户 277 位居民，共有 5166 平方米住房被拆。

11 月　宝山大场第 4 乡第 1 保杨涨泉、杨俊全、杨和尚等村民的土地 300 余亩被日军圈占为驻军用地。

同月　日本海军为扩充龙华机场，强行拆除龙漕区第 4 保的百步桥村、汤家宅、汤家后宅、徐家宅、项李宅、船厂等，共拆除房屋 618 间，计 154 户，856 人流离失所。

4 月 8 日　日军为扩充龙华飞机场，雇用大批工人在龙华东汤百步桥等处，征用民田千余亩。

4 月中旬　日军第三次扩建虹桥飞行场滑道，第 39、40 保赵泾浪、姚更浪，华漕乡第 35 保胡家桥、周家宅，人口迁居，房屋被拆。共占地亩数为 276.544 亩。

同月　日军扩充龙华飞机场，强征漕泾区农田 2209 亩。

4 月至 5 月　日军在杨浦继续扩建海军机场，在胡家桥、牛桥角、黄家宅、金家宅、马家宅等处又圈用 30 多家的粮田 300 多亩。

8 月　上海市机器染织工业同业公会所属的 381 家染织厂，被日伪强迫收买白坯布 99.34 万匹、102.41 万码，棉纱 3400 件、8238 磅等，共计损失 1529.2 万元。

12 月 19 日　日军飞机投炸弹击中南汇盐仓镇东倪家宅（今祝桥镇红星村 3 组），死伤 24 人。

同年　日军为"C"工事，损毁殷行 80 户居民的麦田 526 亩。在军工路旁圈用殷行数百户居民田地 854 亩。在江湾竞马场（今武川路、武东路一带）和新市街陈四房附近征用近 200 户居民的田地 433 亩。日军还圈用张连生等墓主在殷行牛桥角等处的墓地，毁坟墓 108 个和灵柩 400 多具。

1945 年

1 月至 7 月　日军在真如镇强行征用、借用房屋 164 间、土地 840 亩。

3 月 23 日至 31 日　日军警备队"枪部队"驻扎东华皮棍厂，征用民夫 1377 人。

3 月 27 日　日军"枪 2343"部队在徐家汇区征用民夫 488 人。

3 月 30 日　日军在徐家汇区强征民夫 461 人。

4 月 2 日至 9 日　日军在徐家汇区强征民夫 3332 人。

4 月 9 日　日本海军为扩充龙华飞机场，圈用龙华镇南夏太浜村土地 3000 亩，拆毁房屋 300 余间，搬迁坟墓 3000 平方米。内有胡庆余堂等商家和 542 户住户，人口 600 余人。

4 月 12 日至 17 日　日军在徐家汇强征民夫 1406 人。

4 月 14 日　崇明抗日军队张善、龚希良等 10 多人先后被捕，先受重刑，后被日军用绳捆绑，缚以石块，掷入大海。

4 月　日军登第 1627 部队圈占宝山大场镇杨树园村、夏家库、张家宅和孟江巷宅 136 户村民的耕地 871 亩、毁房 205 间；圈占真如镇渡船桥等 10 处 112 户村民的耕地 926 亩、毁房 164 间。

5 月　日、伪军连日分赴松江四乡搜捕抗日武装，多处乡村遭蹂躏，被关押 1400 余人。

6 月 4 日　日军两架飞机演习，机尾相触，一机坠于徐家汇附近农田，一机坠落大兴路停云里（今复兴中路 160 弄）。致使停云里 39—46 号、57—60 号共 12 幢房屋全部塌毁，并燃大火。停云里事件伤 36 人，死亡 58 人，284 户居民损失财产 877734 元。

6 月 16 日　日军飞机轰炸闵行浦江镇鲁汇地区向观桥、叶家里、奚家宅（今汇西村、正义村）在农田收割水稻的村民死伤 40 人。

7 月 19 日　日军飞机轰炸浦东高桥，死伤 36 人。

7 月 22 日　黄浦区机厂街恒通纱厂被毁器具 89 台（部），以及厂房、成品、原料等，损失 523 万元。

8 月 15 日　日本宣布投降，驻松江日军连日焚毁积聚物资。

后 记

经过数年的艰苦努力,《上海市抗日战争时期人口伤亡和财产损失》一书终于付梓出版了。

为了准确地反映日本当年发动侵略战争给上海市造成的人口伤亡和财产损失,揭露侵略战争对人类造成的深重灾难,2005 年 3 月,中共上海市委党史研究室成立了上海市抗日战争时期人口伤亡和财产损失课题调研组,市内各区县也相继成立了课题调研组,进行广泛的资料查阅搜集和调查研究。全市抗损课题的调研工作基本完成后,在对征集到的资料进行汇总、梳理、统计、分析的基础上,撰写了调研报告、专题、大事记,精选出部分具有重要史料价值的档案文献与口述资料,编成本书公开出版。

本书由调研报告、专题、资料、大事记四部分组成,并选录 40 余幅代表性的历史图片。

本书调研报告,以上海市各区县的综合调研报告与专题研究报告为基础,以我们所能收集到的原始档案、历史文献(包括当年出版的书报刊物等)、书籍以及亲历者口述资料为主要依据而形成。

本书专题部分,原由 8 个专题调研报告组成。其中,抗战时期上海企业损失、上海教育文化事业损失、上海日军"慰安妇"人数调研报告由专家承担;"竖河镇大烧杀"惨案由崇明县课题组撰写。另有上海南京路、大世界惨案、上海宝山罗泾惨案、上海金山卫惨案、上海青东惨案 4 个专题已收入《抗日战争时期全国重大惨案》,不再重复列入本书。

本书资料部分,包括档案资料、文献资料和口述资料三个类别。

档案资料和文献资料,分别从历史档案、报刊与书籍(包括当代出版的资料图书)中选录反映 1932—1945 年上海抗战期间人口伤亡和财产损失的有关史料。其中,所选史料如有删节,用"……"标明;所选史料一般沿用原标题,如编者另拟标题,则加注说明;所选史料中个别字迹不清的,用"□"号标明。

口述资料选自市内各区县上报的较有代表性的口述采访记录或公证书。为了保持形式上的一致,标题统一为×××口述;内容的表述以问答形式;对个别明显的文字错误，在不改变原意的前提下做了一些修改订正；内容编排按照事件发生的时间先后为序；尽可能配以口述人的近期照片。

本书大事记，以编年体形式记述上海市抗战时期人口伤亡和财产损失的重大事件。

在本书编纂过程中，我们得到了中共中央党史研究室第一研究部霍海丹、蒋建农、李蓉、姚金果、王树林等专家，上海市唐培吉、张云、张义渔等抗战史专家的精心指导；得到了上海市档案馆、上海市图书馆、中国第二历史档案馆、江苏省档案馆、上海市地方志办公室、上海市各区县档案馆与相关系统档案室、台北"国史馆"等部门（单位）以及邱五芳、陈正卿、冯敏等同志的大力支持与真诚相助。全市各区县党史研究室提供了丰富的史料。许甜业、左冲、姚丽丽、王海建同志参与了资料整理工作。在此，对所有为本书编纂提供帮助的部门（单位）和个人致以诚挚的谢意！

本书由中共上海市委党史研究室主编。俞克明主任主持全书的编纂工作，多次审读书稿并终审定稿。室原副主任俞惠煜同志带领市课题组到全市各区县进行调研，召开阶段性研讨会，为书稿奠定了良好的基础。吴祥华副巡视员为本课题的立项、推进付出了诸多心血，审读书稿并提出了宝贵的修改意见。严爱云副主任为本书的修改做了大量工作，审读了全书。曹力奋同志具体负责书稿的编纂、统稿。吴海勇、李小苏、侯桂芳、马婉同志执笔撰写调研报告。郑卫平、张谦广同志对大量资料与数据作了梳理与统计，编写了大事记初稿。王志明同志对书稿进行了编辑。沈阳同志承担了编务工作。

上海是当年日本侵华战争的重灾区，蒙受了巨大的战争创伤和损失。弄清这段历史，让每位炎黄子孙了解这段历史，是我们义不容辞的责任。但是，历史毕竟过去了大半个世纪，许多罪证早已被侵略者销毁或藏匿，许多资料已经散失，大部分当事人相继故去，要真正全面掌握有价值的史料，得到精确的伤亡、损失数据，难度超常。尽管我们倾注了极大的心力，本书的疏漏和不足之处仍在所难免，敬请各位读者批评指正。

本书编者
2015 年 5 月

总 后 记

历时多年的《抗日战争时期中国人口伤亡和财产损失调研丛书》终于问世了。参加这套丛书编纂工作的，主要是承担《抗日战争时期中国人口伤亡和财产损失》课题调研任务的各省、自治区、直辖市及其下属市、县的领导同志和课题组成员，以及部分著名专家。他们以高度的责任心和使命感，竭尽全力，攻坚克难，终于完成了各自承担的任务，并按统一要求，形成了调研成果的 A 系列书稿。同时，有关省、自治区、直辖市还从实际情况出发，编纂了主要反映市、县调研成果的 B 系列书稿。由于各地情况不尽相同及其他原因，呈现在读者面前的丛书，将分批陆续完成和出版。

为了保证质量，我们对本丛书中由各省、自治区、直辖市完成的 A 系列书稿（即省级调研成果）实行了四级验收制，即：所有的省级调研成果，先由有关省（自治区、直辖市）课题领导小组及其聘请的省级专家验收组分别审读通过、写出书面意见；然后提交到中共中央党史研究室课题组。中共中央党史研究室课题组审读后，再聘请国内知名专家审读书稿，提出书面意见。对每次审读提出的意见，各省、自治区、直辖市课题组都认真研究落实，对书稿进行反复修改，或是说明相关情况，直到符合要求。由一批专家完成的 A 系列书稿（即带全局性的专门课题调研成果），也通过类似的办法验收。主要反映市、县调研成果的 B 系列书稿，则由有关省、自治区、直辖市党史研究室组织验收。各种调研成果验收修改的过程，同时也是调研的深化过程、提高过程。经过反复修改补充的成果，在质量上都有明显提高。

中共中央党史研究室课题组在中共中央党史研究室室委会和分管室副主任的具体领导下开展工作。中共中央党史研究室几任主要领导同志即曲青山和孙英、李景田、欧阳淞主任，非常关心和重视本课题调研工作的开展。分管这项工作的室副主任李忠杰同志始终严格把握政治方向，精心部署和安排，明确提出创建"精品工程、基础工程、警世工程、传世工程"的要求，给工作指明方向，还及时领导解决调研过程中遇到的种种困难和问题。各地同志和有关专家同中共中央党史研究室课题组保持密切联系，对中共中央党史研究室课题组的工作给予了积极配合和支持。

中共中央党史研究室课题组由李忠杰、霍海丹、李蓉、姚金果、李颖、王志刚、王树林、杨凯等同志组成。先后担任中共中央党史研究室第一研究部领导职务的黄修荣、刘益涛、蒋建农同志参与了课题调研部分和审改的工作。中共中央党史研究室科研管理部、办公厅的部分同志也参与了有关工作。特别是在北京市和山东省召开的两次全国性会议，中共中央党史研究室科研管理部、办公厅的有关同志自始至终参与了繁忙的会务工作，付出了大量心血和辛勤劳动。

在李忠杰同志直接领导下，中共中央党史研究室课题组承担了组织指导与协调推进各地课题调研和联系有关专家完成全局性专题调研的繁重任务。在人手十分有限的条件下，课题组同志们近10年如一日，以对民族负责、对历史负责的自觉精神，克服困难，埋头苦干，为圆满完成任务做了大量工作。计先后编发213期达60多万字的《工作简报》，同各省、自治区、直辖市的同志和有关专家进行了数以千次、万次的电话联系及当面沟通，先后到10多个省、自治区、直辖市实地调查、参加会议，了解情况，当面指导，协助各地完成调研工作，或邀请有关地方的同志到北京进行座谈；还组织22个省、自治区、直辖市课题组编纂《抗日战争时期全国重大惨案》，同中央档案馆联合编辑《抗日战争时期解放区人口伤亡和财产损失档案选编》，同中国第二历史档案馆、中国人民解放军档案馆联合编辑其馆藏的相关档案资料，撰写有关专题报告，等等。将近 10 年来，课题组成员虽有变动，但工作始终如一，没有延误和懈怠。

需要说明的是，《抗日战争时期中国人口伤亡和财产损失》课题，有时也简称为抗战损失课题或抗损课题。虽然有学者认为"抗战损失"或"抗损"通常只能反映抗日战争中财产方面的损失，人口伤亡不能称作损失，但考虑到当年国民政府习惯采用"抗战损失汇报"或"抗战中人口与财产所受损失统计"等表述，所以本课题参照前例，以"抗战损失"或"抗损"作为课题简称。

2014 年初，根据中央领导同志的指示精神和中共中央党史研究室室委会关于做好出版和对外宣传全国抗战损失课题调研成果准备工作的要求，我们组织部分省、自治区、直辖市的分管领导和课题组成员对已经印出样本的 A 系列书稿再次进行复审和互审，并邀请部分承担了抗战损失专题调研任务的专家参加审稿工作。这次集中复审和互审的主要任务是：审核已经印出样本的 A 系列书稿，对相关数据、史实严格把关，保证课题调研结论的真实性，保证书稿没有重大差错。中共中央党史研究室主要领导同志和分管领导同志也提出要求：把工作做得再深入、再扎实一些，统一规范，责任到人，把问题消灭在书稿正式出版之前。

在复审和互审过程中，地方同志和邀请的专家以多种形式及时沟通，围绕审稿发现的问题研究讨论，和中共中央党史研究室分管领导进行交流，对一些重要的共性问题达成一致。经过复审和互审，对有关的 A 系列书稿做出进一步修改。在此基础上，中共中央党史研究室课题组同志又对拟第一批出版的每一部 A 系列书稿进行多环节的审读、检查、修改、校对，严格审核把关，尽可能如实、客观地反映调研情况和成果。

中共中央党史研究室的其他同志及一些外聘同志、从地方党史部门借调的同志，如徐玉凤、谢忠厚、杨延力、郭明泉、戴思厚、王俊云、梁亿新、宋河星、毛立红、王莹莹、茅永怀、庾新顺、李蕙芬同志等，满腔热情地参加了本课题调研的部分工作。不论是调研选题的讨论、同有关各方的联络，还是资料的整理、归类、建档等，他们都付出了辛勤的劳动。

这里，还要特别感谢国家社会科学基金规划办公室、国家新闻出版广电总局有关领导和同志对本课题调研工作的支持和帮助，感谢有关部门对丛书出版经费的支持和保证。中共党史出版社的领导汪晓军以及陈海平、姚建萍等同志，也为这套丛书的出版花费了很多心血。

我们相信，本丛书 A 系列和 B 系列各卷的陆续公开出版，必将大大有助于抗战损失课题调研成果的推广利用，有利于固化历史，更好地发挥以史为鉴、资政育人的作用。但是，我们也深知，本课题调研迄今所取得的成果，还只是阶段性的、部分的、不完全的成果。在已经取得的来之不易的成果的基础上，今后，这一课题的调研工作还要深入不懈地继续进行下去。

中共中央党史研究室课题组

2014 年 4 月 30 日